W. Hegmann · Handwerkliche Bearbeitung von Aluminium

W. Hegmann

Handwerkliche Bearbeitung von Aluminium

mit einer Einführung in den Werkstoff

5., vollständig überarbeitete und erweiterte Auflage, bearbeitet von W. Hufnagel und M. Schick

Aluminium-Verlag

ISBN 3-87017-201-0

Herausgegeben von der Aluminium-Zentrale, Düsseldorf

Satz: Blume + Bücken Fotosatz GmbH, Düren

Aluminium-Verlag GmbH · Königsallee 30 · Postfach 1207 · 4000 Düsseldorf 1
Tel. (02 11) 32 08 21, Telefax (02 11) 13 25 67, Tx. 8 587 407 alz d

Vorwort

Die sach- und werkstoffgerechte Verarbeitung von Aluminium ist eine Grundvoraussetzung für die stete Ausweitung der Einsatzbereiche dieses modernen und leistungsfähigen Metalls. Dies trifft ganz besonders für den handwerklichen Bereich zu, dort, wo Gleichmaß und Zuverlässigkeit maschineller Serienproduktion nur durch Können und Fertigkeit des Fachmanns selbst zu erreichen sind. Selbstverständlich stehen ihm heute für seine individuelle Arbeit moderne technische Hilfsmittel und Maschinen zur Verfügung; das Wissen, diese bestmöglich einzusetzen, die verschiedenen Werkstoffe anwendungsgerecht auszuwählen, sie optimal zu verarbeiten – dieses Wissen muß der Metallhandwerker selbst für jede Arbeitsaufgabe neu einbringen.

Aluminium ist kein »Hau-ruck«-Material. Seine gegenüber anderen Werkstoffen spezifischen und überlegenen Eigenschaften bei der Anwendung und der daraus erzielbare wirtschaftliche Nutzen können nur durch überlegte und durchdachte Verarbeitung voll ausgeschöpft werden. Dieses Buch soll dem Fachmann dabei helfen. Das hier gesammelte und weitergegebene Wissen ist Grundlage der Aluminium-Bearbeitungslehrgänge, die die Aluminium-Zentrale seit vielen Jahren durchführt. Diese Lehrgänge orientieren sich an den Erfordernissen und fußen auf den Erfahrungen praxisbezogener Verarbeitung der Aluminiumwerkstoffe mit den für den handwerklichen Bereich wichtigen Fertigungsverfahren.

Der Inhalt dieses erstmals 1966 erschienenen, inzwischen zu einem Standardwerk gewordenen Fachbuches ist auf metallhandwerklichem Grundwissen aufgebaut; werkstoffkundliche Zusammenhänge sind nur in soweit erläutert, als sie zum Verständnis von Verarbeitungsmaßnahmen notwendig sind. Die vorliegende 5. Auflage wurde gegenüber der 4. Auflage 1981 vollständig überarbeitet, wo erforderlich erweitert und dem neuesten Wissensstand angepaßt. Hauptanliegen war und bleibt, dem Metallhandwerker eine möglichst vollständige, jedoch auf das Wesentliche beschränkte Information zu bieten. Die 5. Auflage »Handwerkliche Bearbeitung von Aluminium« wurde von W. Hufnagel und M. Schick bearbeitet unter dankenswerter Mitarbeit von C. O. Bauer.

Bearbeiter und Herausgeber

Kapitelübersicht

(Ausführliches Inhaltsverzeichnis vor jedem Kapitel)

Kapitel 1: Einführung in den Werkstoff

1. Einführung in den Werkstoff

Das Profil eines Metalls – Aluminium

Aluminium ist nach Stahl heute das am meisten verwendete Metall. Die Aluminiumwerkstoffe bestimmen die moderne Technik entscheidend mit. In der Kombination ihrer Eigenschaften sind sie einmalig und unersetzbar: Ohne Aluminium würden weder Satelliten noch Flugzeuge fliegen, brauchten Autos mehr Benzin, würden Lebensmittel nicht so lange halten. Erst durch und mit Aluminium konnten in vielen Bereichen der Technik energie- und kostengünstige Bauweisen entwikkelt und eingesetzt werden. Hierzu einige markante Beispiele:

Nahezu unbegrenzte Lebensdauer, Vielfalt der Formen und Farben sowie eindeutige technische Vorteile bestimmen die Verwendung des Werkstoffs Aluminium am Bau. Zur Heizkostensenkung, einem wichtigen Kriterium für die Bewertung von Baumaterialien, trägt ganz maßgeblich die Entwicklung wärmegedämmter Profile und ausge-

Bild 1.1: Aluminium am Bau (Foto: Gartner)

Bild 1.2: Aluminium für Verpackungen (Foto: ALZ)

schäumter Blechelemente aus Aluminium bei. Fenster, Fassaden, Türen und Dächer an Bürogebäuden, Schulen, Krankenhäusern, Fabrikhallen, Wohnbauten sind millionenfache Beispiele für wirtschaftliche Entscheidungen zugunsten des auch energiesparenden Baustoffs Aluminium (Bild 1.1).

Im Verpackungswesen ist Aluminium unentbehrlich: Lebensmittel, Medikamente, viele andere Produkte des täglichen Bedarfs schützt es zuverlässig (Bild 1.2); es ist bruchsicher, wasserdampf- und aromadicht, tiefkühlfest, schirmt ab gegen Temperatur- und Lichteinfluß. Aluminium ist sterilisierbar und ungiftig und spart Transportenergie durch geringe Masse.

Im Bereich Verkehr erweist sich Aluminium besonders eindrucksvoll als Energiesparer. Mit Aluminium kann gegenüber konventionellen Werkstoffen die Leermasse um bis zu 50 % gesenkt werden. Das verringert die erforderliche Betriebsenergiemenge (Benzin, Strom). Die Aluminiumverwendung in Personenkraftwagen in der Bundesrepublik Deutschland bringt zum Beispiel etwa 1 Milliarde Liter Kraftstoffeinsparung in jedem Jahr, ein besonders wichtiger Beitrag zum Umweltschutz. Aluminiumelemente verringern auch die Eigenmasse von Nutzfahrzeugen, entsprechend größer kann die Nutzlast sein (Bild 1.3).

Bild 1.3: Aluminium für den Gütertransport (Foto: Alusuisse)

Bild 1.4: ALuminium für die Energieversorgung (Foto: ALZ)

Leichtere U-Bahn-Wagen aus Aluminium fahren z. B. schon innerhalb von 1,6 Betriebsjahren den Energiemehraufwand ein, der zu ihrer Herstellung benötigt wurde. Die Verminderung der Masse bringt darüber hinaus auch geringere Abnutzung der Verschleißteile wie Bremsbeläge, Räder, Reifen und Schienen.

Die moderne Elektrotechnik ist ohne Aluminium nicht vorstellbar. Hochspannungs-Freileitungen und Kabel aus Aluminium bringen Strom ins Haus (Bild 1.4). Hohe elektrische Leitfähigkeit, geringe Masse, Beständigkeit gegen Witterung und andere Umwelteinflüsse machen Aluminium zu einem höchst wirtschaftlichen und energiesparenden Leitwerkstoff.

Diese Beispiele für Eigenschaften und Anwendung von Aluminiumwerkstoffen lassen sich fortsetzen. Eine wichtige Eigenschaft darf aber auch in diesem Rahmen nicht unerwähnt bleiben: die energiearme Rückführbarkeit (Recycling) des Schrottes zu Neumetall (Bild 1.5). Das Wiedereinschmelzen von Aluminium erfordert nur 5 % der Energie, die für die Erzeugung des Primärmetalls aus Bauxit benötigt wird: ein für Gebrauchsmetalle einmalig niedriger Wert. In der Bundesrepublik Deutschland werden heute bereits über 30% des

Bild 1.5: Recycling von Aluminium (Foto: EAA)

Aluminiumbedarfs durch Recycling gedeckt. Und dieser Anteil steigt laufend weiter, denn die deutsche Metallwirtschaft hat von der Schrottannahme beim Rohstoffhändler bis zum Schmelzwerk ein wirksames System der Altmetallerfassung aufgebaut. Neue Verfahren der Abfallsortierung helfen, auch den Rücklauf aus dem Hausmüll an die Schmelzwerke zu steigern.

So stellt sich uns das Aluminum heute als ein Basismetall dar, ohne das unsere technisierte Welt nicht denkbar ist. In einer Zeit geschärften Bewußtseins für den sparsamen Umgang mit Rohstoffen und Energieträgern und für die Schonung unserer Umwelt muß beides, mehr denn je, mit maximalem volkswirtschaftlichem Nutzen angewendet werden. Die große Palette der Aluminiumwerkstoffe bietet hierbei Alternativen, die bei weitem noch nicht ausgeschöpft sind. Selbstverständliche Voraussetzungen hierfür sind werkstoffgerechter Materialeinsatz und werkstoffgerechte Verarbeitung. Hierzu soll dieses Buch einen Beitrag leisten.

Zur Geschichte des Aluminiums

Als Geburtsjahr des Aluminiums gilt das Jahr 1854. Zu dieser Zeit gelang es erstmals, kleine Mengen des Metalls zu erzeugen. Aluminium ist somit ein verhältnismäßig junges Metall, das sich aber schnell zu hoher technischer Reife entwickelt hat. Wenn Aluminium erst 100 Jahre als technisch darstellbares Metall bekannt ist, so ist das auf die Schwierigkeit zurückzuführen, es von seiner Sauerstoffverbindung, dem Aluminiumoxid, zu trennen. Aus diesem Grunde vergingen auch dann noch viele Jahre bis zur industriellen Reife, nachdem bereits Anfang des 19. Jahrhunderts Forscher verschiedener Nationen den Weg zur Darstellung des Aluminiums wiesen.

Der Engländer Sir Humphrey Davy (Bild 1.6) hat sich schon in den Jahren 1808/12 bemüht, das Metall aus seiner Verbindung zu isolieren. Das Ergebnis war jedoch lediglich eine Aluminium-Eisen-Legierung; weitere Bemühungen führten nicht zum Erfolg. Davy gab damals schon dem Element, das er im Aluminiumoxid (damals noch »Tonerde« genannt) suchte, den Namen alumium und später aluminum. Daraus wurde die heutige Bezeichnung »Aluminium«. Um das Jahr 1825 versuchte der dänische Physiker Hans Christian Oersted (Bild 1.7) die Darstellung auf anderem Wege. Dabei erhielt er einen metallischen Regulus, der wahrscheinlich aus verunreinigtem Aluminium bestand. Oersted gilt als der eigentliche Wegbereiter zum

Bild 1.6: Davy

Bild 1.7: Oersted

Bild 1.8: Woehler

Bild 1.9: St.-Cl. Deville

Aluminium. Der Deutsche Friedrich Woehler (Bild 1.8) wurde von Oersted zu weiteren Versuchen angeregt. Ihm gelang es im Jahre 1827, Aluminium in Form kleiner Flitter zu gewinnen. Im gleichen Jahre berichtet er erstmals über die chemischen Eigenschaften dieses Metalls. Nach einer Verbesserung seiner Methode konnte Woehler 1845 kleinere Mengen Aluminium in stecknadelkopfgroßen Kugeln gewinnen. An diesen ermittelte er die ersten physikalischen Eigenschaften.

Auf den Forschungsergebnissen Woehlers aufbauend, gelang dem Franzosen Henri Sainte-Claire Deville (Bild 1.9) im Jahre 1854 der Durchbruch mit einem technisch brauchbaren Verfahren zur Darstellung von Aluminium. Der erste nach diesem Verfahren gewonnene Aluminiumblock hatte eine Reinheit von 96 bis 97 %. Er wurde im Jahre 1855 auf der Pariser Weltausstellung gezeigt und erweckte die Aufmerksamkeit der Öffentlichkeit. Zu dieser Zeit galt Aluminium noch als Edelmetall. Es war praktisch unbezahlbar, denn es gab nur wenige Kilogramm davon. Überliefert ist die Geschichte vom Hof Napoleons III., bei dem Aluminiumgeschirr dem Kaiserpaar und bevorzugten Gästen und Höflingen vorbehalten war, der übrige Hofstaat sich aber mit goldenen Tellern bescheiden mußte.

Gleichzeitig und unabhängig voneinander stellten im Jahre 1886 in Frankreich Paul T. Héroult (Bild 1.10) und in Amerika Charles Martin Hall (Bild 1.11) Aluminium durch elektrolytische Zersetzung von Aluminiumoxid her, das in geschmolzenem Kryolith gelöst war. Die Bereitstellung der für die sogenannte Elektrolyse notwendigen Energie war kein direktes Problem mehr, nachdem Werner von Siemens (Bild 1.12) 1866 die Dynamomaschine erfunden hatte. Nach dem von Héroult und Hall gefundenen Prinzip wird heute noch in allen Aluminiumhütten der Welt gearbeitet. Das Jahr 1886 markiert damit den Beginn der industriellen Aluminiumerzeugung.

Bild 1.10: Héroult

Bild 1.11: Hall

Bild 1.12: v. Siemens

Bild 1.13: Bayer

Für eine großtechnische Aluminiumerzeugung war damals noch eine weitere Voraussetzung zu erfüllen: nämlich die großtechnische Erzeugung des »veredelten« Ausgangsprodukts »Aluminiumoxid« aus dem Aluminiumerz Bauxit. K. J. Bayer, ein Österreicher (Bild 1.13), entwickelte hierzu 1892 ein wirtschaftliches Verfahren zur Gewinnung von Aluminiumoxid aus Bauxit durch Aufschluß mit Natronlauge. Nach dem »Bayer-Verfahren« arbeiten heute noch die meisten Aluminiumoxidwerke, die das zur Elektrolyse notwendige Aluminiumoxid herstellen.

Die Bilder 1.6 bis 1.13 zeigen diese Wegbereiter des Aluminiums und der heutigen Aluminiumindustrie.

Die Gewinnung von Aluminium

Aluminium stellt mit 8 % einen erheblichen Bestandteil der Erdkruste dar und wird nur von Silizium mit 26,5 % übertroffen (Eisen etwa 5 %, Magnesium etwa 2 %, Kupfer etwa 0,01 %, Zink und Zinn je etwa 0,004 %). Aluminium kommt in der Natur – wie die meisten Metalle – nicht in metallischem Zustand, sondern nur in Form von Verbindungen (Erzen) vor. Für die Gewinnung von Aluminium verwendet man Mineralien mit möglichst hohem Aluminiumgehalt. Das wichtigste Aluminiumerz ist Bauxit, benannt nach dem ersten Fundort in der Nähe von Les Baux in Südfrankreich. Die Entstehung des Bauxits wird auf die Verwitterung von Kalk- oder Silikatgestein zurückgeführt. Der meist verhältnismäßig hohe Gehalt an Eisenoxid verleiht dem Erz seine vorwiegend rostrote Farbe. Bauxit ist ein Gemenge von meist wasserhaltigen Sauerstoffverbindungen des Aluminiums, Eisens, Titans und einer Reihe anderer Stoffe. Da das Aluminium in diesem

Gemenge sehr fest an den Sauerstoff gebunden ist (Aluminium hat eine hohe »chemische Affinität« zu Sauerstoff) kann es nicht, wie z. B. das Eisen, in einem üblichen Verhüttungsprozeß mittels Wärme und Kohlenstoff aus seinen Verbindungen getrennt (»reduziert«) werden. Es ist vielmehr erforderlich, in einem Zwischenprozeß auf chemischem Wege (und unter Druck im Autoklaven) aus dem Bauxit zunächst reines Aluminiumoxid-Pulver herzustellen. Dieses Oxid wird dann in einem elektrolytischen Prozeß (»Schmelzflußelektrolyse«) zu metallischem, flüssigem Aluminium reduziert. Das erfolgt in sogenannten Elektrolyseöfen. Sie arbeiten mit hohen Stromstärken und geringen Spannungen. Bild 1.14 zeigt schematisch Art und Menge der für die Aluminiumgewinnung erforderlichen Rohstoffe sowie die zu ihrer Verarbeitung erforderlichen Energiemengen. Der Elektrolyseprozeß zur Metallgewinnung ist schematisch in Bild 1.15 dargestellt. Elektrolyseöfen (Elektrolysezellen) bestehen aus Wannen, die mit Kohlenstoffblöcken ausgekleidet sind. In den Boden der Wanne werden die Kathodenzuleitungen eingebettet. Das abgeschiedene flüssige Aluminium bildet die Kathode. Als Anode dienen Elektroden aus Kohle. Die Reduktion des Aluminimoxids erfolgt in einer Schmelze, die aus Kryolith besteht, in der jeweils 5 bis 7 % Aluminiumoxid gelöst sind. Die Temperatur der Schmelze beträgt etwa 950 bis 970 *C, die Badspannung rd. 4,5 V und die Stromstärke bis zu etwa 200 000 A. Das erzeugte Metall wird den Zellen durch Absaugen entnommen. Zum Zwecke des Umweltschutzes sind die Elektrolysezellen vollständig gekapselt. Das Abgas wird entstaubt und gereinigt (Bild 15 b).

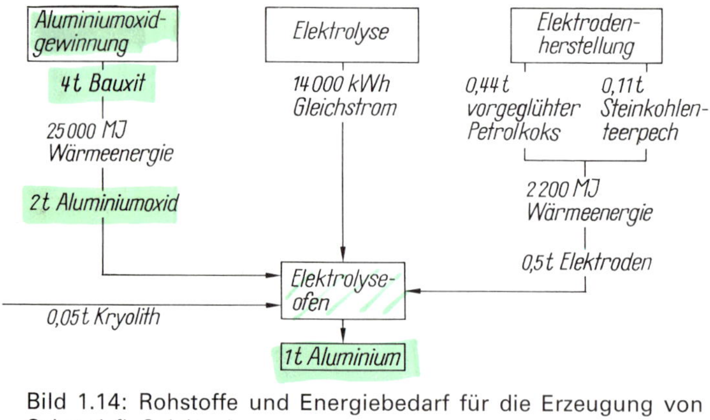

Bild 1.14: Rohstoffe und Energiebedarf für die Erzeugung von Aluminium durch Schmelzflußelektrolyse

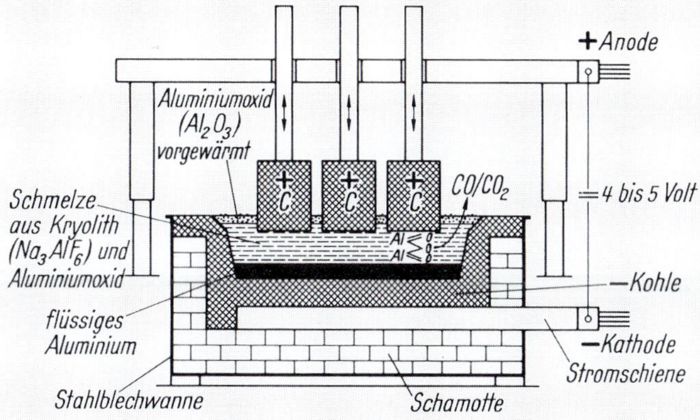

Bild 1.15a: Schematische Darstellung einer Elektrolysezelle

Bild 1.15b: Blick in eine moderne Elektrolysehalle mit einer Vielzahl an Elektrolysezellen (Foto: ALZ)

Der Werkstoff Aluminium

Was ist Aluminium?

Aluminium ist ein Grundstoff, ein Element. Das chemische Symbol ist Al. Es gehört zu den sogenannten Leichtmetallen und hat die geringe Dichte von 2,7 g/cm^2 (Magnesium 1,8, Zink und Zinn rd. 7,1, Stahl 7,8, Kupfer 8,9, Blei 11,3, Gold 19,3 g/cm^2). Aluminium ist nach Stahl das meistverwendete Metall. Das Produktionsvolumen ist größer als das aller anderen Nichteisen(NE)-Metalle zusammen. Beispiele der Aluminiumverwendung begegnen uns überall im täglichen Leben und in allen Bereichen der Technik. Eine kurze Übersicht wurde bereits eingangs gegeben.

Welche Eigenschaften hat Aluminium?

Aluminium hat eine Reihe von spezifischen Eigenschaften, von denen einige besonders charakteristische aufgezählt seien:

Aluminium ist leicht.
1 m^2 Blech von 1 mm Dicke wiegt aus Aluminium 2,7 kg, aus Stahl 7,8 kg, aus Kupfer 8,9 kg; 2,7 kg Metall ergeben in Blechform von 1 mm Dicke bei: Aluminium 1 m^2, bei Stahl 0,34 m^2, bei Kupfer 0,30 m^2.

Die geringe Masse macht den Werkstoff trotz des im Vergleich zu Stahl oder einzelnen Schwermetallen höheren Preises wettbewerbsfähig. Krane, Brücken und Sektionen von Schiffen oder anderen Großbauteilen können in der Werkstatt angefertigt, leicht zur Baustelle transportiert und eingebaut werden. Die leichtere Handhabbarkeit ist auch bei der handwerklichen Verarbeitung von Vorteil.

Aluminium ist fest. Bestimmte Aluminiumlegierungen erreichen die Festigkeit von unlegierten Baustählen.

Je reiner der Werkstoff vorliegt, desto weniger fest ist er. Das ist bei allen Metallen so. Die Festigkeit läßt sich auf verschiedene Weise steigern (s. S. 12). Man erreicht Festigkeitswerte bis zu 540 N/mm^2 und mehr. Auch schwere Kräne, Schwerlasttraversen (1500 kN Tragkraft), Brücken, mehretagige Schiffsaufbauten, ganze Schiffe, Rettungsboote, Schornsteine, Bierfässer – also hochbeanspruchte Bauteile oder Gegenstände – werden daher aus Aluminium gebaut.

Aluminium ist weitgehend beständig gegen atmosphärische Einflüsse und gegen Angriffe vieler Chemikalien.

Aluminium ist gut umformbar und spanbar.

Aluminium läßt sich walzen, schmieden, strangpressen, abkanten, falzen, bördeln, treiben, biegen, drücken, tiefziehen und schneiden; es läßt sich sägen, bohren und drehen, schleifen und polieren; es läßt sich zu Folien von nur 0,004 mm Dicke herunterwalzen (fälschlicherweise oft »Silberpapier« oder auch »Stanniol« genannt).

Aluminiumlegierungen mit Silizium, Magnesium oder Kupfer als Hauptlegierungselemente sind nach allen Gießverfahren gut gießbar, (Sand-, Kokillen-, Feinguß und Druckguß).

Aluminium läßt sich nach allen üblichen Verfahren fügen, z. B. durch Schweißen, Löten, Kleben und Nieten.

Aluminium hat eine hohe Leitfähigkeit für Wärme und Elektrizität. Die Wärmeleitfähigkeit ist viermal so groß wie die von Stahl.

1 kg Reinaluminium transportiert doppelt soviel elektrische Energie wie 1 kg Kupfer. Aluminiumleiter wiegen nur 50 % von leitwertgleichen Leitern aus Kupfer. 95 % der Hochspannungs-Freileitungen der Bundesrepublik Deutschland bestehen inzwischen aus Aluminium.

Aluminiumoberflächen sind vielseitig veredelbar, sowohl für dekorative Zwecke als auch zur Erhöhung des Verschleißwiderstandes.

Durch verschiedene Verfahren der Oberflächenbehandlung, z. B. durch anodische Oxidation (Anodisieren, früher auch: Eloxieren genannt), können dauerhafte dekorative Effekte erzielt werden, wie sie bei Aluminiumteilen oft erwünscht sind; durch anodische Oxidation erhält man eine harte Oxidschicht, die bei der elektrolytischen Behandlung in den Werkstoff hineinwächst; sie ist mit dem Grundmetall fest verbunden, bewahrt den metallischen Charakter der Oberfläche und kann in vielen Tönungen dauerhaft gefärbt werden. Aluminium kann auch einbrennlackiert oder emailliert werden.

Aluminium ist gesundheitlich unbedenklich und ungiftig; (Nahrungs- und Genußmittel werden in großem Umfang in Aluminium verpackt).

Welche Aluminiumwerkstoffe unterscheidet man?

Wenn man allgemein von »Aluminium« spricht, sind alle Aluminiumwerkstoffe in den Begriff einbezogen; sind Reinaluminium oder Aluminiumlegierungen gemeint, werden sie auch so bezeichnet.

Man unterscheidet nach Werkstoffgruppen zwischen

- Reinstaluminium,
- Reinaluminium und
- Aluminiumlegierungen,

sowie nach der Verarbeitungsart zwischen

- Aluminium-Knetwerkstoffen und
- Aluminium-Gußwerkstoffen.

Bei den beiden letztgenannten Gruppen unterscheidet man außerdem

- nichtaushärtbare und
- aushärtbare Aluminiumwerkstoffe.

Hierzu sei auf das Übersichtsschema Bild 1.16 verwiesen.

Als Hüttenaluminium bezeichnet man das in den Aluminiumhütten gewonnene oder hergestellte unlegierte oder legierte Aluminium. Lieferformen sind Masseln (Blockmetall), Granalien oder Grieß. Das in Sekundarhütten regenerierte Metall aus Schrotten und Abfällen wird

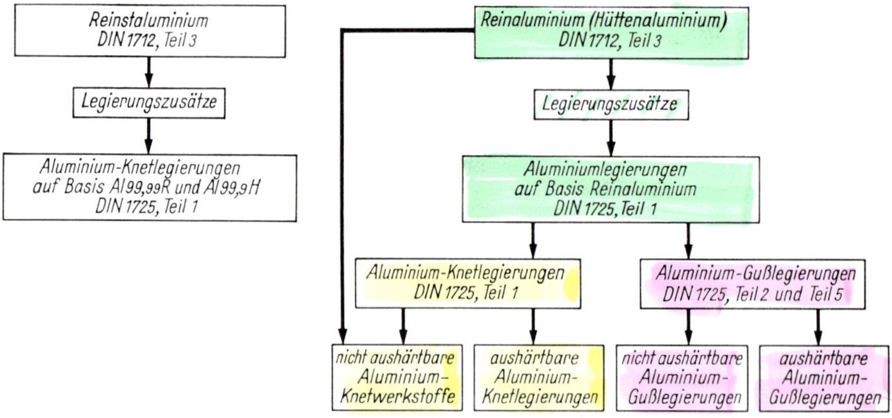

Bild 1.16: Gliederung der Werkstoffe auf Aluminiumbasis mit den dazugehörigen DIN-Blatt-Nummern

dagegen als Sekundäraluminium bezeichnet; Lieferform sind Masseln (Blockmetall).

Für Aluminiumwerkstoffe wurde eine große Anzahl von Normen geschaffen. Sie enthalten Festlegungen über den Werkstoff, über seine Festigkeitseigenschaften, über Maßtoleranzen, technische Lieferbedingungen und Gestaltungsrichtlinien. Die wichtigsten Normen für Aluminium sind im Anhang zusammengestellt.

Welche Aluminiumwerkstoffe verarbeitet das Handwerk?

Für die handwerkliche Verarbeitung interessieren vornehmlich die Knetwerkstoffe. Aus ihnen wird Halbzeug (s. S. 27) hergestellt, das als Ausgangsmaterial für handwerkliche Erzeugnisse dient. Neben Reinaluminium werden für handwerkliche Arbeiten bevorzugt Werkstoffe folgender Gattung verwendet:

- AlMn1 und AlMg mit 1 bis 3 % Magnesium im Fahrzeugbau, Apparatebau, Innenausbau, bis 5 % Magnesium hauptsächlich im Werftbetrieb;
- AlMgMn vorwiegend im Behälter- und Schiffbau;
- AlMgSi0,5 besonders im Metallbau;
- AlZn4,5Mg1 für höher beanspruchte Schweißkonstruktionen.

Die aushärtbaren Legierungen AlMgSi1 und AlCuMg werden nur dann verarbeitet, wenn keine Warmumformung erfolgt oder wenn Aushärtungsmöglichkeit gegeben ist.

Wodurch erreicht man bei Aluminium hohe Festigkeit?

Reine Metalle weisen immer verhältnismäßig geringe Härte- und Festigkeitswerte auf, so auch reines Aluminium mit etwa 70 N/mm^2. Je reiner das Metall ist, desto geringer ist die Festigkeit und um so größer sind Duktilität und chemische Beständigkeit. Für hochbeanspruchte Teile reicht die Festigkeit von Reinaluminium nicht aus. Festigkeitssteigerungen lassen sich durch verschiedene Maßnahmen erreichen, z. B. durch

- Legieren mit anderen Metallen (Bild 1.17),
- Kaltverfestigen (Walzen, Ziehen, Drücken, Hämmern),
- Legieren plus Kaltverfestigen,
- Aushärten der aushärtbaren Legierungen.

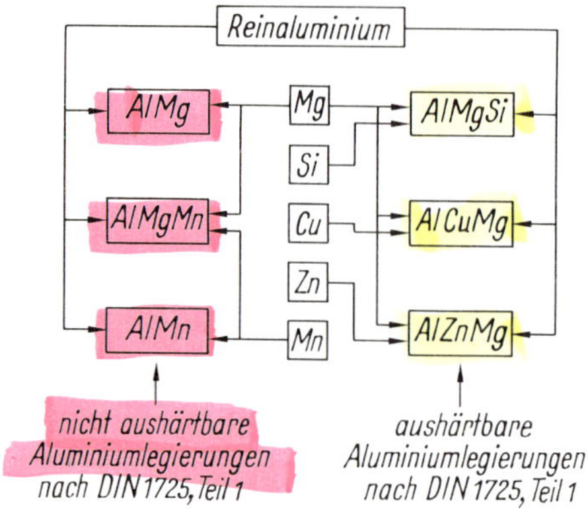

Bild 1.17: Schematische Darstellung zum Aufbau der wichtigsten Aluminium-Werkstofftypen mit den Hauptlegierungselementen

	Werkstoff	Mg	Si	Mn	Cr	Cu	Zn
		Mittel der Grenzen für die Legierungszusätze in % (einzeln)					
nicht aushärtbar	Al99,5	–	–	–	–	–	–
	AlMn	–	–	1,2	–	–	–
	AlMg2Mn0,3	2,1	–	–	–	–	–
	AlMg3	3,0	–	0,2	–	–	–
	AlMg2Mn0,8	2,1	–	0,8	–	–	–
	AlMg4,5Mn	4,5	–	0,8	0,2	–	–
aushärtbar	AlMgSi1	1,0	1,1	0,6	–	–	–
	AlZn4,5Mg1	1,2	–	0,3	0,2	–	4,5
	AlCuMg1	0,8	–	0,7	–	4,0	–
	AlZnMgCu0,5	3,0	–	0,3	0,2	0,8	4,8

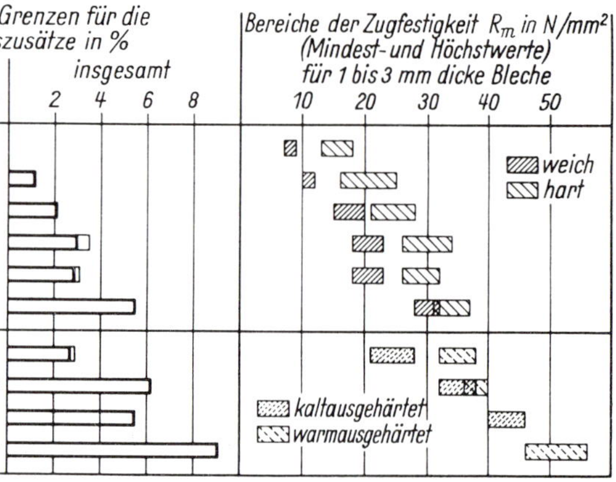

Bild 1.18: Zusammensetzung einiger Aluminiumlegierungen und der Einfluß der Legierungsbestandteile auf die Festigkeit

Tafel 1.1 und Bild 1.18 zeigen Beispiele für eine gezielte Festigkeitserhöhung nach diesen Methoden. Die bei Aluminium hauptsächlich gebräuchlichen Legierungszusätze (-elemente) sind (vergl. Bild 1.17): Magnesium (Mg), Silizium (Si), Zink (Zn), Mangan (Mn), Kupfer (Cu). Der prozentuale Anteil der jeweiligen Legierungszusätze ist bei Gußwerkstoffen höher als bei Knetwerkstoffen. Die Legierungselemente wirken einzeln oder in Kombination miteinander. Die Legierungstechnik ermöglicht die Herstellung einer großen Palette von Legierungen mit speziellen mechanischen und physikalisch-chemischen Eigenschaften.

Tafel 1.1: Beispiele für die Veränderung der Festigkeitseigenschaften an Blech durch Kaltverfestigen, Legierungszusätze und Aushärten von Legierungen.
(Mindestwerte nach DIN 1745, Teil 1)

Werkstoff-Kurzzeichen	Zustand weich			Zustand kaltverfestigt halbhart			Zustand kaltverfestigt hart		
	1	2	3	1	2	3	1	2	3
Reinaluminium									
Al99,8	60	≤ 50	40	100	80	6	120	100	4
Al99,5	65	≤ 55	40	110	90	6	130	110	4
Al99	75	≤ 60	40	120	100	6	140	120	4
Legierungen, nicht aushärtbar									
AlMg1	105	35	24	145	120	5	190	170	3
AlMg3	190	80	20	240	190	5	290	250	3
Legierungen, aushärtbar, Dicke bis 6 mm	weich			kaltausgehärtet			warmausgehärtet		
AlMgSi 1	≤150	≤ 85	18	205	110	16	315	255	10
AlZn4,5Mg1[1])	(≤220	≤140	15)	(320	220	12)	350	275	10
AlCuMg1	≤215	≤140	13	390	260	13	–	–	–
AlZnMgCu0,5							450	370	8

1: Zugfestigkeit R_m in N/mm²; 2: 0,2-Grenze $R_{p0,2}$ in N/mm²; 3: Dehnung A_5 in %

[1]) Weich und kaltausgehärtet sind keine üblichen Verwendungszustände

Was versteht man unter aushärtbaren und nicht aushärtbaren Aluminiumwerkstoffen?

Diejenigen Aluminium-Guß- und -Knetwerkstoffe, deren Festigkeitseigenschaften sich durch Anwendung einer besonderen Wärmebehandlung steigern lassen, nennt man aushärtbare Werkstoffe. Die aushärtbaren Knet- und Gußwerkstoffe enthalten als maßgebliche Legierungszusätze Cu, Cu + Mg, Mg + Si (Mg_2Si) oder Mg + Zn ($MgZn_2$). Das Phänomen der Aushärtung wurde im Jahre 1906 von dem Deutschen A. Wilm (Bild 1.19) an einer kupfer- und magnesiumhaltigen Aluminiumlegierung entdeckt. Die erste aushärtbare Aluminiumlegierung hoher Festigkeit wurde 1909 von den damaligen Dürener Metallwerken auf den Markt gebracht. Durch Glühen kann der Aushärtungseffekt teilweise oder vollständig beseitigt werden. Erneutes Aushärten führt wieder zu höheren Festigkeiten. Zum Aushärten sind auszuführen:

1. Lösungsglühen (470 bis 545 °C, je nach Legierung);
2. Abschrecken von Lösungsglühtemperatur (meist in Wasser);
3. Auslagern (kalt- oder warmauslagern)

Bild 1.19: Alfred Wilm, deutscher Ingenieur, entdeckte 1906 das Phänomen der Festigkeitssteigerung einer Aluminium-Kupfer-Legierung durch Auslagerung nach einer Wärmebehandlung (»Aushärtung«)

Wird bei Raumtemperatur ausgelagert, erreicht man den Zustand »kaltausgehärtet« (ka), geschieht dies bei höheren Temperaturen (100 bis 190 °C, je nach Legierung), den Zustand »warmausgehärtet« (wa). Zum Lösungsglühen (in Salzbädern oder in Luftumwälzöfen) genügen meist Minuten (z. B. 5 bis 60, bei Guß auch mehr). Das Warmauslagern geschieht in Wärmekammern während mehrerer Stunden. Die Festigkeit wird durch diesen Vorgang wesentlich erhöht. Eine beachtliche Umformbarkeit bleibt jedoch erhalten.

Reinaluminium und diejenigen Aluminiumwerkstoffe, deren Festigkeitseigenschaften sich dagegen durch eine Wärmebehandlung nicht erhöhen lassen, sind nicht aushärtbare Werkstoffe. Erhöhte Festigkeitswerte lassen sich hierbei ausschließlich durch Kaltumformen (Kaltverfestigen) erreichen. Durch Glühen im Bereich von etwa 300 bis 450 °C werden Verfestigungen (Zustand »hart«, »halbhart« usw.) völlig (auf den Zustand »weich«) oder teilweise (auf Zwischenhärtegrade) beseitigt.

Aluminium-Knetwerkstoffe

Knetwerkstoffe sind niedrig legierte Aluminiumwerkstoffe. Sie werden durch Kneten (Walzen, Ziehen, Schmieden, Pressen) von Gußblöcken zu Halbzeug verarbeitet. Bild 1.20 macht diese Zusammenhänge in einem Schema deutlich. Aluminium-Knetwerkstoffe sind nach DIN 1712 Teil 3 und DIN 1725 Teil 1 genormt.

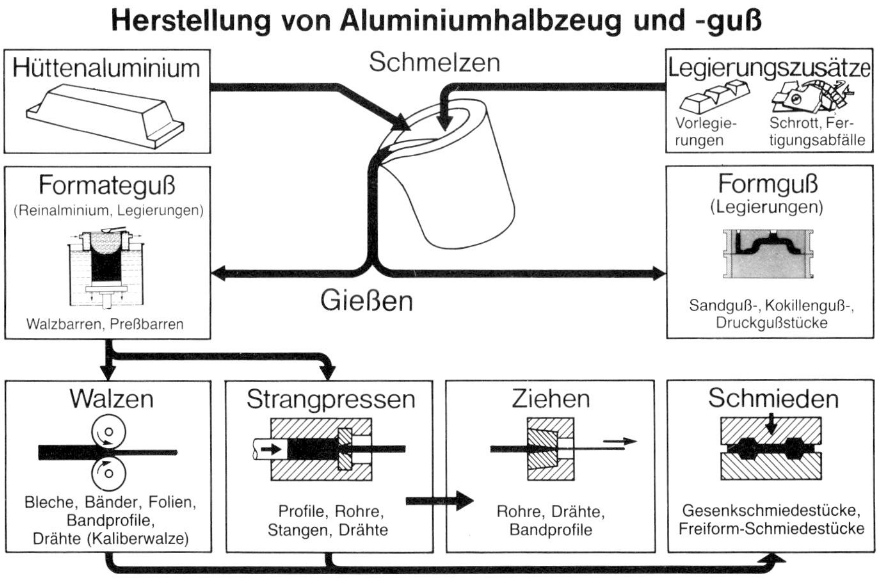

Bild 1.20: Schema der Verarbeitung von Reinaluminium und Aluminiumlegierungen zu Block- und Formguß, Walz-, Strangpreß-, Zieh- und Gesenkschmiede-Erzeugnissen

Reinaluminium

Halbzeug aus Reinaluminium wird in verschiedenen Reinheitsgraden zwischen 99 % und 99,9 % verwendet. Die Auswahl richtet sich in der Hauptsache nach den Anforderungen an die Beständigkeit. Bei Korrosionsbeanspruchung wird mindestens Al99,5 vorgeschrieben. Al99,7 und Al99,8 genügen erhöhten Anforderungen des chemischen Apparatebaues. Die Festigkeit im Zustand weich beträgt 60 bis 100 N/mm^2, je nach Reinheitsgrad, und kann durch Kaltumformen bis auf rd. 200 N/mm^2 gesteigert werden. Reinaluminium ist sehr gut kalt formbar, läßt sich gut schweißen und hartlöten. Bei Blecharbeiten wird oft gefalzt. Hauptanwendungsgebiete sind: Geschirrfabrikation, Apparate- und Behälterbau, Lager- und Transportgefäße für die chemische, pharmazeutische und Nahrungsmittel-Industrie, Bedachungen, Verkleidungen (Tuben und Verpackungen, Dosen) Folien, Elektrotechnik (Leitmaterial nach Sonderbestimmung), Kondensatoren, Kabel und Kabelmäntel.

Nicht aushärtbare Knetwerkstoffe

Der Werkstoff AlMn steht in Eigenschaften und Anwendung dem Reinaluminium sehr nahe. Festigkeit und zum Teil die Witterungsbeständigkeit sind gesteigert, die Umformbarkeit und Schweißbarkeit annähernd gleich. AlMn wird zur Geschirrherstellung, im Apparatebau und im Bauwesen (Dachdeckung, Wandverkleidungen) verwendet.

AlMg-Werkstoffe sind durch erhöhte Beständigkeit, vor allem gegenüber Seewasser und salzhaltiger Luft, gekennzeichnet. Sie eignen sich hervorragend auch für dekorative Oberflächenbehandlung durch anodische Oxidation. Bei hohen Ansprüchen an die Gleichmäßigkeit und das Aussehen der anodischen Schicht (besonders für großflächige Teile im Bauwesen) ist ausdrücklich »Eloxalqualität« zu bestellen. Die Festigkeit steigt mit dem Magnesiumgehalt, enstprechend nimmt die Formbarkeit ab. AlMg-Legierungen bis etwa 5 % Mg sind schweißbar. Hartlöten ist nur bis 2% Mg-Gehalt möglich.

AlMg1 wird heute überwiegend für Fassadenbleche verwendet, außerdem für Zierleisten. AlMg2, inzwischen umbenannt in AlMg2Mn0,3 ist Standardwerkstoff für Verkehrsschilder.

AlMg3 wird im Bauwesen, Fahrzeugbau, Schiffbau und im chemischen Apparatebau verwendet. Die Verarbeitung erfolgt meist durch Kaltumformen und Schweißen.

AlMg2Mn0,8 (früher AlMgMn) wird ähnlich wie AlMg3 verwendet, bietet jedoch etwas bessere Festigkeitseigenschaften für Beanspruchungen bei höheren Betriebstemperaturen (150 bis 250 °C) und gesteigerte Beständigkeit. Die Umformbarkeit ist etwas geringer; für dekoratives Anodisieren ist die Legierung nicht geeignet (Mn bewirkt »Farbstich«).

AlMg4,5Mn ersetzt zunehmend AlMg5, vor allem bei Tieftemperatur-Beanspruchung (z. B. Methantanks); auch bei Raumtemperatur liegen ihre Festigkeiten etwas höher. AlMg5 spielt aber noch eine Rolle u. a. für Niete, Schweißzusatz und für Teile in der optischen Industrie, die auf Automaten spanend bearbeitet und nach anodischer Oxidation hell und gleichmäßig aussehen sollen.

Aushärtbare Knetwerkstoffe

Die aushärtbaren Werkstoffe werden fast ausschließlich im ausgehärteten Zustand verwendet. Eine zusätzliche Kaltverfestigung kommt nur in Ausnahmefällen vor. Umformen kann in der Wärme, im weichgeglühten Zustand und unmittelbar nach dem Abschrecken (bei AlZnMg) ausgeführt werden. Abschließend wird kalt oder warm ausgelagert. AlMgSi läßt auch in kaltausgehärtetem Zustand noch geringe Umformung zu. Beim Schweißen geht die Aushärtung in der Wärmeeinflußzone ganz oder teilweise verloren.

AlMgSi-Werkstoffe sind kalt- und warmaushärtbar. Sie erreichen dadurch Zugfestigkeiten von 130 bis 320 N/mm^2. In ihrer Witterungsbeständigkeit stehen sie Reinaluminium kaum nach. Da sie in geeigneten Zuständen auch gut umformbar sind, ist ihre Anwendung sehr vielseitig. Sie sind zwar grundsätzlich schweißbar, der Rückgang der Aushärtung im Schweißbereich (Naht und Wärmeeinflußzone) ist jedoch zu beachten.

AlMgSi1 ist ein Konstruktionswerkstoff mittlerer Festigkeit: F28 und F32 im Zustand warmausgehärtet. Schwierigere Umformungen können im Zustand kaltausgehärtet (F 20) ausgeführt werden, danach können die Fertigteile durch Warmauslagern auf etwa F 28 gebracht werden. Der Mn-Zusatz bedingt, daß eine anodisch erzeugte Oxidschicht meist nicht völlig transparent ausfällt.

AlMgSi0,5, ausgezeichnet verpreßbar und als »Eloxalqualität« besonders geeignet, ist der wichtigste Aluminium-Werkstoff für das Bauwesen. Kaltumformen im Zustand kalt- und warmausgehärtet (F 13; F 22) möglich.

E-AlMgSi wird für Freileitungsseile, E-AlMgSi0,5 für Stromschienen verwendet, wo die Festigkeit des unlegierten E-Al nicht ausreicht.

AlMgSi0,8 ist nicht mehr genormt; AlMgSi0,7 wird vorwiegend im Schienenfahrzeugbau verwendet.

AlCuMg-Werkstoffe werden kaltausgehärtet und erreichen Zugfestigkeiten bis 480 N/mm^2. Sie werden für hochbeanspruchte Konstruktionsteile im Maschinenbau, Fahrzeugbau und Flugzeugbau verwendet und erfordern Schutz gegen Korrosion.

AlCuMg1 wird für höher beanspruchte Blechformteile verwendet (auch »plattiert«, s. unten). AlCuMg2 bietet höhere Festigkeitseigenschaften.

AlCu2,5Mg0,5 ist ein Nietwerkstoff, der relativ niedrig legiert ist, damit die Niete noch im Zustand kaltausgehärtet schlagbar sind.

AlZnMgCu-Werkstoffe sind hochfeste, warmaushärtbare Werkstoffe mit Zugfestigkeiten bis 540 N/mm^2 (AlZnMgCu0,5) und 560 N/mm^2(AlZnMgCu1,5). Sie werden im Zustand warmausgehärtet für hochbeanspruchte Konstruktionsteile im Flugzeugbau, Fahrzeugbau, Maschinenbau eingesetzt. Zunehmende Verwendung erfolgt in Form dicker, spannungsarm gereckter Platten für Stanzereiwerkzeuge und Formenbau. Zum Oberflächenschutz werden dünnere Bleche und

Bänder aus AlCuMg- und AlZnMgCu-Werkstoffen mit Deckschichten aus Reinaluminium bzw. Legierungen ohne Kupferzusatz plattiert (s. S. 271). Genormte Mindestdicken der Plattierschichten sind 2 bis 4 %, je nach Nenndicke der Bleche. Bei Korrosionsangriff erfolgt Abtragung der Deckschicht als »kathodischer Schutz«: kein Angriff des Kernwerkstoffes an Schnittkanten und Verletzungsstellen, solange noch Deckschicht in der Umgebung erhalten ist. Fügen von Teilen aus AlCuMg- und AlZnMgCu-Legierungen erfolgt durch Nieten, Schrauben oder Kleben. Mit Rücksicht auf den Verlust des Aushärteeffektes an Schweißnähten und auf die hier bei relativ niedrigen Temperaturen beginnenden Anschmelzungen im Gefüge (Überhitzung) kommt nur Widerstandsschweißen in Betracht (Punktschweißen, Rollennahtschweißen und Abbrennstumpfschweißen).

AlZn4,5Mg1 ist ein spezieller Werkstoff für Schweißkonstruktionen. Die Festigkeit liegt mit F 35 für den Zustand warmausgehärtet über den entsprechenden Werten für AlMgSi1; der Werkstoff ist wesentlich beständiger als die AlCuMg- und AlZnMgCu-Werkstoffe. Nach anfänglich erheblichem Absinken der Festigkeitswerte im Schweißnahtbereich werden ohne erneute Wärmebehandlung nach längerer Lagerung bei Raumtemperatur (3 Monate) fast die Werte des Ausgangszustandes wieder erreicht (z. B. ungefähr 280 N/mm^2).

Aluminium-Knetwerkstoffe mit besonderen Eigenschaften

Glänzwerkstoffe

Das verhältnismäßig lohnaufwendige mechanische Polieren läßt sich vielfach mit gleichem Effekt durch chemisches oder elektrolytisches »Glänzen« ersetzen. Die Behandlungszeiten in den betreffenden Bädern sind recht kurz. Um gewisse Aluminiumlegierungen glänzfähig zu machen, ist die Verwendung von hochreinem Aluminium, mindestens 99,8% Reinheit, meist Al99,9, als Legierungsbasis notwendig. Als Vorbehandlung ist allenfalls eine leichte Vorpolitur vorzuschalten. Da die so hergestellten glänzenden Flächen nicht griffest sind, muß anschließend anodisch oxidiert werden. Die Oxidschicht darf nur wenige Mikrometer (μm) dick sein; bei dickeren Schichten wird der Glänzeffekt beeinträchtigt. Genormt sind entsprechende Legierungen mit 0,5 und 1% Magnesium, die mit steigendem Magnesiumgehalt höhere Festigkeiten bieten. An aushärtbaren Werkstoffen sind genormt: Al99,9MgSi, Al99,85MgSi und Al99,8ZnMg. Diese Glänzwerkstoffe werden für Reflektoren, Zierleisten und Beschläge im Automobilbau und im Bauwesen sowie für Modeschmuck, Geschenkartikel usw. verwendet.

Automatenlegierungen

Spanen ist bei Aluminiumwerkstoffen jeweils im höchsten Fertigkeitszustand am besten ausführbar. Günstiger wirken sich auch besondere Legierungszusätze aus vor allem Blei, Wismut und Zinn. Legierungen mit solchen spanbrechenden Zusätzen werden als »Automatenlegierungen« oder »Bohr- und Drehqualität« bezeichnet. Die älteste Aluminium-Automatenlegierung ist AlCuMgPb, die im Zustand kaltausgehärtet verarbeitet wird. Aus den USA stammt die bei uns ebenfalls genormte Variante AlCuBiPb, die auch warmausgehärtet verwendet wird. Falls Witterungsbeständigkeit erforderlich ist und ein Oberflächenschutz nicht in Betracht kommt, kann auf AlMgSiPb übergegangen werden, das in der Festigkeit etwas niedriger liegt. Für dekoratives Anodisieren sind Automatenlegierungen normalerweise nicht geeignet; am günstigsten verhält sich AlMgSiPb. Falls, wie für Optik-Teile, die anodisierte Oberfläche gleichmäßig, hell und farblos sein soll, kann auf noch recht gut spanbares kaltverfestigtes AlMg5 ausgewichen werden.

Eine Zusamenstellung der wichtigsten Aluminium-Knetwerkstoffe mit Anwendungsbereichen ist in Tafel 1.2 gegeben.

Tafel 1.2: Anwendungsgebiete für Aluminium-Knetwerkstoffe

Hauptwerkstoffe	
Al99,5	Verpackung, Geschirr, Apparatebau
AlMn	Bedachung, Innenarchitektur, Apparatebau
AlMg3	Schiffbau, Fahrzeugbau
AlMg4,5Mn	Schiffbau, Fahrzeugbau, Ingenieurbau, Druckbehälter
AlMgSi0,5	Bauwesen, Ingenieurbau, Maschinenbau
AlMgSi1	Fahrzeugbau, Ingenieurbau, Maschinenbau
AlZn4,5Mg1	Schweißkonstruktionen im Fahrzeugbau, Ingenieurbau
AlCuMg2	Fahrzeugbau, Maschinenbau, Flugzeugbau
AlZnMgCu1,5	Flugzeugbau, Fahrzeugbau, Maschinenbau Werkzeugbau
Werkstoffe für Spezialzwecke	
AlMg1 und AlMg2Mn0,3	Blechformteile, Fassaden, Schilder
AlMg2Mn0,8	Schiffbau, Druckbehälter für höhere Temperaturen
E-AlMgSi	Drähte für Hochspannungsseile
E-AlMgSi0,5	Stromschienen für Schaltanlagen
AlMgSiPb	witterungsbeständige Teile für Automatenbearbeitung
AlCu2,5Mg0,5	Niete, insbesondere für die Luftfahrt
AlCuMg1	Blechformteile für hohe mechanische Beanspruchungen
AlCuMgPb und AlCuBiPb	Automatenteile, Maschinenbau
Glänzlegierungen	Glänzfähige Teile (Reflektoren, Zierleisten, Schmuck)
S-AlSi12 und S-AlSi5	Schweißzusatzwerkstoffe
L-AlSi12, L-AlSi10, L-AlSi7,5	Hartlote

Tafel 1.3: Beispiele für Markenworte

Legierung	Markenworte
AlMn	AGG 3, Berlinal Mn 12, Donal, F & G 8, Heddal 21, Leg. 800, Mangal (41) usw.
AlMg	AGGS 7, BS-Seewasser, Deltoxal, Duranalium, Hanno B, Hydronalium usw.
AlMgSi	Aludur 533, Anticorodal, Bergal C, Erges 4, Hattal C, Neumal S usw.
AlCuMg	Aluwe 1, Avional, Bondur, Deltumin, Duralumin, Finodur usw.

Aluminium-Gußwerkstoffe

Fertigung durch Gießen stellt den kürzesten Weg vom Rohmetall zum Fertigteil dar. Aluminiumgußwerkstoffe sind gut gießbar und werden im Sand-, Kokillen- und Druckgießverfahren verarbeitet. Gießen wird in der Regel im industriellen Maßstab betrieben und stellt, von wenigen Ausnahmen abgesehen, kein handwerkliches Verarbeitungsverfahren dar. Eine dieser Ausnahmen ist der handwerklich betriebene Kunstguß in Einzelfertigung unter Anwendung spezieller Form- bzw. Gießverfahren. Darauf wird im Rahmen dieses Buches nicht eingegangen. Aluminium-Gußwerkstoffe sind nach DIN 1725 Teil 2 genormt, Blockmetall (Masseln) nach DIN 1725 Teil 5.

Markenworte und Firmenkurzzeichen

Obwohl die genormten Legierungen eine genau festgelegte Bezeichnung tragen, die gleichzeitig eine Aussage über die Zusammensetzung macht, hat die Aluminiumindustrie bis heute von zusätzlichen Legierungsbezeichnungen, wie Markenworten und eigenen Kurzzeichen, noch nicht ganz Abstand genommen. Die Markenworte waren ursprünglich auf wenige patentrechtlich geschützte Legierungen beschränkt (z. B. Duralumin, Hydronalium, KS-Seewasser, Silumin). Mit dem Erlöschen der Schutzrechte kam eine verwirrende Fülle neuer Bezeichnungen für die bekannten und meist genormten Legierungen auf, so daß zehn verschiedene Bezeichnungen für eine genormte Legierung keine Seltenheit sind. Beispiele für Markenworte gibt Tafel 1.3. Außer diesen Bezeichnungen führen die Herstellerwerke vielfach noch Zahlenangaben. In diesem Buch werden nur DIN-Bezeichnungen für die Werkstoffe verwendet.

Aluminiumhalbzeug

Walzerzeugnisse: Zur Erzeugung von Blechen, Bändern und Folien aus Aluminium geht man von gegossenen Formaten (Walzbarren) aus, die zunächst auf eine bestimmte Dicke warm heruntergewalzt und weiter auf Fertigmaß kaltgewalzt werden. Walzerzeugnisse aller Art spielen bei der handwerklichen Fertigung eine überragende Rolle.

Strangpreßerzeugnisse: Strangpressen ist neben dem Walzen das wichtigste Umformverfahren zur Herstellung von Aluminium-Knethalbzeug. Dabei werden vorgewärmte Gußblöcke unter hohem Druck durch eine Matrize hindurchgedrückt, aus der die Form des zu pressenden Querschnitts ausgearbeitet ist. Stranggepreßt werden Stangen, Rohre und Profile. Daneben spielen, meist nur als Zwischenerzeugnis, Preßdraht (zum Weiter-Ziehen) und Preßschienen bzw. Preßband (zum Weiter-Walzen) eine Rolle. Mittels Strangpressen können besonders wirtschaftlich Profile mit nahezu beliebigen Querschnittsformen hergestellt werden. Strangpreßerzeugnisse sind für den Metallbau unentbehrlich.

Schmiedeerzeugnisse: Schmiedestücke stehen nach ihrer Anwendbarkeit Formteilen wie Gußstücken und Blechformteilen näher als z. B. Blechen, Stangen oder Strangpreßprofilen mit einfachem Querschnitt. Gesenkschmiedestücke werden auf Spindelpressen oder hydraulischen Pressen hergestellt.

Wie lassen sich Aluminiumwerkstoffe voneinander unterscheiden?

Bei Verarbeitung von Halbzeug, Reparatur von Bauteilen oder bei der Sortierung von Schrott muß man vor allem wissen, ob Reinaluminium oder eine Legierung mit Magnesium, Kupfer, Silizium oder Zink enthaltende Legierung vorliegt. Da Aluminiumwerkstoffe in der Regel keine markanten Unterschiede im Oberflächenaussehen aufweisen, ist eine Unterscheidung mit ausreichender Genauigkeit nur durch chemische Methoden möglich. Zur Erkennung von Hauptlegierungsbestandteilen und damit zur Identifizierung des Werkstofftyps bietet sich die sogenannte Tüpfelprobe an. Ihre Durchführung wird nachfolgend beschrieben.

Unterscheidung von Aluminiumwerkstoffen mittels Tüpfelprobe

Erforderliche Chemikalien

100 cm^3 NaOH (Natronlauge 20 %)
100 cm^3 HNO_3 (Salpetersäure ca. 30 %)
100 cm^3 NH_3 (Salmiakgeist, Ammoniak, handelsüblich)
sowie Filterpapier; Schaber, Drahtbürste oder Schmirgelpapier

Durchführung der Tüpfelprobe

1. Oxidschicht mit Schaber, Drahtbürste oder Schmirgelpapier an der Prüfstelle entfernen, anschließend einige Tropfen NaOH (Natronlauge) auf die Prüfstelle geben. Zeigt sich nach einigen Sekunden Einwirkzeit eine Reaktion (erkennbar am Schäumen der Lauge) liegt Aluminium oder eine Aluminiumlegierung vor. Zeigt sich keine Reaktion, handelt es sich nicht um Aluminium.

2. Bei einer Reaktion Natronlauge etwa 15 Minuten einwirken lassen und Probe anschließend in sauberem Wasser abspülen. Zeigt sich ein metallweißes Beizbild, liegt ein Werkstoff mit guter Korrosionsbeständigkeit, aber geringer bis mittlerer Festigkeit vor; z. B. Al 99,5, AlMn, AlMgMn. AlMgSi (Si$<$3 %). Bei einer Dunkelbeizung (schwarz, dunkelgrau) liegen Kupfer, Zink oder Silizium als Legierungsbestandteile vor(Si$>$3 %).

3. Dunkelbeizung mit saugfähigem Papier oder Lappen trocken tupfen (nicht reiben). Anschließend einige Tropfen Salpetersäure auf die Dunkelbeizung geben. Wird durch die Salpetersäure nach einigen Sekunden der Einwirkzeit an der benetzten Stelle die Dunkelbeizung restlos klar, ist Kupfer oder Zink enhalten; bleibt die Dunkelbeizung erhalten oder wird diese nur etwas heller, liegt Silizium vor. Der Siliziumgehalt der Legierung beträgt dann mehr als 3 % und ist um so höher, je dunkler die Verfärbung ist. Somit liegt ein Werkstoff der Gattung AlSi vor.

4. Zur Untersuchung von Kupfer oder Zink sind in die Salpetersäure einige Tropfen Salmiakgeist zu geben. Zeigt sich anschließend ein bläulich-violetter Niederschlag, liegt Kupfer vor (z. B. bei AlCuMg. Bleibt die Säure klar, handelt es sich um Zink (z. B. bei AlZn4,5Mg1).

Achtung: Bei Blechen ist immer eine Schnittkante mit Natronlauge zu benetzen. Zeigt diese eine Dunkelbeizung an und das Blech eine Hellbeizung, ist der Werkstoff plattiert. Die Plattierschicht beträgt etwa 5% der Blechdicke, die zur Durchführung der Tüpfelprobe mechanisch beseitigt werden muß.

Lieferformen von Aluminium

Bleche in etwa folgenden Abmessungen: Warmgewalzte Bleche (Dicke ≧ 6 mm): Breite 1000 mm bis 3500 mm, Länge: 2000 mm bis 10000 mm. Kaltgewalzte Bleche und Bänder (Dicke ≦ 8 mm) Breite bis 1600 mm. Bleche mit eingewalzten Mustern: Raupen oder Warzenbleche aus AlMgSi1, AlMg3 und AlZn4,5Mg1: Dicke 2,5 bis 10 mm + Raupenhöhe 1 mm, Abmessung bis 2500 mm x 8000 mm^2. Dessinierte Bleche: Hammerschlag- und Pyramidenmuster, Fein-Wellbleche. Dekorative Muster in größter Auswahl.

Wellbleche in verschiedensten Abmessungen mit Rund-, Trapez- und Sonder-Wellenquerschnitt in Baubreiten bis etwa 1000 mm; abgekantet bis 3,7 m Länge, rollgeformt bis 30 m Länge (darüber Transportprobleme).

Blech- und Bandprofile, gezogen oder gewalzt bis zu rd. 25 m, abgekantet bis 6 m Länge.

Ronden (Scheiben) bis 1250 mm Durchmesser, für den Apparatebau bis 3500 mm Durchmesser.

Dünne Bänder von 0,021 mm bis 0,35 mm Dicke bis zu 1600 mm Breite. Bleche und Bänder sind in folgenden Oberflächenzuständen zu erhalten: Normalgewalzt glatt, hochglanzgewalzt, glänzend, mattgewalzt, gebürstet und ggf. anodisch oxidiert oder lackiert.

Folien aus Reinaluminium von 0,004 bis 0,020 mm Dicke, bis 2000 mm Breite.

Vollstangen, stranggepreßt und bei kleineren Querschnitten ggf. nachgezogen bis zu etwa 10 m Länge als Rund-, Vierkant-, Sechskant- und Rechteckstangen.

Profile, Vollprofile und Hohlprofile (mit einem oder mehreren durchgehenden Hohlräumen), nach dem Strangpreßverfahren hergestellt. Länge etwa 5 bis 6 m, Sonderausführungen bis zu 20 m Länge. Es lassen sich Profilquerschnitte herstellen, deren Umrisse innerhalb eines Kreises von nahezu 570 mm Durchmesser oder eines Rechteckes von 600 mm x 180 mm liegen. Die Größtmaße und Mindestwanddicken von Profilen hängen von der Werkstoffzusammensetzung und der Profilform ab. Bei Anforderung von Profilen empfiehlt es sich – soweit Profilkataloge der Herstellerwerke nicht vorliegen – der Anfrage eine Skizze des gewünschten Querschnittes beizufügen. Das ist aus Gründen der Wirtschaftlichkeit und wegen kürzerer Lieferfristen günstig. Im allgemeinen können die Halbzeugwerke nämlich ein ähnliches Profil anbieten, für das ein Preßwerkzeug (Preßmatrize) bereits vorhanden ist. Die Angabe des Verwendungszweckes erleichtert es den Werken, anhand von Profilzeichnungen Vorschläge zu unterbreiten.

Rohre (nahtlose Rundrohre) Herstellänge 2 bis ca. 6 m und länger. Formrohre (Rohrprofile), stranggepreßt oder aus Rundrohren hergestellt. Herstellänge bis rd. 6 m. Die Formen sind äußerst vielfältig, flach, oval, quadratisch, rechteckig usw., Rohre mit Stegen nach innen und/oder außen, mit Winkel- und Querverbindungen, Mehrfachrohre (Kammerrohre). Konische Rohre, stranggepreßt, bis 9 m Länge (z. B. für Maste), Stufenrohre (mit abgesetztem Querschnitt) nahtlos stranggepreßt oder aus geformten und längsgeschweißten Bändern, Längsgeschweißte Rohre, Rippenrohre, Rohrbleche, z. B. für Kühlgeräte, Dünnwandige Rohre in Durchmessern bis 20 mm mit Wanddicken bis herab zu 0,3 mm, Feinstrohre bis herab zu 0,3 mm Durchmesser und 0,025 mm Wanddicke.

Drähte, auf Spulen oder in Ringen bis zu 90 kg oder als Schweißstäbe, Drahtelektroden, Webdrähte 0,02 bis 3 mm Durchmesser, Profildrähte (quadratisch, rechteckig, sechskant, flach, dessiniert).

Freiformschmiedestücke bis über 1000 kg Masse.

Gesenkschmiedestücke bis zu 2500 mm Länge.

Sandgußstücke bis 1000 kg Masse und ggf. mehr.

Kokillengußstücke bis 100 kg Masse (Kolben bis 420 kg).

Druckgußstücke z. Z. bis rd. 40 kg Masse.

Seile aus Reinaluminium und E-AlMgSi (Aldrey®) sowie Aluminium-Stahl-Seile, Litzen, Kabel mit Aluminiummänteln, Niete in allen genormten Formen mit Nennabmessungen bis zu 16 mm, Nägel, Maschinen- und Holzschrauben, Bolzen, Stifte, Unterlegscheiben, Granalien.

Die meisten Lieferformen sind genormt; eine Zusammenstellung findet sich im Anhang.

Transport und Lagerung von Aluminium

Im Betrieb ist auf sachgemäßen Transport und sachgemäße Lagerung besonders zu achten. Halbzeug und Fertigteile werden vom Vorlieferanten vor dem Versand (Transport) zum Verarbeiter oder Verbraucher sorgfältig und stoßfest verpackt, damit keine Oberflächenschäden und andere Beschädigungen auftreten können. Vielfach sind sie mit einem Oberflächenschutzmittel versehen. Durch Verkeilen oder ähnliche

Maßnahmen wird das Transportgut gegen Verrutschen gesichert. Zur Vermeidung von Scheuer- oder Druckstellen bei Blechen sind Papierzwischenlagen, bei Profilen, Stangen und Rohren Umwickeln üblich. Beim Transport ist Schutz vor Nässe erforderlich.

Verpacktes Halbzeug ist möglichst sofort vorsichtig auszupacken und in trockenen, heiz- und lüftbaren Räumen zu lagern. Nicht werfen, schieben oder ziehen! Wenn sich Kondenswasser zeigt, Material auf Lagertemperatur bringen und mit weichem Lappen abtrocknen. Stehende Lagerung erfolgt mit ca. 15° Neigung zur Abstützung hin, Auflage und Abstützung erfolgen mit Holz, Kunststoff oder Gummi. Bei liegender Lagerung müssen genügend Unterstützungspunkte vorgesehen werden, damit ein Durchhängen des Halbzeuges vermieden wird (sonst bleibende Deformation). Die Entnahme der Teile muß durch Herausheben erfolgen, nicht durch Ziehen oder Schieben, da sonst die Oberfläche beschädigt wird. Bei längerer Lagerung ist das Halbzeug mit einem temporären Oberflächenschutz zu versehen.

Beispiele für die Verwendung von Aluminium

Verkehr
Fahrzeugbau für Straße und Schiene. Personen-, Güter-, Kühl- und Kesselwagen. Lastkraft- und Tankwagen, Omnibusse. Personenkraftwagen, Motorräder und -roller. Seilbahnkabinen.

Schiffbau: Decksaufbauten, Schornsteine, Maste, Lukendeckel, Schiebebalken, Schottstützen, Kühlraumauskleidungen, Fenster, Beschläge, Landgänge, Fallreeps, Rettungsboote, Motorboote, Jachten, Sportboote.

Flugzeugbau: Zellen, Triebwerksteile und Zubehör.

Maschinenbau
Motoren-, Kompressoren-, Getriebegehäuse, Kolben, Pleuel, Zylinderdeckel, Gleitlager für Fahrzeug- und stationäre Motoren; Ventilatoren; Maschinenteile für Textil-, Nahrungsmittel-, Verpackungsindustrie, für Holz- und Metallbearbeitung u. a.

Bergbau
Förderkörbe, Stempel, Kappen für Grubenausbau, Belüftung, Rutschen, Geräte. (Einschränkungen bestehen für grubengasführende Baue.)

Verpackung
Folien, Kapseln, Tuben, Dosen, Flaschen, Kannen, Fässer, Kästen, Transportbehälter.

Haus und Küche
Geschirr, Geräte und Maschinen, Campingartikel, Kunstgewerbe, Schmuck.

Feinmechanik und Optik
Kino-, Photo-, Meßgeräte, Büromaschinen.

Elektrotechnik
Freileitungen, Kabel, Schalt- und Verteileranlagen, Radargeräte, Antennen.
Kondensatoren, Beleuchtungskörper, Reflektoren, Motorenteile.

Bauwesen
Dächer, Fassaden, Trennwände, Decken, Verkleidungen, Fertighausbau.
Türen, Tore, Fenster, Sonnenblenden, Geländer, Beschläge, Ladenausbau.
Feuchtigkeits- und Wärmeisolation.

Ingenieurbau
Hallenkonstruktionen, Baugerüste, Maste, Brücken, Laufkrane, Kranausleger, Lawinenverbauungen, Silos.

Chemische Industrie und Apparatebau
Behälter, Destillationskolonnen, Wärmeaustauscher, Trockner, Pumpen, Entlüftungen, Rohrleitungen, Reaktorbau.
Pulver für Anstrichmittel und chemische Industrie.

Stahl- und Metallindustrie
Für Desoxidations- und Legierungszwecke.
Aluminothermie.

Kapitel 2: Umformen

2. Umformen

Besonderheiten beim Umformen von Aluminium

Das Umformen von Aluminium erfolgt meist auf den gleichen Maschinen, die auch für die Bearbeitung anderer Werkstoffe, wie Stahl, Kupfer usw. verwendet werden. Eine sach- und werkstoffgerechte Verarbeitung der Aluminiumwerkstoffe setzt allerdings die Beachtung einiger Besonderheiten voraus.

Aluminium
- hat eine weichere Oberfläche als Stahl,
- ist kerbempfindlich,
- hat eine merkliche Rückfederung beim Biegen,
- hat eine größere Wärmedehnung und eine hohe Wärmeleitfähigkeit.

Aluminiumoberflächen können leicht beschädigt werden. Halbzeug und Werkstücke sind deshalb beim Transport zu tragen, Schleifen oder Ziehen über Werkbank oder Fußboden ist zu vermeiden. Verunreinigungen der Metalloberfläche durch Schwermetallflitter sind auszuschließen; bei Einwirkung von Feuchtigkeit kann die Oberfläche korrodieren. Werkbank, Arbeitstische und Arbeitsböcke sind sauberzuhalten und mit einem Belag auszurüsten. Geeignet dafür sind dickes Papier oder leicht zu reinigende Platten aus Kunststoff oder Filz sowie Aluminiumblech. Wenn laufend Aluminium verarbeitet wird, sollten dafür eigene Werkzeugsätze beschafft werden. Eine Kennzeichnung von Werkzeug und Maschinen durch Anstrich hilft, Verwechslungen zu vermeiden. Schraubstockbacken sollen aus Aluminium, Kunststoff oder Holz sein; Kupfer oder Blei sind ungeeignet, weil Flitter davon in die Aluminiumoberfläche eingedrückt werden und zu Korrosion führen können. Packpapier, feste Kunststoffolie oder Aluminiumblech sind als Zwischenlage für Umformarbeiten, wie Runden oder Abkanten, zweckmäßig. Scheuerstellen und mechanische Verletzungen der Oberfläche, z. B. Kratzer, lassen sich nur schwer wieder beseitigen. In manchen Fällen ist das sogar überhaupt nicht mehr möglich.

Aluminium ist kerbempfindlich. Deshalb und zum Schutz der Oberfläche verwendet man Hämmer aus Aluminium, Hartholz oder Kunststoff mit gut gerundeten Kanten. Die Arbeitsflächen aller Werkzeuge müssen glatt sein. Oft sind Schmiermittel zu verwenden. Auch beim Anzeichnen ist man auf schonende Behandlung der Oberfläche bedacht. Um Kerben zu vermeiden, wird zum Anzeichnen ein Blei- oder

Fettstift benutzt. Beim Anreißen mit der Reißnadel entstehen Risse, die beim Biegen von Blechen infolge Kerbwirkung zu Werkstoffbrüchen führen können. Selbst beim Anzeichnen von Schneid- oder Sägelinien benutzt man einen Bleistift, obwohl die Linien durch die Bearbeitung fortgearbeitet werden. Beim Anzeichnen eines Kreises soll die Zirkelspitze nur wenig eingedrückt werden. In der Praxis verwendet man dafür auch eine angekörnte Unterlage aus dünnem Blech. Ankörnen ist nur dann zulässig, wenn die Stelle nachher weggebohrt wird.

Bei Biege- und Abkantarbeiten federt Aluminium stärker zurück, als man es von Stahl her gewohnt ist. Die Rückfederung ist um so stärker, je härter der Werkstoff ist. In der Werkstatt wird die Rückfederung durch entsprechendes Überbiegen ausgeglichen. Das genaue Maß läßt sich nur durch Versuche ermitteln. Die größere Rückfederung des Aluminiums im Vergleich zu Stahl ist auf den geringen Elastizitätsmodul zurückzuführen.

Die gute Wärmeleitfähigkeit von Aluminium hat zur Folge, daß örtliches Erwärmen oft nicht ausreicht, da die Wärme vom benachbarten kälteren Werkstoff zu schnell abgeführt wird. Bei engen Toleranzen ist die große Wärmeausdehnung von Aluminium u. U. zu berücksichtigen.

Kaltumformbarkeit von Aluminium

Die meisten Umformarbeiten werden kalt, d. h. bei Umgebungstemperatur durchgeführt, denn das Anwärmen dünnwandiger Profile und dünner Bleche kann zu Verwerfungen führen. Die aufzuwendende Kraft ist beim Kaltumformen von Aluminium geringer als beim Kaltumformen von Stahl. Der Grad der Umformbarkeit ist abhängig von Werkstoff und Werkstoffzustand.

Wie bei allen metallischen Werkstoffen ändert sich auch bei Alumnium durch Kaltumformen der Werkstoffzustand. Durch Kaltumformen

- wird der Werkstoff fester und härter;
- können Spannungen im Werkstück auftreten;
- kann der Werkstoff reißen, wenn das Umformvermögen überschritten wird.

Am leichtesten und am stärksten umformbar sind Reinaluminium und Reinstaluminium sowie die Legierung AlMn, alle in weichem Zustand.

Weniger gut umformbar sind Reinaluminium und Aluminiumlegierungen in halbhartem Zustand sowie die aushärtbaren Legierungen in weichem Zustand.

Gering oder schwierig kaltumformbar sind alle Werkstoffe in hartem bzw. ausgehärtetem Zustand.

Wärmebehandlung beim Umformen

Glühen zur Entfestigung

Kaltverfestigte Aluminiumwerkstoffe kann man durch Glühen entfestigen (»Weichglühen«). Dadurch bekommt der Werkstoff sein ursprüngliches gutes Umformvermögen wieder zurück. Zwischenglühen soll man nur nach vorausgegangener hoher Umformung, also wenn die Umformbarkeit des Werkstoffes nahezu erschöpft ist. Diese Forderung muß gestellt und eingehalten werden, weil sich beim Glühen gering umgeformter Werkstücke eine Vergröberung des Metallgefüges einstellt. Die Werkstückoberfläche hat dann ein mehr oder weniger narbiges Aussehen (Orangenhaut).

Durch Grobkorn wird die Umformbarkeit des Werkstoffs ungünstig beeinflußt. Grobkornbildung vermeidet man durch:

- möglichst hohen Umformgrad vor dem Glühen,
- möglichst schnelles Erwärmen auf die gewünschte Glühtemperatur,
- Einhalten der richtigen Glühtemperatur (je höher der Umformgrad war, desto niedriger die Glühtemperatur),
- nicht zu langes Glühen.

Die Glühtemperatur für alle im Handwerk gebräuchlichen Aluminiumwerkstoffe liegt zwischen 300 bis 450 °C. In handwerklichen Betrieben findet man nur selten spezielle Glüheinrichtungen, z. B. Luftumwälzöfen. Man behilft sich deshalb mit der Schweißflamme oder mit dem Lötbrenner und geht wie folgt vor:

- großen Brennereinsatz wählen;
- Flamme weich einstellen;
- Wärme durch ständiges Bewegen des Brenners gleichmäßig auf das Werkstück verteilen;
- bei größeren Werkstücken mehrere Schweiß- oder Lötbrenner verwenden;

- Temperatur unbedingt kontrollieren (mit Holzspan oder Thermochromstift, Überhitzung auf jeden Fall vermeiden (generell nicht auf Temperaturen über 500 °C erwärmen);
- Werkstück langsam an der Luft erkalten lassen.

Anwärmen zum Warmumformen

Die Weiterverarbeitung von Aluminium erfolgt oft bei Temperaturen ab 150 °C. In handwerklichen Betrieben verwendet man für das Anwärmen der zu formenden Werkstücke, wenn nicht ein Kammerofen zur Verfügung steht, eine weich eingestellte Schweißflamme oder einen Lötbrenner. Für kurzzeitige örtliche Erwärmung (z. B. von Blechen) sind auch vielflammige Gasbrenner brauchbar, wegen der Verschmutzung und Überhitzungsgefahr kein Steinkohlefeuer verwenden. Sorgfältige Temperaturkontrolle ist Grundbedingung (Holzspan, Thermochromstift). Das Arbeiten mit der Flamme erfordert Übung. Überhitzung erkennt man, wenn überhaupt, nur daran, daß die Werkstückoberfläche ein »grieseliges» Aussehen bekommen hat. Überhitzter Werkstoff hat infolge irreversibler Gefügevorgänge seine kennzeichnenden mechanischen Eigenschaften verloren.

Vorsicht beim Anwärmen, sorgfältige Temperaturkontrolle ist unerläßlich!

Beim Anwärmen ist zu beachten, daß das Umformen noch eine gewisse zusätzliche Temperaturerhöhung zur Folge haben kann.

Beim Anwärmen von Aluminium kann man keine farblichen Veränderungen erkennen. Auch der geübteste Fachmann kann aus diesem Grunde auf eine laufende Temperaturkontrolle mit den üblichen Mitteln nicht verzichten!

Noch immer gebräuchlich ist die Kontrolle mit einem trockenen Weichholzspan:

- bei 350 °C Werkstücktemperatur entsteht bei langsamem Reiben unter mäßigem Druck ein hellbrauner Strich,
- bei 400 °C Werkstücktemperatur entsteht unter gleichen Bedingungen ein brauner Strich,
- bei 450 °C Werkstücktemperatur entsteht bei langsamem Reiben unter leichtem Druck ein dunkelbrauner, bei raschem, leichtem Reiben ein hellbrauner Strich,
- bei 500 °C entsteht bei schnellem, leichtem Reiben bereits ein schwarzer Strich, der nach 5 bis 10 Sekunden verschwunden ist.

Bei wiederholten Messungen den Holzspan abbrechen oder anspitzen, da dieser von den vorangegangenen Messungen an der Spitze angekohlt ist und eine Temperatur anzeigt, die das Werkstück noch nicht hat! Genauer und sicherer ist die Verwendung von Thermochromstiften. Ihre Wirkung beruht auf Farbumschlag bei Erreichen einer bestimmten Temperatur. Sie erlauben Temperaturermittlungen zwischen 65 und 670 °C in 15 Stufen. Thermocolorfarben wirken nach dem gleichen Prinzip.

Bei nicht aushärtbaren Werkstoffen wird durch das Anwärmen die Festigkeit halbharter oder harter Qualitäten herabgesetzt, unter Umständen bis zum Zustand »weich«. Wenn aushärtbare Legierungen einer Temperatur über 100 °C längere Zeit ausgesetzt werden, ist mit einem Abfall der Festigkeit zu rechnen. Die Werkstücke sind erneut auszuhärten.

Verfahren zum Umformen von Aluminium

Schmieden

Aluminium, insbesondere Reinaluminium, läßt sich gut schmieden. Die vom Stahl her bekannten Schmiedetechniken können auf Aluminium übertragen werden. Aluminium läßt sich warm- und kaltschmieden. Beim Kaltschmieden verfestigt sich der Werkstoff, je nach Umformgrad. Ist der Zustand »hart« erreicht, muß für die weitere Bearbeitung weichgeglüht werden. Beim Warmschmieden verzichtet man auf die Benutzung eines mit Schmiedekohle beheizten Schmiedefeuers. Die Kohle setzt Schlacke ab, die auf dem Aluminium festbrennen kann, das Aluminium verrußt, und die Wärmekontrolle wird zu schwierig. Eine Temperaturkontrolle durch Glühfarben ist beim Aluminium nicht möglich. Die Temperaturkontrolle erfolgt mittels Holzspan oder Thermochromstift (s. S. 38).

Hammerschweißen

Hammerschweißen wird gelegentlich im Kunstschmiedehandwerk angewendet. Das Verfahren weicht von der Feuerschweißung von Stahl ab. Es erfordert Übung und es müssen einige Punkte beachtet werden.

Arbeitsablauf

- Zu verbindende Enden zum Schweißen vorbereiten durch Anschmieden einer Schräge;

- Schmiedeteile vorwärmen auf rd. 250 bis 300 °C (mit Schweißflamme oder Glühofen);
- Oxidschicht mit Drahtbürste entfernen (hier bringt das Vorwärmen den Vorteil, daß Fettrückstände beseitigt sind und die Drahtbürste besser angreift);
- Anwärmen auf rd. 450 °C, Vorsicht vor Überhitzung!
- noch einmal Oxidschicht entfernen und Teile schnell und überlappt aufeinanderlegen; (Überlappungslänge 2 bis 3 mal Materialdicke)
- mit kurzen, kräftigen Hammerschlägen die Verbindung herstellen; bei größeren Breiten sind entsprechend mehr Verbindungsschläge erforderlich.

Blechumformen

Für das Umformen von Blechen oder Bändern sind die von anderen metallischen Werkstoffen her bekannten Arbeitsverfahren auf Aluminium übertragbar. Beim Umformen von Aluminiumblech oder -band ist zu beachten:

Kanten, Schnittflächen und Abbohrungen entgraten.

Kleinsten Biegeradius ggf. durch Versuch ermitteln.

Festes Papier, feste Kunststoffolie oder Aluminiumblech beim Abkanten und Runden als Beilage zum Schutz der Oberfläche benutzen.

Maschinen und Werkzeuge sauberhalten, Kratzer und Eindrücke vermeiden.

Gleichmäßig und nicht ruckartig umformen.

Drücken

Das Drücken (Bilder 2.1 und 2.2) ist ein bei Aluminium oft angewandtes Arbeitsverfahren, z. B. für die Herstellung von Haushaltsgeschirren, Transportgefäßen oder Leuchten. Die Drückstähle müssen poliert sein, damit Oberflächenschäden vermieden werden. Die hohe Reibung, die zwischen Drückstahl und Werkstück auftritt, wird durch Einfetten mit Talg oder mit anderen Schmiermitteln gemindert. Wenn beim Drückvorgang am Rande der Ronde Risse auftreten, dann muß zwischendurch besäumt werden. In manchen Fällen wählt man den Rondendurchmesser etwas größer, weil dann eine eventuell auftretende Faltenbildung außerhalb des fertigen Gegenstandes liegt. Später wird der Rand abgestochen. Bei größeren Blechdicken oder wenn die

Bild 2.1: Drückvorgang auf einer Drückbank, schematisch.
1 Futter, 2 Ronde, 3 Gegenhalter, 4 Reitstockpinole, 5 Drückstahl, 6 Auflager, 7 Planscheibe

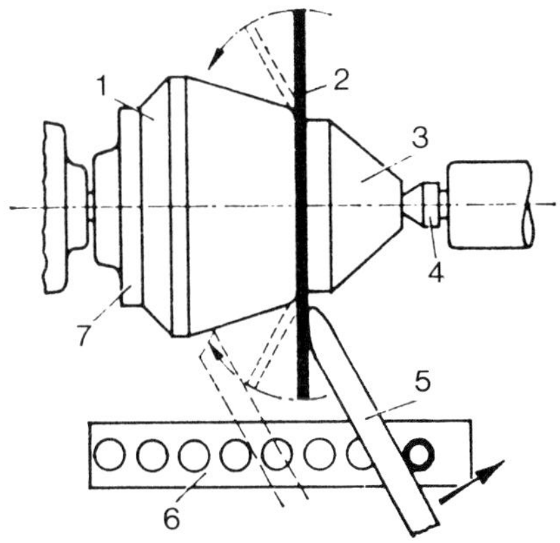

Bild 2.2: Hier wird vom Metalldrücker aus einer runden Scheibe (Ronde) aus Aluminium auf einer Drückbank ein Behälter in seine Form gebracht.

Blechdicke an bestimmten Stellen verringert werden soll, erwärmt man die Ronde nach dem Einspannen mit einem Schweiß- oder Lötbrenner auf etwa 300 °C. Gewissenhafte Temperaturkontrolle, gleichmäßiges Anwärmen durch ständige Brennerbewegung sind dabei unerläßlich. Anwärmen erleichtert die Arbeit erheblich.

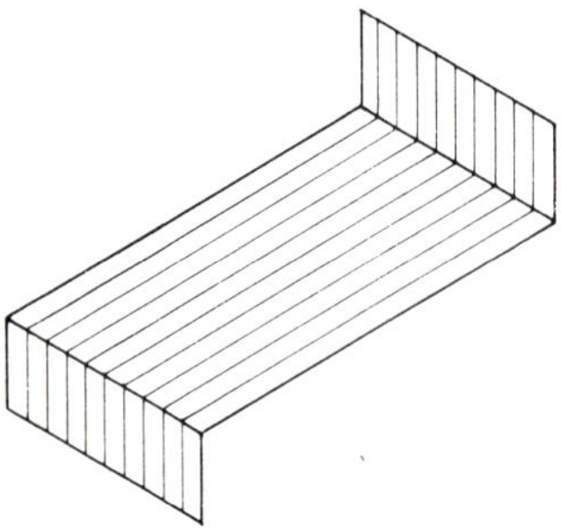

Bild 2.3: Beim Abkanten soll die Biegekante möglichst quer zur Walzrichtung des Bleches laufen.

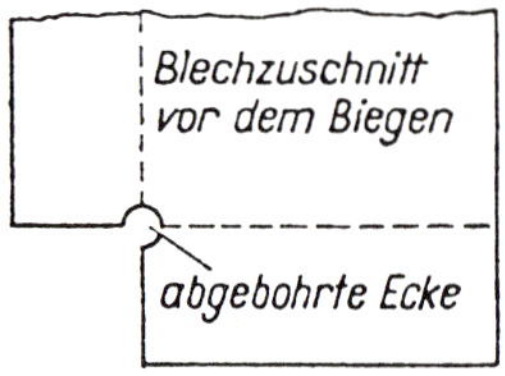

Bild 2.4: Im rechten Winkel zueinander liegende Biegekanten müssen an den Enden abgebohrt werden.

Abkanten

Beim Aluminium vermeidet man scharfes Abkanten. Es wäre allenfalls auch nur bei weichem Reinaluminium und der Legierung AlMn möglich. Die nichtaushärtbaren Werkstoffe werden mit einem Radius gebogen, der bei Blechen bis etwa 3 mm Dicke zwischen 0,5 bis 3facher Blechdicke liegt. Für den geringsten zulässigen Radius ist der Werkstoffzustand maßgeblich. Notfalls müssen an Abfall-Blechabschnitten Versuche durchgeführt werden. Beim maschinellen Abkanten verwendet man wegen der notwendigen Radien die abgerundete Schiene. Die Biegekante soll nach Möglichkeit quer zur Walzrichtung des Bleches verlaufen (Bild 2.3).

Im rechten Winkel zueinander liegende Kanten müssen an den Ecken abgebohrt werden (Bild 2.4). Die Bohrlochdurchmesser richten sich nach der Blechdicke. Als Anhaltswert kann man folgende Durchmesser verwenden:

Blechdicke 0,5 mm	abbohren mit Bohrer von 3 mm Dmr.
Blechdicke 1,0 mm	abbohren mit Bohrer von 4 mm Dmr.
Blechdicke 1,5 mm	abbohren mit Bohrer von 5 mm Dmr.
Blechdicke 2,0 mm	abbohren mit Bohrer von 6 mm Dmr.

In der Praxis schützt man die Metalloberfläche bei Biegearbeiten häufig durch Zwischenlagen aus festem Papier. Infolge des Gleitvorganges beim Abkanten reißt das Papier jedoch leicht ein. Vorteile bringen Zwischenlagen aus fester Kunststoffolie. Sie sind elastisch und ertragen zahlreiche Abkantungen ohne Schaden.

Sicken

Das Sicken unterscheidet sich, wie auch Falzen, Rollen und Bördeln beim Aluminium gegenüber der Arbeitsweise bei anderen Werkstoffen durch die Einhaltung von größeren Mindestbiegeradien. Das gilt besonders für Legierungen. Beim Sicken von Aluminium ist darauf zu achten, daß man die Rollen nicht zu stark zustellt, damit keine Blechdickenminderung eintritt und auch um ein Einreißen des Werkstoffes zu vermeiden. Notfalls muß der Arbeitsprozeß in mehreren Stufen vorgenommen werden. Auf folgendes ist zu achten:

Sicken dürfen nicht scharfkantig, sondern müssen mit einem Radius versehen sein.

Die Bleche und die Sickenrollen müssen sauber und unbeschädigt sein.

Die Sickenrollen sollen eine glatte Oberfläche und gerundete Kanten haben.

Schmieren der Rollen mit dünnflüssigem Öl erleichtert die Arbeit.

Runden

Beim Runden von Aluminium auf Rundmaschinen muß auf Unversehrtheit und Sauberkeit der Walzen geachtet werden. Zur Schonung der Oberfläche müssen geeignete Zwischenlagen aus Papier, Kunststoff oder dergleichen verwendet werden. Für die ausschließliche Bearbeitung von Aluminium kann die Maschine mit harten Kunststoffwalzen umgerüstet werden.

Treiben

Für Treibarbeiten sind Reinaluminium und alle nichtaushärtbaren Legierungen im weichen bis halbharten Zustand geeignet. Aushärtbare Legierungen können unmittelbar nach dem Lösungsglühen und Abschrecken umgeformt werden. Als Treibunterlage dienen – je nach Werkstückform – Holz- oder Metallformen oder mit Leder überzogene Sandsäcke. Weichbleiunterlagen sind, um Korrosion zu vermeiden, nicht zu verwenden. Bei großen Werkstücken ist die Benutzung von Drucklufthämmern angebracht. Leichtes Einfetten der Flächen ist bei Aluminium anzuraten.

Abweichend von der für Treibarbeiten geltenden Grundregel »hart auf weich« oder »weich auf hart« wird bei Aluminium häufig, »weich auf weich« (Holz auf Holz) gearbeitet. Das gilt besonders für die ersten Umformstufen. Infolge der weicheren Schläge mit dem Holzhammer wird die Oberfläche weniger stark verfestigt. Das erspart unter Umständen eine oder mehrere Zwischenglühungen. Vor Beendigung der Arbeit ist meist ein Glätten mit dem Schlichthammer erforderlich. Beim Glätten mit der Rolle oder dem Federhammer ist auf richtige Einstellung dieser Maschinen zu achten. Das Aluminiumteil wird in diesem Fall womöglich verspannt und deformiert. Es muß daher darauf geachtet werden, daß die Rollen bzw. der Hammer schwächer eingestellt werden.

Recken

Recken oder Stauchen läßt sich an Aluminium gut vornehmen, wenn der Werkstoff in weichem Zustand vorliegt. Für diese Formung verwendet man bevorzugt die sogenannten Blechumformer. Sie ermöglichen es, diese schwierigen Umformprozesse ohne große Vorkenntnisse vorzunehmen. Die Bedienung des Handformers ist einfach. Viele Arbeiten lassen sich von angelernten Kräften durchführen.

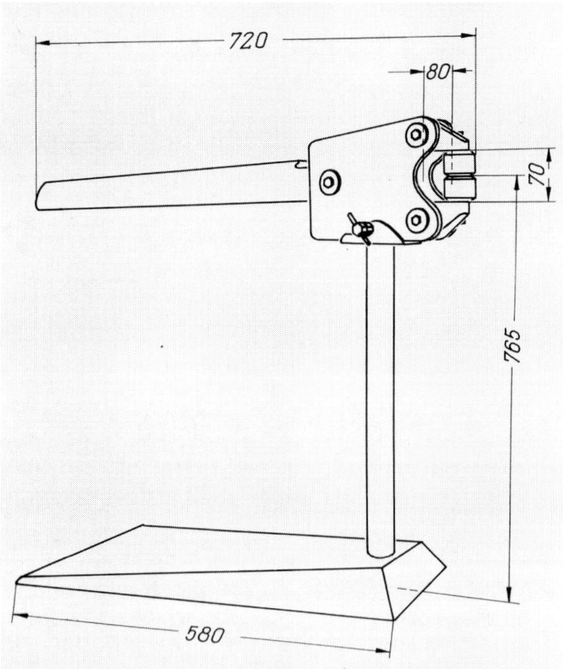

Bild 2.5: Eckold-Umformer für Streck- und Staucharbeiten

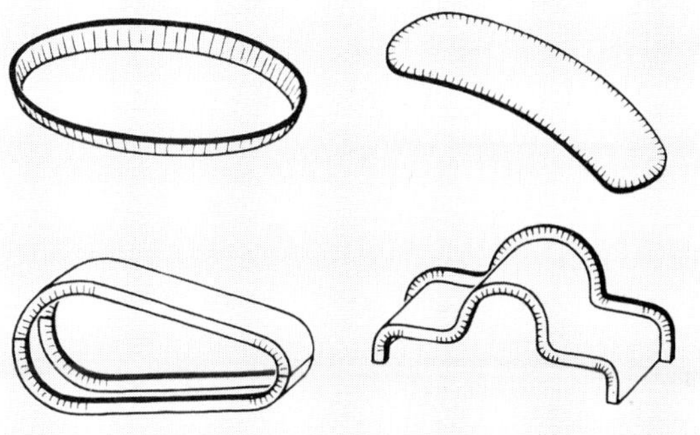

Bild 2.6: Formteile, die mittels »Eckold«-Umformer gut hergestellt werden können.

Wie das Gerät aussieht und welche ungefähren Abmessungen es hat, zeigt Bild 2.5. Der Ständerfuß dient als Trittfläche. Eine Hand hält das Werkstück, die andere betätigt den Handhebel. Die Werkzeuge für das Stauchen bzw. Recken sind leicht austauschbar. Entsprechend der Maultiefe können mit dem Gerät die Randzonen von Blechen, die Schenkel von Profilen und ähnliche Werkstücke umgeformt werden. Bei senkrechter Stellung (Ausgangsstellung) des Handhebels kann das Werkstück zwischen Werkzeugober- und -unterteil eingeführt und je nach Blechdicke durch mehr oder weniger kräftiges Herunterdrücken des Handhebels umgeformt werden. Nach Rückführung des Handhebels in seine Ausgangsstellung ist ein Arbeitsgang beendet. Durch Aufeinanderfolge vieler solcher Arbeitsgänge bei gleichzeitigem Vorschub des Werkstücks um rd. 5 mm kann es nach und nach in die vorgesehene Form gebracht werden. Bild 2.6 zeigt einige Formteile.

Streckziehen

Das Streckziehen ist immer dann von Bedeutung, wenn für die Herstellung geringer oder mittlerer Stückzahlen die Anfertigung teurer Ziehwerkzeuge nicht lohnt. Das Verfahren wird bei der Bearbeitung von Aluminium häufig angewendet, insbesondere für Fahrzeugaufbauten, wie Teile von Autobusdächern oder Fahrerhäusern. Für das Streckziehen sind diejenigen Aluminiumwerkstoffe geeignet, die bei mittlerer Festigkeit noch eine gute Dehnung haben.

Arbeitsablauf: Ein Blech wird über ein Modell gezogen (Bild 2.7) und die Blechenden in Zangen eingespannt. Durch Druckstempel wird das Modell von unten nach oben gegen das Blech gefahren, und zwar so weit, bis das Blech sich an die Form des Modells anlegt. Maschinen dieser Art findet man auch in kleineren Betrieben. Bei großen und komplizierten Teilen wird das Blech gelegentlich angewärmt und mit Hilfe von Schlägen mit einer Bleiklatsche (Bild 2.8) örtlich umgeformt,

Bild 2.7: Beim Streckziehen wird ein Blech über ein Modell gezogen; die Blechenden sind in Zangen eingespannt.

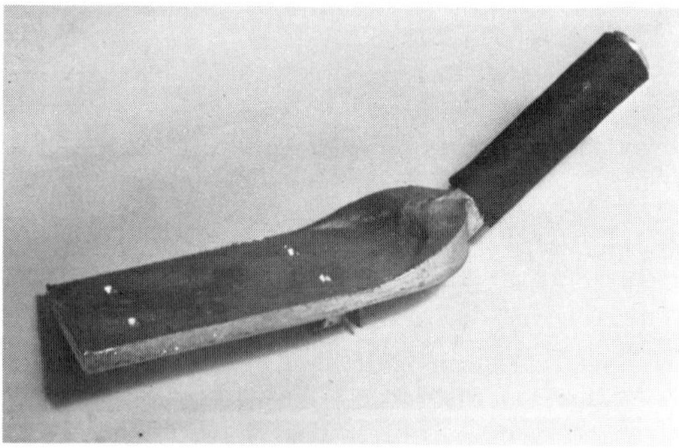

Bild 2.8: Dieses Schlagwerkzeug stellt eine »Bleiklatsche« dar; die Verwendung kann bei schwierigen Formgebungen von Vorteil sein; Bleiklatsche mit Leder- oder Leinenlappen umwickeln.

so daß es sich leichter an die vorgegebene Kontur anlegt. Diese Werkzeuge stellt man sich im allgemeinen selbst her. Zur Verminderung der Reibung zwischen Blech und Modell ist Schmieren mit Fett unbedingt erforderlich. Bild 2.9 zeigt die Anwendung der Klatsche

Bild 2.9: Verwendung einer »Bleiklatsche« für die Formung eines Bleches; das Blech wird mit der Gasflamme erwärmt.

beim Umformen eines Bleches, das mit der Flamme erwärmt wird. Beim Umformen von Aluminium mit einer Bleiklatsche, diese mit einem starken Leinen- oder Lederlappen umwickeln.

Biegen von Rohren und Strangpreßprofilen

Biegearbeiten bei Aluminium werden, je nach Erfordernis, kalt oder warm ausgeführt. Rohre lassen sich leichter biegen als Profile. Beim Biegen werden die äußeren Fasern gereckt und die inneren gestaucht. Mit etwas Umsicht kann man durch geeignetes Stützen oder Aussteifen unerwünschtes Verformen, Verbiegen oder Ausknicken weitgehend verhindern. Dünnere Rohre können ohne Aussteifung von Hand oder mit Hilfslehren kalt gebogen werden. Bei größeren Rohrdurchmessern und Wanddicken benutzt man die bekannten Hilfsmittel zum Aussteifen der Rohre (s. S. 52/53) und biegt in Lehren oder Biegevorrichtungen. Profilbiegen erfordert oft manuelles Geschick, Improvisationstalent, Gefühl für den Werkstoff und einige Erfahrung. In jedem Fall ist Ausknicken von freistehenden Profilschenkeln zu verhindern. Aussteifen und Biegen auf Lehren ist notwendig. Stärkere Kaltbiegungen an offenen Profilen erfordern oft Richtarbeiten durch Hämmern. Warmbiegen erfolgt nach Bedarf. In jedem Falle müssen Profile zum Biegen einwandfreie Anlageflächen haben.

Biegeradien

Die kleinsten Biegeradien sind abhängig von Querschnitt, Form, Höhe bzw. Dicke des Werkstückes, Werkstoff, Werkstoffzustand, Biegegeschwindigkeit und Biegetemperatur. In weichem Zustand lassen sich alle Aluminiumwerkstoffe mit kleinerem Radius kalt biegen als in halbhartem, hartem oder ausgehärtetem Zustand. Vorversuche sind unerläßlich. Warmbiegen erlaubt immer kleinere Biegeradien als Kaltbiegen. Tafel 2.1 nennt Richtwerte für kleinste Biegeradien.

Gutes Aussteifen, geeignetes Biegewerkzeug und Schmieren lassen kleinere Biegeradien zu.

Große Querschnitte erfordern größere Biegeradien als kleinere.

Schnelles Biegen bedingt einen größeren Radius als langsameres.

Biegetemperaturen

Für Reinaluminium und alle Aluminiumlegierungen liegt die Warmumformtemperatur bei 300 bis 450 °C. Kaltverfestigte und ausgehärtete Werkstoffe verlieren bei dieser Temperatur in den erwärmten Bereichen an Festigkeit. Je nach Dauer des Wärmeeinflusses geht die Festigkeit bis auf die des weichen Werkstoffzustandes zurück. Gezogene Rohre und Strangpreßprofile aus ausgehärteten Werkstoffen erleiden somit beim Warmbiegen immer einen erheblichen Festigkeitsverlust. Aushärtbare Werkstoffe müssen erneut ausgehärtet werden. Das ist in handwerklichen Werkstätten aber meistens nicht möglich, weil die dafür geeigneten Einrichtungen nur selten vorhanden sind.

Anwärmen auf 100 bis 200 °C bringt bereits eine spürbare Erleichterung der Biegearbeit. Die Dauer einer Erwärmung auf 200 °C soll bei nichtaushärtbaren, kaltverfestigten Werkstoffen und bei ausgehärtetem AlMgSi insgesamt (mit Aufheizzeit oder bei mehrmaligem Erwärmen) 30 min nicht überschreiten. Unter dieser Voraussetzung ist ein nennenswerter Festigkeitsabfall nicht zu erwarten.

Anwärmen zum Biegen

Zum Biegen bei 100 bis 250 °C füllt man z. B. dünnwandige Rohre mit heißem Sand. Bei der guten Wärmeleitfähigkeit des Aluminiums wird die Wärme des Sandes auf das Werkstück übertragen. Sie ist ausreichend für einwandfreies Biegen. Profile steift man häufig mit Blei aus. Auch die Wärme des heißen Bleis ist nutzbar. Zum Anwärmen verwendet man üblicherweise Schweißbrenner mit streuender Flamme (Überhitzen vermeiden). Auch Lötbrenner sind geeignet. Die Anzahl der Wärmequellen richtet sich nach der Größe des zu biegenden Werkstücks. Sind besonders große Querschnitte mit dicken Wandungen zu biegen, macht das Anwärmen mit handwerklichen Mitteln einige Schwierigkeiten. Für solche Profile ist das Anwärmen in strom-, gas- oder ölbeheizten Öfen mit genauer Temperaturregelung vorzuziehen. In diesem Falle muß die gut vorbereitete Arbeit nach dem Herausnehmen des Profils aus dem Ofen schnell vonstatten gehen. Um ein zu starkes Ableiten der Wärme in die Spannvorrichtung zu verhindern, ist ein genügend großer Abstand von der Spannvorrichtung zur Biegezone einzuhalten. Ist das nicht möglich, dann verhindern z. B. Asbestbeilagen oder ähnliche wärmedämmende Zwischenlagen die schnelle Wärmeableitung.

Arbeitsablauf: Das Werkstück wird zunächst auf der gesamten Länge der Biegezone durch ständiges Hin- und Herbewegen der Flamme allseitig gleichmäßig auf eine Temperatur von etwa 250 °C vorgewärmt. Man verwendet hierzu eine streuend eingestellte Schweißbrennerflamme. Damit die Wärme gleichmäßig auf dem Werkstück verteilt wird, muß der Brenner stetig hin und her geführt werden und von allen Seiten auf das Werkstück treffen. Eine scharfe Flamme und zu geringe Brennerbewegung führen leicht zu örtlicher Überhitzung des Werkstoffs. Danach beginnt das Anwärmen zum Biegen, indem man den Brenner auf den Anfang der Biegestelle zurückführt und dort intensiv insbesondere die zu streckende Zone des Werkstückes auf Biegetemperatur erhitzt (Bild 2.10). Die Flamme setze man kurz vor der zu biegenden Stelle und mit Richtung auf den freien Biegeschenkel an. Der Biegeschenkel steht von nun an während des gesamten Biegeprozesses unter leichter Spannung. Es wird zugleich gezogen und gebogen. Der Biegevorgang muß ruhig und zügig vonstatten gehen. Ruckartiges und zu schnelles Herumziehen führen leicht zu Werkstoffversagen.

Ein Behälter mit Kühlwasser und Lappen sollte immer bereitstehen, damit man bei Bedarf kühlen kann.

Beim Anwärmen ist zu beachten:

- richtige Brennerspitze wählen (die Flamme soll das Werkstück auf dem halben Umfang möglichst voll umströmen);
- die Flammeneinstellung soll »weich« sein (etwas Azetylenüberschuß);
- Brenner ständig bewegen;

Tafel 2.1: Richtwerte für erzielbare kleinste Biegeradien bei Aluminiumhalbzeug (90 °-Biegung), Werte in mm

Werkstoff Zusammensetzung: nach DIN 1712 Teil 3 (Al), DIN 1725 Teil 1 (Al-Leg.) Festigkeiten: Bleche, Bänder: DIN 1745 Teil 1 Rohre: DIN 1746 Teil 1 Stangen: DIN 1747 Teil 1 Strangpreßprofile: DIN 1748 Teil 1		Dicke s in mm												Werkstofffaktor fw[3])
Kurzzeichen	Zustand[4])	bis 0,8	über 0,8 bis 1	über 1 bis 1,5	über 1,5 bis 2	über 2 bis 3	über 3 bis 4	über 4 bis 5	über 5 bis 6	über 6 bis 7	über 7 bis 8	über 8 bis 10	über 10 bis 12	
Al99,8 / Al99,7	weich	0,3	0,4	0,6	0,8	1,3	1,8	2,4	3,0	3,7	4,5	6,0	7,6	1
Al99,5	halbhart	0,6	0,7	1,1	1,4	2,3	3,2	4,3	5,4	6,7	8,1	10,8	13,7	1,8
Al99	hart	1,6	1,9	2,9	3,8	6,0	8,4	11,5	14,4	17,8	21,6	28,8	36,5	4,8
AlMn	weich	0,5	0,6	1,0	1,3	2,0	2,8	3,8	4,8	5,9	7,2	9,6	12,2	1,6
AlMg1	halbhart	1,0	1,2	1,8	2,4	3,8	5,3	7,2	9,0	11,1	13,5	18,0	22,8	3
	hart	2,6	3,2	4,8	6,4	10,0	14,0	24,0	19,2	29,6	36,0	48,0	60,8	8
AlMg2Mn0,3	weich	0,6	0,8	1,2	1,6	2,5	3,5	4,8	6,0	7,4	9,0	12,0	15,2	2
AlMg2,5	halbhart	1,3	1,6	2,4	3,2	5,0	7,0	9,6	12,0	17,8	18,0	24,0	30,4	4
	hart	3,2	4,0	6,0	8,0	12,5	17,5	24,0	30,0	37,0	45,0	60,0	76,0	10
AlMg3	weich	1,0	1,2	1,8	2,4	3,8	5,3	7,2	9,0	11,1	13,5	18,0	22,8	3
	halbhart	1,6	2,0	3,0	4,0	6,3	8,8	12,0	15,0	18,5	22,5	30,0	38,0	5
	hart	3,5	4,6	6,9	9,2	14,4	20,1	27,6	34,5	42,6	1,8	69,0	87,4	11,5
AlMg2Mn0,8	weich	1,0	1,3	1,9	2,6	4,0	5,6	7,7	9,6	11,8	14,4	19,2	24,3	3,2
(AlMgMn)	halbhart	2,1	2,7	4,0	5,4	8,4	11,7	16,1	20,1	24,8	30,2	40,2	50,9	6,7
	hart	4,1	5,1	7,6	10,2	15,9	22,2	30,5	38,1	47,0	57,2	76,2	96,5	12,7
AlMg4,5Mn	weich	1,3	1,6	2,5	3,3	5,1	7,2	9,8	12,3	15,2	18,5	24,6	31,2	4,1
	verfestigt	2,3	2,9	4,4	5,8	9,1	12,8	17,5	21,9	27,0	32,9	43,8	55,5	7,3
AlMgSi0,5[5])	kaltausgehärtet	1,5	1,9	2,9	3,8	6,0	8,4	11,5	14,4	17,8	21,6	28,8	36,5	4,8
	warmausgehärtet	1,9	2,5	3,7	5,0	7,8	10,9	14,9	18,6	22,9	27,9	37,2	47,1	6,2

Fortsetzung S. 51

Fortsetzung: Tafel 2.1: Richtwerte für erzielbare kleinste Biegeradien bei Aluminiumhalbzeug (90 °-Biegung), Werte in mm

Werkstoff Zusammensetzung: nach DIN 1712 Teil 3 (Al), DIN 1725 Teil 1 (Al-Leg.) Festigkeiten: Bleche, Bänder: DIN 1745 Teil 1 Rohre: DIN 1746 Teil 1 Stangen: DIN 1747 Teil 1 Strangpreßprofile: DIN 1748 Teil 1		Dicke s in mm												
		bis 0,8	über 0,8 bis 1	über 1 bis 1,5	über 1,5 bis 2	über 2 bis 3	über 3 bis 4	über 4 bis 5	über 5 bis 6	über 6 bis 7	über 7 bis 8	über 8 bis 10	über 10 bis 12	Werkstofffaktor fw[3])
Kurzzeichen	Zustand[4])													
AlMgSi1	weich	0,4	0,5	0,8	1,0	1,6	2,3	3,1	3,9	4,8	5,9	7,8	9,9	1,8
	frisch abgeschreckt	0,6	0,7	1,1	1,4	2,3	3,2	4,3	5,4	6,7	8,1	10,8	13,7	1,8
	kaltausgehärtet	1,6	2,0	3,0	4,0	6,3	8,8	12,0	15,0	18,5	22,5	30,0	38,0	5
	warmausgehärtet	2,4	3,0	4,5	6,0	9,4	13,1	18,0	22,5	27,8	33,8	45,0	57,0	7,5
AlCuMg1	weich[1])	1,1	1,4	2,0	2,7	4,3	6,0	8,2	10,2	12,6	15,3	20,4	25,6	3,4
	kaltausgehärtet	2,1	2,7	4,0	5,4	8,4	11,7	16,1	20,1	24,8	30,2	40,2	50,9	6,7
AlZn4,5Mg1	weich[1])	0,8	1,0	1,5	2,0	3,1	4,4	6,0	7,5	9,3	11,3	15,0	19,0	2,5
(AlZnMg1)	kaltausgehärtet	1,6	2,0	3,0	4,0	6,3	8,8	12,0	15,0	18,5	22,5	30,0	38,0	5
	nach Wärmestoß[2])	1,0	1,2	1,8	2,4	3,8	5,3	7,2	9,0	11,1	13,5	18,0	22,8	3
AlZnMgCu0,5	weich	1,6	2,0	3,0	4,0	6,3	8,8	12,0	15,0	18,5	22,5	30,0	38,0	5

[1]) Biegeradien wie beim Zustand weich sind auch unmittelbar nach dem Lösungsglühen und Abschrecken erzielbar (Zustand »frisch abgeschreckt«). Das Biegen muß ca. 3 Stunden nach Abschrecken beendet sein!

[2]) Wärmestoß: Erwärmen 2 bis 5 min auf 350 bis 480 °C, im Luftstrom abkühlen, danach sofort biegen.

[3]) Radien r_{min} für größere Dicken »s« bzw. für Durchmesser »d« von Rohren (mit d: s <20) bzw. Höhen »h« von Stangen und Profilen:

$r_{min} = fw \cdot (0{,}8\ s-2)$ bzw. $fw \cdot (0{,}8\ d-2)$ bzw. $fw \cdot (0{,}8\ h-2)$

Beispiel: Rohr 50 · 4 aus AlMg3w (D : d = 50 : 4 = 12,5 <20) : Gegeben : d = 50; fw = 3 (s. o.) $r_{min} = 3\,(0{,}8 \cdot 50-2) = 114$ mm.

[4]) Die Zustände »halbhart« und »hart« beziehen sich auf durch Kaltwalzen erzielte Zustände. Bei rückgeglühten (G-) Zuständen (Anhängezahl für die Werkstoff-Nr. 27 bzw. 31) sind von Fall zu Fall kleinere Biegeradien erzielbar.

[5]) Als Blech nicht genormt.

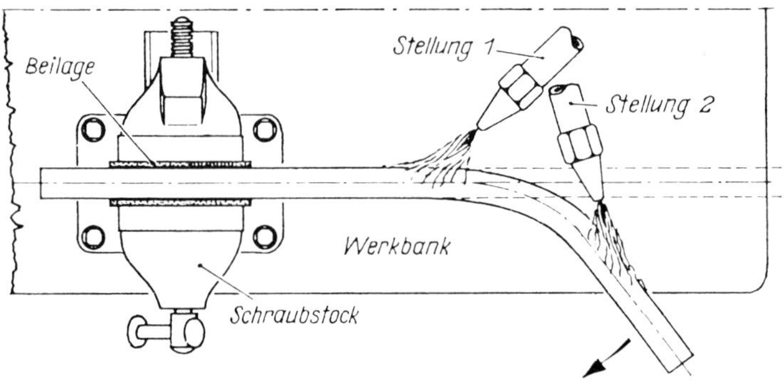

Bild 2.10: Richtiges Anwärmen zum Warmbiegen. Zunächst wird die ganze zu biegende Länge auf rd. 250 °C vorgewärmt. Nun wird der Brenner an die Biegestelle herangeführt und diese erwärmt, bis die Biegetemperatur (400 bis 450 °C) erreicht ist. Die Flamme ist hierbei auf die Einspannstelle gerichtet (Stellung 1). Unmittelbar nach dem Biegebeginn ist die Flamme in Richtung des zu biegenden Schenkels zu halten und an die jeweils zu biegende Stelle zu führen (Stellung 2).

- Temperatur kontrollieren;
- Wärmezufuhr nach Bedarf;
- zuerst ganze Biegelänge auf rd. 250 °C erwärmen, danach Biegelänge in der Dehnungszone neu erwärmen;
- wenn die Biegetemperatur erreicht ist (350 bis 450 °C), den Brenner nur noch von außen und in ausreichendem Abstand vom Werkstück zum werdenden Bogen hin führen;
- beim Anwärmen von Rohren, die mit kaltem Sand ausgesteift sind, vorsichtig sein! Nicht zu schnell anwärmen, weil kalter Sand die Biegetemperatur nicht so schnell annimmt; er muß sie aber haben, sonst entzieht er die Wärme dem erhitzten Werkstück während des Biegeprozesses; das Werkstück wird zu kalt, der Werkstoff dehnt sich nicht ausreichend und kann einreißen.

Schutz polierter Flächen beim Anwärmen zum Biegen

Unter der Einwirkung der Brennerflamme werden polierte Flächen matt. Das läßt sich vermeiden durch Auftragen einer dicken Schicht Schlämmkreide auf die ganze Fläche. Sie verhindert das Mattwerden ebenso wie starkes Anrußen mit der Azetylenflamme (Flamme ohne Sauerstoff). Der Glanz bleibt erhalten. Nur die gebogene Stelle wird durch das Umformen etwas matter.

Aussteifen von Rohren

Rohre können mit leicht einfüllbaren und gut zu beseitigenden Füllern oder auch mit mechanischen Mitteln ausgesteift werden. Geeignete

Füllstoffe sind z. B. Sand oder niedrig schmelzende Mittel, wie Kunstharz, Paraffin, Pech, Bitumen, Cerrobend, Woodmetall oder Blei. Als mechanische Hilfsmittel dienen Draht, Dorne, Kugeln, Stahlfedern, Kabel, Drahtseile oder Seile usw. Mit niedrigschmelzenden Mitteln wird nur kalt gebogen. Bevorzugt verwendet man trockenen Sand; dieser ist ungefährlich, leicht zu entfernen und gestattet nach Bedarf Anwärmen des Werkstückes mit der Flamme. Der zur Verwendung kommende Quarzsand muß gutes Füllvermögen besitzen. Er besitzt gutes Füllvermögen, wenn er sich aus Körnern unterschiedlicher Größe zusammensetzt und nicht zu fein ist (Korngröße bis etwa 2 mm). Bei sachgemäßem Klopfen des Rohres lagern sich die Sandkörner derart, daß praktisch keine Hohlräume bleiben. Der Sand soll auch eine abgerundete Kornform haben; während scharfer Sand den Widerstand beim Biegen vergrößert, gleiten die Körner bei glattem Sand leichter aneinander vorbei. Das Klopfen des Rohres erfolgt von unten nach oben. Das Rohr steht dabei immer senkrecht. Zur Schonung der Metalloberfläche verwendet man weiches Holz, günstig ist eine Holzgabel, z. B. aus Weidenholz. Eine einfache selbst herstellbare Vorrichtung, wie sie in Bild 2.11 dargestellt ist, leistet gute Hilfe. Sie kann in eine biegsame Welle aufgenommen und an eine Bohrmaschine angeschlossen werden.

Die Rohrenden werden, wie üblich, mit Holzstopfen fest verschlossen. So vorbereitete Rohre lassen sich frei oder über eine Lehre kalt oder warm – je nach Erfordernis – biegen. Durch Verwenden von feuchtem Sand kann beim Warmbiegen von Rohren Dampfentwicklung hervorgerufen werden, die das Rohr u. U. aufsprengen können; deshalb nur trockenen Sand zum Aussteifen beim Warmbiegen verwenden. Holzstopfen halten länger, wenn man die Rohrenden entgratet. Der Grat beschädigt das Holz beim Einschlagen. Am konischen Stopfen genügen u. U. schon geringe Kräfte, um das Rohrende aufzuweiten. Bei Rohren mit größeren Durchmessern und geringen Wanddicken zieht man das Aussteifen mit den vorher angeführten niedrig schmelzenden Füllern vor.

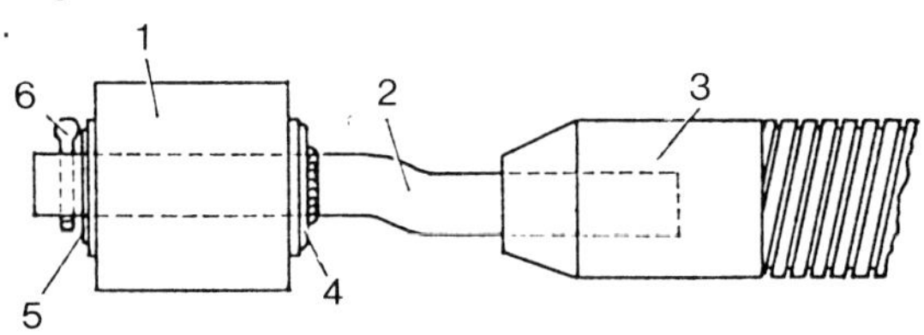

Bild 2.11: Einfache Klopfvorrichtung für das Füllen von Rohren mit Sand.
1 lose Gummirolle,
2 12-mm-Stahl-∅,
3 Spannkopf einer biegsamen Welle, 4 fest verschweißte Scheibe, 5 lose Scheibe,
6 Splint

An mechanischen Aussteifmitteln für Rohre sind Dorne in den verschiedensten Ausführungsarten gebräuchlich. Hiervon macht man beim Biegen auf Maschinen Gebrauch. Bekannt ist auch die Verwendung von Kugeln, die auf einer Schnur aufgereiht und beim Umformen durch die Biegung gezogen werden in der Art, daß eine Kugel den Punkt der größten Biegung durchläuft, während die übrigen die Aufgabe des Glättens übernehmen.

Gelegentlich wird auch mit Schraubenfedern, mit Seilen, kurzen Stücken isolierten Kabels oder auch mit Drahtseil versteift. In besonderen Fällen wird außer dem Rohr auch die Biegelehre ausgesteift. Das kann für Formrohre, insbesondere über eine Kante zu biegende Vierkantrohre, notwendig werden. Das Aussteifen der Lehre kann mit Blei oder Gips erfolgen. Sie ist nur zum Kaltbiegen geeignet. In der Wärme würde Gips herausbröckeln und Blei flüssig werden. Dünnwandige Aluminium-Rohre lassen sich trotz Sandfüllung nur schwierig in der Wärme fehlerfrei biegen. Bei Biegungen nicht über 80° kann man folgenden Weg beschreiten: Man nimmt eine genau passende und ausreichend lange, kräftige Schraubenfeder, die man in das Rohr einführt (Bild 2.12). Vorher wird das Rohr zweckmäßig mit weicher Flamme ausgeglüht (300 bis 350 °C). Dann wird in kaltem Zustand von Hand gebogen. Das Rohr ist im Schraubstock eingespannt. Während die rechte Hand unmittelbar am Beginn der Biegung das Rohr (mit etwas Gefühl) herumzieht, liegt die linke als kräftige Gegenstütze jeweils direkt links neben der Biegestelle. Die Feder läßt sich durch Drehen leicht herausnehmen. Bei Biegungen über 80° ist das Biegen mit der Feder ungeeignet; sie läßt sich dann schlecht wieder entfernen.

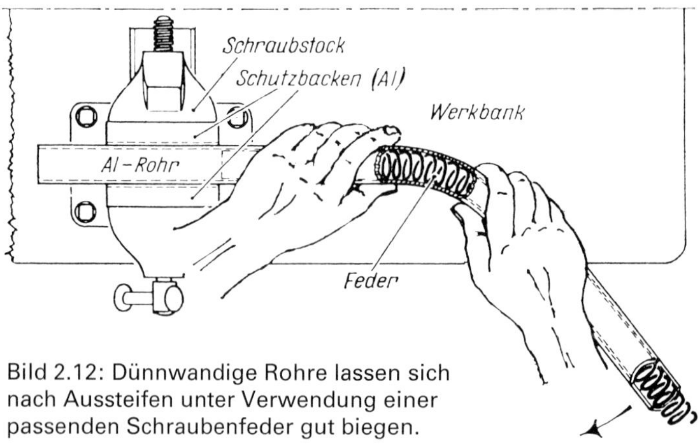

Bild 2.12: Dünnwandige Rohre lassen sich nach Aussteifen unter Verwendung einer passenden Schraubenfeder gut biegen.

Aussteifen von Profilen

Der Grad des Umformens, der vorliegende Profilquerschnitt und die Mittel, mit denen das Umformen durchgeführt werden soll, entscheiden über die Notwendigkeit und Art des Aussteifens. Bei Verwendung von Vorrichtungen und Maschinen ist die Aussteifung meistens bereits durch das Werkzeug gegeben. Beim freien Biegen, das bei geringen Stückzahlen oder Einzelanfertigungen üblich ist, muß fast immer ausgesteift werden. Hierzu sind die notwendigen Hilfsmittel und gleichzeitig einige interessante praktische Beispiele angeführt. Früher hat man z. B., mehr als heute üblich, das Aussteifen durch Einlegen dünner Blechstreifen in das Profil vorgenommen. Je dünner die Blechstreifen, um so günstiger die Voraussetzungen zum Biegen. Bild 2.13 zeigt die übliche Art, diese Methode ist gut geeignet. Das Herausziehen der Bleche bereitet jedoch unter Umständen erhebliche Schwierigkeiten.

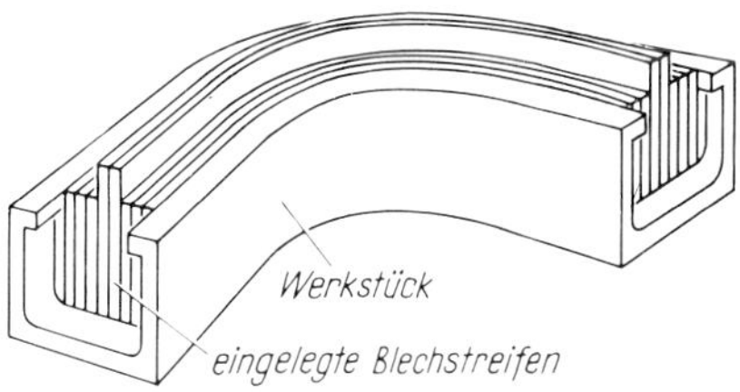

Bild 2.13: Aussteifen beim Biegen durch Einlegen dünner Blechstreifen in ein Profil.

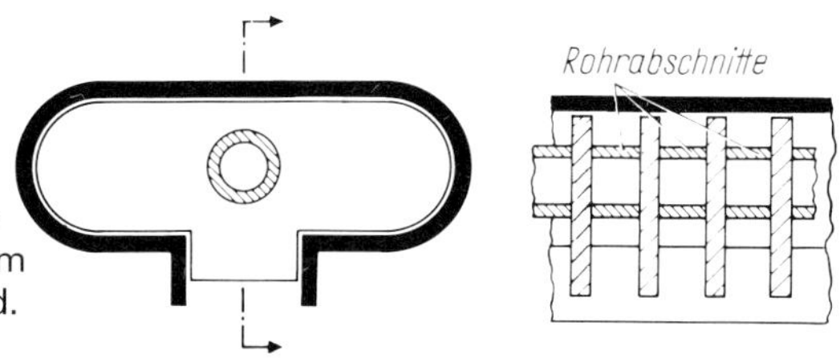

Bild 2.14: Aussteifen beim Biegen mittels Blechstreifen, die auf einem dünnen Drahtseil aufgezogen sind.

Eine ähnliche Verwendung finden Blechstreifen, die auf dünnem Drahtseil mit Distanzröhrchen aufgezogen sind. Die Anordnung ist in Bild 2.14 erkenntlich. Diese Aussteifart hat gute Eigenschaften. Die Vorrichtung kann verhältnismäßig leicht aus dem Profil herausgezogen und immer wieder verwendet werden. Für die Herstellung auch größerer Stückzahlen, z. B. offener Handläufe, hat sich diese Aussteifungsart bewährt.

Biegeholz, das im Handel erhältlich ist, wird für das Aussteifen von Profilen häufig verwendet. Damit es ausreichend nachgiebig ist und sich dem gewünschten Radius anpassen kann, muß es mit zahlreichen abgebohrten Sägeeinschnitten versehen oder in Streifen eingelegt werden. In Bild 2.15 ist das eingelegte und eingeschnittene Biegeholz erkennbar.

Aus gebogenen Profilen mit geschlossenem Querschnitt läßt sich Biegeholz u. U. schwierig entfernen, weil die Reibung zwischen dem Metall und dem Biegholz groß ist. Mit Schmierseife oder Fett eingestrichen, läßt sich das Profil leichter biegen und das Holz mühelos entfernen. Biegeholz mit kleineren Abmessungen trocknet durch längeres Lagern aus. Legt man das Holz 1 bis 2 Stunden in Wasser und läßt es lufttrocknen, dann ist es wieder schmiegsam.

Häufig macht man vom Ausgießen der Profile mit Blei Gebrauch. Das Füllen mit Blei kann für die Aussteifung der inneren oder der äußeren Profilform oder aber auch für beides zugleich notwendig sein.

A r b e i t s a b l a u f: Das Profil flach auf den Boden legen und vorwärmen; nur die Bogenlänge mit Blei füllen, deshalb die Bogenlänge mit Sand oder Lehm begrenzen. Blei gleichmäßig verteilt eingießen, Oberfläche

Bild 2.15: Aussteifen beim Biegen durch Einlegen von Biegeholz.

so abziehen, daß sie mit der Profilkante abschneidet. Sobald das Blei erstarrt, mit dem Biegen beginnen. Die Bleitemperatur läßt sich einfach kontrollieren, indem man den Bleispiegel im Tiegel mit Holz abzieht. Es darf dabei nicht verkohlen oder verbrennen. So hat man die Gewähr für die richtige Bleitemperatur.

Zur Entfernung nach dem Biegen muß das Blei meistens aus dem Profil herausgeschmolzen werden. Dies muß mit Vorsicht geschehen. Das Profil darf nicht überhitzt werden, deshalb dafür einen kleineren Brennereinsatz wählen, damit die Flamme nur auf das Blei auftrifft. Mit großem Brennereinsatz geht es wohl schneller, es kann aber zu Schäden führen (Bild 2.16). Nach dem Biegen ist darauf zu achten, daß kein Bleirückstand an der Aluminiumoberfläche verbleibt.

An Beispielen (Bilder 2.17 bis 2.20) wird das Aussteifen von Profilen mit Blech, Flachaluminium oder Flacheisen bzw. mit Draht gezeigt. Für die Lehre nach Bild 2.20 verwendet man ein auf eine Grundplatte geheftetes und entsprechend vorgebogenes U-Profil. Das Aussteifen erfolgt mit einem Stahlblech. Der im Bild sichtbare Asbeststreifen wurde nach dem Biegen eingeschoben, um eine Beschädigung des Profils beim Entfernen des Stahlstreifens zu verhindern. Bei Lehren nach den Bildern 2.17 und 2.18 sind die inneren Anlageflächen zu drehen. Auch hierbei beachte man die einfachen, aber ausreichenden Versteifungen.

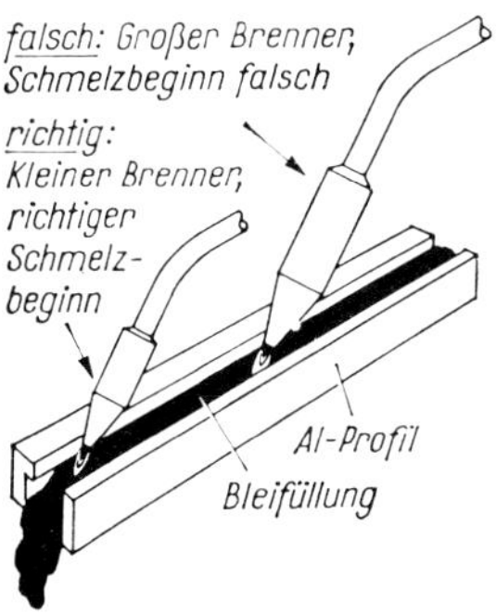

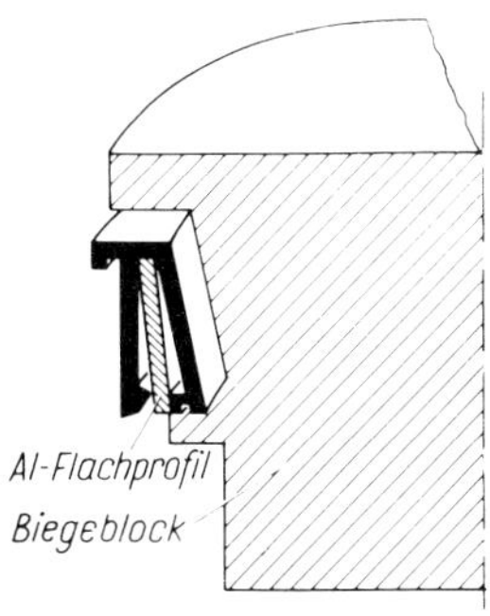

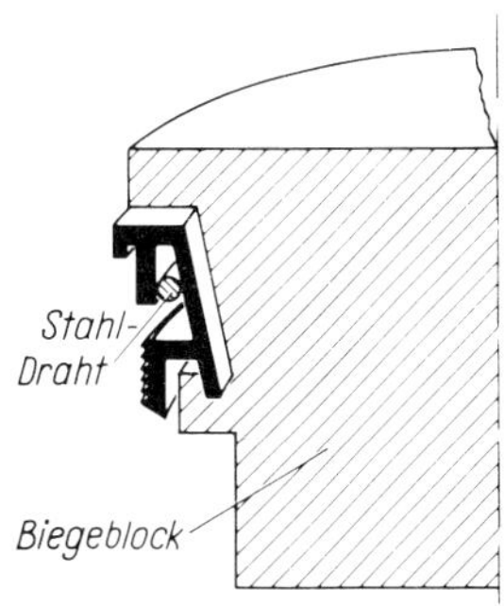

Bild 2.16 (links): Blei wird aus dem gebogenen Profil wieder ausgeschmolzen, indem man am unteren Profilende mit dem Anwärmen beginnt.
Bild 2.17 (Mitte): Beispiel für die Gestaltung einer Biegelehre und für das Aussteifen des zu biegenden Profils mittels Flachstange aus Aluminium.
Bild 2.18 (rechts): Beispiel für die Gestaltung einer Biegelehre und für das Aussteifen des zu biegenden Profils mit Stahldraht.

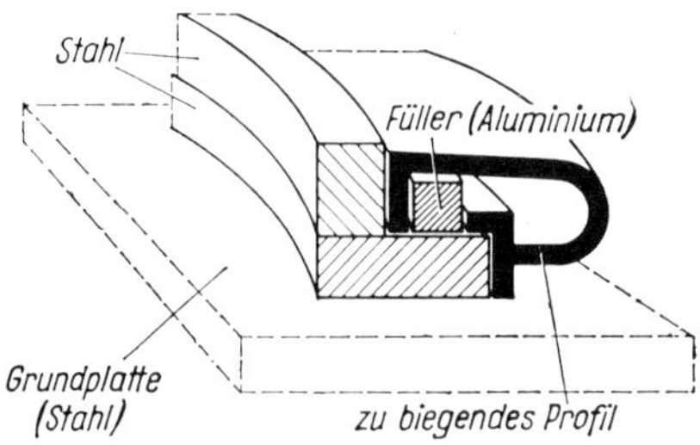

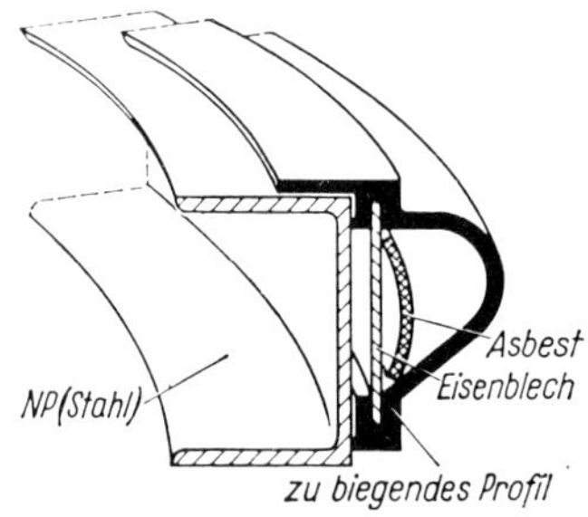

Bild 2.19 (links): Beispiel für die Gestaltung einer Biegelehre und für das Aussteifen des zu biegenden Profils mit einer Vierkantstange aus Aluminium.
Bild 2.20: Beispiel für die Gestaltung einer Biegelehre und für das Aussteifen des zu biegenden Profils mittels Stahlblech.

Freies Biegen im Schraubstock

Rohre mit ausreichenden Wanddicken und einfache, symmetrische Profile lassen sich, sofern keine Anforderung an die Einhaltung genauer Radien gestellt wird, ohne Lehre oder Schablone frei im Schraubstock biegen. Die Bilder 2.12 und 2.21 zeigen das eingespannte Rohr und die Ausführung der Arbeit. Brennerführung und Arbeitsgang wurden bereits beschrieben (Bild 2.10, S. 52). Nach diesem einfachen Verfahren lassen sich ohne sonderliche Schwierigkeiten auch Rohrspiralen herstellen. Ist der Radius an einer Stelle einmal zu eng geworden, erfolgt Anwärmen von innen und vorsichtiges Zurückbiegen des Rohres.

Häufig kommt es vor, daß einige Rund-, Flach- oder Profilstäbe bzw. kürzere Blechabschnitte aus Aluminium zu biegen sind. Für solche Biegungen sind die Kanten der Schraubstockbacken oder der Beilagen meistens zu scharfkantig.

Den erforderlichen Mindestbiegeradius schafft man sich durch Anfertigen einer einfachen Hilfslehre. Auf Flachstahl von der doppelten Dicke des Biegeradius heftet man einen Rundstab gleicher Abmessung und spannt die Lehre mit dem zu biegenden Werkstück in den Schraubstock ein (Bild 2.22). Biegearbeiten am Schraubstock können zu einer Überbeanspruchung der Schraubstockbefestigungen führen; das läßt sich vermeiden, wenn ein Winkeleisen zwischen zwei Schraubstöcke gespannt wird. Dadurch verlängert sich der Hebel zum Drehpunkt um die Länge des Winkeleisens, der Schraubstock kann sich nicht mehr aus seiner Verankerung lösen (Bild 2.23).

Bild 2.21: Warmbiegen eines Rohres im Schraubstock.

Mit Sand ausgesteifte Rohre, besonders solche mit größerem Querschnitt lassen sich auch in kompliziertere Formen bringen (z. B. in Doppelbogen), wenn man eine leicht selbst herstellbare Rohrschelle verwendet, die das Aufbiegen bereits gebogener Krümmer verhindert (Bild 2.24). Der Lochabstand beträgt in der einen Schellenhälfte 10 mm, in der anderen 15 mm. Dadurch ergibt sich eine Verstellmöglichkeit um jeweils 5 mm.

Biegen mit einfachen Hilfsmitteln

Einfache, doch für viele Anwendungen ausreichend genaue Rundungen lassen sich durch Schlagen oder Drücken herstellen. In Bild 2.25 ist das Verfahren dargestellt. Ein Holzklotz oder Sandsack können als Unterlage dienen. Sie richtet sich nach dem Biegeradius.

Bei allen Biegungen, an die keine besonderen Genauigkeitsansprüche gestellt werden, ist das Werkstück gleichzeitig Hebelarm. Um Ausknikkungen von Stegen oder Flanschen zu begegnen, ist Aussteifen der Profile – je nach Schwierigkeitsgrad – erforderlich. Am Beispiel einer Regenleiste für Lastwagen ist zu erkennen, wie man mit einem

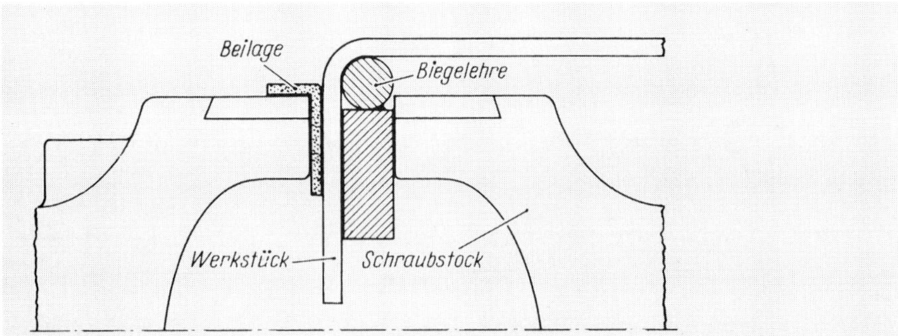

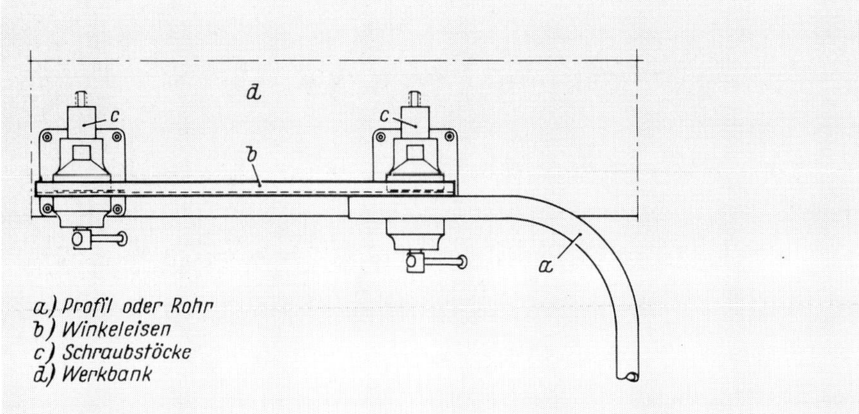

Bild 2.22 (oben): Einfache Hilfslehre zum Biegen von Rund-, Flach- oder Profilstäben bzw. kürzeren Blechabschnitten aus Aluminium.

Bild 2.23: Vermeidung von Überbeanspruchung der Schraubstockbefestigungen beim Biegen.

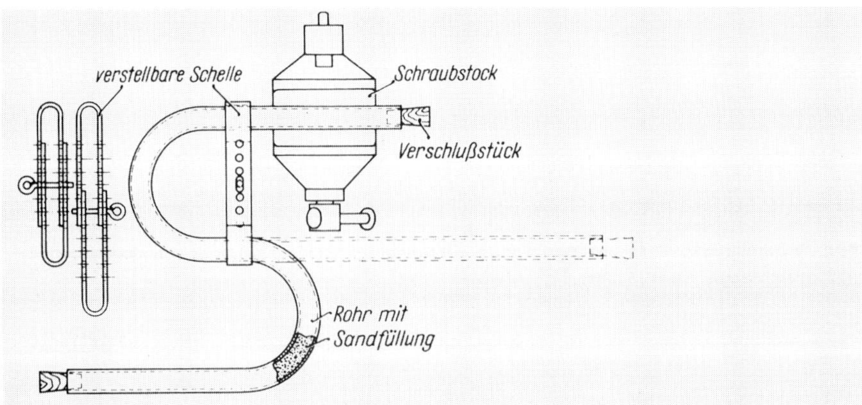

Bild 2.24: Verwendung einer Rohrschelle beim Biegen von Rohren, die das Aufbiegen bereits gebogener Krümmer verhindert.

Bild 2.25: Runden durch Schlagen auf Holzunterlage oder Sandsack.

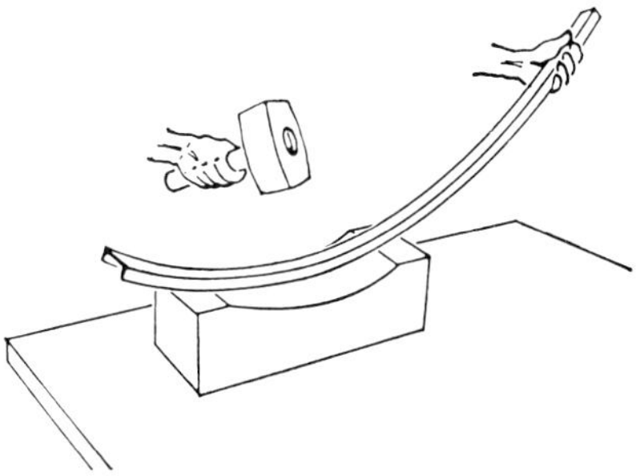

Bild 2.26: Mit einem Feuchtraumkabel ausgesteifte und gebogene Regenleiste.

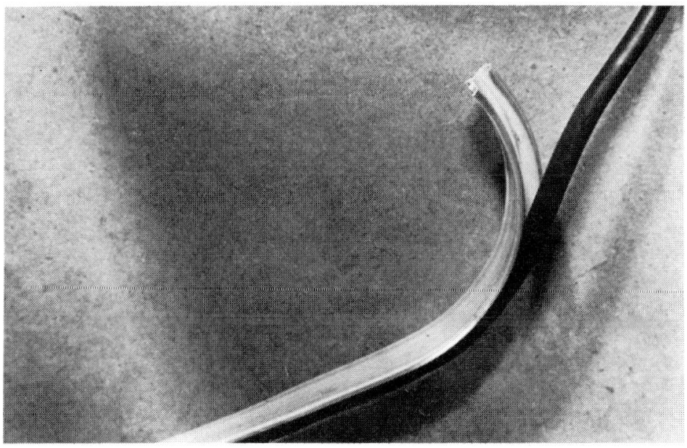

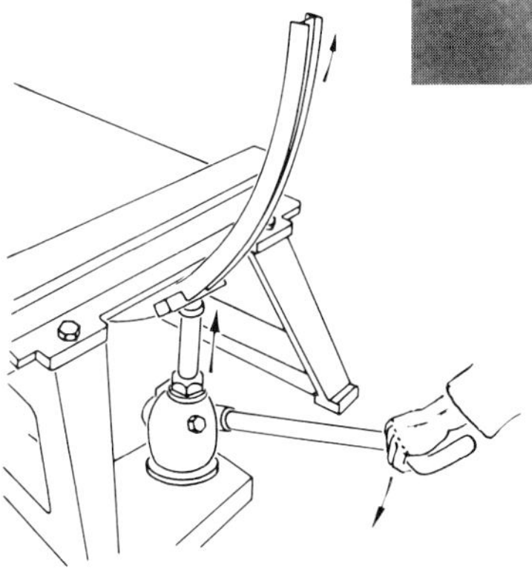

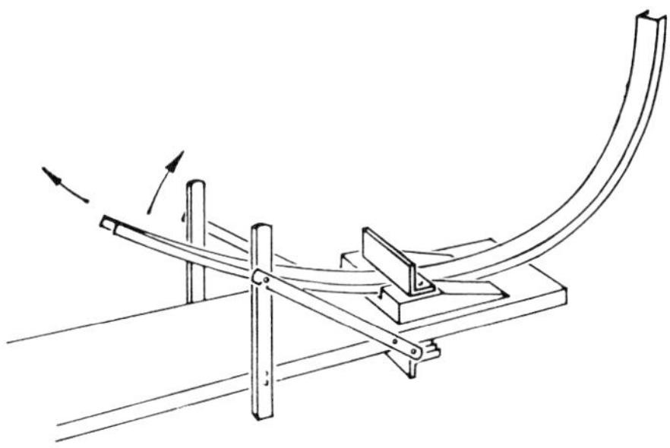

Bild 2.27 (links): Behelfsmäßiges Biegen mit Hilfe einer Winde.
Bild 2.28: Einfache Biegelehre zum Runden von Profilen.

Feuchtraumkabel (Bild 2.26) bestens geeignete Aussteifungen schaffen kann. Auch Drahtseile erfüllen den Zweck. Bild 2.27 zeigt, wie man z. B. unter Zuhilfenahme einer Winde Biegungen auch bei Profilen mit großen Querschnitten behelfsmäßig, aber für viele Zwecke ausreichend, vornehmen kann. Das Werkstück schützt man beiderseits mit geeigneten Holzunterlagen gegen Beschädigungen oder Eindrücken.

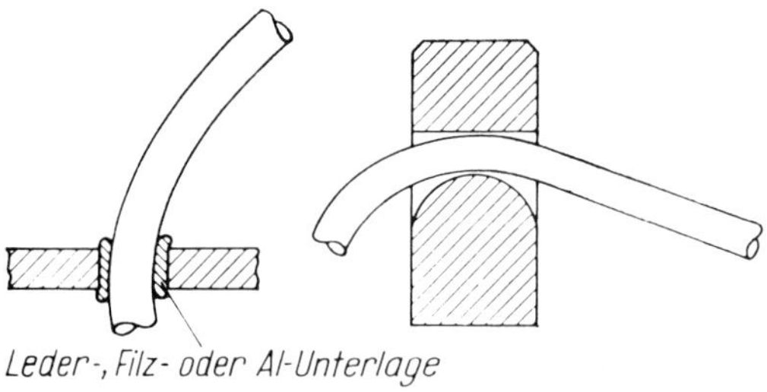

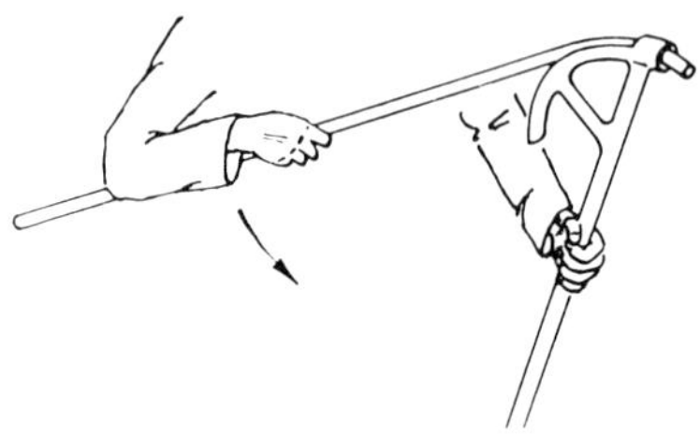

Bild 2.29 (links): Biegelehren zum Runden von Rohren und Profilen, meist aus Holz angefertigt; sie eignen sich auch für Richtarbeiten.
Bild 2.30: Diese einfache Biegelehre erlaubt die Einhaltung eines bestimmten Radius.

Eine Vorrichtung, die z. B. für manche Aufgaben im Fahrzeugbau gute Dienste leistet, ist in Bild 2.28 gezeigt. Auf einer Holzplanke bringt man einen festen Anschlag an, durch den das Profil stückweise hindurchgeschoben und bis zu einer gekennzeichneten Höhenmarke jeweils angehoben wird. Der Prozeß muß bis zur Erreichung der gewünschten Krümmung meist mehrere Male wiederholt werden. Vorrichtungen dieser Art sind nur für Profile mit symmetrischen Querschnitten geeignet, also auch für Rohre, nicht aber für **L**- oder **⅂**-Profile.

Nach dem gleichen Prinzip arbeitet man mit den in den Bildern 2.29 bis 2.31 dargestellten Hilfsmitteln. Die Genauigkeit der Biegeradien ist hierbei größer, weil sie durch den gegebenen Vorrichtungsradius bedingt sind. Vorrichtungen dieser und ähnlicher Art sind auch für Richtarbeiten verwendbar. Für große Profilquerschnitte mit entsprechenden Wanddicken sind schwere Vorrichtungen notwendig (Bild 2.32).

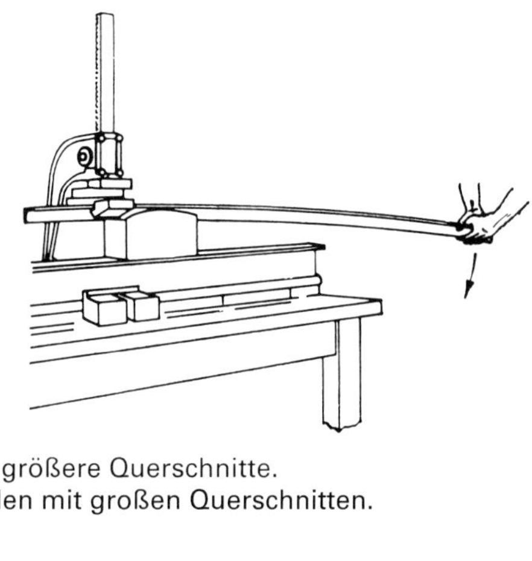

Bild 2.31 (links): Einfache Biegevorrichtung für größere Querschnitte.
Bild 2.32: Vorrichtung für das Biegen von Profilen mit großen Querschnitten.

Exaktere Biegearbeiten

Während alle nach den vorstehenden Beispielen möglichen Biegungen in kaltem Zustand und mit nur geringeren Ansprüchen an die Maßhaltigkeit behandelt sind, sollen die nun folgenden Beispiele Anregungen für exakteres Biegen geben. Sie sind Verfahren für Einzelfertigung oder für geringe Stückzahlen. Auch hierbei ist immer das Werkstück zugleich Hebelarm. Nach diesem Verfahren wird in fast allen Fällen mit Wärmezufuhr gearbeitet. Die dazu notwendigen Lehren oder Schablonen sind billig und einfach in der Werkstatt selbst herstellbar. Meist sind dazu ein oder mehrere in das Sollmaß vorgebogene Flacheisen erforderlich, die man direkt in den Schraubstock einspannt (Bilder 2.33 und 2.34) oder auf einer Grundplatte durch Schweißen anheftet. Sie wird an der Unterseite mit einem Winkel- oder Flacheisen versehen, damit man die Lehre in einen feststehenden Schraubstock einspannen kann. In den Bildern 2.35 bis 2.38 sind einfache und zweckmäßige Lehren dargestellt.

Beim freien Biegen über eine Lehre (z. B. eines Hutprofils) gehen die Querflansche nach unten weg (Bild 2.38). Man hilft sich, indem man die Querflansche vor dem Biegen, wenn das Profil erwärmt ist, nach oben klopft. Beim Biegen kommen die Flansche wieder in die richtige Lage zurück. Hierzu noch ein Hinweis: Es ist bekannt, daß jeder Werkstoff nicht nur im elastischen, sondern auch im plastischen Umformbereich zurückfedert. Aluminium hat – je nach Werkstoffzustand – eine verhältnismäßig große Rückfederung. Sie kann bis zu 20 % des Biegewinkels betragen und ist um so größer, je härter der Werkstoff und je geringer der Umformgrad ist. In der Regel ist das Maß der Rückfederung durch Versuche zu ermitteln. Auf jeden Fall aber ist für maßhaltige Biegungen diese Tatsache bei der Herstellung der Biegelehre zu berücksichtigen. Richtig ist es, den Biegeradius der Lehre

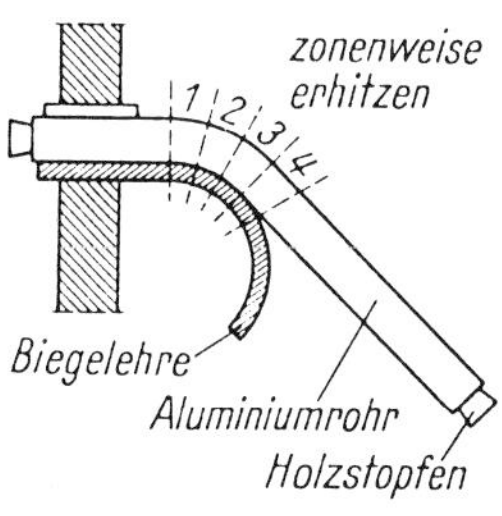

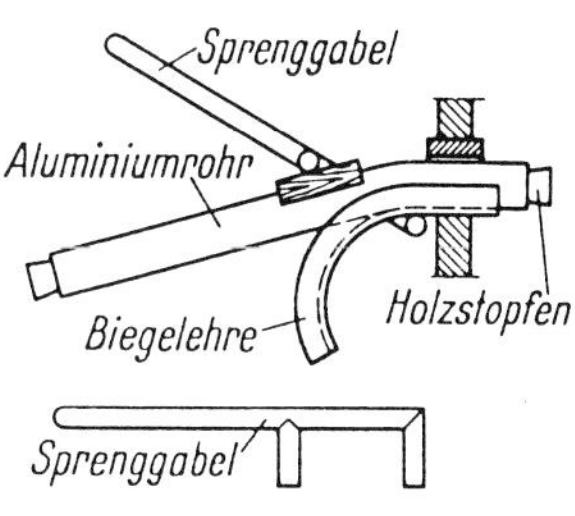

Bild 2.33 (links): Hilfslehre zum Einhalten eines bestimmten Biegeradius.
Bild 2.34: Biegen mit Sprenggabel und fester Lehre; eine Holzauflage schützt vor Druckstellen.

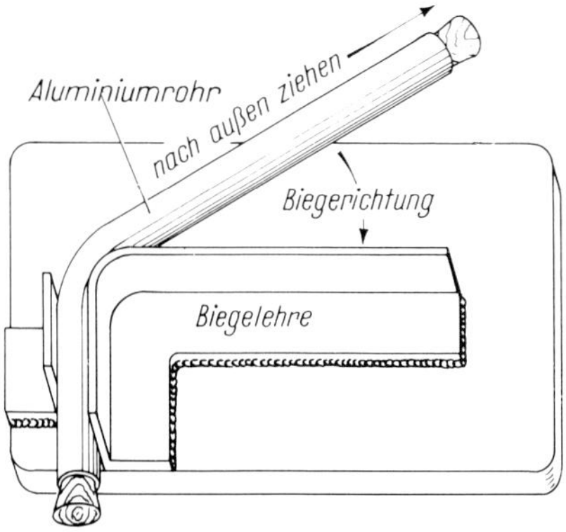

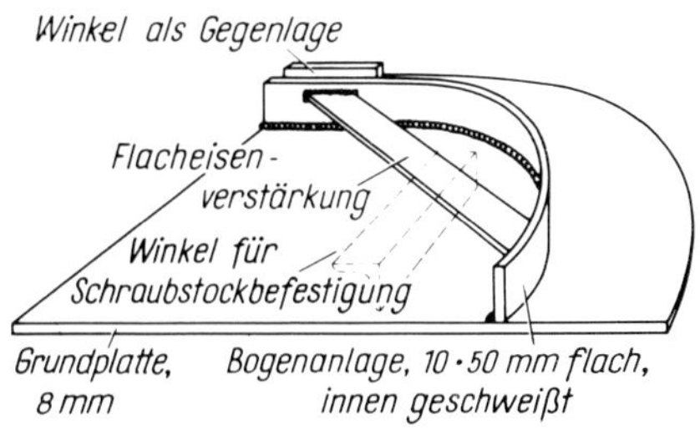

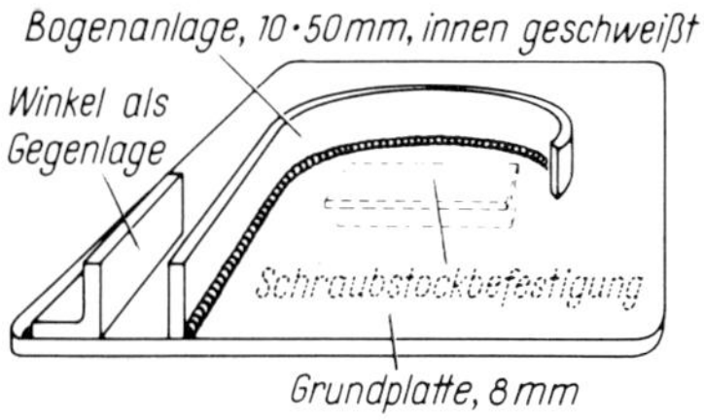

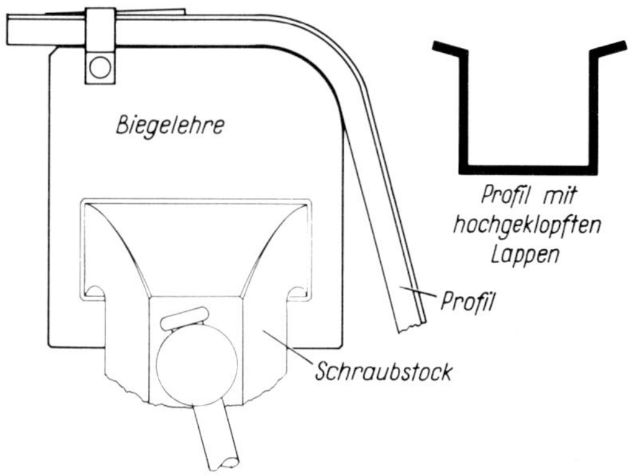

Bild 2.35 bis 2.38 (Von links nach rechts, von oben nach unten): Beispiele für einfache Biegelehren auf einer Grundplatte.

kleiner auszuführen und anschließend – wenn erforderlich – eine geringe Rückbiegung vorzunehmen.

Bild 2.39 zeigt das praktische Arbeiten mit einer einfachen Lehre der beschriebenen Art. Das laufende Nachspannen mit Schraubzwingen ist erforderlich.

Maschinelles Biegen

Für größere Querschnitte wählt man am besten einfache, mechanische Pressen oder auch kleine hydraulische Pressen (Bilder 2.40 und 2.41). Teile mit genau einzuhaltenden Maßen und in großen Stückzahlen stellt man nach diesem Verfahren mit sorgfältig gefertigten, kostengünstigen Werkzeugen auf Pressen her. Als Beispiel dafür seien Automobil-Stoßstangen genannt.

Bild 2.39: Biegen eines Profils auf einer Biegelehre.

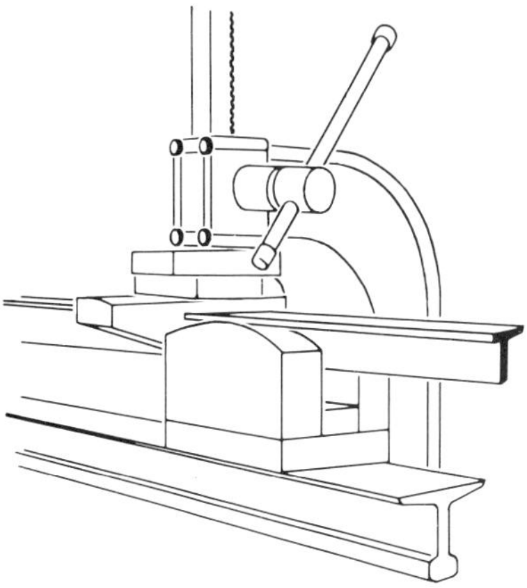

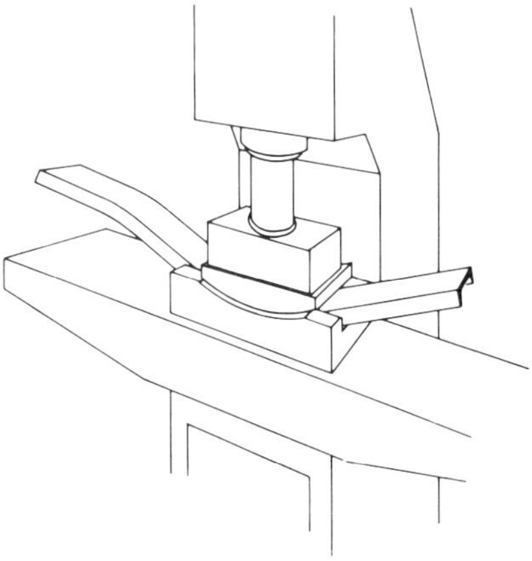

Bild 2.40 (links): Biegen von Profilen mit großen Querschnitten mittels Handpresse.
Bild 2.41: Biegen mittels Hydraulikpresse bei schwierigen und häufiger vorkommenden Biegearbeiten an Profilen mit großen Querschnitten.

Biegen mit Rollen

Das Biegen mit einer Rolle oder mit mehreren Rollen ist eine weitere Möglichkeit zum Einhalten genauer Radien. Die Lehren werden dazu entweder selbst mit Rollen ausgerüstet, oder man verwendet nach diesem Prinzip arbeitende Biegemaschinen. Solche Lehren sind als eine weitere Verfeinerung des Biegevorganges anzusehen und auch für die Herstellung großer Stückzahlen geeignet. Hierbei ist nun nicht mehr das Werkstück selbst Hebelarm, sondern ein gesonderter Hebelarm überträgt die Kraft auf das Werkstück. Durch ihn wird das Profil meist unter Verwendung eines Gleitstückes in die Form gedrückt. Gutes Einfetten ist dabei zu empfehlen. Das Biegen nach dieser Methode bringt manche Vorteile. Die Einsätze sind auswechselbar, denn sie sind der Profilform anzupassen und müssen dem gewünschten Radius entsprechen. Ebenso muß das Gleitstück zum Profil passen. Die Bilder 2.42 bis 2.45 veranschaulichen das Arbeiten mit diesen Lehren von der leichtesten bis zur schwersten Ausführung.

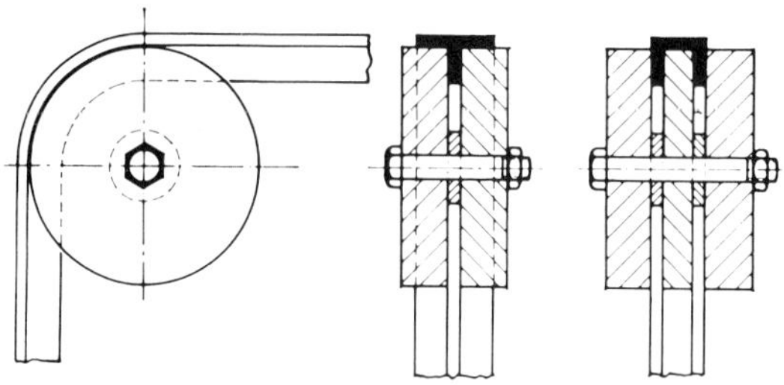

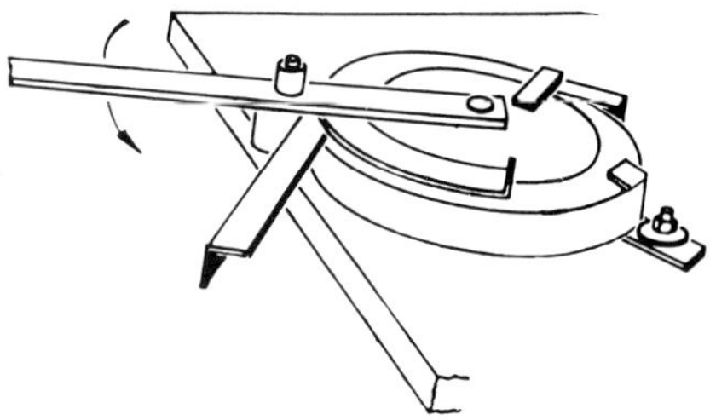

Bild 2.42 (links): Biegen über eine runde Scheibe; es erlaubt weitgehend das Einhalten der vorgesehenen Biegeradien.
Bild 2.43: Biegelehre mit Rundscheibe; das Profil wird mittels einer Andruckrolle gegen die Lehre gedrückt.

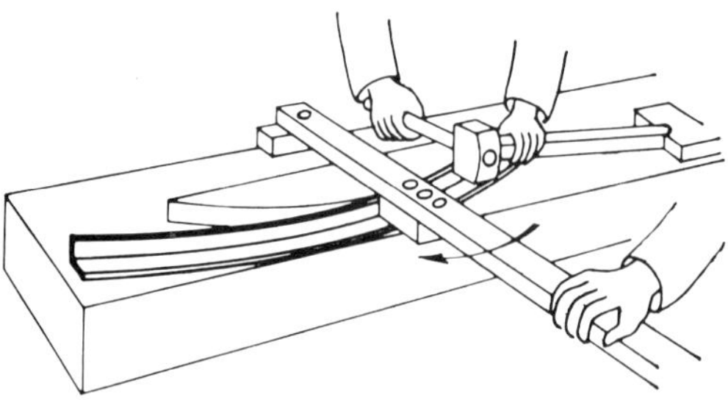

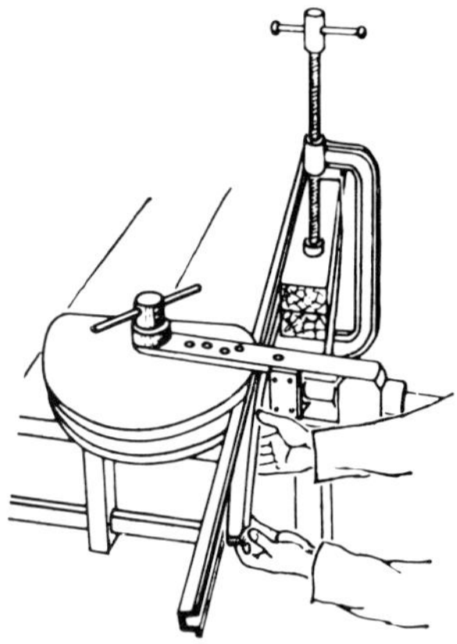

Bild 2.44 (links): Größere Radien lassen sich auch nach diesem Prinzip unter Anwendung eines einfachen Hebelarms biegen.
Bild 2.45: Größere Querschnitte lassen sich nur unter Anwendung entsprechend großer Kräfte und nur auf kräftigen Lehren biegen.

Drei-Punkt-Biegen

Die nun folgenden Methoden kann man mit »Drei-Punkt-Biegen« bezeichnen. Sie sind eine Abwandlung des Rundens von Blechen auf dem Drei-Walzen-Gerüst und deshalb damit vergleichbar. Nach dieser Art wird entweder mit Druck oder mit Zug gearbeitet. Für grobe Arbeiten und schwere Profile kann z. B. das behelfsmäßige Biegen unter Druck, wie in Bild 2.46 dargestellt, Verwendung finden. Natürlich wird man in jedem Falle die Auflagepunkte mit Zwischenlagen versehen. Nach diesem Schema arbeiten industriell gefertigte Biegevorrichtungen (Bild 2.47), die im allgemeinen hydraulisch betätigt werden. Andere Vorrichtungsarten formen das Werkstück durch Einziehen. Eine einfache Ausführung zeigt Bild 2.48. In diesem Falle finden drei Rollen Verwendung. Eine gute Ausführungsart für größere Radien ist in Bild 2.49 dargestellt. Bei dieser Vorrichtung wird das Werkstück ebenfalls unter Zug in die gewünschte Rundung gebracht.

Das Biegen mit drei gegeneinander verstellbaren Rollen gehört zu dem gleichen Biegesystem. Das Schema des Biegevorganges zeigt Bild 2.50. Der Biegevorgang erfolgt entweder in horizontaler oder in vertikaler Lage. Die Bilder 2.51 bis 2.53 zeigen diese bekannten Biegevorgänge.

Biegen mit sehr engen Radien

In den Fällen, in denen engere Biegeradien gefordert werden, als bei dem gegebenen Profilquerschnitt herzustellen möglich ist, greift man zu Zwischenlösungen, wie in den Bildern 2.56 und 2.57 dargestellt.

Wenn in besonderen Fällen beim freien Biegen oder auch beim Biegen mit Lehren die freie Länge des Profils oder Rohres nicht ausreicht, kann sie durch Überschieben eines passenden Rohres verlängert werden, damit ein ausreichend großer Hebelarm gegeben ist.

In Blei eingegossenes Profil biegen

Anstelle einer Lehre oder Vorrichtung und Aussteifen des Profils kann man es ganz in Blei eingießen und dann mit genauem Radius z. B. auf dem Drei-Walzen-Gerüst biegen (Bild 2.54). Es ist einfach und geht schneller, als man annimmt. Es ist auch wirtschaftlich, und das Profil wird nicht beschädigt. Vorgang: Dünnwandiges U-Profil als Form verwenden. Flansche etwas nach außen biegen, damit die Form konisch wird und das mit Blei umgossene Profil leichter zu entnehmen ist.

Bild 2.46: Biegen mittels Spindelkraft für größere Biegearbeiten und größere Querschnitte.

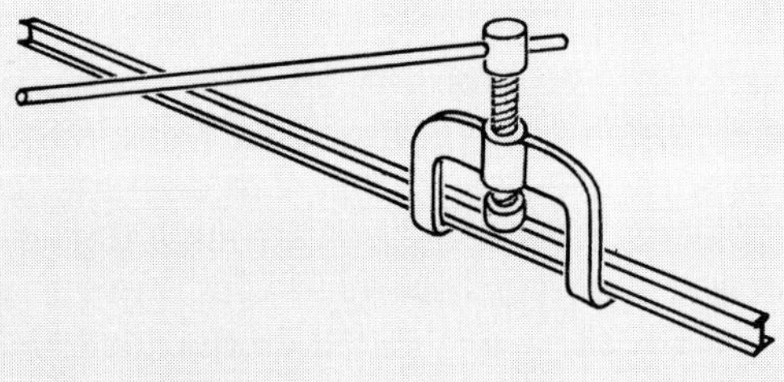

Bild 2.47: Industriell gefertigte Biegevorrichtung, die im allgemeinen hydraulisch betätigt wird.

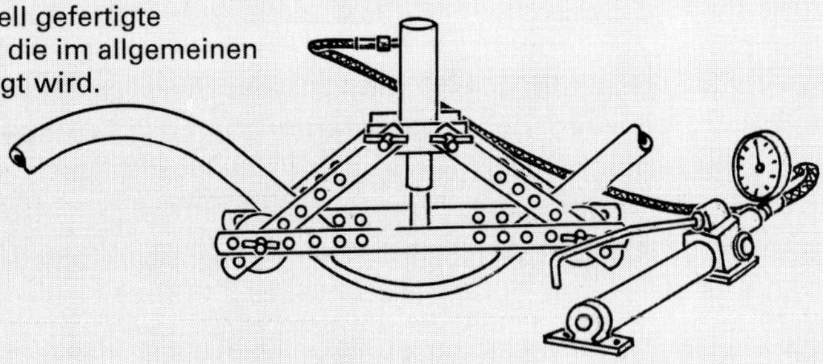

Bild 2.48: Vorrichtung zum Biegen des Werkstückes durch Einziehen.

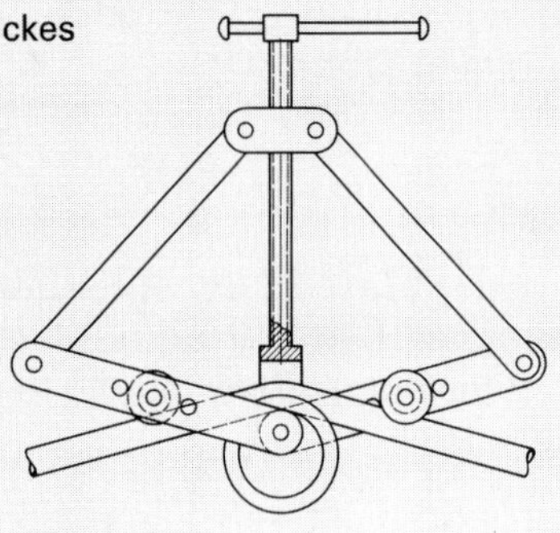

Bild 2.49: Vorrichtung mit 3 Druckpunkten; das Profil ist mit Biegeholz ausgesteift.

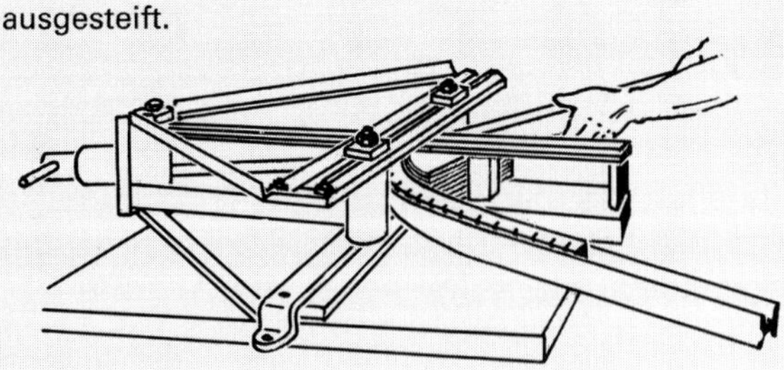

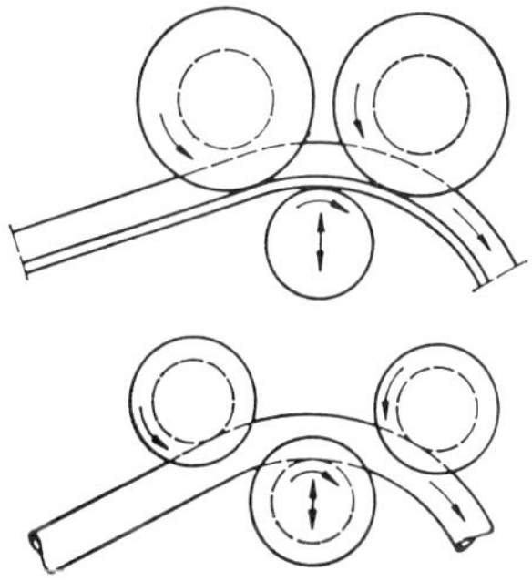

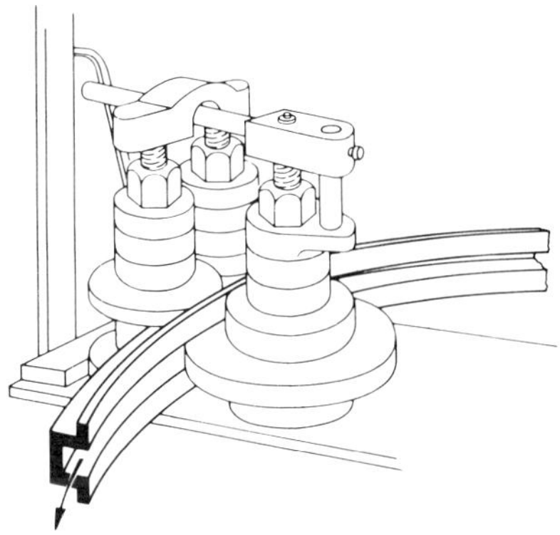

Bild 2.50 (links): Biegen mit drei gegeneinander verstellbaren Rollen.
Bild 2.51: Horizontale Drei-Rollen-Biegevorrichtung.

Bild 2.52: Praktisches Beispiel für das Biegen auf einer horizontalen Drei-Rollen-Biegevorrichtung.

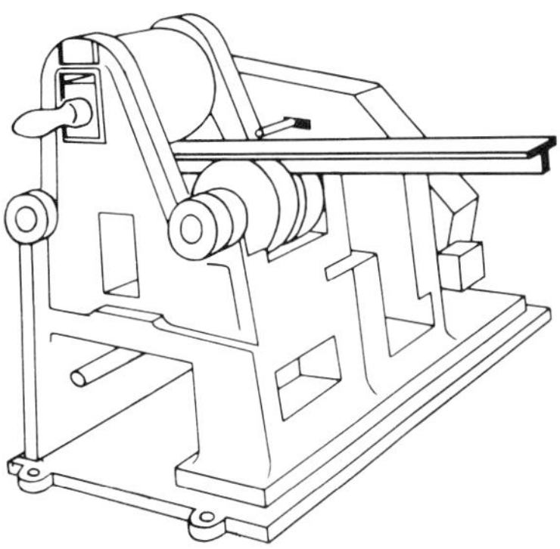

Bild 2.53: Drei-Rollen-Biegewalze, vertikal arbeitend.

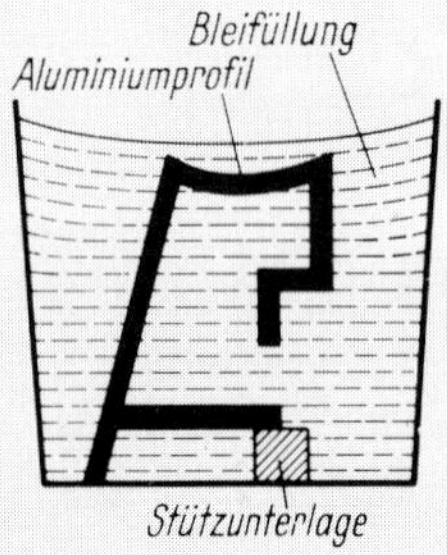

Bild 2.54: Das zu biegende Profil ist innen und außen mit Blei ausgesteift; es läßt sich auf dem Drei-Rollen-Gerüst biegen.

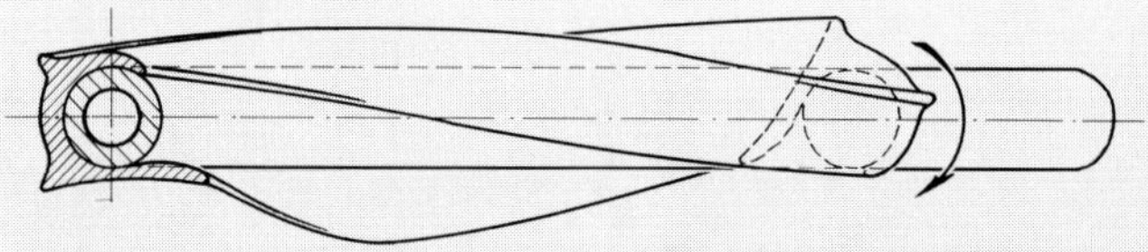

Bild 2.55: Auf diese Weise wird ein Profil vor dem Biegen im Bereich der Bogenlänge mit eingelegter Aussteifung um rd. 90° verdreht, um ein Ausweichen des kurzen Steges beim Biegevorgang zu verhindern.

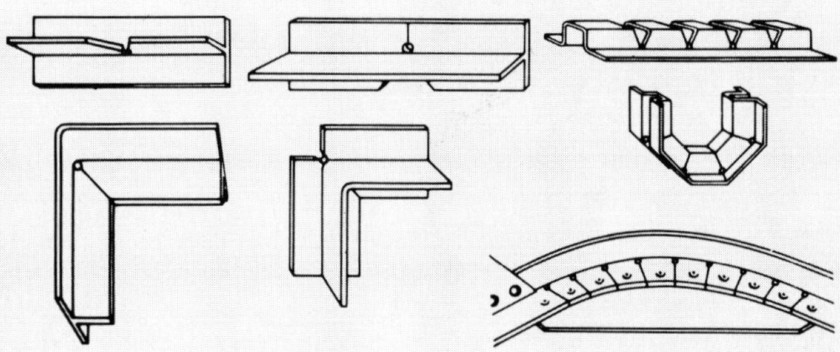

Bild 2.56: Enges Biegen schwieriger, dünnwandiger Profilquerschnitte durch Ausschneiden und Einschweißen.

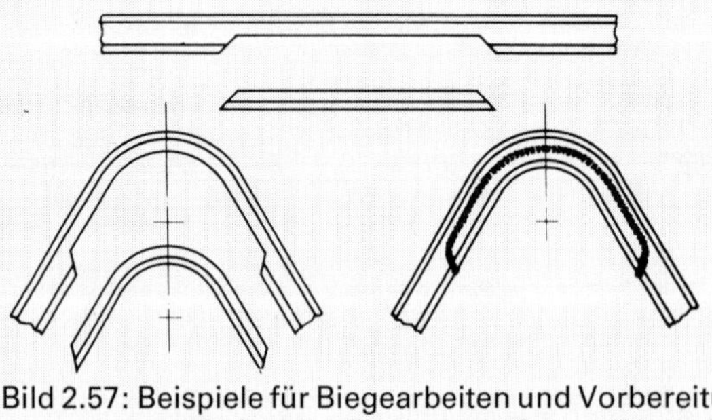

Bild 2.57: Beispiele für Biegearbeiten und Vorbereitungen durch Einsägen, Abbohren und anschließendes Biegen und Schweißen wie es die Praxis erfordern kann.

Regenleiste von Hand biegen

Eine Regenleiste, wie in Bild 2.26 (S. 50) dargestellt, ist mit einem Feuchtraumkabel versteift und soll kalt auf Maß gebogen werden. Das kann trotz Aussteifung noch Kummer bereiten, denn das Profil weicht seitlich aus. In solchem Falle verdreht man das Profil im Bereich der Bogenlänge von Hand um rd. 90°, quer zur Profillänge. Die Aussteifung befindet sich dabei im Profil (Bild 2.55). Dann biegt man über eine Schablone oder direkt am Fahrzeugaufbau. Durch dieses Verdrehen kann der kurze Steg nicht mehr ausweichen. Nach dieser Methode ist nur wenig Nachrichtarbeit erforderlich. Wenn das Verdrehen Schwierigkeiten macht, wird die Biegelänge des Profils auf rd. 350 °C angewärmt, zur Zeitersparnis in Wasser abgeschreckt, ausgesteift und dann verdreht.

Trennen durch Umformen (Scheren)

Zum Trennen sind alle üblichen mechanischen Verfahren auch bei Aluminium anwendbar. In diesem Kapitel wird das spanlose Trennen (Scherschneiden) behandelt; auf das Sägen von Aluminiumwerkstoffen wird im Abschnitt »Spanen« eingegangen.

Beim Schneiden mit Tafel- und Kreismesserscheren ist auf die Einhaltung eines geeigneten Schneidspaltes zu achten. Bei weichem Aluminium hält man den Spalt enger als bei hartem. Die Schere ist durch Versuch einzustellen. Zur Beseitigung des Grates verwendet man zweckmäßig den bekannten Gratschaber. Geeignet sind auch Schmirgelleinen und Feilen. Zum Teilen oder Beschneiden von dünnen Aluminiumblechen ist auch der von der Bearbeitung von Zinkblechen her bekannte Zinkreißer oder Hakenschaber geeignet.

Die schneidbare Blechdicke ist von der Größe, Form und Hebelwirkung der verwendeten Handscheren begrenzt. Im handwerklichen Bereich kann davon ausgegangen werden, daß bei richtiger Scherenauswahl Bleche bis zu 2 mm Dicke zerteilt werden können, ohne daß Oberflächen und Schnittkanten zu sehr verformt werden. Für den Werkstatt- und Montagebereich mit Aluminiumblechen bis zu 4 mm Dicke sind elektrisch angetriebene Scheren in Gebrauch; soweit entsprechend große Bohrungen das Durchstecken des Schneidkopfes ermöglichen, können auch Innenschnitte gut durchgeführt werden. Bei regelmäßigen Aluminiumarbeiten haben sich elektrisch angetriebene Knabberscheren bewährt. Sie geben bei hoher Arbeitsgeschwindigkeit saubere, annähernd gratfreie Schnitte.

Tafel 2.2: Blechdicken und Stegbreiten beim Trennen.

Blechdicke s	Stegbreite a
0,5 mm	1,0 mm
1,0 mm	1,5 mm
1,5 mm	2,0 mm
2,0 mm	2,5 mm
2,5 mm	3,0 mm
3,0 mm	3,3 mm
4,0 mm	4,0 mm

Maschinenscheren sind insbesondere in der Serienarbeit zu empfehlen. Hebelscheren ermöglichen längere gerade Schnitte. Schlagscheren dienen zum Aufteilen und Besäumen von Blechen. Für plattierte Bleche sind dünne Papierauflagen günstig. Tafelscheren ermöglichen höhere Genauigkeit. Blechzuschnitte in größerer Stückzahl werden vielfach mit aufeinander gelegten Blechen vorgenommen. Hier sind Schnittwerkzeuge wirtschaftlicher und ergeben höhere Genauigkeiten. Bei dem Ausschneiden von Einzelteilen aus dem Halbzeug (vor allem Bänder entsprechender Breite) ist Form und Anordnung der Teile für die wirtschaftlichste Materialausnutzung bei geringstem Abfall maßgebend. Die erforderliche Stegbreite im Verhältnis zur Blechdicke ist aus Tafel 2.2 zu entnehmen.

Zum Ausschneiden müssen die üblichen Schnittwerkzeuge für die Bearbeitung von Aluminium besonders sorgfältig gefertigt und gepflegt werden. Die Mantelflächen des Stempels sollen möglichst poliert oder geläppt sein. Das vermindert die Gefahr einer Bildung von Aluminiumabrieb am Stempel, der mit der Schnittfläche im Streifen verschweißen könnte. Das Spiel zwischen Stempel und Matrize (Schneidspalt) soll beim Stanzen von Aluminium doppelt so groß sein, wie es für Stahl üblich ist. Werte von 5 bis 10% der Blechdicke werden in der Praxis als Faustregel angewandt.

Für das Schneiden dünner Bleche ist das Gummischneidverfahren mit gutem Erfolg anwendbar. Die im Vergleich zu Stahl verhältnismäßig geringe Härte und Scherfestigkeit des Aluminiums gestatten es, nach diesem Verfahren Bleche bis zu 2 mm Dicke gratfrei zu trennen und zugleich hohlzuprägen.

Kapitel 3: Spanen

3. Spanen

Allgemeines

Besonderheiten beim Spanen von Aluminium

Sowohl Reinaluminium in den verschiedenen Reinheitsgraden als auch die Aluminiumlegierungen lassen sich erheblich leichter spanend bearbeiten als die meisten anderen metallischen Werkstoffe. Um diesen Vorteil wirtschaftlich nutzbar machen zu können, müssen sowohl bei der handwerklichen als auch bei der maschinellen Bearbeitung Werkzeuge und Maschinen den Eigenschaften des Werkstoffes angepaßt sein. Für alle Verfahren des Spanens gilt die Forderung nach unbedingter Sauberkeit des Arbeitsplatzes, der Spannvorrichtungen und Werkzeuge, insbesondere Reinigung von sämtlichen Flittern aus anderen Metallen. Spannvorrichtungen sind mit Schutzbacken aus Aluminium, Kunststoff oder mit weichen Zwischenlagen auszustatten. Gegen Deformation durch Spannkräfte kann Aussteifen erforderlich sein.

Spanbarkeit der Aluminiumwerkstoffe

Allgemeine Forderungen für alle spanenden Bearbeitungsverfahren sind günstige Spanbildung, geringer Werkzeugverschleiß sowie hohe Oberflächengüte der Werkstücke. Danach richten sich die Werkzeuge hinsichtlich Geometrie und Schneidstoff. Aluminiumwerkstoffe verhalten sich beim Spanen unterschiedlich:

Reinaluminium und die nicht aushärtbaren Aluminiumlegierungen in weichem Zustand neigen zum Schmieren und erfordern aus diesem Grunde Werkzeuge mit entsprechend großem Spanwinkel; sie bilden lange, zähe Späne und sind deshalb für Automatendreharbeiten wenig geeignet. Die nicht aushärtbaren Legierungen in hartem Zustand und die ausgehärteten Legierungen lassen sich gut bearbeiten; sie bilden ebenfalls lange Späne. Speziell für Automatendreharbeiten hat man deshalb die aushärtbaren Legierungen AlCuMgPb und AlMgSiPb entwickelt, die wegen des Bleigehaltes kurze Späne ergeben. In der optischen und feinmechanischen Industrie wird für diese Zwecke auch die nicht aushärtbare Legierung AlMg5 verwendet. Bei Gußlegierungen liegen die Verhältnisse ähnlich wie bei Knetwerkstoffen. Nicht ausgehärtete Gußlegierungen neigen zum Schmieren, ausgehärtete nicht. Die Späne sind, wie allgemein bei Guß, kürzer. Gußwerkstoffe mit hohem Siliziumgehalt beanspruchen das Werkzeug stärker; deshalb werden sie möglichst mit Hartmetallwerkzeug und bei verringerter Schnittgeschwindigkeit bearbeitet.

In Tafel 3.1 sind die wichtigsten Aluminiumwerkstoffe nach ihrer Spanbarkeit in Gruppen geordnet aufgeführt. Weiche Aluminiumwerkstoffe, besonders die der 1. Gruppe, bilden oft lange, aneinanderhängende Wendel- oder Wirrspäne. Diese bergen Unfallgefahren, sind schlecht abzuführen und können vor allem die bearbeitete Oberfläche zerkratzen. Aus diesem Grunde ist es oft zu empfehlen, die Werkzeuge mit Spanleitstufen auszurüsten, damit die Späne vom Werkstück weggeführt und evtl. auch gebrochen werden. Beim Spanen von Werkstoffen der Gruppe 1 sind Kühlschmierstoffe einzusetzen. Wegen der günstigeren Spanform ist es sinnvoll, Werkstücke aus aushärtbaren Legierungen erst nach dem Wärmebehandeln zu zerspanen. In solchen Fällen muß der Vorschub reduziert werden.

Tafel 3.1: Richtwerte für das Spanen
(Die Tafeln 3.1, 3.2, 3.3, 3.4, 3.6 sind als Farbtafeln, im Format 600 mm x 400 mm beim Aluminium-Verlag erhältlich.)

Zerspanbarkeit

	Legierungstypen	Legierungsbeispiele	Kennzeichnende Zerspanungseigenschaften
Gruppe 1: Aluminium-Knetwerkstoffe geringerer Festigkeit	– Nicht aushärtbare Legierungen im unverfestigten oder teilverfestigten Zustand – Aushärtbare Legierungen im nicht ausgehärteten Zustand	Reinaluminium, AlMn, AlMg1, AlMgMn AlMgSi0,5, AlMgSi1	Weiche, duktile Werkstoffe von großer Homogenität, geringe Festigkeit, keine harten Bestandteile. Kleben und Schmieren bei der Bearbeitung. Starke Neigung zur Aufbauschneidenbildung, keine Scheinspäne
Gruppe 2.1: Aluminium-Knetwerkstoffe gesteigerter Festigkeit	– Nicht aushärtbare Knetwerkstoffe im kaltverfestigten Zustand – Aushärtbare Knetwerkstoffe im ausgehärteten und/oder kaltverfestigten Zustand	AlMn, AlMg1 bis AlMg5, AlMgMn, AlMg4,5Mn AlCuMg1, AlZnMg1, AlZnMgCu0,5, AlZnMgCu1,5	Festigkeiten zwischen 300 und 600 N/mm² bei guten Dehnungswerten. Keine harten Bestandteile (geringe Verschleißwirkung), geringer werdende Neigung zur Aufbauschneidenbildung mit angesteigender Festigkeit, keine Scheinspäne
Gruppe 2.2: Automatenwerkstoffe	– Aushärtbare Knetwerkstoffe mit spanbrechenden Zusätzen	AlMgSiPb, AlCuBiPb, AlCuMgPb	Kurz brechende Späne infolge spanbrechend. Zusätze. Festigkeitswerte 280 bis 380 N/mm². Geringe Neigung zur Aufbauschneidenbildung, keine Scheinspäne.
Gruppe 3.1: AlSi-Gußwerkstoffe bis 10% Silizium	– AlSiCu-Legierungen – AlSiMg-Legierungen	AlSi5Cu1, AlSi6Cu4, AlSi8Cu3, AlSiCu3 AlSi5Mg, AlSi7Mg, AlSi9Mg, AlSi10Mg	Festigkeit bis 250 N/mm² Festigkeit bis 360 N/mm². Gesteigerte Verschleißwirkung durch harte Legierungsbestandteile und evtl. Einschlüsse. Guter Spanbruch und glatte Oberflächen. Neigung zur Aufbauschneidenbildung ab etwa 5% Siliziumgehalt. Gesteigerte Scheinspanbildung.
Gruppe 3.2: AlSi-Gußwerkstoffe geringerer Härte	– AlSi-Legierungen mit etwa 12% Siliziumgehalt	AlSi12	Geringe Härte des Grundwerkstoffes. Harte metallische Legierungsbestandteile sowie eventuelle Einschlüsse; große Neigung zur Aufbauschneidenbildung und zu Scheinspänen.
Gruppe 3.3: AlSi-Gußwerkstoffe großer Härte	– Legierungen mit über 12% Siliziumgehalt	AlSi18CuMgNi, AlSi21CuNiMg, AlSi25CuMgNi, AlSi17Cu4FeMg	Mittlere Festigkeit, hohe Härte, sehr geringe Dehnung. Hoher Verschleiß durch sehr harte intermetallische Verbindungen und primär ausgeschiedenes Silizium; große Neigung zu Scheinspänen und zu Aufbauschneidenbildung.

Werkzeuge

Zur Sicherstellung guter Schneidhaltigkeit (Standzeit) werden HSS-Stahl oder Hartmetall als Schneidstoffe verwendet. Feinstbearbeitung erfolgt auch mit Diamantschneiden als Fräsen oder Drehen. Die Verwendung von Hartmetallwerkzeugen ist besonders für Aluminiumwerkstoffe mit höherem Si-Gehalt angezeigt und gewinnt durch das System der Wendeschneidplatten auch für die handwerkliche Bearbeitung immer mehr an Bedeutung. Die Kosten für eine Wendeschneidplatte mit 6 oder 8 Schneiden liegen meistens erheblich unter den Kosten für das mehrmalige Anschleifen eines herkömmlichen Werkzeuges. Auch die HM-Sorte mit entsprechender Schneidengeometrie, evtl. mit Doppelnuten, kann man genau passend auswählen. Ti-beschichtetes HM und Keramikwerkzeuge sind nicht für Aluminiumwerkstoffe zu verwenden, da Diffusionsvorgänge infolge der Affinität von Titan zu Aluminium die Schneide zerstören würden.

Wenn nur gelegentliche Spanungsarbeiten anfallen, sind Spezialwerkzeuge meist entbehrlich; Ausnahmen sind bei der nachfolgenden Besprechung der einzelnen Verfahren ausdrücklich aufgeführt. Die Kennzeichen guter Werkzeuge für das Spanen von Aluminium sind:

- großräumige, geschliffene und möglichst polierte Spannuten bzw. geschliffene und geläppte Schneiden zur unbehinderten Abfuhr der Späne;
- kleinere Keilwinkel und größere Spanwinkel als beim Trennen von Stahl zur Erzielung guter Werkstückoberflächen;
- hochwertige, verschleißfeste Schneidstoffe.

Der Werkzeugverschleiß fällt besonders bei harten Werkstoffen mit Si-Gehalten $>10\ \%$, ins Gewicht. Kolkverschleiß tritt fast nie auf, sondern Freiflächenverschleiß.

Der Verschleiß ist umso größer, je größer die Schnittgeschwindigkeit ist.

Aufbauschneiden verschlechtern die Oberfläche gravierend.

Spannen

Beim Spannen im Schraubstock sollen die Backen nicht geriffelt sein. Die Verwendung weicher Beilagen kann zu Ungenauigkeiten führen. Zum Ausrichten eignet sich ein rückschlagfreier Kunststoffhammer. Bei Verwendung von Spanneisen kann ein weicher Werkstoff beigelegt werden. Das Spannen im Teilkopf geschieht am besten zwischen

Spitzen oder mit einer Schutzhülse im Dreibackenfutter. Wegen des geringen E-Moduls von Aluminium ist unbedingt für eine gute Unterstützung zu sorgen. Das Werkstück oder Teile davon geraten leicht in Schwingungen oder federn elastisch unter Schnittkrafteinwirkung.

Schnittbedingungen

Bei maschinellem Spanen von Aluminium sind erforderliche Drehzahlen und Spanwinkel wesentlich höher als bei Stahl, die Schnittkräfte dagegen wesentlich geringer. Bei allen spanenden Bearbeitungsarten des Aluminiums liegen im allgemeinen die Schnittwinkel in ähnlichen Größenwerten. Richtwerte für die Schnittbedingungen werden unter den einzelnen Verfahren in den folgenden Abschnitten mitgeteilt.

Besonderheiten bei Serienfertigung

Bei einer Serienfertigung mit spanenden Verfahren, wie sie auch im Handwerksbetrieb auftreten kann, sollte nicht außer acht gelassen werden, daß andere industrielle Verfahren der Verarbeitung wie Gießen, Schmieden, Fließpressen mit Verfahren der spanenden Serienfertigung vielfach in Konkurrenz stehen. Man tut gut daran, diese Möglichkeiten vor der Übernahme von Serienaufträgen, besonders wenn diese Investitionen erfordern, sorgfältig zu prüfen. Wenn die Entscheidung für eine spanende Fertigung fällt, sollten für die Serienfertigung zusätzlich zu den oben geschilderten Gesichtspunkten die folgenden Maßnahmen getroffen werden:

Spezialwerkzeuge (wirksamere und schnellere Arbeit), Schneidengeometrie auf vorgesehene Verfahren abstimmen (Tabellen beachten).

Zweckmäßige Werkstoffauswahl treffen (kürzere Späne bieten fertigungstechnische Vorteile).

Schnellaufende Maschinen mit ausreichender Verankerung und Auffangvorrichtung für den höheren Spananfall einsetzen (wirtschaftlicheres Arbeiten, bessere Oberflächen).

Richtige Kühlschmierung ist wichtig beim Bohren und allgemein bei weichen Werkstoffen.

Verfahren zum Spanen von Aluminium

Drehen

Werkzeuge

Als Werkzeuge für Einzelfertigung bzw. gelegentliche Dreharbeiten können von vorhandenen Drehmeißeln die für die Aluminium-Bearbeitung geeignetsten ausgewählt werden. Bei Einzelfertigung genügt es auch, die Werkzeuge aus SS (Schnellarbeitsstahl) oder HSS (Hochleistungsschnellarbeitsstahl) auf den größeren Spanwinkel umzuschleifen. Bewährt haben sich dabei Drehlinge mit Klemmhalter, da sie wenig Schleifarbeit erfordern. Beim Anschleifen ist besonders auf gute Oberflächen bei Frei- und Spanflächen zu achten, um die Bildung von Aufbauschneiden zu verhindern. Die Werkzeuge sollten nach dem Schleifen geläppt werden, oft reicht ein Handläpper hierzu aus. In der Werkstoffgruppe 2 (Tafel 3.1) ist HSS bzw. HM dem SS vorzuziehen, da diese größere Schnittgeschwindigkeiten erlauben.

Harte Schneidstoffe lassen sehr gute Oberflächen erwarten, besonders bei kleinem Vorschub und geringer Spantiefe (Schlichtbearbeitung). Beim Schruppen der harten und mittelharten Werkstoffe kann auf Kühlschmierstoffe verzichtet werden. Sollte sich hierbei eine Aufbauschneide bilden, ist es zweckmäßig, dieses anhaftende Metall mit einem Abziehstein und nicht, wie es häufig durchgeführt wird, mit Schaber oder Spänehaken mit Gewalt von der Schneide zu entfernen. Dabei wird die Werkzeugschneide oft beschädigt. Das gilt besonders für Hartmetall.

Spannen

Das Spannen erfolgt zur Vermeidung der Beschädigung der Oberflächen mit Spannzangen, zwischen Spitzen oder im Dreibackenfutter. Empfohlen wird ein Futter mit Keilstangen und Grundbacken mit weichen Aufsatzbacken; in diese kann die Form des Werkstückes negativ eingearbeitet werden. Neuerdings werden auch Sechsbackenfutter angeboten; man erreicht mit ihnen gutes Spannen mit geringem Druck und Rundlaufgenauigkeiten von 5 µm. Diese Futter sind auch für das Feinstdrehen geeignet.

Beim Einspannen dünnwandiger elastischer Hohlkörper ist leichte Deformierung des Werkstückes möglich, was nach dem Ausspannen Zurückfederung und Maßfehler bewirkt.

Schnittbedingungen

Die Anwendung optimaler Schnittbedingungen ermöglicht wirtschaftliches Arbeiten, sichert gute Arbeitsergebnisse und vermeidet kostspielige Versuche im Einzelfall. Die Richtwerte nach Tafel 3.2 sollten im Rahmen der durch die vorhanden Maschinen gegebenen Möglichkeiten beachtet werden. Die erforderlichen Drehzahlen sind wesentlich höher als bei Stahl. Vielfach wird man die maximal möglichen Werte einstellen. Die Schnittkräfte sind im Vergleich zum Stahl bis zu ⅔ niedriger, der Spanwinkel ist oft doppelt so groß. Die Schneidenspitze wird in der Aluminiumbearbeitung auf Mitte eingestellt.

Bei leichter Schnittbearbeitung kann die Schnittkraft geringer sein als die Kraft, die zur Überwindung der Reibung im Vorschubgetriebe nötig ist; in diesem Falle liegen keine stabilen Verhältnisse vor. Fehler in der Größenordnung des Spieles im Vorschubantrieb können auftreten. Beim Längsdrehen von Werkstücken mit geringen Durchmessern, vor allem beim Schruppen, ist die Spantiefe zu verringern, da wegen der Schnittkräfte Gefahr des Durchbiegens gegeben ist.

Um Aufbauschneiden zu vermeiden, sollte Aluminium nie mit Schnittgeschwindigkeiten unter 50 m/min gedreht werden.

Fräsen

An der Universalfräsmaschine kommen für Aluminium die gleichen Verfahren zur Anwendung wie für andere Werkstoffe. Beim Walzenfräsen ist das Gleichlauffräsen am geeignetsten. Man erreicht große Spanleistungen, das Werkstück wird auf den Tisch gepreßt, die Maschine läuft ruhig, die Oberfläche wird sauber. Als Werkzeug verwendet man meistens den Fräsertyp »W« mit Ausnahme der Werkstoffgruppe 3 (vgl. Tafel 3.1), bei der man Typ »N« verwendet. Durch kleine Zähnezahlen erreicht man große Spanräume für die Aufnahme großer Spanmengen. Eine Ausrundung des Spangrundes erleichtert das Herausfallen der Späne. Für Walzen-, Schaft- und Scheibenfräser verwendet man meistens HSS als Schneidenwerkstoff. Beim Walzenstirnfräsen werden neben HSS-Fräsern immer öfter Messerköpfe mit HM-Wendeschneidplatten verwendet. Als Hartmetallsorte eignet sich am besten K 10. Beim Arbeiten mit Schaft- oder Scheibenfräsern soll reichlich Kühlschmiermittel verwendet werden, damit die Späne ausgespült werden. Die besten Ergebnisse erzielt man bei der Verwendung von Messerköpfen, zumal man in der Werkstoffgruppe 3 Hartmetall verwenden soll. Die Verwendung von Fräsern mit negativen Spanwinkeln erfordert Mindest-Schnittgeschwindigkeiten.

Tafel 3.2: Richtwerte für das Drehen

Drehen					
Schnittgröße	**Schneidstoff**	**Knetwerkstoffe geringer Festigkeit (Gruppe 1)**	**Knetwerkstoffe höherer Festigkeit Automatenwerkstoffe (Gruppe 2)**	**AlSi-Gußwerkstoffe bis ca. 12% Si (Gruppe 3.1, 3.2)**	**> 12% Si (Gruppe 3.3)**
Spanwinkel γ in °	HSS HM Diamant	25 bis 35 max. 30 [1]	20 bis 30 20 bis 30 6	12 bis 16 12 bis 16 6	[1] 8 bis 12 6
Freiwinkel α in °	HSS HM Diamant	7 bis 12 7 bis 12 [1]	7 bis 10 5 bis 8 12	5 5 12	[1] 5 12
Schnittgeschwk. v in m/min	HSS HM Diamant	bis 800 bis 4000 [1]	bis 400 bis 1500 bis 1500	bis 200 bis 1000 bis 1400	[1] bis 250 bis 800
Vorschub s in mm/U[2]	HSS HM Diamant	bis 0,8 bis 0,8 [1]	bis 0,5 bis 0,6 bis 0,3	bis 0,5 bis 0,6 bis 0,3	[1] bis 0,6 bis 0,2
Spantiefe a in mm	HSS HM Diamant	bis 6 bis 6 [1]	bis 6 bis 6 bis 1	bis 6 bis 6 bis 1	[1] bis 4 bis 0,8
Kühlschmierstoff	HSS HM Diamant	Schneidöl evtl. Schneidöl [1]	Emulsion evtl. Emulsion Emulsion	Emulsion Emulsion Emulsion	[1] Emulsion Emulsion

[1]) nicht mehr üblich;
[2]) zum Schlichten geringere Werte

Tafel 3.3: Richtwerte für das Fräsen

Fräsen					
Schnittgröße	**Schneidstoff**	**Knetwerkstoffe geringer Festigkeit (Gruppe 1)**	**Knetwerkstoffe höherer Festigkeit u. Automatenwerkstoffe (Gruppe 2)**	**AlSi-Gußwerkstoffe < 12% Si (Gruppe 3.1, 3.2)**	**> 12% Si (Gruppe 3.3)**
Spanwinkel γ in °	HSS HM Diamant	15 bis 30 10 bis 20 (25) [3]	15 bis 25 10 bis 20 2	12 bis 20 8 bis 20 2	[4] 8 bis 20 2
Freiwinkel α in °	HSS HM Diamant	9 bis 20 9 bis 20 [3]	9 bis 20 9 bis 20 6	10 bis 20 10 bis 20 6	[4] 10 bis 20 6
Schnittgeschwk. v in m/min	HSS HM Diamant	bis 1200 bis 2500 [3]	bis 800 bis 2500 bis 2500	bis 600 bis 1500 bis 2500	[4] bis 300 bis 1000
Vorschub s_z[1]) in mm/Zahn max.	HSS HM Diamant	etwa 0,3 etwa 0,3 [3]	etwa 0,3 etwa 0,3 etwa 0,2	etwa 0,2 etwa 0,2 etwa 0,2	[4] etwa 0,2 etwa 0,15
Schnittiefe[2]) a in mm	HSS HM Diamant	bis 6 (▽) bis 0,5 (▽▽) bis 8 (▽) bis 0,5 (▽▽) [3] [3]	bis 6 (▽) bis 0,5 (▽▽) bis 8 (▽) bis 0,5 (▽▽) bis 2,5 (▽) bis 0,5 (▽▽)	bis 6 (▽) bis 0,8 (▽▽) bis 8 (▽) bis 0,8 (▽▽) bis 2,5 (▽) bis 0,5 (▽▽)	[4] bis 8 (▽) bis 0,8 (▽▽) bis 2,5 (▽) bis 0,5 (▽▽)
Kühlschmierstoff	HSS HM Diamant	Emulsion – [3]	Emulsion Emulsion Emulsion	Emulsion Emulsion Emulsion	[4] Emulsion Emulsion

[1]) Die Vorschubwerte beim Schaftfräsen sind zusätzlich vom Fräserdurchmesser abhängig:
bis 6 mm Fräserdurchmesser 0,1 mm/Z (▽) bzw. bis 0,08 mm/Z (▽▽);
bis 20 mm Fräserdurchmesser 0,2 mm/Z (▽) bzw. bis 0,12 mm/Z (▽▽);
bis 50 mm Fräserdurchmesser 0,3 mm/Z (▽) bzw. bis 0,17 mm/Z (▽▽);

[2]) Schnittiefe beim Schaftfräsen bis D/2 (▽);
[3]) nicht mehr üblich;
[4]) nicht geeignet

Bei der Anschaffung von Werkzeugen sind die maschinellen Voraussetzungen zu berücksichtigen. Richtwerte für die Schneidenwinkel gibt Tafel 3.3.

Die beim Fräsen von Aluminium möglichen hohen Schnittgeschwindigkeiten lassen sich am besten bei großem Werkzeugdurchmesser erreichen, da die Spindeldrehzahlen oft begrenzt sind. In Tafel 3.3 sind Richtwerte für optimale Schnittbedingungen angegeben. Die hohen Schnittgeschwindigkeiten ergeben kurze Fräszeiten und gute Oberflächen. Als Kühlschmiermittel wird meistens Emulsion verwendet.

(Hinweis zu den Tafeln 3.2 und 3.3: Die Verwendung von Werkzeugen mit Diamantschneiden wird bei Werkstoffen der Gruppe 1 als nicht geeignet bzw. nicht üblich ausgeschlossen. Tatsächlich war »Glanzdrehen« und »Glanzfräsen« (Facettieren) von Glänzwerkstoffen lange Zeit die Hauptanwendung von Diamantwerkzeugen).

Feinstbearbeitung

Zur Anwendung kommen Fein- und Feinstdrehen und -fräsen. Hierbei sind spezielle Maschinen erforderlich, die sehr schnell laufen und zur Erzielung der erforderlichen Laufruhe besonders gut gelagert sind. Das Feinstfräsen geschieht fast immer mit HM-Fräsern und Schnittgeschwindigkeiten bis 2000 m/min. Beim Feinstdrehen kommen neben HM- vorwiegend Diamantwerkzeuge zum Einsatz. Die Schnittgeschwindigkeit beträgt hier bis 2000 m/min., die Schnittiefe 0,02 bis 0,2 mm und der Vorschub 0,02 bis 0,07 mm/U. Bei Diamantwerkzeugen ist aufgrund der hohen Anschaffungskosten unbedingt auf die Richtwertangaben des Herstellers zu achten.

Das Honen ist auch für Aluminium geeignet. Ein wichtiges Gebiet für das Langhubhonen ist die Bearbeitung von Motorblöcken. In der Einzelfertigung können Honahlen auch an der Bohrmaschine verwendet werden. Das Kurzhubhonen oder Superfinish-Verfahren wird bei zylindrischen Außenflächen angewendet. Zu der Drehbewegung des Werkstückes und der Hubbewegung des Werkzeuges kommt noch eine Schwingbewegung des Werkzeuges. Das Läppen eignet sich nur für die Bearbeitung hartanodisierter Werkstücke. Das Rollglätten kommt hauptsächlich für Aluminium der Gruppe 1 in Frage. Durch hochglanzpolierte, gehärtete Stahlrollen wird der Werkstoff in der Oberfläche verdichtet. Werkstoffzugaben von 0,01 bis 0,05 mm sind beim Innen- und Außenrollglätten üblich. Hohe Drehzahlen und große Vorschübe ergeben sehr kurze Bearbeitungszeiten.

Hobeln, Stoßen

Hobeln und Waagerechtstoßen haben bei der Bearbeitung von Aluminium nur untergeordnete Bedeutung. Man kann nämlich die erforderlichen hohen Schnittgeschwindigkeiten nicht annähernd erreichen, was zu schlechteren Oberflächen durch Aufbauschneiden führt. Außerdem ist beides gegenüber dem Fräsen (Planfräsen mit Messerkopf) unwirtschaftlich. Beim Hobeln und Waagerechtstoßen kann man die Richtwerttabelle für das Drehen zur Hilfe nehmen (Tafel 3.2). Die Werte für den Spanwinkel γ können noch höher liegen, da die entsprechenden Schnittgeschwindigkeiten nicht erreichbar sind. Für Gußwerkstücke mit mehr als 10% Si-Gehalt sollte man HM verwenden. Beim Waagerechtstoßen kann man neben Hobelwerkzeugen auch Drehmeißel einsetzen, sofern der Schaftquerschnitt groß genug ist, um die stoßartige Belastung aufzunehmen. Bei Formmeißeln müssen Profilverzerrungen durch den großen Spanwinkel berücksichtigt werden.

Bohren

Für gelegentliches Bohren in Aluminium lassen sich die gleichen Spiralbohrer verwenden, die für das Bohren von Stahl üblich sind. Der Spitzenwinkel wird zweckmäßigerweise größer geschliffen. Das Maß dafür liegt bei 125 bis max. 140°gegenüber rd. 118° beim genormten Bohrer. Beim Bohren von Aluminiumblechen haben sich Bohrer mit Zentrumspitze bewährt. Die Maßhaltigkeit ist besser, der Arbeitsweg kürzer. Die Bohrer sollen mit möglichst hoher Drehzahl laufen. Als Schneidflüssigkeit dienen beim Bohren Emulsion, Petroleum, Seifenspiritus, Schneidöl. Bohrlöcher müssen grundsätzlich entgratet werden.

Wenn regelmäßig Bohrungen in Aluminium duchgeführt werden, oder bei größeren Bohrdurchmessern, sind Spezialbohrer für Aluminium zu empfehlen, wie sie heute von nahezu allen namhaften Werkzeugfabriken angeboten werden. Sie unterscheiden sich von Bohrern für Stahl durch einen größeren Drallwinkel. Dieser beträgt bis etwa 40° gegenüber 28° beim Bohrer für Stahl (Bild 3.1). Die Spannuten sind oft poliert, so daß die Späne leicht abgeführt werden. Da beim Bohren in

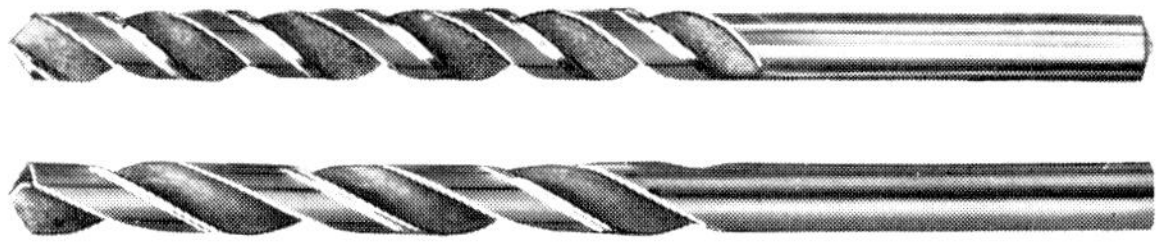

Bild 3.1: Bohrer für Aluminium (oben) und für Stahl (unten).

Bild 3.2: Spezialbohrer, der sich bei gleichem Drallwinkel von dem normalen Aluminium-Spiralbohrer durch wesentlich geräumigere Spannuten und eine schmalere Schneidefase unterscheidet.

Aluminium ein Mehrfaches der bei Stahl üblichen Spanmenge abzuführen ist, muß bei Bohrungen > 5 · D Tiefe entspänt werden, d. h. der Bohrer muß vollständig zurückgezogen und neu angesetzt werden. In der Serienfertigung haben sich Bohrer mit Zwangskühlung (Flinka-Bohrer) und auch Kanonenbohrer bewährt. Bei tiefen Bohrungen ist eine gute Kühlung erforderlich.

In Aluminium ist stets mit größter Drehzahl zu bohren; selbst dann liegt die Schnittgeschwindigkeit in den meisten Fällen noch an der unteren Grenze.

Für die Serienfertigung werden Aluminium-Spezial-Spiralbohrer angewandt, die als ausgesprochenes Hochleistungswerkzeug anzusprechen sind. Mit solchen Bohrern lassen sich bei erhöhter Schnittgeschwindigkeit Löcher bis zu einer Tiefe von 10fachem Bohrerdurchmesser ohne Ausspänen herstellen, weil die Spanabfuhr erheblich erleichtert ist (Bild 3.2). Die Spannuten dieser Spiralbohrer sind weiter als die für die Stahlbearbeitung. Infolge des größeren Drallwinkels vergrößert sich der Spanwinkel, während der Keilwinkel kleiner wird. Das strebt man bei der Bearbeitung von Aluminium wegen der im Vergleich zu Stahl geringeren Härte des Werkstoffes an.

Tafel 3.4: Richtwerte für das Bohren

Bohren					
Schnittgröße und Schneidenwerkstoff		**Werkstück-Werkstoff nach Gruppe**			**Bemerkung**
		1	2.1, 2.2	3.1, 3.2, 3.3	
Spitzenwinkel σ°	**SS**	~ 140	~ 120	~ 100	Beim Bohren von Blechen Winkel vergrößern oder Zentrumbohrer verwenden
Drallwinkel γ° (Spanwinkel)	**SS**	45–30	35–20	25–15	Kleine Bohrerdurchmesser mit kleinerem Drallwinkel
Hinterschliffwinkel α° (Freiwinkel)	**SS**	17–15	15	12	Bei der Zurichtung von abgesetzten Wendelbohrern ist auf jeder Stufe der empfohl. Hinterschliffwinkel einzuhalten
Schnittgeschwindigkeit v in m/min	**SS**	100–120	80–100	50–80	Niedrige Werte für kleine Bohrerdurchmesser
Vorschub s in mm/U	**SS**	0,02–0,50	0,02–0,50	0,02–0,3	Niedrige Werte für kleine Bohrerdurchmesser

Bild 3.3:
Werkzeugwinkel an einem Spiralbohrer (DIN 6581).
α = Werkzeug-Freiwinkel
β = Keilwinkel
γ = Werkzeug-Spanwinkel
λ = Werkzeug-Neigungswinkel,
σ = Spitzenwinkel.
(vergl. Tafel 3.4)

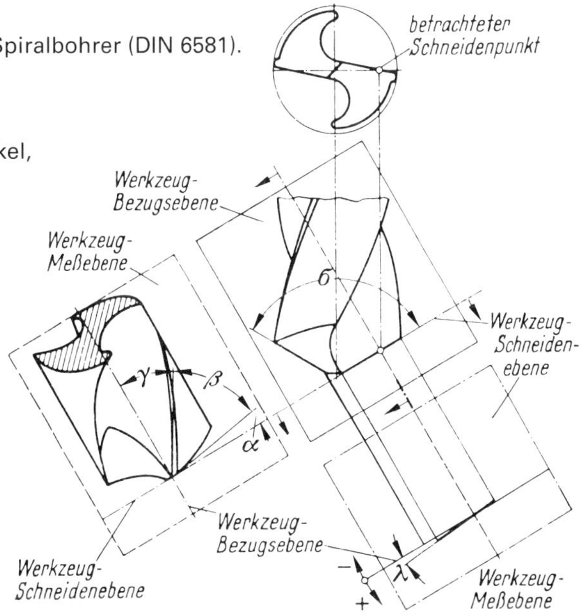

Die für die Serienfertigung empfohlenen Richtwerte sind Tafel 3.4 zu entnehmen (Werkstoffgruppen nach DIN 4990 siehe Tafel 3.1). Zur Bezeichnung der Werkzeugwinkel ist in Bild 3.3 die wesentliche Bohrwerkzeuggeometrie dargestellt. Hinweise auf die beim Bohren von Aluminium vielfach beobachteten Fehler gibt die Tafel 3.5.

Vermeidung unrunder Löcher in Blechen

Beim Bohren von Löchern größerer Durchmesser in dünne Bleche ergeben sich leicht unrunde Löcher selbst dann, wenn der Bohrer gut geschliffen ist. Dies ist darauf zurückzuführen, daß die Bohrspitze beim Austritt aus dem Blech keine Führung hat, denn die Führungsfasen reichen noch nicht in die Bohrung hinein. Infolgedessen schälen die Schneidlippen die Späne ab und stören den Lauf des Bohrers. Wenn man keinen Bohrer mit Zentrumspitze verwendet, schleift man den Bohrer so an, daß der Freiwinkel 0° beträgt, so trägt der Rücken der Schneidlippe und dient als Führung. Obwohl der Bohrer »falsch« geschliffen ist, bohrt er nun bei Aluminium kreisrunde Löcher. Eine Versuchsbohrung und eventuelles Nachschleifen sind angebracht.

Tafel 3.5: Fehler beim Bohren und deren Ursachen

Fehler	Ursachen
Bohrer verläuft	– Schlecht angekörnt (bei größeren Bohrerdurchmessern vorbohren) – Vorschub zu groß – Werkstück liegt nicht 90° zur Bohrachse – Querschneide ist zu breit (am Rücken der Schneidlippe ausspitzen oder vorbohren) – Bohrer schlägt – Bohrerschneiden sind ungleichmäßig
Lochfläche ist rauh	– Bohrer ist außermittig geschliffen (Lehre verwenden) – Schnittgeschwindigkeit ist zu gering – nicht geschmiert (Schneidöl verwenden) – Vorschub zu groß
Lochmaß wird zu groß	– einseitiger Anschliff, Bohrer läuft exzentrisch – Schnittgeschwindigkeit ist zu gering, Werkstück wird zu warm – Vorschub zu groß
Bohrloch wird konisch und Bohrer frißt	– Bohrer ist stumpf – Führungsfase ist beschädigt – Schmierung fehlt – Schnittgeschwindigkeit ist zu gering – Vorschub ist zu groß – Späne verklemmen sich und reiben an der Bohrlochfläche
Grat bildet sich an Bohrlochoberkante	– Führungsfase ist abgenutzt – Führungsfase ist beschädigt
Grat bildet sich an Bohrlochunterkante	– Bohrer ist nicht hinterschliffen – Bohrer drückt oder ist stumpf (Freiwinkel beachten) – Spitzenwinkel ist zu klein (soll etwa 140° betragen) – Schmierung fehlt – Führungsfase beschädigt – Vorschub ist zu groß
Bohrloch wir unrund und zeigt Rattermarken	– Freiwinkel ist zu groß (klein halten, bis zu 1°) – Schnittgeschwindigkeit ist zu groß – Bohrspindel ist schlecht gelagert
Bohrer zieht Werkstück nach oben	– Bohreranschliff ist nicht in Ordnung – Vorschub zu groß – Schnittgeschwindigkeit ist zu gering – Bohrer ist zu stark hinterschliffen
Bohrer bricht ab	– Spanabfuhr reicht nicht aus (ausspänen) – Schmierung fehlt – Werkstück nicht fest gespannt
An den Schneidlippen der Bohrer bildet sich eine Aufbauschneide	– Bohrer ist stumpf (nach dem Schleifen die Schneidlippen abziehen) – Schmierung fehlt – höhere Drehzahl

Reiben

Alle Reibahlen sind für Reinaluminium und Aluminiumlegierungen verwendbar. Für die Aluminiumbearbeitung können sie einen Spanwinkel, der größer als 0° ist und größere Spannuten haben. Wenn eine Bohrung durch Nuten unterbrochen ist oder bei langem, kegeligem Anschnitt, wählt man Reibahlen mit gewundenem Zahnverlauf. Der Drall ist der Schneidrichtung meist entgegengesetzt. Als Schneidflüssigkeit wird ein Gemisch aus Petroleum und Terpentin im Verhältnis 5 : 4 oder Mineralöl empfohlen. Trockenes Reiben ergibt unsaubere Bohrungen, Gefahr eines Werkzeugbruches und große Reibüberweite.

Entgraten, Senken

Zum Entgraten von Bohrlöchern verwendet man im allgemeinen den bekannten »Krauskopf« (Spitzsenker). Für das Entgraten oder Anfasen von Bohrungen werden Spitzenwinkel von 60°, bei Senknieten von 75° gewählt. Ein bei Aluminium bewährter Senker (Bild 3.4) ist der sogenannte »Kegel«-Senker. Er hat den Vorzug, daß sich keine Zähne zusetzen und daß er keine Rattermarken hinterläßt.

Senken dünner Bleche

Sind für die Verbindung dünner Aluminiumbleche durch Nieten oder Schrauben Senkungen herzustellen, so können sie wegen der geringen Werkstoffdicke nicht mehr mit spanendem Werkzeug hergestellt werden. Solche Senkungen werden eingezogen. Das Einziehen ist mit dem im Bild 3.5 gezeigten, einfach selbst herstellbaren Werkzeug gut möglich. Das Werkzeug muß dem Niet- oder Schraubenkopf entsprechend geformt sein.

Sägen

Profile und Rohre werden meist mit Metallkreissägen getrennt. Sägen dieser Art ergeben einen sauberen Schnitt und sind für wirtschaftliche Bearbeitung von Aluminium unentbehrlich. Sie sind in unterschiedlichen Größen und Ausführungen, auch als Gehrungssäge, erhältlich. Für Kreissägen verwendet man Spezialsägeblätter. Sie sollen größere Zahnteilung und größeren Zahngrund haben als Sägeblätter für harte Metalle. Bei geringeren Schnittlängen und niedrigen Schnittgeschwindigkeiten kann man ohne Schmierung sägen. Große Schnittlängen und hohe Schnittgeschwindigkeiten machen Schmieren mit Emulsion oder Schneidöl erforderlich. Insgesamt ist die Schnittgeschwindigkeit beim maschinellen Sägen gegenüber Stahl

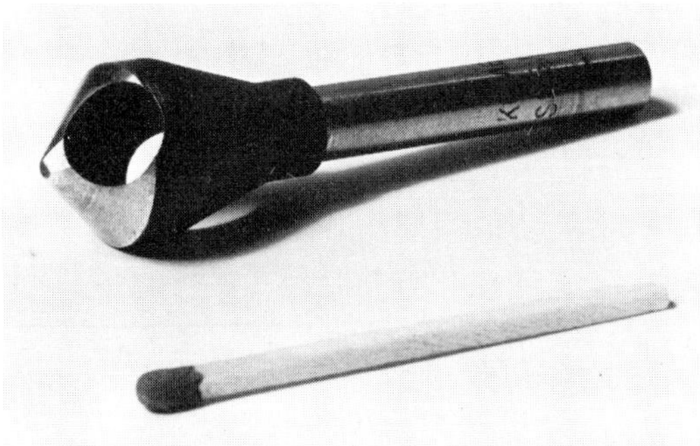

Bild 3.4: Sogenannter Kegel-Senker; bei diesem Senker können sich keine Zähne zusetzen; er hinterläßt keine Rattermarken und ist speziell für Aluminium entwickelt worden.

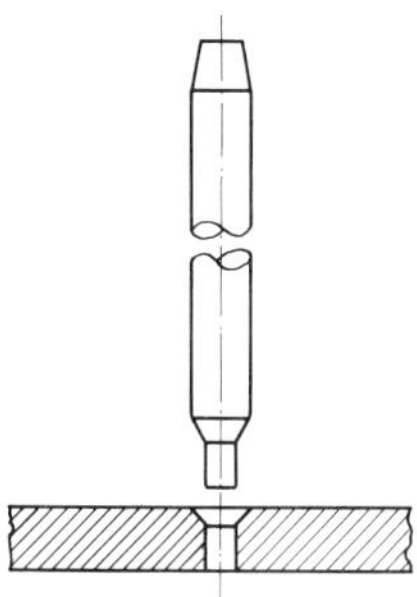

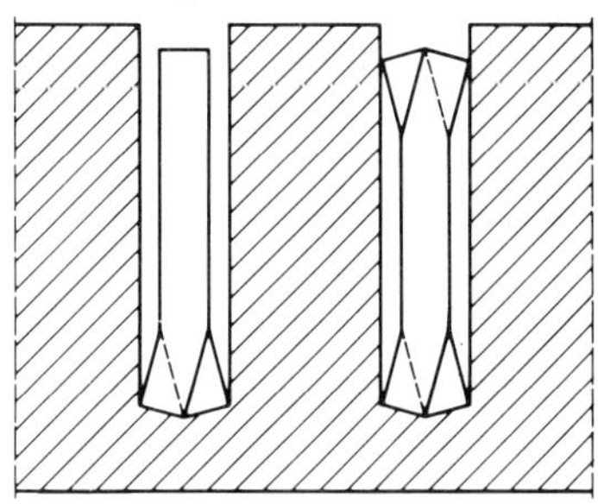

Bild 3.5 (links): Mit diesem leicht selbst herstellbaren Werkzeug lassen sich in Dünnblechen Senkungen herstellen.
Bild 3.6: Einseitig gezahnte Handsägeblätter (links) ergeben bei Aluminium einen saubereren Schnitt als doppelseitig gezahnte Sägeblätter

größer. Anhaltswerte gibt Tafel 3.6. Die 3 Spanbarkeitsgruppen, in die die gebräuchlichen Aluminiumwerkstoffe unterteilt werden, sind in Tafel 3.1 erläutert.

Beim Sägen von Hand wird das Sägeblatt zweckmäßigerweise vorher mit Wachs eingestrichen. Die Sägeschnitte werden sauberer, und die Arbeit läßt sich schneller ausführen. Sägeblätter sollen gut ausgerundete Zahnlücken haben und nur einseitig gezahnt sein (Bild 3.6).

In der Serienfertigung wird das Sägen vielfach mit aufeinandergelegten Blechen durchgeführt. Hierbei werden vor allem Metallkreissägen verwandt; Qualität der Sägeblätter: WS (wolframlegiert) oder Schnellstahl. Im übrigen ist für Serien die Beachtung von Richtzahlen für Maschinen und Werkzeug zu empfehlen (Tafel 3.6):

Tafel 3.6: Richtwerte für das Sägen mit Kreis- und Bandsäge

Sägen mit Kreissäge

Schnittgröße und Schneidenwerkstoff		Werkstück-Werkstoff nach Gruppe			Bemerkung
		1	2.1, 2.2, 3.1, 3.2	3.3	
Freiwinkel $\alpha°$	SS	8	8	8	
	HM	9–7	9–7	9–7	
Spanwinkel $\gamma°$	SS	25	25	15	
	HM	10	8	6	
Schnittgeschwindigkeit v in m/min	SS	800–2000 400–600	300–500 200–300	120–200 80–150	mittlere Zahnteilung grobe Zahnteilung
	HM	bis 2500	bis 1500	bis 1000	grobe Zahnteilung
Vorschub je Zahn s_z in mm	SS	bis 0,02 bis 0,03	bis 0,02 bis 0,03	bis 0,02 bis 0,03	mittlere Zahnteilung grobe Zahnteilung
	HM	bis 0,03	bis 0,03	bis 0,03	grobe Zahnteilung

Erläuterung zum Bild	t [mm]	h [mm]	S [mm]
mittlere Zahnteilung	5–10	4–5	1–3
grobe Zahnteilung	9–20	5–8	1–3
große Zahnteilung	bis 60	bis 25	bis 6

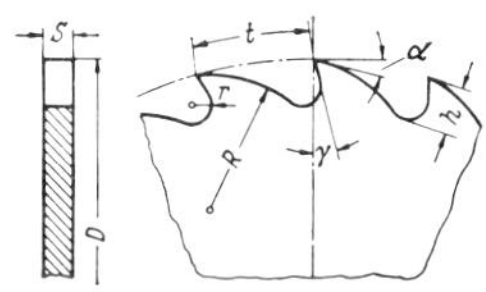

Werkzeug-Winkel und Zahnform der Kreissägen

Sägen mit Bandsäge*)

Erläuterung zum Bild	v [m/min]	s_z [mm]	$\alpha°$	$\gamma°$	s_1 [mm]	s_2 [mm]	t [mm]	b [mm]
Kleine Querschnitte	bis 2500	bis 0,01	35	+3 bis 5	1,0–1,2	1,4 s_1	2–3	≧ 15
Große Querschnitte	bis 1500	bis 0,03	30	+5 bis 8	0,8–1,0	1,8 s_1	3–5	bis 40

*) Werte für Bi-Metall-Sägebänder

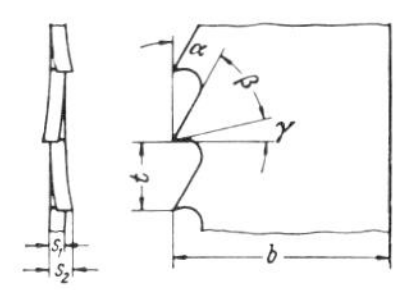

Werkzeug-Winkel, Zahnform und Schränkungsbreite von Bandsägen

Ausführung von Sägeschnitten bestimmter Tiefe

Sind häufiger Sägeschnitte mit begrenzter Schnittiefe durchzuführen (z. B. an Kabelmänteln oder ähnlichem), so fertigt man sich auf einfache Weise eine Säge mit begrenzter Schnittiefe selbst an, indem man in eine Hartholzleiste von der Breite eines Sägeblattes zwei Langlöcher bohrt. Der Lochabstand entspricht dem der Löcher des Sägeblattes. Letzteres wird mit geeigneten Schrauben und Flügelmuttern an der Leiste befestigt (Bild 3.7). Die Langlöcher dienen zur Höheneinstellung des Sägeblattes. Als Beispiel für die Anwendung

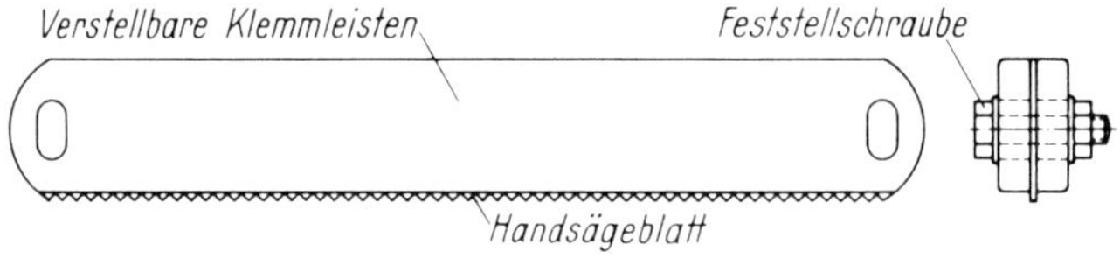

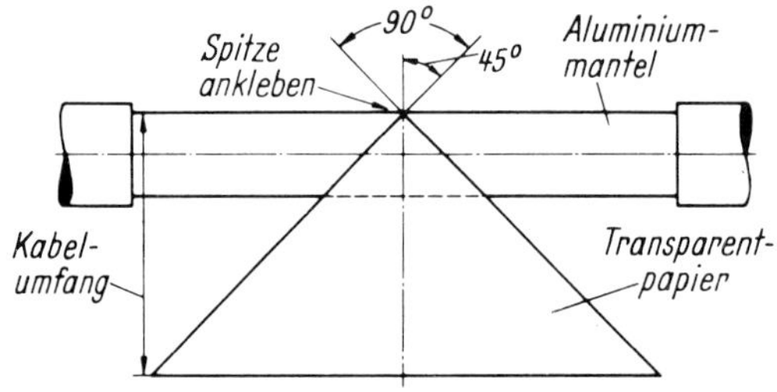

Bild 3.7: Mit verstellbarer Klemmleiste lassen sich Sägeschnitte mit genau begrenzter Tiefe durchführen.

wird das Trennen eines Aluminiummantels von einem Kabel angeführt. Die zu sägenden Schnittkanten verlaufen als Schraubenlinie, die mittels Papierschablone übertragen wird.

Sägen dünnwandiger Profile auf der Kreissäge

Beim Sägen von Profilen mit langen und dünnwandigen Schenkeln kann die Profilform beeinträchtigt werden. Ein Stück Holz, zur Aussteifung eingesetzt, verhindert die Verformung und mindert die Unfallgefahr (Bild 3.8).

Ausführung von Schnitten, die kürzer als die Sägeblattdicke sind

Will man an einer Kreissäge einen Schnitt ausführen, der schmaler ist als die Sägeblattdicke, dann besteht die Gefahr, daß sich das Sägeblatt infolge der einseitigen Beanspruchung wegdrückt. Der Schnitt verläuft! Auf folgende Weise lassen sich kleinste Abschnitte sägen:

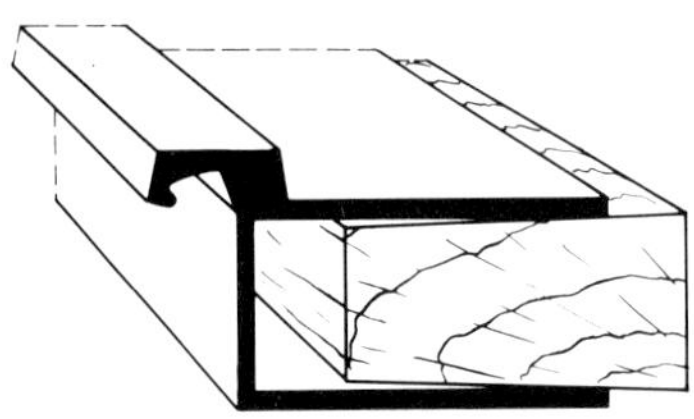

Bild 3.8: Hohe, dünnwandige Schenkel werden vor dem Sägen auf der Kreissäge ausgesteift, damit die Profilform durch das Sägen nicht beeinträchtigt wird.

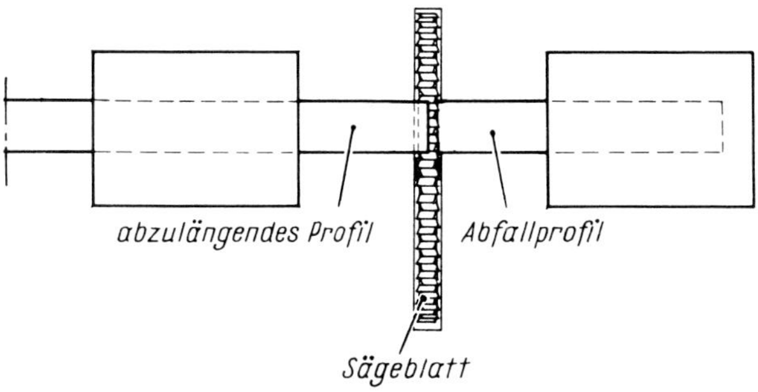

Bild 3.9: Sägen von Profilabschnitten, die kürzer sind als die Sägeblattdicke.

Ein Abfallprofilstück wird an einer Seite des Sägeblattes eingespannt und der Sägeschnitt ausgeführt. Das festgespannte Profil wird nicht weggenommen. Nun spannt man das abzulängende Profil ein und richtet es nach der Schnittkante aus. Das Sägeblatt kann jetzt nicht weggedrückt werden, weil es an der Schnittfläche des ersten Profils schleift (Bild 3.9).

Bandsägen finden für die Bearbeitung von Aluminium vielseitige Verwendung. Spezialsägeblätter für Aluminium sind im Handel erhältlich. Bei Blechen ist die kleinste sägbare Blechdicke begrenzt, da möglichst mindestens 2 Zähne gleichzeitig im Schnitt stehen sollen. Als Schmierung wird empfohlen, das Sägeblatt von Zeit zu Zeit mit Talg zu betreichen. Richtwerte sind in Tafel 3.5 angegeben.

Sägedrähte sind auch für das Sägen von Aluminium geeignet. Für feinere Arbeiten verwendet man auch Laubsägen, die man in Dekupiersägen einspannt, wie es im Werkzeugbau üblich ist. Für komplizierte Blechschnitte sind Elektro-Handsägen (Stichsägen) geeignet. Mit Spezialsägeblättern versehen, sind sie zuverlässig und arbeiten mit sauberem Schnitt. Diese Sägen lassen sich auch zum Ablängen von Rohren verwenden. Der Rohrdurchmesser spielt dabei keine Rolle.

Ablängen von Rohren

Aluminiumrohre mit größerem Durchmesser lassen sich nach Bild 3.10 trennen, indem man auf dem Anriß ein Loch bohrt, damit das Sägeblatt eingeführt werden kann. Die Säge wird fest auf das Rohr aufgelegt und eingeschaltet. Während des Sägens wird das Rohr in Richtung auf das Sägeblatt gedreht. Bei Rohren mit kleinem Durchmesser ist das Sägen möglich, wenn der Rohrdurchmesser mindestens rd. 10 mm kleiner ist als das Sägeblatt, wenn es im oberen Totpunkt steht. Die Säge wird beim Trennen fest auf das Rohr aufgesetzt und eingeschaltet.

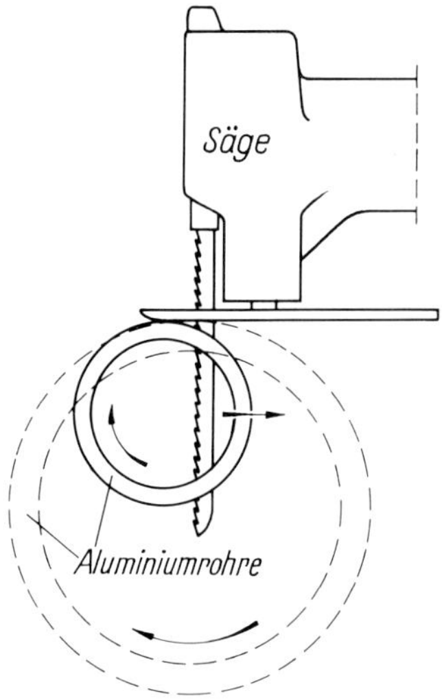

Bild 3.10: Mit der Elektro-Stichsäge lassen sich Rohre fast jeden Durchmessers sägen; die Pfeile in der Skizze kennzeichnen die Bewegung der Rohre verschiedener Durchmesser.

Der Anschnitt muß vorsichtig erfolgen. Wenn erforderlich, muß das Rohr gedreht werden. Das Sägeblatt muß in jedem Fall nach unten hin freien Raum haben, damit es nicht aufstößt.

Gewindeschneiden

In der handwerklichen Fertigung wird man Außengewinde üblicherweise mit Schneideisen und Innengewinde mit Gewindebohrern schneiden. Schneideisen erzeugen, besonders bei den härteren und ausgehärteten Aluminiumwerkstoffen, einwandfrei geschnittene Gewinde. Der Anschnitt wird etwas länger gehalten als bei der Stahlbearbeitung. Reichliche Zufuhr von Schneidflüssigkeit ist besonders bei längeren Gewinden wichtig. Der Außendurchmesser des vorgedrehten Werkstücks soll um ⅕ der Gewindesteigung unter dem Nenndurchmesser des Gewindes liegen. Bei Innengewinde ist der Kernlochdurchmesser gegenüber der Stahlbearbeitung größer zu halten, da ein gewisses Aufstauchen der Gewindeflanken erfolgt.

Für Innengewindeschneiden in Aluminium verwendet man meist sogenannte Fertigschneider mit 3 Riefen und 3 Spannuten. Sie sollen weite, gut ausgerundete und möglichst polierte Spannuten sowie große Spanwinkel haben. Der Rücken verläuft radial oder hat Unterschnitt, damit beim Zurückdrehen keine Späne in die Gewindegänge gedrückt werden können. Vorteilhaft sind Gewindebohrer mit Schälanschnitt, das ist ein Hohlschliff mit Drall, der die Späne vor dem

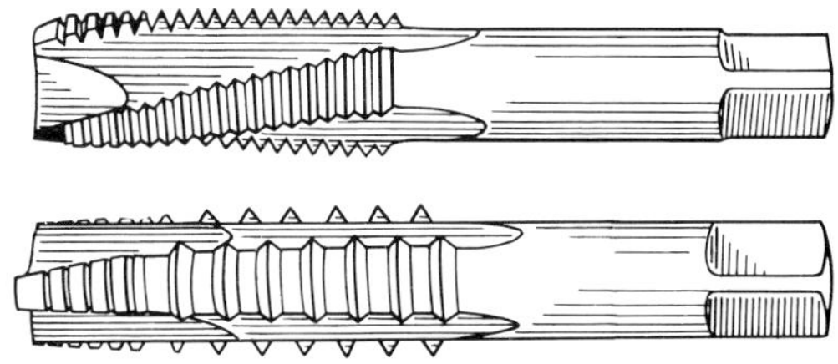

Bild 3.11 (oben): Gewindebohrer mit gewundenen Spannuten für Aluminiumbearbeitung.
Bild 3.12: Gewindebohrer mit versetzt unterbrochenem Gewindeprofil für Aluminiumbearbeitung.

Gewindebohrer herschiebt. Der Drall ist der Schnittrichtung entgegengesetzt (Bild 3.11). Gewindebohrer mit Drallnut schneiden leichter, da sie einen »ziehenden Schnitt« ergeben. Auch Gewindebohrer, bei denen das Gewindeprofil von Stollen zu Stollen versetzt unterbrochen ist, bieten Vorteile (Bild 3.12).

Unterschiedsmerkmal zwischen der Aluminium- und der Stahlbearbeitung ist, daß das Schneid- bzw. Windeisen in kontinuierlicher Drehung gehandhabt wird, wogegen bei Stahl durch gelegentliches kurzes Zurückdrehen der Spanbruch erreicht wird.

Das Drehen oder Schleifen von Gewinden ist bei der handwerklichen Aluminiumbearbeitung nicht üblich.

Gewindeschneiden in Sacklöcher

Beim Gewindeschneiden in Sacklöchern setzen sich beim Zurückdrehen des Gewindebohrers die Späne häufig zwischen die Lochwand und das fertiggeschnittene Gewinde, wobei das Gewinde ausreißen und unbrauchbar werden kann. An Stelle von Öl sollte man hierbei mit Fett schmieren. Die Späne haften am Fett und bleiben in den Spannuten.

Gewindeschneiden mit Gewindebohrer für Stahl

Wenn man keinen Gewindebohrer für Aluminium hat, kann ein Gewindebohrer für Stahl benutzt werden. Dabei ist folgendes zu beachten: Es sollte ein neuer Gewindebohrer genommen werden, der noch nicht für Stahl verwendet wurde. Mit Fett oder noch besser mit Wachs eingeschmiert, wird er unter leichtem Druck in die Bohrung eingedreht. Bei Sacklöchern ist es vorteilhaft, Fett oder Wachs in die

Bohrung zu pressen. Damit erreicht man, daß die Späne beim Gewindeschneiden mit dem Schmiermittel durch die Spannuten herausgepreßt werden. Wenn man so vorgeht, erhält man ein sauberes Gewinde. Festfressen oder gar Brechen des Gewindebohrers ist so gut wie ausgeschlossen.

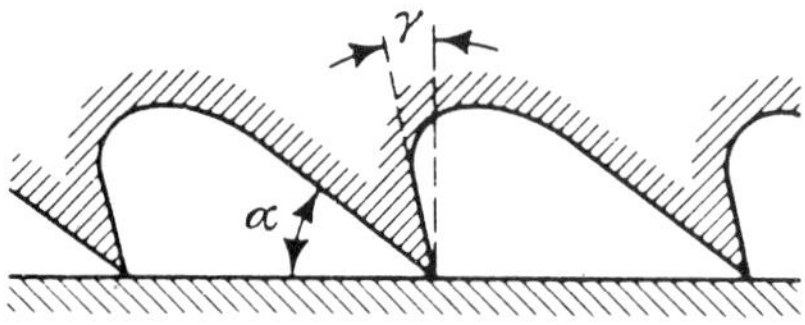

Bild 3.13: Zahnform bei gefrästen Feilen
α = 35 bis 40°, γ = 5 bis 7°.

Feilen

Die für die Bearbeitung von Stahl üblichen gehauenen Feilen mit Doppelhieb sind für Aluminium ungeeignet. Die Feilen setzen sich bald zu, es entstehen starke Riefen. Gut geeignet sind dagegen gefräste Feilen mit größerem Zahnabstand und mit gut ausgerundetem Spanraum, der ein Aufrollen der Späne bewirkt. Bild 3.13 zeigt die Zahnform von gefrästen Zähnen. Gefräste Handfeilen sind nach DIN 8343 bis DIN 8346 genormt und im Handel erhältlich. In den letzten Jahren haben sich Spezialfeilen durchgesetzt, die sich auch für Aluminium gut eignen. Das sind Feilen mit auswechselbaren Feilenblättern. Sie sind unter verschiedenen Markennamen erhältlich, so z. B. unter der Bezeichnung »Surform« (Bild 3.14). Zum Schlichten kann man gehauene Feilen verwenden. Damit sie sich nicht so schnell zusetzen, werden sie oft mit Kreide eingerieben. Das Mittel ist jedoch nur bedingt gut, denn es verhindert das Festsetzen der Späne nicht immer und es hat den Nachteil, daß die Feile in kurzen Abständen ausgeklopft und neu eingerieben werden muß. Die Praxis hat gezeigt, daß gelegentliches Eintauchen der Feile in Petroleum oder Spiritus das Festsetzen von Spänen weitgehend verhindert und das Schlichten von Aluminiumoberflächen ziemlich gut ermöglicht. Auf rotierenden Feilen haften diese Schmiermittel allerdings nicht, sondern spritzen weg. Hier ist es vorteilhaft, die zu bearbeitenden Werkstückflächen mit dem Schmiermittel zu benetzen.

Zum Schlichten wird auch empfohlen, um die Feile Naßschleifpapier (wie es der Autolackierer verwendet) zu wickeln und dieses mit

Bild 3.14: Spezialfeilen, die auch für die Bearbeitung von Aluminium gut geeignet sind; diese Feilen setzen sich nicht zu und geben eine glatte, riefenfreie Oberfläche.

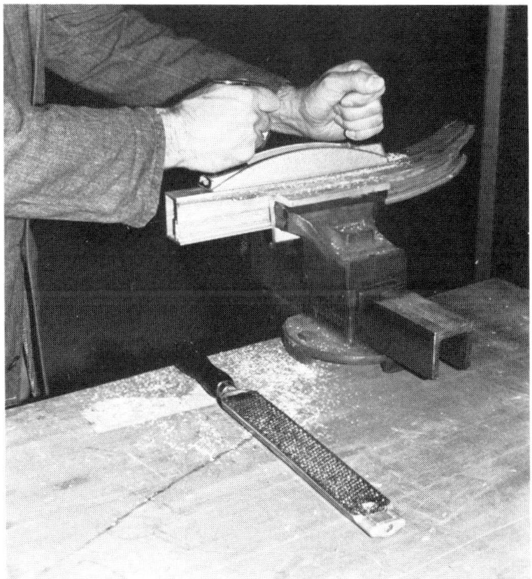

Petroleum oder Spiritus zu schmieren, damit es sich nicht so schnell zusetzt (Bild 3.15). Für das Feilen ebener Flächen an kleineren Werkstücken haben sich rotierende Feilscheiben auf schleifbockähnlichen Maschinen gut bewährt. Zum Entgraten oder zum Bearbeiten unregelmäßiger Werkstückflächen sind rotierende Feilen (»Rotor-Fräser«) üblich. Bild 3.16 zeigt zwei unterschiedliche Formen.

Haben sich in einer Feile Späne festgesetzt, versucht man sie, wie üblich, zunächst mit einer Feilenbürste zu entfernen. Ein weiterer Weg, festsitzende Späne zu entfernen ist, die Feile in eine Lösung aus 10-20%iger Natronlauge von 50 bis 70 °C zu legen. Die Lauge löst das Aluminium auf, ohne die Feile anzugreifen.

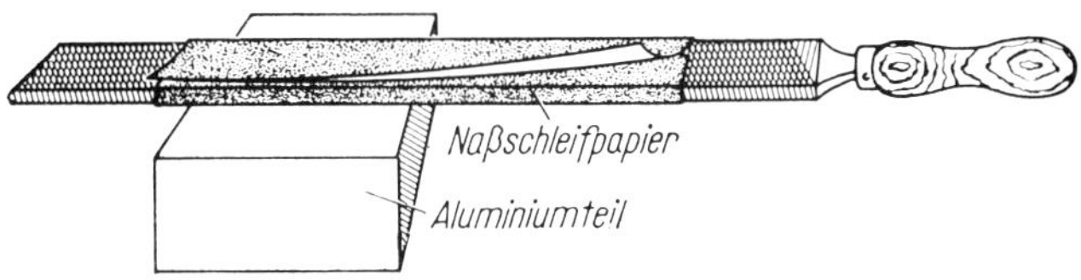

Bild 3.15: Zum Schlichten von Aluminiumflächen wird empfohlen, um die Feile Naßschleifpapier (wie es vom Autolackierer verwendet wird) zu wickeln und dieses mit Petroleum oder Spiritus anzufeuchten, damit es nicht zuschmiert.

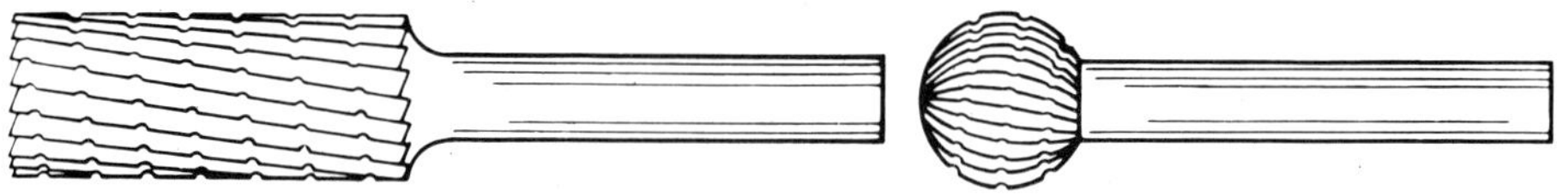

Bild 3.16: Rotierende Feilen sind zum Entgraten und Bearbeiten unregelmäßiger Körperformen geeignet; sie werden meist über eine biegsame Welle angetrieben.

Schleifen

Zur Anwendung kommen Schleifscheiben und Schleifbänder mit Siliziumkarbid und Kunstharzbindung, bzw. Gummibindung (beim Naßschleifen). Auf Korundbasis sind nur Trennscheiben aufgebaut. Damit sich die Scheiben bzw. Bänder nicht zusetzen, ist reichlich Emulsion zuzugeben. Die Oberfläche wird umso besser, je größer der Ölanteil der Emulsion ist: Normal = 1 : 35, für sehr gute Oberflächen = 1 : 7 max. Für Spezialfälle wird auch Talkum oder Talg als Schleifhilfsmittel verwendet. Empfohlene Umfangsgeschwindigkeiten und Schleifscheibenspezifikationen finden sich in den Tafeln 3.7 und 3.8.

Tafel 3.7: Empfohlene Schleifscheibenspezifikation für Aluminiumwerkstoffe*)

Schleifvorgang	Schleif-mittel	Körnung	Härte	Bindung
Spitzenloses Schleifen	C	36	K8	V
Außenrundschleifen	C	36	K8	V
Flachschleifen	C	16 bis 24	J9 bis L4	V bzw. B
Innenrundschleifen	C	36	K19	V
Stationäre Schleifmaschinen mit v = 25 bis 35 m/s	C	24	O	V
Stationäre Schleifmaschinen mit v = 35 bis 50 m/s	C	24	P	B
Tragbare Schleifgeräte mit v = 25 bis 35 m/s	C	24	O	V
Tragbare Schleifgeräte mit v = 35 bis 50 m/s	C	30	O	B
Trennscheiben/Trockenschliff mit v = 45 bis 80 m/s	A	24	S7	B
Trennscheiben/Naßschliff mit v = 40 bis 60 m/s	A	46	S7	R
Trennscheiben für Gußstückbearbeitung	A	24	S7	B
Kolbenbearbeitung	C	36 bis 46	I bis K8	V
Putzarbeiten (geringere Geschwindigkeit)	C	24	O4	B
Putzarbeiten (hohe Geschwindigkeit)	A	16	O7	B

*) Nach DIN 69100 bzw. ISO/R525–1966
Schleifmittel: A : Korund
C : Siliziumkarbid

Tafel 3.8: Umfangsgeschwindigkeiten beim Schleifen von Aluminiumwerkstoffen

Außenrundschleifen	28 bis 33 m/s	Trennschleifen	40 bis 80 m/s
Innenrundschleifen	10 bis 30 m/s	Putzen	25 bis 50 m/s
Flachschleifen	20 bis 25 m/s		

Trennen

Das Trennen von Aluminium geschieht hauptsächlich spanend, kann aber auch spanlos erfolgen. Spanende Trennverfahren sind Drehen (s. S. 79/80) und Sägen (s. S. 87/92). Das Trennen mittels Trennscheiben ist bei Aluminium problematisch, da sich die Trennscheiben schnell zusetzen und stark erhitzen. Auf das Scherschneiden als spanloses, im Trennbereich materialverformendes Trennverfahren wurde im Kapitel »Umformen« (s. S. 71/72) eingegangen. Thermische Trennverfahren, wie sie besonders von der Stahlverarbeitung her bekannt sind, werden bei Aluminium begrenzt eingesetzt: Autogenes Brennschneiden ist nicht möglich; es kann nur eine breite, unregelmäßige Trennfuge herausgeschmolzen werden. Plasmaschneiden bringt zwar gute Ergebnisse, es wird aber im Handwerk noch wenig angewendet.

Kapitel 4: Mechanisches Fügen (Verbinden)

4. Mechanisches Fügen (Verbinden)

Allgemeines

Jedes Bauteil ist nur so haltbar wie das Fügen seiner einzelnen Teile. Jede Verbindung ist nur so stark wie ihr schwächstes Glied. Fügeverfahren, gleich welcher Art, dürfen nie das schwächste Glied sein, es sei denn, sie sollen zusätzlich die Funktion einer Sollbruchstelle übernehmen.

Art und Ausführung der Fügeverfahren bestimmen Belastbarkeit, Dauerhaltbarkeit, Korrosionsbeständigkeit, Sicherheit und nicht zuletzt die Wirtschaftlichkeit der zusammengebauten Aluminium-Werkstücke.

Unterschiedliche Fügeverfahren sind dafür geeignet. Wichtig ist es deshalb, die Anforderungen an die Verbindungen genau zu definieren und danach das am besten geeignete Fügeverfahren auszuwählen.

Für die Wahl der Fügeverfahren ist das wichtigste Entscheidungskriterium die Frage, sind unlösbare oder lösbare Verbindungen erforderlich oder zweckmäßig? Daß eine Verbindung lösbar ist, muß nun aber nicht heißen, daß sie unbedingt gelöst werden muß. Gerade bei Aluminiumkonstruktionen aus Werkstoffen, die nicht oder nur unter großem Festigkeitsverlust geschweißt werden können (und das trifft besonders zu, für die hochfesten Aluminiumlegierungen der Gattungen AlCuMg und AlZnMgCu) oder beim Zusammenfügen von Aluminium mit Stahl. Hier bietet ein beim Zusammenfügen mit genormten Schrauben und eventuell Muttern aus Aluminium oder austenitischem Chromnickelstahl in vielen Fällen die wirtschaftlichste Lösung eines Fügeproblems. Unlösbare Fügeverfahren sind

- Nieten (Seite 118)
- Schweißen (Kapitel 5, Seite 133)
- Löten (Kapitel 6, Seite 197)
- Kleben (Kapitel 7, Seite 213)

Lösbar sind Schrauben-, Spann-, Schnapp-Verbindungen. Spannverbindungen haben für das Fügen von Aluminium-Werkstücken nur untergeordnete Bedeutung. Schnappverbindungen werden bei oder mit Aluminium-Strangpreßprofilen in großer Vielfalt verwendet.

Schraubenverbindungen

Anforderungen und geforderte Eigenschaften

Anforderungen an Schraubenverbindungen

Für die Auswahl der Schrauben sind die wichtigsten Anforderungen

- mechanische Festigkeit / Belastbarkeit,
- Lösbarkeit / Wiederverwendbarkeit
- Korrosionsbeständigkeit,
- konstruktive Anforderungen,
- Wirtschaftlichkeit.

Die unterschiedlichen Anforderungen sind für die verschiedenen Aufgaben aufzuzeichnen und bei der Auswahl der Schraubenformen und des Schraubenwerkstoffes sowie bei der konstruktiven Gestaltung der Verbindung zu optimieren.

Festigkeit der Fügeteile

Aluminium ist eine zäher, jedoch weicher Werkstoff. Für die Belastbarkeit der Schraubenverbindungen ist deshalb nicht die Festigkeit der Schrauben, sondern der unter den Schrauben-/Mutternauflagen entstehende Druck auf die Aluminium-Werkstücke entscheidend. Schraubenverbindungen können nur so weit belastet werden, daß unter den Schrauben-Mutternauflagen keine Drücke entstehen, die die Aluminium-Werkstücke örtlich überbelasten und zum Fließen bringen (Überschreiten der Druck-Streckgrenze).

Die Auflageflächen üblicherweise verwendeter genormter Schrauben und Muttern sind meist zu klein, um bei ihren auf das Verschrauben von Stahlteilen abgestimmten Abmessungen ein Ausnutzen ihrer Mindeststreckgrenzen beim Verschrauben in Aluminium-Werkstücken zu erlauben.

Flächenpressung unter Schrauben- und Muttern-Auflageflächen

Die bei voller Vorspannkraft auftretenden Flächenpressungen unter Schrauben- und Muttern-Auflageflächen sind für die Schrauben-Festigkeitsklassen 8.8 und A2/A4 nach DIN 267 in Tafel 4.1 zusammengestellt.

Stellt man den Werten der Tafel 4.1 die Mindest-0,2-Grenzen (Zugstreckgrenzen) für den Aluminium-Fügeteilwerkstoff gegenüber, wird ersichtlich, ob die Verbindungselemente direkt aufliegen dürfen oder daß die Flächenpressung durch Anordnen einer Scheibe DIN 125 aus korrosionsgeschütztem oder nichtrostendem Stahl verringert werden muß. Dieser Vergleich umfaßt eine zusätzliche Sicherheit, weil Druck-

Tafel 4.1: Flächenpressung in N/mm² unter Normteilen der Festigkeitsklassen 8.8 und A2/A4-70 bei Streckgrenzenlasten (nach Bauer)

Durchmesser	Zylinderschraube mit Schlitz DIN 84		Flachkopfschraube mit Schlitz DIN 85		Zylinderschraube mit Innensechskant DIN 912		Sechskantschraube DIN 931/933		Sechskantmutter DIN 934		Sechskantmutter (modif. ISO 4036) DIN 970		Scheibe mittel (blank) DIN 125	
	8.8	A2/A4	8.8	A2/A4	8.8	A2/A4	8.8	A2/A4	8.8	A2/A4	8.8	A2/A4	8.8	A2/A4
M3	245	170	180	130	250	170	250	170	320	220	430	300	130	90
M4	280	200	180	130	280	200	280	200	370	260	490	350	130	90
M5	300	210	180	120	300	210	380	270	540	380	670	470	190	130
M6	320	220	170	120	320	220	320	220	440	310	460	320	160	110
M8	370	260	180	130	370	260	370	260	530	380	560	390	150	110
M10	370	260	180	130	370	260	300	210	420	290	510	360	160	110
M12					580	410	450	320	710	500	860	610	190	140
M16					540	380	540	380	900	630	700	500	240	165
M20					500	350	500	350	820	570	710	500	240	170
M24					490	190	500	200	770	300	680	260	240	90
M27					560	220	510	200	810	320	690	270	240	95
M30					510	200	470	180	730	290	620	240	230	90

Der Berechnung wurden die zulässigen Kleinstmaße der Kopf/Mutternauflagen sowie Durchgangslöcher nach DIN 69 mittel zugrunde gelegt.

Tafel 4.2: Mindestwerte für die 0,2-Grenze einiger Aluminium-Werkstoffe

A für Knetwerkstoffe nach DIN 1745 bis 1748, jeweils Teil 1

Bezeichnung	Zustand	Dickenbereich[3]) mm	Zugfestigkeit[1]) N/mm² min	max	0,2-Grenze[2]) N/mm² min	Halbzeugart
Al 99,5	W7/F8	0,35 bis 50	65	110	20	alle
	F 9	0,35 bis 10	90	130	60	R.St. 70f.F.10
Al 99	W 8	0,35 bis 25	75	105	25	alle
	F 10	0,35 bis 10	100	140	70	R.St. 80f.F.11
AlMn1	W 9	0,35 bis 10	90	140	35	R.St.Pr.40f.W10/F10
	F 14	0,35 bis 10	140	180	120	R.St.90
AlMg1	W 10	0,35 bis 10	105	140	35	R.St.Pr 40
	F 15	0,35 bis 10	145	185	120	R.St.90f.F14
AlMg3	W 19	0,35 bis 50	190	230	80	alle
AlMg2Mn0,8	F 24	0,35 bis 10	240	280	190	R.St.180
AlMg4,5Mn	W 28	0,35 bis 50	275	350	125	R.St.Pr.140 für F27
	G 31	2,0 bis 40	310	380	205	Bl.
AlMgSi1	F 28	0,35 bis 60	275	–	200	alle
	F 31	bis 60	310	–	260	R.St.Pr.
	F 32	0,35 bis 10	315	–	255	Bl.
AlMgSi0,5	F 22	jede	215	–	160	R.St.Pr.
	F 25	bis 50	245	–	195	
AlMgSiPb	F 20	bis 80	200	–	100	R.St.
	F 28	bis 80	275	–	200	
AlCuPb	F 32	bis 40	320	–	270	R.St.
	F 37	bis 50	370	–	270	
AlCuMgPb	F 37	bis 50	370	–	250	R.St.
AlCuMg1	F 40	bis 80	400	–	270	Bl.
AlZn4,5Mg1	F 35	0,35 bis 15	350	–	275	Bl.
	F 35	3 bis 30	350	–	290	Pr.R.St.
AlZnMgCu0,5	F 45	6 bis 50	450	–	370	Bl.
	F 49	3 bis 30	490	–	420	Pr.R.St.
AlZnMgCu1,5	F 53	6 bis 50	530	–	450	Bl.
	F 53	2 bis 30	530	–	460	Pr.R.St.

[1]) Für Walzerzeugnisse gibt DIN 1745 Teil 1 Obergrenzen für die Zugfestigkeit an.

[2]) Die Mindestwerte für Zugfestigkeit und 0,2-Grenze weisen, wegen des Einflusses der Herstellungsverfahren (Walzen, Strangpressen, Ziehen) auf diese Eigenschaften geringfügige Unterschiede auf; in der Spalte »Halbzeugart« finden sich entsprechende Hinweise. R = Rohre; St = Stangen; Pr = Profile; Bl = Blech

[3]) Die Wanddicken bei Rohren, Dicken bzw. Schlüsselweiten bei Rund-, Quadrat-, Sechskant- und Rechteckstangen weichen teilweise ab.

B Für Gußwerkstoffe nach DIN 1725 Teil 2

Bezeichnung	Nr. d.	Zugfestigkeit[1])	0,2-Grenze[1])	Gießart[3])
G-AlSi12	230A	150-200 (140)	70-100(70)	GS
G-AlSi11	–			
G-AlSi12(Cu)	231A	170-230(150)	80-100(80)	GS
G-AlSi10Mg	239A	220-320(200)	180-260(170)	GS wa
GK-AlSi10Mg	239A	240-320(220)	210-280(190)	GK wa
G-AlSi9Cu3	226	160-200(140)	100-150(100)	GS
GK-AlSi9Cu3	226	180-240(160)	110-160(100)	GK
GK-AlSi6Cu4	225	180-240(160)	120-180(110)	GK
G-AlSi7Mg	–	230-310(230)	190-240(190)	GS wa
GK-AlSi7Mg	–	250-340(250)	200-280(200)	GK wa
GAlCu4Ti	–	300-380(250)	200-260(180)	GS wa
G-AlMg3	242	140-190(130)	70-100(60)	GS
GK-AlMg3Si	243	220-300(220)	120-180(120)	GK wa
G-AlSi5Mg	235	260-320(190)	240-290(180)	GK wa
GD-AlSi9Cu3	226	240-310	140-240	GD
GD-AlSi12	230	220-280	140-180	GD
GD-AlSi12(Cu)	231	220-300	140-200	GD
GD-AlSi10Mg	239	220-300	140-200	GD

[1]) Bei Sandguß und Kokillenguß werden die eingeklammerten Werte bei Wanddikken bis 20 mm erreicht; bei kleineren Wanddicken, günstigen gießtechnischen Voraussetzungen und erhöhtem Aufwand können auch die nicht eingeklammerten Werte erreicht werden. Für Druckguß sind nur die gesondert gegossenen Probestäbchen erzielbare Werte angegeben, die unter günstigen Voraussetzungen aber ebenfalls im Gußstück bzw. Teilbereichen des Gußstückes erzielt werden können.

[2]) GS = Sandguß; GK = Kokillenguß; GD = Druckguß.
Ohne Zusatz: Gußzustand; Zusatz wa = warmausgehärtet.

festigkeiten und Druckstreckgrenzen auch bei Aluminium-Werkstoffen immer größer sind als Zugfestigkeit und Zugstreckgrenze. Mindestwerte für die bei Werkstoffen ohne ausgeprägte Streckgrenze anstelle dieser verwendeten 0,2%-Dehngrenze (0,2-Grenze, das ist die Spannung, bei der eine bleibende Verlängerung eines Zugstabes von 0,2% der Meßlänge eintritt) sind für wichtige Aluminium-Werkstoffe in Tafel 4.2 zusammengestellt.

Festigkeit und Korrosionsbeständigkeit der Schrauben

Schrauben für Aluminium-Konstruktionen sollen mindestens die gleiche Korrosionssicherheit und die voraussichtliche Lebensdauer bieten wie die Aluminium-Konstruktionen selbst.

Aluminiumschrauben

Schrauben und Muttern aus gut beständigen Aluminiumlegierungen haben neben den werkstoffspezifischen Vorteilen den Nachteil, daß ihre Festigkeit wesentlich geringer ist als die von Stahlschrauben. Es müssen daher Schrauben größeren Durchmessers verwendet werden. Schrauben aus hochfesten Aluminiumlegierungen sind weniger gut beständig und erfordern bei Korrosionsgefahr Schutzmaßnahmen. Änderung der Schraubenvorspannung bei Erwärmung sind mit Al-Schrauben nicht zu erwarten.

Festigkeit und technische Lieferbedingungen für Aluminiumschrauben sind genormt in DIN 267 Teil 18. Teile aus Nichteisenmetallen (Cu, Al-, Ti-Legierungen, s. Tafel 4.3). Daraus ergeben sich mit dem Spannungsquerschnitt As für die jeweiligen Gewinde-Nenndurchmesser bei metrischen Regelgewinden die Streckgrenzlasten nach Tafel 4.4.

Aus den gerundeten Werten für die Schrauben-Festigkeitsklasse 8.8 in den Tafeln 4.3 und 4.1 kann für die verschiedenen Schraubenformen und Gewindedurchmesser überschlägig die »tragende Fläche« ermittelt werden (tragende Fläche in mm^2 = Streckgrenzlast in N nach Tafel 4.4 geteilt durch Flächenpressung in N/mm^2 nach Tafel 4.1). Mit den so gefundenen Flächenwerten, den Streckgrenzlasten für Aluminiumschrauben nach Tafel 4.4 und den zulässigen Flächenpressungen (0,2-Grenzen) nach Tafel 4.2 kann eine Zuordnung von Aluminium-Flügelteilwerkstoff und Festigkeitsklasse der Schrauben vorgenommen

Tafel 4.3: Mechanische Eigenschaften von Aluminiumschrauben
(Nach DIN 267 Teil 18)

Werkstoff		Gewinde-Nenndurchmesser mm		Zugfestigkeit R_m N/mm^2	0,2%-Dehngrenze $R_{p0,2}$ N/mm^2
Kennzeichen	Kurzzeichen	über	bis	min.	min.
AL1	AlMg3	–	10	270	230
		10	20	250	180
AL2	AlMg5	–	14	310	205
		14	36	280	200
AL3	AlMgSi1	–	6	320	250
		6	39	310	260
AL4	AlCuMg1	–	10	420	290
		10	39	380	200
AL5	AlZnMgCu0,5	–	39	460	380
AL6	AlZnMgCu1,5	–	39	510	440

Tafel 4.4: Streckgrenzenlasten in N für verschiedene Festigkeitsklassen
(nach Bauer)

Durchmesser $R_{p0,2}$ in N/mm^2	AL1 170	AL2 200/205	AL3/4 260	AL6 440	4.6 240	5.6 300	8.8 640	A2/A4 50 210	A2/A4 70 450
M3	855	1 030	1 310	2 210	1 210	1 510	3 220	1 060	2 260
M4	1 490	1 800	2 280	3 860	2 110	2 630	5 620	1 840	3 950
M5	2 410	2 910	3 690	6 250	3 410	4 260	9 100	2 980	6 400
M6	3 420	4 120	5 230	8 840	4 820	6 030	12 900	4 220	9 050
M8	6 220	7 500	9 520	16 100	8 780	11 000	23 400	7 690	16 500
M10	9 860	11 900	15 100	25 500	13 900	17 400	37 100	12 200	26 100
M12	14 300	17 300	21 900	37 100	20 200	25 300	54 000	17 700	37 900
M16	12 560	22 770	40 800	69 100	37 700	47 100	100 500	33 000	70 700
M20	19 600	35 530	63 700	107 800	58 800	73 500	156 800	51 500	110 300
M24	28 200	51 200	91 800	155 300	84 700	105 900	225 900	74 100	88 300
M27	36 700	66 600	119 300	202 000	110 200	137 700	293 800	96 400	114 800
M30	44 900	81 300	145 900	246 800	134 600	168 300	359 000	117 800	140 300

werden. Beispiel: Sechskantschraube M12 nach DIN 931 soll verwendet werden zum Verschrauben von Rechteckstangen aus AlMgSi0,5F22.

Rechnungsgang

1. Ermittlung der »tragenden Fläche« aus Streckengrenzenlast für 8.8-Schraube M12 (Tafel 4.4) geteilt durch Flächenpressung für Sechskantschraube 8.8 (Tafel 4.1) : 54000 N: 450 $N/mm^2 = 120\ mm^2$.
2. Zulässige Schraubenkraft in N aus 0,2-Grenze für AlMgSi0,5F22 in N/mm^2 (Tafel 4.3) mal »tragende Fläche« (unter 1 ermittelt) in mm^2: Schraubenkraft Streckenlast = 160 $N/mm^2 \times 120\ mm^2$ = 19200 N. Ergebnis: es ist eine Schraube M12 aus AlMgSi1 (A3) mit (Tafel 4.4) Streckengrenzenlast 21900 N oder eine Schraube 4.6 mit Streckengrenzenlast 20200 N zu wählen. Letzteres aber nur, wenn keine wesentliche Korrosionsgefahr besteht.

Stahlschrauben

Verbindungselemente der üblichen Stahlfestigkeitsklassen 4.6 bis 8.8 mit Oberflächenüberzügen aller Art (verzinkt und/oder cadmiert und/ oder zusätzlich chromatiert) erreichen die hohe Korrosionsbeständigkeit der Aluminium-Teile nicht. Sie sollten deshalb zum Fügen korrosionsbeanspruchter Aluminium-Konstruktionen nicht verwendet werden. Bei Erwärmung auf Temperaturen > 100 °C kann es durch unterschiedliche Wärmeausdehnung zu Änderung der Schraubenvorspannung kommen.

Schrauben aus Kupferlegierungen

Wegen zu großer Unterschiede der elektrischen Potentiale sind Schrauben aus Kupfer und Kupferlegierungen (Messing, Bronze) für die Verbindung von Aluminiumteilen nicht geeignet. Galvanischer Oberflächenschutz verändert diese Bedingungen nur für kurze Zeit und führt deshalb zu keiner anderen Bewertung.

Schrauben aus austenitischem Chromnickelstahl

Schrauben aus nichtrostenden Edelstählen der Stahlgruppen A2/A4, Festigkeitsklasse 70, nach DIN 267 Teil 11, sind bei hohen Mindeststreckgrenzen (450 N/mm^2 bis einschließlich M20) dauerhaft höher korrosionsbeständig als Aluminium-Teile. Sie sind die nach Festigkeit, Korrosionsbeständigkeit und allen anderen konstruktiven Kriterien am besten geeignete und wirtschaftliche Lösung. Deshalb bestimmt DIN 4113 (Abschnitt 10.5.4 »Stahlschrauben sollten aus nichtrostendem Stahl bestehen«). Der Wärmeausdehnungskoeffizient liegt ca. 40% höher als bei C-Stahl, der Unterschied zu dem von Aluminium ist deshalb geringer. Zeitaufwendige und teure Isolierungen zwischen Aluminium-Teilen und Schrauben aus nichtrostendem Stahl sind nicht erforderlich.

Konstruktive Anforderungen

Mutterngewinde

Damit Schraubenverbindungen bis zur Streckgrenze der Schrauben belastet werden können, muß das Mutterngewinde d.h. die Einschraubtiefe, lang genug sein, um ohne bleibende Verformung eine Kraft zu übertragen, die der Mindestzugfestigkeit der Schrauben entspricht. Bei Überlast muß die Schraube brechen, das Mutterngewinde darf nicht ausreißen.

Bei Aluminiumwerkstoffen ist eine ausreichende Mindesteinschraubtiefe von besonderer Bedeutung. Kann sie ohne Beeinträchtigung anderer Anforderungen frei gewählt werden, gelten als Richtwerte für die Mindestschraubtiefe zur Übertragung der vollen Streckgrenzenlast (Schraubenkraft) einer Stahlschraube 8.8 nach DIN 267 folgende Werte, bei denen auch mehrmaliges Anziehen und Lösen ohne Beschädigung des Mutterngewindes möglich ist:

Fügeteilwerkstoff	Einschraubtiefe
AlMg3/AlMg2Mn0,8 W/F18	2,5d
AlMg4,5MnW28	2,0d
AlMgSi1F31/F32	1,5d
AlCuMg1F40	1,2d
AlZnMgCu0,5F49	1,0d
(d = Gewinde-Nenndurchmesser)	

Diese Werte können auch als Anhalt für die Einschraubtiefe bei Werkstoffen etwa gleicher 0,2-Grenzen nach Tafel 4.2 dienen. Wo diese Einschraubtiefen abmessungsmäßig nicht erreicht werden können, oder noch größere Einschraubtiefen erforderlich wären, eignen sich Gewindeeinsätze aus anderen Werkstoffen.

Gewindeeinsätze

Gewindeeinsätze aus korrosionsgeschütztem Stahl

- Verringern die erforderliche Einschraubtiefe durch Vergrößerung der Scherfläche (Bilder 4.1 bis 4.3 und Bild 4.4),
- können dadurch auch bei dünneren Aluminium-Teilen die Festigkeit der Schrauben voll nutzen,

ermöglichen die Verwendung von Schrauben desselben Durchmessers im Falle eines wegen Überlast ausgerissenen Mutterngewindes.

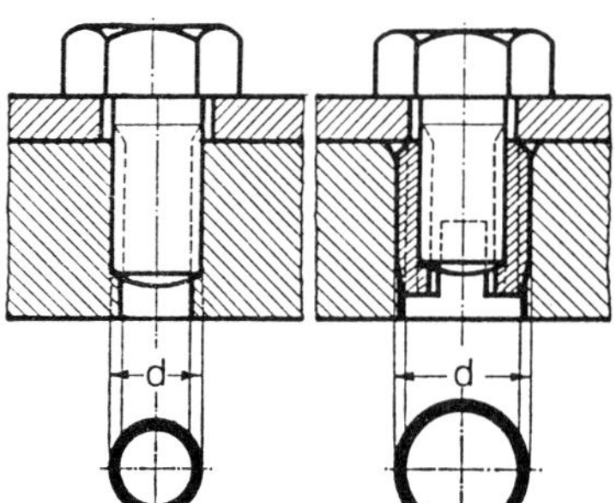

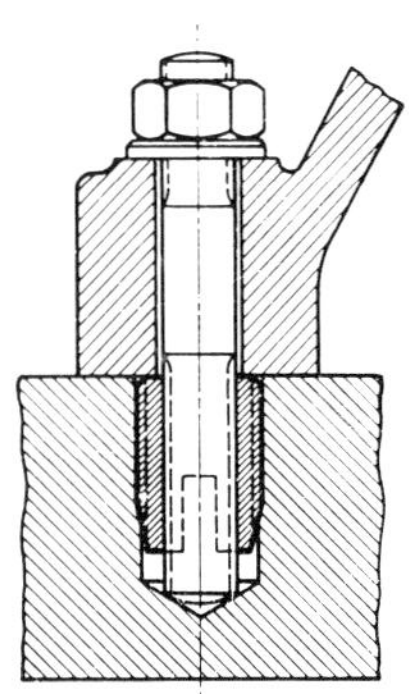

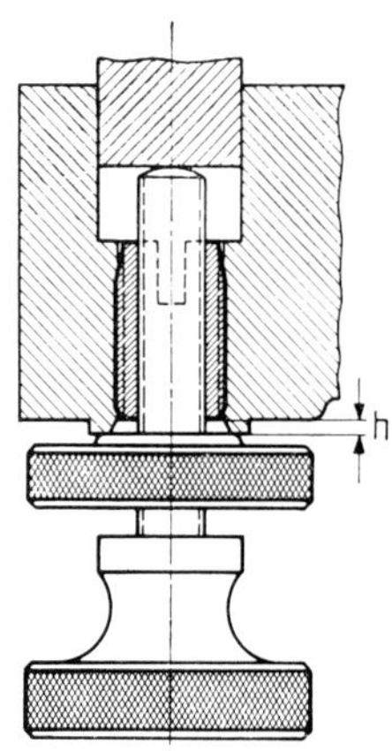

Bild 4.1 (links): Vergrößerung der Scherfläche von Aluminiumschrauben durch Verwendung selbstschneidender Gewindeeinsätze.
Bild 4.2 (Mitte): Einbaubeispiel eines Ensat-Gewindeeinsatzes für eine Befestigungsschraube.
Bild 4.3: Einbaubeispiel eines Ensat-Gewindeeinsatzes für eine Bewegungsschraube.

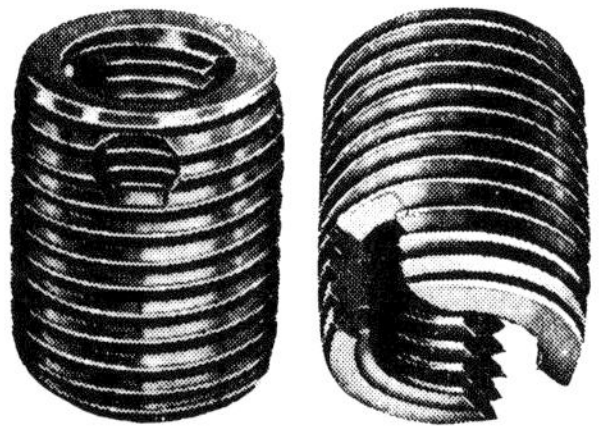

Bild 4.4: Ensat-Gewindeeinsätze, gekennzeichnet durch Innen- und Außengewinde.

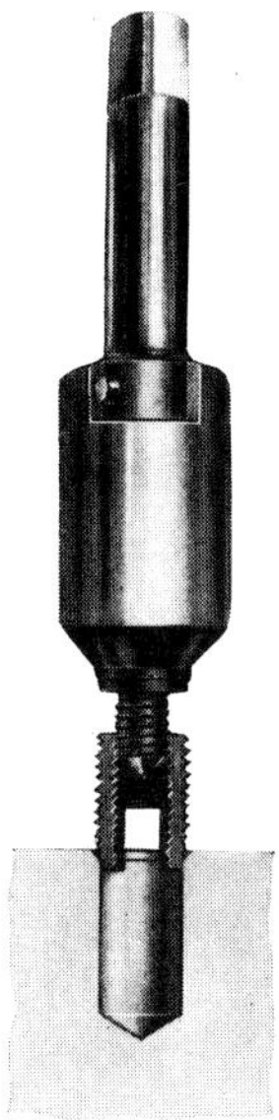

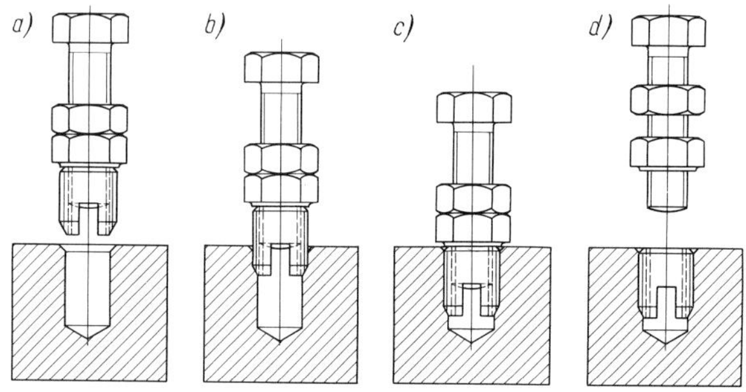

Bilder 4.6 a bis d: Behelfsmäßiges Eindrehen von Gewindeeinsätzen ohne Eindrehwerkzeug;
a) Ensat gegen Mutter festziehen
b) Eindrehen genau in Richtung der Bohrlochachse
c) Schraubenkopf mit Schlüssel festhalten und Mutter lösen
d) Schraube mit Mutter herausdrehen

Bild 4.5: Das Eindrehwerkzeug für »Ensats« wird von Hand oder mittels Maschine betätigt.

Gewindeeinsätze werden aus Lagervorrat angeboten als einteilige Gewindebuchsen oder aus gewickeltem Federdraht mit rhombischem Querschnitt.

Einteilige Gewindeeinsätze sind durch Schlitze oder radiale Bohrungen selbstschneidend und verankern sich ausreichend fest im Aluminium-Werkstück.

Zum Eindrehen dieser Gewindeeinsätze ist daher lediglich ein Rundloch nach Herstellerempfehlung zu bohren, das im Durchmesser etwa dem 1. Gewindegang des konischen Endes der Gewindebuchse entspricht. Das Eindrehen erfordert Sonderwerkzeuge, die von Hand oder motorisch angetrieben werden (Bild 4.5). Behelfsmäßiges Eindrehen ist bei einigem Geschick auch mit Hilfe einer Sechskantschraube mit Kontermuttern entsprechend Bild 4.6a bis b möglich. Schmieren mit etwas Öl erleichtert das Eindrehen.

Drahteinsätze

Gewindeeinsätze aus einem Draht mit rhombischem Querschnitt aus austenischem Chrom-Nickel-Stahl haben sich in Aluminium-Werkstükken bewährt. Der kaltgewalzte, glatte Draht mit einer Zugfestigkeit von über 1200 N/mm^2 legt sich als federnde Schraubenwendel gleichmäßig in alle Gewindegänge der Schraube ein und bewirkt damit eine gleichmäßig Lastverteilung über alle Gewindegänge mit verringerter Einschraublänge. Die glatte, abriebfeste Drahtoberfläche bewirkt eine geringe Gewindereibung und führt zu einer satten Anlage der profilierten Oberflächen. Steigungs- und/oder Winkelfehler der Schraubengewinde werden ausgeglichen, die Federkraft wirkt gleichzeitig als Schraubensicherung (Bild 4.7).

Schraubenverbindungen mit federnden Drahteinsätzen können kurzzeitig Überlastungen ohne Schädigung aufnehmen und im Rahmen ihres Arbeitsvermögens Vorspannungsverluste teilweise ausgleichen. Die Dauerhaltbarkeit der Schraubenverbindungen wird verbessert, die Gefahr von Ermüdungsbrüchen verringert. Hohe Festigkeit und geringe Oberflächenrauhigkeit des Drahtes ermöglichten häufiges Lösen und Anziehen bei unveränderter Belastbarkeit, so lange der Einsatz seine Lage im Werkstück beibehält. Im nichteingebauten Zustand ist der Außendurchmesser der Drahteinsätze größer als der des Mutterngewindes, da der Einsatz nach dem Einschrauben unter Vorspannung stehen soll.

Zum Einbau der Drahteinsätze (HC-Einsätze) sind erforderlich:
- Kernlochbohren (Durchmesser nach Herstellerempfehlung),
- Schneiden des Innengewindes mit Spezialwerkzeug,
- Einschrauben des Gewindeeinsatzes und Abbrechen des Mitnehmerzapfens an der Sollbruchstelle mit Hilfe eines Spezialwerkzeuges.

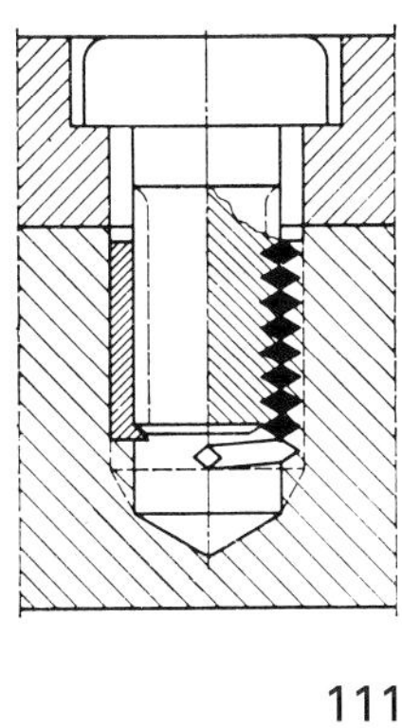

Bild 4.7: Drahteinsätze aus Draht mit rhombischem Querschnitt, der zu einer federnden Schraubenwendel geformt ist.

Zum Einschrauben sind Sonderwerkzeuge (Bild 4.8) erforderlich, die von Hand oder motorisch angetrieben werden. Bild 4.9 deutet den Eindrehvorgang an. Der erste Gang des Drahteinsatzes sollte nach dem Einschrauben 1-1½ Gang tiefer liegen als die Bauteiloberfläche, damit er sich nicht beim Eindrehen der Schrauben herausdehnen kann. Das Herausdrehen eines fehlerhaft eingebauten oder beschädigten Drahteinsatzes ist mit Hilfe eines speziellen Ausdrehwerkzeuges (Bild 4.10) leicht möglich.

Beim Eindrehen eines »HC«-Gewindeeinsatzes von Hand darf kein Druck ausgeübt werden, weil sonst die Gefahr besteht, daß Gewindegänge übersprungen werden.

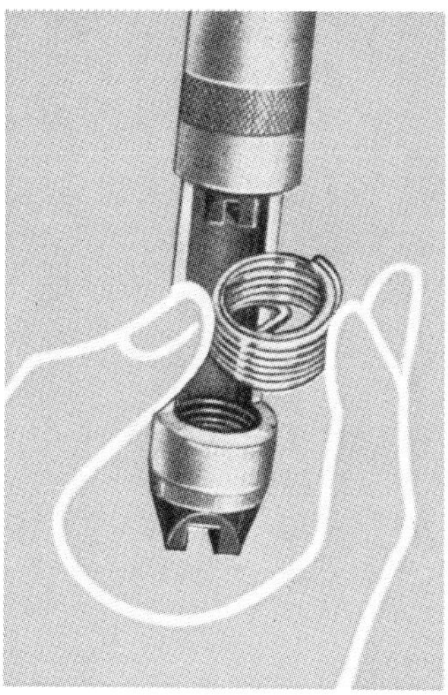

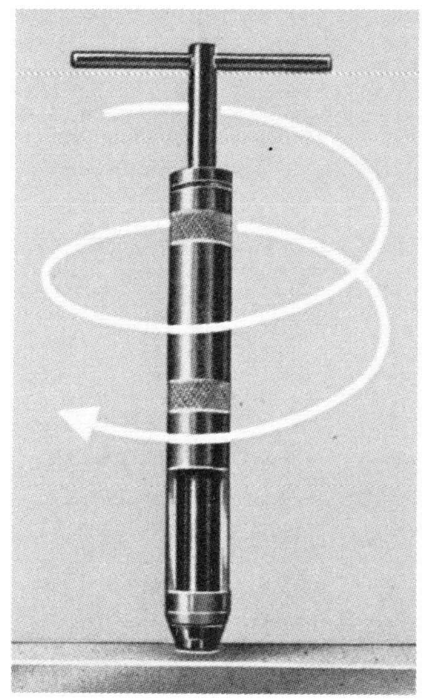

Bild 4.8 (links): Das Einbaugerät für »HC«-Gewindeeinsätze; der Mitnehmerzapfen ist eingekerbt, damit er sich entfernen läßt;
Bild 4.9: Vorgang beim Eindrehen.

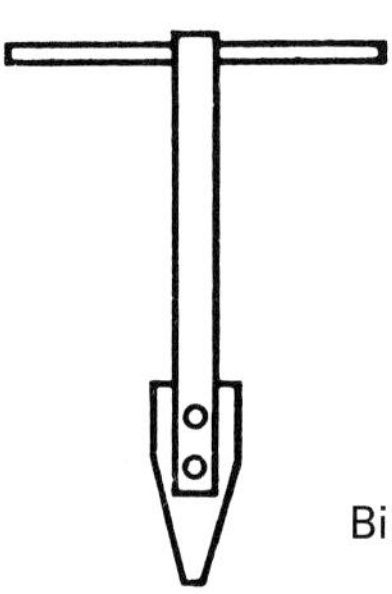

Bild 4.10: Werkzeug zum Ausdrehen eines »HC«-Einsatzes.

Wirtschaftlichkeit

Entscheidend für die Wirtschaftlichkeitsbetrachtungen für eine Verbindung sind die Gesamtkosten der einsatzbereiten Verbindung während der Gesamtnutzungszeit. Die Einkaufs-(Material-) kosten der einzelnen Verbindungselemente (Schrauben, Gewindeeinsätze) haben darin einen Anteil von weniger als 15%, oft unter 10% dieser Gesamtkosten. Personalkosten, vor allem beim Bearbeiten der Teile (Auflageflächen, Bohrungen) und bei Zusammenbau sind der größte Kostenblock. Dies gilt um so mehr bei allen Reparaturen und Instandhaltungsarbeiten. Aus diesem Grunde sind die Einkaufs-(Material-)kosten auch kein angenäherter Maßstab für die Gesamtkosten der einsatzbereiten Verbindung der Gesamtnutzungszeit.

Kann eine Schraubenverbindung nicht oder nur unter großen Schwierigkeiten, zum Beispiel wegen Korrosion nach und während des Einsatzes gelöst werden, müssen gar abgerissene Schrauben mit umständlichen Operationen ausgedreht oder ausgebohrt werden, so hat diese Verbindung sowohl technisch als völlig unzulänglich versagt als auch alle möglichen Wirtschaftsüberlegungen über den Haufen geworfen. Billig ist nicht wirtschaftlich, vor allem, wenn dadurch Folgekosten unbekannten Ausmaßes ausgelöst werden.

Die Verwendung von Gewindeeinsätzen bei ausreichend dimensionierten Aluminium-Werkstücken und von Schrauben aus nichtrostenden Stählen der Stahlgruppen A2/A4 nach DIN 267 Teil 11 hat sich vor allem schon bei leichten und mäßigen Korrosionsangriffen unter diesen langfristigen Gesichtspunkten bisher allen anderen Lösungen als technisch zuverlässig und wirtschaftlich weit überlegen gezeigt.

Sichern von Schraubenverbindungen

Schraubenverbindungen können versagen durch
- Verlust der Vorspannung,
- Lockern oder Losdrehen,
- Verlieren.

Sicherungen von Schraubenverbindungen müssen gezielt gegen eine dieser drei Versagensarten gerichtet sein.

Verlust der Vorspannung kann nur durch ausreichend dimensionierte Federung ausgeglichen werden. Diese Versagensart ist bei Aluminium-Konstruktionen, die ordnungsgemäß vorgespannt sind und bei denen ein Vorspannungsverlust durch Fließen der Aluminium-Werkstücke (ausreichende Auflageflächen) verhindert wird, selten.

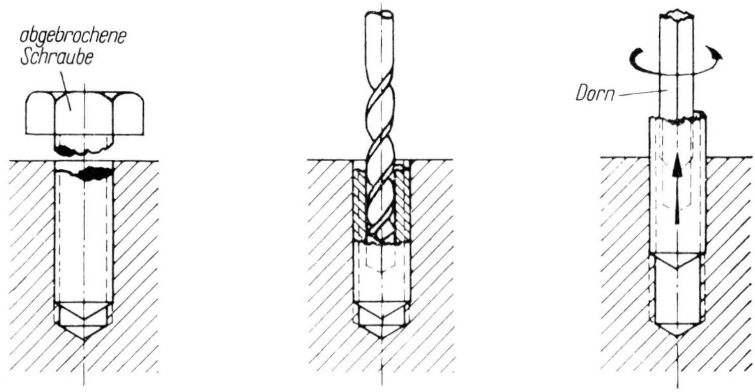

Bild 4.11: Der Schaft einer abgerissenen Aluminiumschraube läßt sich entfernen, indem man in den Schaft ein Loch bohrt und dann vorsichtig einen schlanken, kantigen Dorn eintreibt.

Lockern oder Losdrehen ist nur möglich bei schwingenden und/oder schlagenden Lasten senkrecht zur Schraubenachse. Belastungen dieser Art sind selten. Bei Aluminium-Konstruktionen wirkt die Federkraft der federnden Drahteinsätze bereits ausreichend, ein Versagen dieser Art zu verhindern.

Ein Verlieren ist nur möglich, wenn sich Schrauben nach einer der beiden anderen Versagensarten nahezu losgedreht haben. Treten diese Versagensarten nicht auf, ist auch ein Sichern dagegen nicht erforderlich.

Mitverspannte federnde Elemente (Federringe, Spann-, Zahn- oder Federscheiben) sind keine Schraubensicherungen. Insbesondere unter korrosiven Bedingungen können sie zu einem vorzeitigen Versagen führen. Ihre Verwendung ist bei ordnungsgemäß vorgespannten und dimensionierten Schraubenverbindungen vermeidbar.

Tips zur Reparatur an Schraubenverbindungen

Entfernen abgerissener Aluminiumschrauben

Schraubenköpfe kleinerer Abmessungen können leicht abgedreht werden; der abgerissene Schraubenschaft muß entfernt werden, ohne das Gewinde zu beschädigen. Für den Fall, daß kein spezielles Ausdrehwerkzeug (Linkszieher) zur Verfügung steht, kann eine einfache Methode angewendet werden: Man bohrt in den Schaft ein Loch und treibt in dieses vorsichtig einen schlanken Dreikant- oder Vierkantdorn. Mit einem Schraubenschlüssel oder mit einer Zange versucht man nun, die Schraube herauszudrehen (Bild 4.11). Wenn die Schraube festsitzt oder das Gewinde gefressen hat, ist es ratsam, während des Drehens mit einem Hammer leicht auf den Dorn zu schlagen, um das Gewinde zu lockern.

Entfernen abgerissener Stahlschrauben aus Aluminium

Der Schaft einer abgerissenen Stahlschraube läßt sich durch Säure entfernen. Man träufelt dazu eine Mischung, bestehend aus rd. 70 Raumteilen Salpetersäure (40 bis 50%ig) und 30 Raumteilen Wasser in das Bohrloch oder auf den Schraubenschaft, oder man taucht den Gegenstand in die Lösung; dabei wird der Stahl aufgelöst, während das Aluminium nicht angegriffen wird. Vorgang ist zeitraubend, führt aber ohne Beschädigung des Werkstücks zum Ziel. Vorsicht beim Ansetzen der Lösung! Die Säure wird dem Wasser unter ständigem Umrühren zugesetzt. Dabei entwickelt sich Wärme. Als Behälter ist Kunststoff geeignet.

Bei stark beschädigten oder ausgerissenen Mutterngewinden ist Reparatur mit Gewindebuchsen möglich.

Holzschrauben aus Aluminium

Holzschrauben aus Aluminium werden aus den Legierungen AlCuMg, AlMgSi (ausgehärtet) und aus AlMg5 angefertigt. Bei genügender Schlitztiefe oder bei Kreuzschlitz und glatter Gewindeoberfläche sowie bei richtiger Anwendung genügen sie normalen Ansprüchen. Schrauben, die z. B. bei Architekturteilen durch anodische Oxidation der Farbe der zu befestigenden Teile angepaßt wurden, sind mit besonderer Sorgfalt zu behandeln, da beschädigte Schlitze im Farbton abweichen. Neben den allgemein verwendbaren genormten Schrauben und Muttern gibt es eine große Anzahl (z. T. patentierter) Sonderformen, die für gering belastete, selten oder nie gelöste Schraubverbindungen (vorwiegend im Blechbau) oder für das Verbinden von Metallen mit Nichtmetallen geeignet sind. Meist erfolgt dabei eine plastische oder elastische Verformung der Fügeteile oder der Verbindungselemente, wodurch man zugleich eine gewisse Sicherheit gegen selbsttätiges Lösen erzielt. Blechschrauben (Gewindeschneidschrauben) werden auch aus hochfesten Aluminiumlegierungen hergestellt.

Eindrehen von Holzschrauben aus Aluminium

Beim Eindrehen von Holzschrauben aus Aluminium ist folgendes zu beachten: Der Schraubendreher muß den Schraubenschlitz voll ausfüllen, das Schraubenloch ist etwas enger als der mittlere Kerndurchmesser vorzubohren; zu empfehlen ist, die Schraube vor dem Eindrehen in Fett oder in eine Mischung von Fett und Graphit zu tauchen, damit sie sich gut ein- und ausdrehen läßt; gleichzeitig ist damit ein Schutz gegen evtl. Korrosion gegeben.

Lösen von Aluminiumschrauben mit Schlitzkopf

Schrauben können u. U. sehr fest im Holz sitzen. Um sie zu lösen, ist ein gut passender Schraubendreher bei Aluminium noch notwendiger als bei Stahl (Bild 4.12). Trotzdem kommt es vor, daß der Schraubendreher wegen zu geringen Andrucks abrutscht und dabei den Schraubenschlitz und Schraubenkopf beschädigt. Sehr festsitzende Schrauben lassen sich leichter herausdrehen, wenn man eine – leicht selbst anzufertigende – Gabel am Schraubendreher ansetzt und während des Drehens der Gabel den Schraubendreher fest andrückt (Bild 4.13).

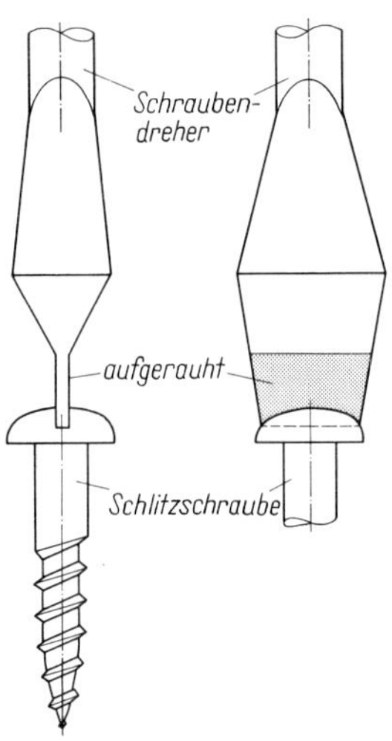

Bild 4.12: Zum Lösen von Aluminiumschrauben ist ein gut passender Schraubendreher unerläßlich.

Bild 4.13: Sehr festsitzende Schrauben lassen sich leichter herausdrehen, wenn man an den fest angedrückten Schraubendreher eine Gabel ansetzt und so die Schraube löst.

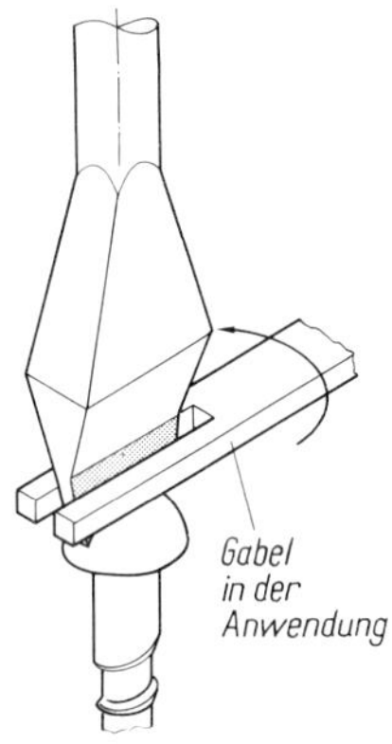

Rohrverbindungen

Aluminiumrohre werden durch Schweißen, Hartlöten, Kleben oder unter Verwendung von festen oder losen Flanschen verbunden. Für viele Zwecke im Fahrzeug- und Schiffbau, der Motoren- und Maschinenindustrie, im Armaturen- und Apparatebau und für Installationszwecke werden für Rohre bis etwa 60 mm Durchmesser Verschraubungen wegen ihrer schnellen und einfachen Montage bevorzugt.

Die Verwendung derartiger Verbinder ist bei Öl-, Luft- und Gasleitungen und bei Rohren zur Fortleitung vieler Stoffe, die Aluminium nicht angreifen, möglich. Diese Verschraubungen werden überwiegend aus Stahl hergestellt und können vielfach auch für das Verbinden von Aluminiumrohren verwendet werden Sonderausfertigungen aus Aluminium werden auf Anfrage gefertigt.

Bördelverschraubungen

Bördelverschraubungen (Bild 4.14) dichten metallisch. Die Bördel werden mit besonderen Bördelapparaten hergestellt. Die zu fördernden Stoffe kommen nur mit Aluminium in Berührung.

Schneidring- und Klemmringverschraubungen

Bei Schneidring- und Klemmringverschraubungen (Bild 4.15) übernimmt ein Schneidring bzw. Klemmring mit Doppelkegel aus Stahl die Dichtung. Durch den Axialschub des Schneidrings beim Anziehen kann bei genau rechtwinkligen Rohrenden zusätzlich eine stirnseitige metallische Dichtung des Rohres erzielt werden. Klemmringverschraubungen ergeben geringere Kerbwirkung.

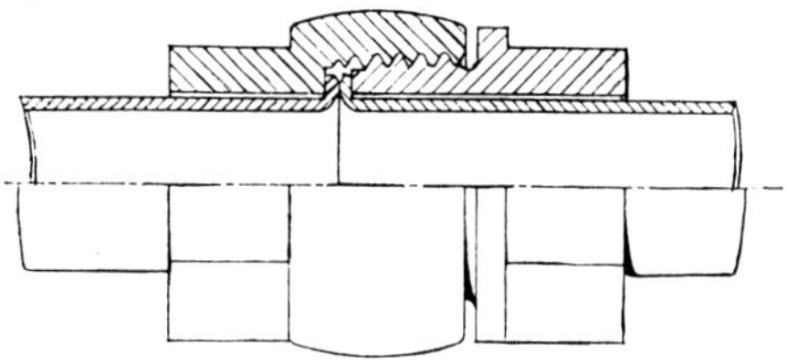

Bild 4.14: Bördelverbindung für Rohre bis etwa 60 mm Durchmesser; die Bördel dichten metallisch.

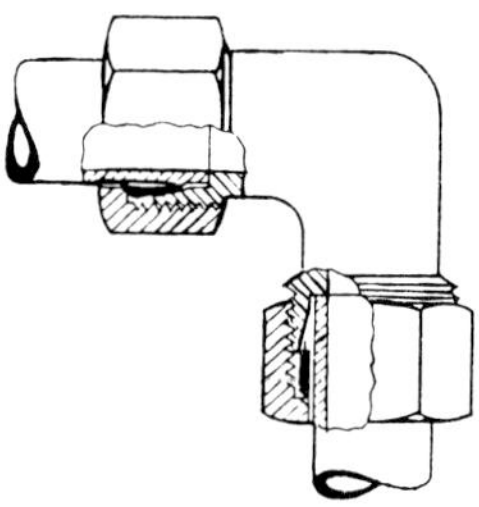

Bild 4.15: Schneidringverschraubung; die Dichtung übernimmt ein Schneidring aus Stahl.

Nieten

Nietarten

Nieten mit Vollnieten

Aluminiumniete werden kalt geschlagen. Während warm geschlagene Stahlniete beim Erkalten schrumpfen und die zusammengenieteten Bleche fest aufeinanderpressen – demnach die Kraftübertragung vorwiegend durch die Reibungskräfte der fest aufeinandergepreßten Blechflächen erfolgt und der Niet dabei in der Hauptsache auf Zug beansprucht wird, entfällt beim kalt geschlagenen Aluminiumniet die Zugspannung, weil der Schrumpfvorgang fehlt. Die Reibung der miteinander vernieteten Bleche ist deshalb nicht so groß, daß sie die Kraft übertragen könnten. Der Nietschaft wird somit auf Scheren und das Blech auf Lochleibung (Druck) beansprucht. Aus diesem Grunde müssen Nietverbindungen bei Aluminium sorgfältiger ausgeführt werden als solche bei Stahl.

Nietwerkzeug. Für das Nieten von Aluminiumnieten wählt man Gegenhalter und Döpper etwas anders, als sie von der Stahlnietung her bekannt sind. Der Gegenhalter muß schwerer sein als bei der Stahlnietung üblich, weil Aluminium stärker federt. Als Anhalt wird für 3-mm-Niete das Gewicht des Gegenhalters mit etwa 0,6 kg, für 8-mm-Niete mit rd. 2,5 kg empfohlen. Der Gegenhalter muß eng am

Nietkopf anliegen. Die Achse des Gegenhalters bzw. seine Abstützung soll möglichst in der Achse des Niets liegen. Der Döpper muß maßgenau und auf der Innenfläche fehlerlos, am besten poliert sein. Damit beim Nieten jede Beschädigung der Bleche durch Kerben verhindert wird, werden die Außenkanten des Nietenziehers und des Döppers leicht abgerundet. Aus dem gleichen Grunde sollen der Döpper und der Gegenhalter beim fertig geschlagenen Schließkopf noch etwa 0,1 mal Nietdurchmesser Abstand vom Blech haben. Wie Bild 4.16 zeigt, ermöglicht das geringe Spiel, ein gutes Aufsitzen und zuverlässiges Anpassen der Setzkopfkanten an das Blech. Die Niethämmer müssen ebenfalls schwerer sein als beim Warmschlagen von Stahlnieten, weil Aluminium stärker federt. Die Hammermasse wird dem Durchmesser des zu schlagenden Niets angepaßt. Als Richtlinie hierfür gelten die Angaben in Tafel 4.5.

Nietvorgang. Der Nietvorgang unterscheidet sich sowohl beim Nieten von Hand als auch mit dem Drucklufthammer von der Stahlnietung dadurch, daß Aluminiumniete mit wenigen, dafür aber kräftigen Schlägen genietet werden müssen. Dadurch vermeidet man Rißbildung am Schließkopf. Gutes Anliegen der zu verbindenden Teile wird durch Setzen von Heftschrauben in mindestens jedes 3. Loch gesichert. Natürlich lassen sich auch andere geeignete Maßnahmen anwenden. Die Blechflächen müssen überall dicht aufeinanderliegen; das wird durch Verwendung eines Nietenziehers unmittelbar vor dem Schlagen des Schließkopfes erreicht.

Beim Nieten von Aluminium ist darauf zu achten, daß der Nietschaft die Bohrung vollständig ausfüllt. Das Spiel zwischen Nietschaft und Lochwandung muß so klein wie möglich gehalten werden. Das ist bei dickeren Nieten mit verkleinertem Schließkopf besonders wichtig, weil hierbei der Schaft unter Umständen nur geringfügig gestaucht wird. Als Regel gilt, den Lochdurchmesser 0,1 mm bis max. 0,2 mm größer zu halten als den Nietdurchmesser. Das ist besonders bei hochbeanspruchten Nietverbindungen unerläßlich. In den meisten Fällen werden die Bohrlöcher aufgerieben, damit die enge Toleranz eingehalten wird.

Tafel 4.5: Nietbedingungen für Vollniete

	Nietdurchmesser in mm				
	2	3 bis 4	5 bis 6	7 bis 8	9 bis 12
Masse des Hammers in g	150 bis 200	200 bis 300	400 bis 500	600 bis 800	1000 bis 1500
Masse des Drucklufthammers in kg (ohne Döpper)	–	1 bis 2	3 bis 6	5 bis 10	6 bis 10

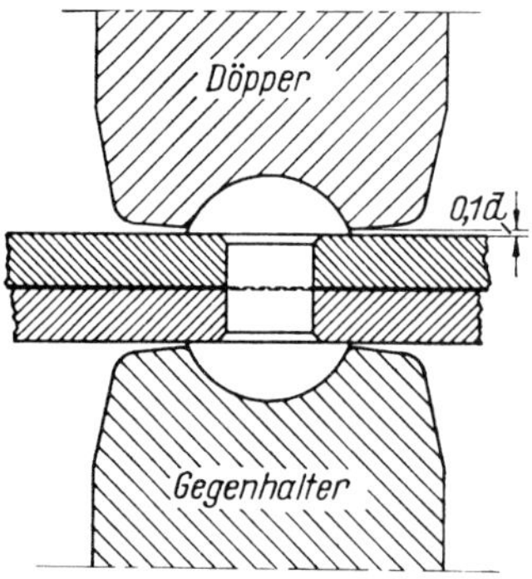

Bild 4.16:
Sachgerechte Geometrie beim Nieten mit Vollnieten.

Das Spiel zwischen Nietschaft und Lochwandung soll so klein sein, daß sich der Niet gerade noch gut einführen läßt.

Die Bohrlöcher werden immer entgratet (kleines Versenk!); Späne zwischen den Bauteilen sind sorgfältig zu entfernen!

Infolge der im Gegensatz zur Stahlnietung anders gearteten Kraftübertragung einer Aluminium-Nietverbindung ist die Schließkopfform technisch gesehen nur noch von untergeordneter Bedeutung. Aus diesem Grunde wird häufig der einfachere und schneller zu schlagende Tonnenschließkopf bei Aluminium-Nietverbindungen angewendet.

Nietschaftlänge. Bei Serienarbeiten wird man die günstigste Nietschaftlänge durch Probieren ermitteln. Für allgemeine Arbeiten gilt folgende Faustregel für die Bestimmung der Schaftlänge:

Klemmlänge plus 2,0 mal Nietdurchmesser beim Tonnenkopf
1,5 mal Nietdurchmesser beim Rundkopf
1,0 mal Nietdurchmesser beim Senkkopf

Ablängen eines Nietschaftes

Nicht immer stehen die richtigen Nietschaftlängen in der Werkstatt zur Verfügung. Zu große Schaftlängen werden dann meist abgesägt oder abgezwickt. Dabei wird der Nietschaft in der Regel beschädigt und eingequetscht, so daß er nicht mehr in das auf Maß gebohrte Loch hineinpaßt. Hier ist eine Lochplatte am Platze. Sie ist schnell angefertigt. Ein Blechstreifen in der Dicke von rd. 1,5 mal Nietdurchmesser (für den Rundkopf) wird mit einem Loch versehen, das im Durchmesser etwa 1 mm größer gehalten wird als der Nietschaftdurchmesser. Nun kann man eine Zange ansetzen und den Nietschaft ablängen (Bild 4.17).

Knetwerkstoffe und Nietarten. Grundsätzlich sollten Niet- und Fügeteilwerkstoff gleich sein. Ausnahmen sind möglich. Niete aus NE-Schwermetallen sind unzulässig. Als Nietwerkstoffe sind in DIN 59675 bzw. 1790 Tab. 3. festgelegt:

a) nicht aushärtbare Werkstoffe	b) aushärtbare Werkstoffe
Al99,9	AlMgSi1
Al99,5	AlCu2,5Mg0,5
AlMg3	AlCuMg1
AlMg5	AlCuMg2

Aluminiumniete werden wie Stahlniete den Setzkopfformen entsprechend bezeichnet und genormt:

Halbrundniete	von 1 bis 9 mm Durchmesser	in DIN 660
	von 10 bis 36 mm Durchmesser	in DIN 124
Flachrundniete	von 3 bis 8 mm Durchmesser	in DIN 674
Linsenniete	von 1,7 bis 8 mm Durchmesser	in DIN 662
Senkniete	von 1 bis 9 mm Durchmesser	in DIN 661
	von 10 bis 36 mm Durchmesser	in DIN 302

Dichtnieten. Das Dichtnieten von Aluminium-Nietverbindungen ist möglich, wird allerdings kaum noch ausgeführt. Es erfordert mindestens 2 Nietreihen. Der Nietdurchmesser wird im allgemeinen etwas größer gewählt als bei der üblichen Kraftnietung. Bei Verbindungen zwischen dünneren Blechen verwendet man verstärkende Deckstreifen oder Unterlagscheiben. Der Nietabstand wird enger gewählt. Im Boots- und Schiffbau sind Dichtnietverbindungen zum Fügen von Stahl mit Aluminiumbauteilen üblich. Dabei werden alle Berührungsflächen nach dem Reinigen und Entfetten mit Wash-Primer vorbehandelt. In vielen Fällen werden Dichtungsbinden in die Nietverbindung einbezo-

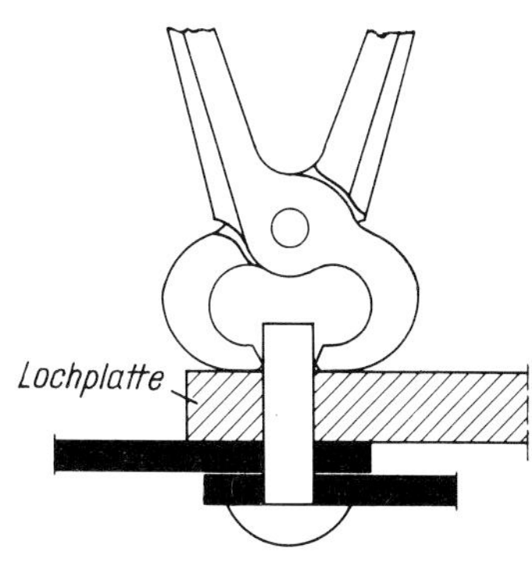

Bild 4.17: Lochplatte als Hilfsmittel für gleichmäßiges Ablängen von Nietschäften.

gen. Sie sollen nicht dicker als 1 mm sein und z. B. aus dauerelastischem Kunststoff bestehen. Diese Dichtungen müssen einige Millimeter breiter sein als die Überlappung, sie sollen also überstehen und dürfen nicht entfernt werden. Bei Nietverbindungen zwischen Aluminium und Holz muß man eine Zwischenlage aus Dichtpaste vorsehen.

Bei Herstellung einer Nietverbindung mit Dichtstreifen werden die Fügeteile wie üblich – also ohne Dichtung – vorgebohrt, dann die Grate sauber entfernt, die Dichtungsstreifen eingelegt und dann Loch auf Loch gepaßt und geheftet. Die Dichtungsstreifen werden Loch für Loch mit einer Reißnadel durchgestoßen und dann kann das Nieten erfolgen. Die Behandlung aller übrigen Vorgänge bei der Herstellung einer Nietverbindung erübrigt sich, denn sie sind von der Stahlnietung her bekannt. Das gleiche gilt für alle beim Nieten möglichen Fehler und deren Ursachen. Hier sei lediglich darauf hingewiesen, daß es bei wichtigen Nietverbindungen unerläßlich ist, etwaige Kontrollen schon während der Ausführung vorzunehmen, denn wesentliche Fehler, wie z. B. das Vergessen des kleinen Versenks, versetzte Nietlöcher usw., können am fertig geschlagenen Niet nicht mehr erkannt werden.

Nieten, Blindnieten

In Fällen, in denen Bauteile durch Nieten verbunden werden sollen, aber nicht von 2 Seiten zugänglich sind (z. B. bei Hohlprofilen), sind die Blindnietverfahren die Retter in der Not. Sie gestatten es, die Niete von einer Seite einzuführen und mit geeignetem Werkzeug den Schließkopf zu bilden. Blindniete sind immer Hohlniete, die allerdings mit Füllstiften versehen werden können. Bei Reparaturen lassen sich Blindniete leichter entfernen als Vollniete, da der Bohrer sich durch den hohlen Schaft gut zentriert. Eventuell vorhandene Füllstifte werden vor dem Bohren herausgestoßen. Die verschiedenen Verfahren haben sich längst bewährt und finden heute auch in solchen Fällen Anwendung, in denen Vollnietung durchführbar wäre.

Durchziehniete

Die hohlschäftigen Durchziehniete werden aus Stahl oder Aluminiumlegierung hergestellt. Bild 4.18 läßt eine konische Bohrung erkennen, die sich vom Setzkopf aus zum Schaftende hin verjüngt. Die Materialanhäufung am Nietschaftende dient zur Bildung des Schließkopfes. Bei der Auslösung des Nietvorganges preßt das vorstoßende Nietermundstück d den Niet a fest in die Bohrung, während der die Vernietung bewirkende Nietdorn b eine rückläufige Bewegung ausführt. Hierbei wird zunächst durch den konischen Nietdornkopf c das über das

Bild 4.18:
Das Arbeitsprinzip der Durchziehniete (Chobert, Happich Blindniet).

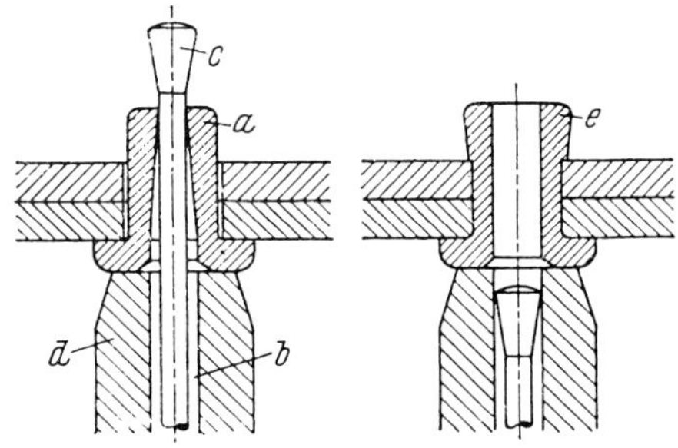

Blechpaket hinausragende Schaftende zu einem wulstartigen Schließkopf e aufgeweitet. Der weitere Nietdorndurchgang preßt den Niet in seiner ganzen Klemmlänge fest an die Lochwand. Der Niet sitzt so fest, daß er in seiner ganzen Länge wieder ausgebohrt werden kann, während ein loser Niet sich durch Drehen diesem Versuch widersetzt.

Bei Dichtnietungen oder zur Erhöhung des Scherwiderstandes kann der hohle Schaft durch einen Füllstift verschlossen werden. Man kann beim Niet mit Füllstift von einem Massivniet sprechen, dessen Scherwert in Reihenversuchen mit 85 % von dem geschlagener Vollniete ermittelt wurde. Für die Chobert-Niete wurde in Anbetracht ihrer Konstruktion und Verarbeitungsweise ein Nietgerät geschaffen, das mit Hilfe eines Magazins aufgeladen wird. Die Anzahl der Niete ist abhängig von deren Länge; sie bewegt sich zwischen 20 und 60 Stück. Das Nietgerät ist entweder hand- oder pneumatisch betätigt. Mit letzterem lassen sich bis zu 1000 Chobert-Niete in einer Stunde einziehen. Zum schnellen Aufreihen der Niete auf den Nietdorn werden sie in Papierhülsen hintereinander gelagert verpackt. Beim Aufladen wird der Nietdorn durch die hohlschäftigen Niete gestoßen und mit einer Feder abgesichert.

Werkstoffe: Nietwerkstoff für Aluminium: AlMg5; Füllstift: AlCuMg, korrosionsgeschützter Stahl oder Kunststoff.

Dorn-Blindniete

Diese Niete (auch Pop-Niet genannt) bestehen aus Nietdorn und Niethülse mit Flach- oder Senkkopf (Bild 4.19). Beim Nietvorgang zieht das Werkzeug zunächst die Bleche fest zusammen und formt dann den Nietkopf. Der Dorn reißt an der Sollbruchstelle ab. Beim Schaftbruchniet (Bild 4.20) bleibt der Nietdornkopf als eine Art Dichtstopfen sitzen. Beim Kopfbruchniet (Bild 4.21) fällt der Kopf auf der Rückseite heraus.

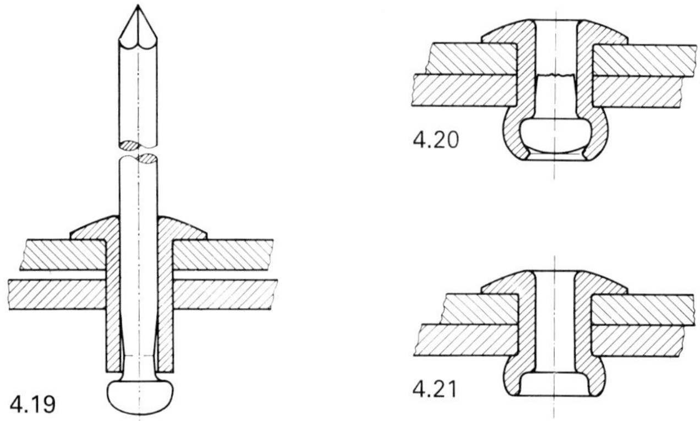

4.19 4.20 4.21

Bild 4.19: Dorn-Blindniet (Pop-Niet)
Bild 4.20: Schaftbruch beim Dorn-Blindniet; der Nietdorn bleibt als eine Art Dichtstopfen im Niet sitzen.
Bild 4.21: Kopfbruchniet; der Kopf fällt auf der Rückseite heraus.

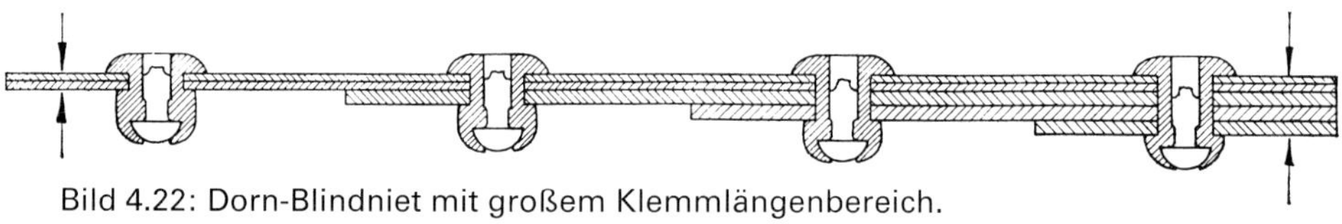

Bild 4.22: Dorn-Blindniet mit großem Klemmlängenbereich.

Der hohle Schaft kann auch hier durch Metall- (oder Plastik-) Stifte oder auch durch eine Aluminium-Verschlußkappe geschlossen werden. Die in Bild 4.22 dargestellte Variante weist einen großen Klemmbereich auf. Die Lagerhaltung von Nieten mit vielen Schaftlängen entfällt dadurch.

Becherniet. Dieser Blindniet ist eine Variante des Dorn-Nietes. Arbeitsverfahren und Werkzeuge sind die gleichen, die Schließkopfseite des Niets ist jedoch vollkommen geschlossen (Bild 4.23) und daher dicht. Der abgerissene Kopf des Nietdorns verbleibt in der Niethülse. Er wird in den Ausführungen »Kopfbruch« (Bild 4.25) und »Langschaftbruch« (Bild 4.26) angeboten.

Blindniete mit Aufweitdorn

Der Nietdorn (Bild 4.26) weitet beim Anziehen zunächst die Niethülse auf und formt danach den Schließkopf. Die Abreißstelle des Nietdorns liegt so, daß der verbleibende Dorn weit aus der Niethülse heraussteht; er wird üblicherweise bis auf Blechebene abgefräst.

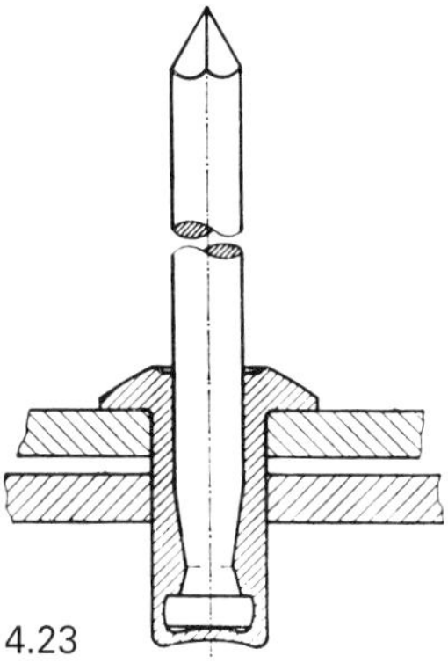
4.23

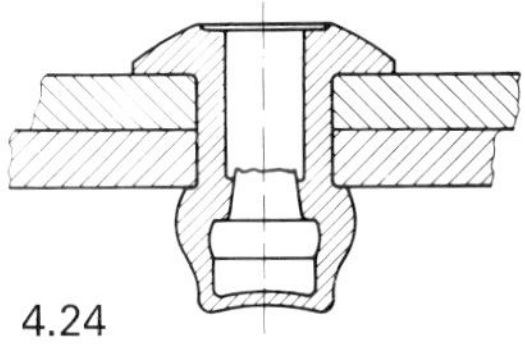
4.24

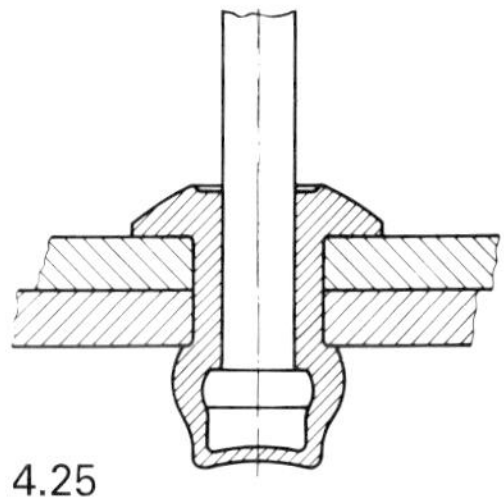
4.25

Bild 4.23: Pop-Becherniet; die Schließkopfseite ist vollkommen geschlossen und daher dicht.
Bild 4.24: Pop-Becherniet mit Kopfbruch-Ausführung; der abgerissene Kopf des Nietdorns verbleibt in der Niethülse.
Bild 4.25: Pop-Becherniet mit Langschaftbruch.

Blindnieten bei engen U-Profilen

Nach den verschiedenen Blindnietverfahren lassen sich einseitig zugängliche Verbindungen sicher herstellen. Bei kleinen U-Profilen mit niedrigem Steg (z. B. bei schmalen Führungsschienen) treten Schwierigkeiten auf, weil das Mundstück der Nietzange infolge zu großen Durchmessers nicht mehr in das Profil eingeführt werden kann. In solchen Fällen ist die Verwendung eines Distanzröhrchens (Bild 4.27) angebracht das einwandfreies Nieten ermöglicht.

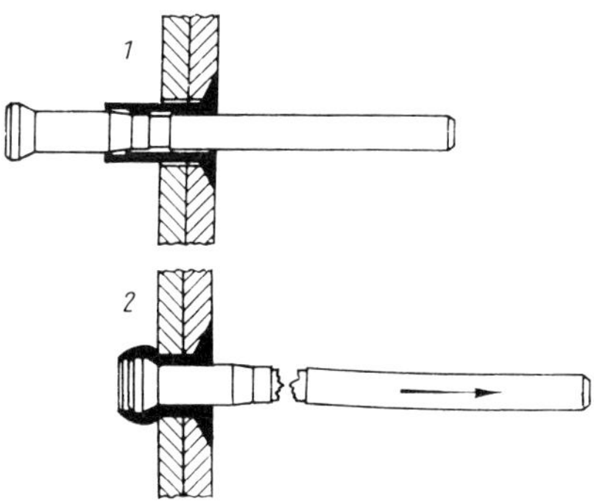

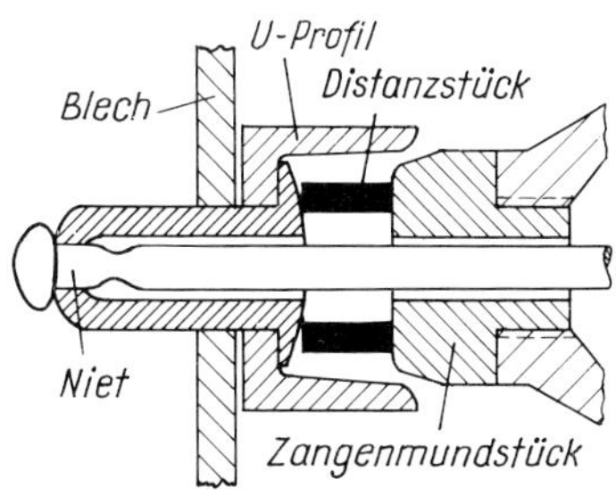

Bild 4.26 (links): Blindniet mit Aufweitdorn; der Schaftrest muß durch Fräsen entfernt werden.
Bild 4.27: Beim Blindnieten enger U-Profile verhindert ein Distanzröhrchen das Herausziehen des Nietes.

Nieten von Aluminiumblechen mit weichen Werkstoffen

In der Praxis werden häufig weiche Werkstoffe (Holz, Pappe, Hartfaser) mit Aluminiumblechen verkleidet. Eine schnelle und dauerhafte Verbindung wird erreicht, wenn auf den Schaft der Blindniete eine Scheibe entsprechender Größe gesteckt und mitvernietet wird (Bild 4.28).

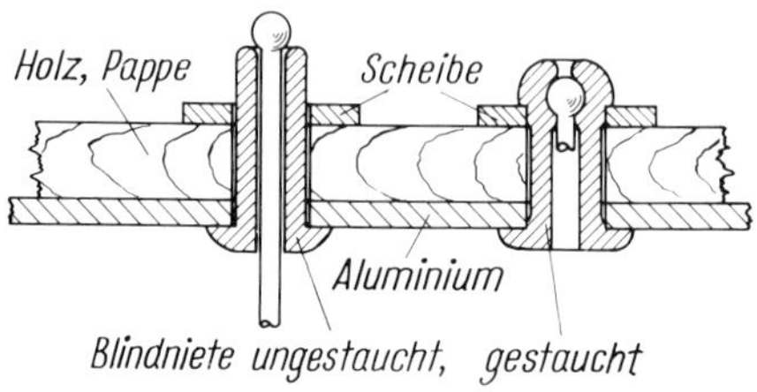

Bild 4.28: Das Verbinden von Holz mit Aluminium durch Blindniete mit Unterlegscheiben auf der Holzseite.

Nietmuttern

Das (lösbare) Anschrauben von Teilen an Hohlkörpern mit unzugängigem Hohlraum, bei denen die Wanddicke für das Schneiden eines Mutterngewindes zu gering ist, aber auch bei dünnwandigen Rohren und Hohlprofilen in größerer Entfernung vom Rohrende, sind Nietmuttern verfügbar die nach dem Prinzip der Dorn-Blindniete gesetzt werden (Bilder 4.29 und 4.30). Dazu werden die Nietmuttern auf ein Setzwerkzeug aufgeschraubt, dessen Schraubdorn durch Hebelübersetzung ausreichend axiale Zugkraft erhält.

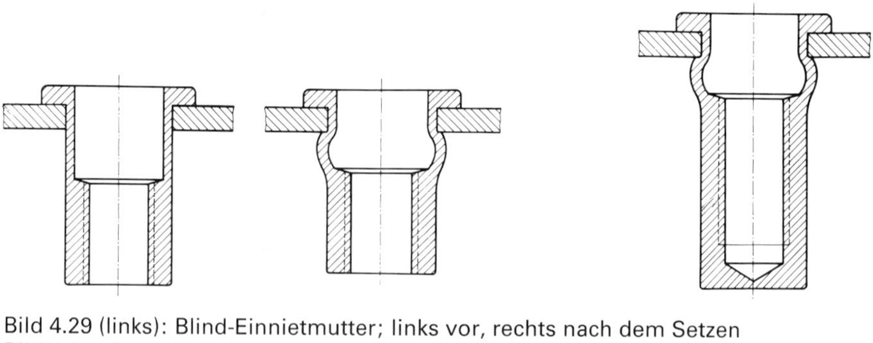

Bild 4.29 (links): Blind-Einnietmutter; links vor, rechts nach dem Setzen
Bild 4.30: Geschlossene Ausführung einer Nietmutter.

Schließringbolzen

Schließringbolzen sind zweiteilige mechanische Verbindungselemente (Bild 4.31), bestehend aus dem Nietbolzen mit Flachrund- oder Senkkopf und dem Schließring. Der Nietbolzen hat einen zylindrisch glatten Schaft für die Aufnahme der Scherkräfte. Daran schließt sich über eine Ringkerbe ein mit Ringnuten versehener Schaftteil an, über eine tiefe ringförmige Kerbe ein weiterer, erst zylindrischer und dann ein mit Greifnuten versehener Schaftteil zum Angreifen der Klemmbakken eines für dieses Verfahren entwickelten Nietgerätes.

Der Schließring läßt sich leicht über den Bolzenschaft schieben und entspricht einer Buchse mit einer zylindrischen Innenbohrung. Außen ist die Buchse ebenfalls zylindrisch, lediglich an der dem Mundstück des Nietgerätes zugekehrten Seite hat sie einen Kegelstumpf.

Beim Nieten wird der Bolzen von der Rückseite in die vorbereitete Bohrung eingeführt und dann der Schließring auf den herausragenden Bolzenschaft aufgeschoben (Bild 4.35a). Sodann führt man das Nietgerät, das wie eine Pistole gefaßt wird, auf den Schaft bis zum Anschlag auf. Nach Betätigen des Abzugbügels fassen die Greiferbacken des Nietgerätes den Schaft und ziehen diesen in den Pistolenlauf hinein. Das Pistolenmundstück stemmt sich hierbei gegen den Schließring. Durch die Axialkräfte werden die Fügeteile fest zusammengepreßt, und es entsteht ein dichter »Blechschluß« (Bild 4.32b). Dann schiebt sich das Mundstück über den Schließring und preßt den Ringwerkstoff in den Ringnutenteil des Bolzens, wonach Bolzen und Ring eine fest geschlossene Einheit bilden (Bild 4.32c). Schließlich reißt das Endstück des Bolzens an der Sollbruchstelle (Kerbe) außerhalb des Rings ab (Bild 4.32d).

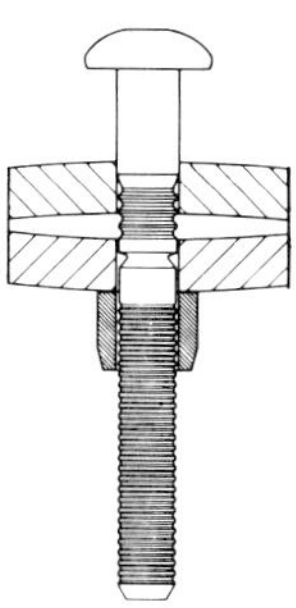

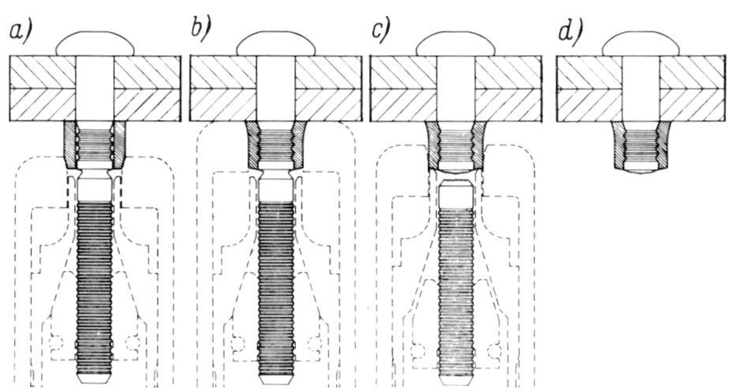

Bild 4.31 (links): Zweiteiliger Schließringbolzen
Bild 4.32: Arbeitsprinzip des Schließringbolzens.

Die besonderen Merkmale der Schließringbolzen-Verbindung lassen sich wie folgt zusammenfassen:

- Weitgehend automatisches Arbeiten bei einfachster Bedienung durch angelernte Kräfte;
- hohe Nietgeschwindigkeit (bis zu 1000 Nietungen pro Stunde);
- ermüdungs- und lärmfreies Arbeiten;
- gleichbleibende Schließkopfbildung mit konstanter Klemmkraft (vergleichbar einer Schraubenvorspannung);
- hohe Scher-, Zug- und Ermüdungsfestigkeit der Verbindung;
- selbstsichernde und vibrationsfeste Verbindung;
- gas- und flüssigkeitsdichte Verbindung.

Heftgeräte für das Nieten

Die Herstellung von Nietverbindungen wird durch Verwendung geeigneter Heftgeräte wesentlich erleichtert. Sie sind bei den Lieferanten der Blindniete erhältlich. Darüber hinaus gibt es weitere, fast unentbehrliche Hilfsmittel, wie Zentrierspanner, Heftnadeln oder Heftschrauben. Allerdings sei erwähnt, daß diese Hilfsmittel meist für den leichteren Blechbau gedacht sind (Löcher bis etwa 6 mm Dmr.).

Für nur einseitig zugängliche Verbindungen eignet sich sehr gut der sogenannte Zentrierspanner, auch Hakenheftschraube genannt. Ihren Aufbau und die Wirkungsweise zeigt Bild 4.33. Für nur einseitig zugängliche Verbindungen entwickelt ist auch die Reiniger-Heftnadel. Aufbau und Wirkungsweise gehen aus Bild 4.34 hervor. Bild 4.35 zeigt eine Heftschraube. Nach Einführen der Schraube in die Bohrung und Auflegen der Korbscheibe wird die offene Schnellspannmutter

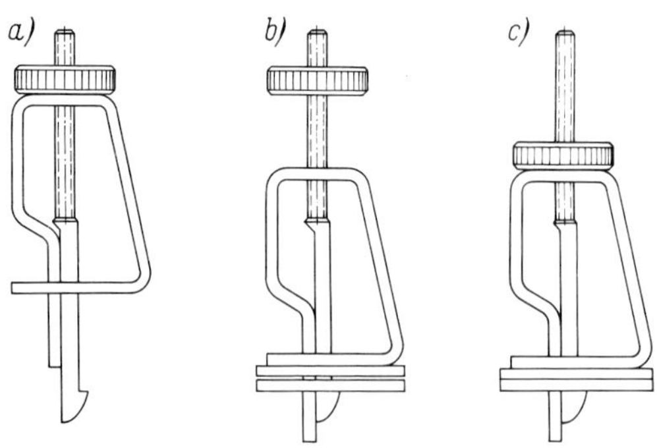

Bild 4.33: Zentrierspanngerät für einseitig zugängliche Verbindungen.

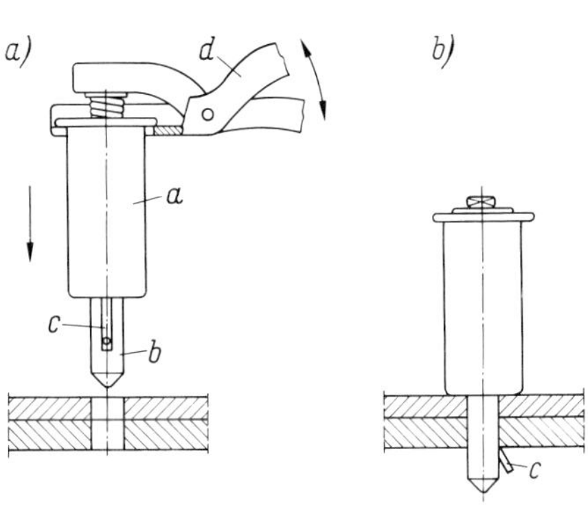

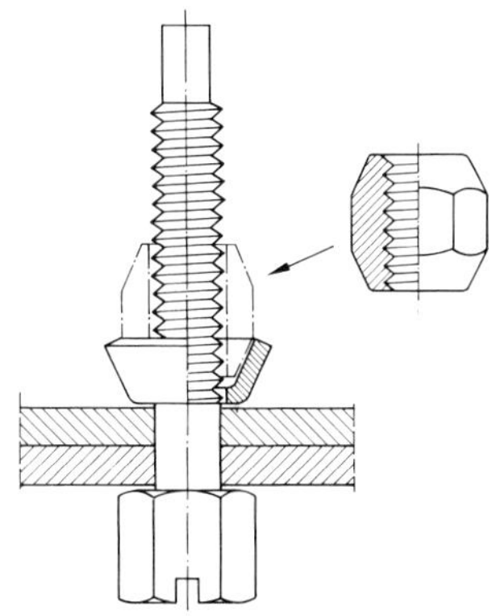

Bild 4.34 (links): Reiniger-Heftnadel für einseitig zugängliche Verbindungen.
Bild 4.35: Reiniger-Heftschraube für beiseitig zugängliche Verbindungen.

über die Scheibe an die Schraube geführt und mit wenigen Umdrehungen angezogen. Da ein Heften ohne die Korbscheibe nicht möglich wird, ist die Blechoberfläche in jedem Falle gegen Beschädigungen geschützt. Für die rationelle Serienfertigung im Feinblechbau, Karosserie- und Waggonbau sowie verwandter Arbeitsgebiete gibt es weitere Sonderheftgeräte.

Nageln

Vor allem im landwirtschaftlichen Bereich wird Aluminium zum Dacheindecken in ständig zunehmendem Umfange eingesetzt. Aluminium-Riffelnägel sind dafür die geeignete Befestigung (Bilder 4.36a–c). Gewellte Bleche werden direkt auf hölzerne Pfetten oder Latten genagelt. Aluminiumriffelnägel mit Dichtringen (Bild 4.36b) werden dazu bevorzugt eingesetzt.

Müssen Aluminiumbleche auf Stahl- oder Betonunterlagen befestigt werden, ist eine Zwischenlage aus Holzlatten erforderlich, die mit Bolzensetzwerkzeugen befestigt, bei kleinem Umfange aufgeschraubt werden. Auf diesen Holzlatten werden die Welltafeln ohne Vorbohren aufgenagelt. Überdecken sich die Bleche mehrfach, so ist ein Durchschlagen der Bleche für die Nagellöcher ratsam. Das gleiche Verfahren wird auch für das Befestigen von Welltafeln als Wandbekleidung angeraten. Die beim unmittelbaren Nageln an der Blechoberfläche entstehenden leichten Beulen beeinträchtigen sonst das einheitliche Aussehen.

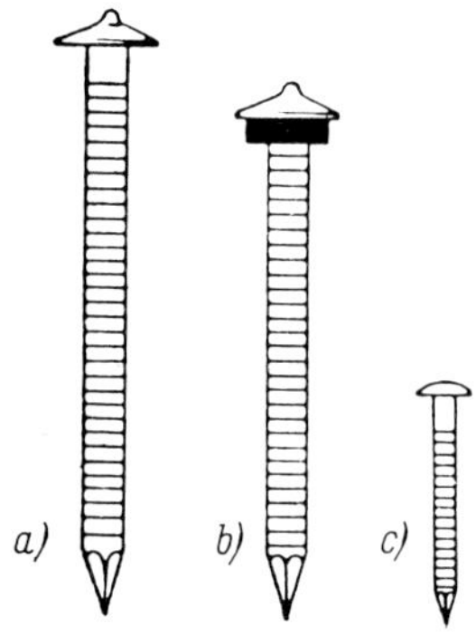

Bilder 4.36 a bis c: Verschiedene Ausführungen von geriffelten Aluminiumnägeln; a) Größe 4,5/75 zum Aufnageln von Latten für belüftete Firstkonstruktionen; b) Größe 4,5/60 mit Dichtringen für Welltafeln; c) Größe 2,6/25 für Blechbefestigung (etwa halbe Größe).

Kapitel 5: Schweißen

5. Schweißen

Allgemeines

Schweißen ist nach DIN 1910 das Vereinigen von Werkstoffen unter Anwendung von Wärme und/oder Kraft mit oder ohne Schweißzusatz. Das Schweißen von Aluminium wurde weitgehend eingeführt und zu einem bedeutenden Fügeverfahren entwickelt. Das Schutzgasschweißen hat die Möglichkeit der Anwendung des Schweißens von Aluminium wesentlich erweitert und wird auch in Handwerksbetrieben angewendet.

Die im Handwerk gebräuchlichen Schweißverfahren für Aluminium sind:
- Gasschweißen (Autogenschweißen),
- Metallichtbogenschweißen,
- Schutzgasschweißen mit nicht abschmelzender Wolframelektrode (WIG) oder mit abschmelzender Metallelektrode (MIG) sowie
- Bolzenschweißverfahren.

In Industriebetrieben sind zusätzlich folgende Schweißverfahren üblich: elektrisches Widerstandsschweißen (Punkt-, Abbrennstumpf- und Rollennahtschweißen und das Bolzenschweißen), Preßschweißen (Kalt- und Warmpreßschweißen), Explosions-, Ultraschall-, Hochfrequenz-, Elektronenstrahl- und Reibschweißen.

Für die Wahl des jeweiligen Schweißverfahrens sind verschiedene Kriterien maßgebend (siehe Tafel 5.1):

Beim Gasschweißen führt die verhältnismäßig geringe Wärmekonzentration, verbunden mit der guten Wärmeleitfähigkeit von Aluminium, dazu, daß nur langsam geschweißt werden kann und beträchtliche Schrumpfungen und daraus resultierende Spannungen und Verwerfungen der Werkstücke auftreten; die Wärmeeinflußzone ist sehr breit, in ihr werden kaltverfestigte oder ausgehärtete Werkstoffe auf den Zustand »weich« entfestigt. Die Entfernung der Flußmittel ist aufwendig.

Das Metall-Lichtbogenschweißen mit flußmittelumhüllten Elektroden erlaubt zwar höhere Schweißgeschwindigkeiten, es ist jedoch eine starke Nahtporosität zu beobachten, deren Ursachen »eingefrorene«, durch das Flußmittel bedingte Gasblasen sein dürften. Die Entfernung der Flußmittelrückstände erfordert den gleichen Aufwand wie beim Gasschweißen.

Tafel 5.1: Bewertungsziffern für die Wahl des Schweißverfahrens

	Lichtbogenschweißen unter Schutzgas MIG	WIG	Metall-Lichtbogen-schweißen	Gas-schweißen
Güte der Schweißverbindung				
Festigkeit	1	2	4	4
Dehnung	1	1	4	2
Chemische Beständigkeit	1	2	4	4
Schweißfehler	2	1	4	4
Einbrand	1	3	2	4
Verzug	1	2	2	4
Anwendbarkeit				
Dünnblechschweißen ($s < 1$ mm)	–	1	–	2
Blechschweißen ($s > 3$ mm)	1	2	3	4
Schweißen von AlMg-Legierungen	1	1	–	4
Überkopfschweißen	1	2	–	–
Wechselnde Werkstoffdicke	2	1	3	4
Wechselnde Schweiß-geschwindigkeit	4	1	3	2
Gußschweißen	2	1	–	–
Verbinden Guß-Knetwerkstoff	1	2	–	–
Reparaturschweißen von Gußteilen	2	1	3	4
Eignung für Maschinenschweißen				
mit Zusatzwerkstoff	1	2	–	–
ohne Zusatzwerkstoff	–	1	–	–
Stumpfschweißen $s > 3$	2	1	–	–
$s < 3$	1	2	–	–
Eignung für Kehlnähte	2	–	–	
Wirtschaftliche Gesichtspunkte				
Anlagekosten	4	3	2	1
Unterhaltungskosten	3	3	1	2
Lohnkosten	1	2	4	3
Anlernzeit des Schweißers	1	2	3	4

Bewertungsziffern: 1 = beste, 4 = schlechteste Bewertung, – = nicht angewendet

Schutzgasschweißen ermöglicht die Ausnutzung der hohen Wärmekonzentration des Lichtbogens bei Vermeiden der Nachteile einer Flußmittelanwendung. Die materialschädigende Wärmeeinflußzone ist schmal.

Reinaluminium und die meisten Aluminiumlegierungen sind gut schweißbar. Durch Kaltverfestigen oder Aushärten erzielte Festigkeitserhöhungen werden durch den Einfluß der Schweißwärme vollständig oder teilweise aufgehoben. Wie immer beim Schweißen können auch beim Aluminium unerwünschte Formänderungen oder Schweißrisse auftreten. Vorausgesetzt, daß das zu schweißende Teil schweißgerecht gestaltet ist, kann man dem nur durch sinnvolle Heft- und Schweißfolge, durch die Wahl geeigneter Schweißzusätze und durch sachgemäßes Schweißen begegnen. In diesem Zusammenhang haben einige Werkstoffeigenschaften schweißtechnische Bedeutung, z. B. die Wärmeausdehnung, das Schwindmaß, der Elastizitätsmodul und der Schmelzpunkt.

Die Wärmeausdehnungszahl beträgt für Aluminium 0,000024 mm/mm · °C (Stahl 0,000012 mm/mm · °C). Ein Aluminiumstab von 1 m Länge dehnt sich bei Erwärmung um 1 °C um 0,024 mm aus; bei 100 °C Temperaturzunahme als um 2,40 mm. Dabei ist zu beachten, daß bei einer Werkstücktemperatur von z. B. 100 °C die Temperaturzunahme gegenüber der Raumtemperatur (rd. 20 °C) nur 80 °C beträgt. Das Schwindmaß von Aluminium beträgt 1,7 % (Stahl 1,2 %).

Beim Schweißen und Abkühlen können diese Eigenschaften Veranlassung zu Formänderungen durch Verwerfen geben und zu Spannungen führen. Die Auswirkung ist jedoch nicht so nachteilig, wie man auf Grund der angeführten Zahlenwerte annehmen müßte, denn der Elastizitätsmodul beträgt bei Aluminium nur etwa ein Drittel von dem des Stahls. Diese Eigenschaft ermöglicht es dem Werkstoff, einen großen Teil der Spannungen ohne Schaden durch elastische Deformation aufzunehmen. Reinaluminium hat einen Schmelzpunkt. Die meisten Aluminiumlegierungen haben dagegen ein Schmelzintervall. Die Neigung zu Schweißrissen wird aber um so größer, je größer das Schmelzintervall eines Werkstoffs und je geringer dabei der Gehalt an Legierungszusätzen ist. Durch Wahl eines geeigneten Schweißzusatzes kann man in solchen Fällen der Neigung zur Rißbildung weitgehend entgegenwirken. Besonders günstig verhält sich in dieser Hinsicht S-AlSi5. Diese Legierung ist in der Lage, beim Erstarren der Schweißschmelze entstehende Warmrisse zu füllen, weil Silizium schnell in den Rißbereich eindiffundiert und eine dünnflüssige Schmelze bewirkt. Bei nachfolgender dekorativer Oberflächenbehandlung durch Anodisieren scheidet die Verwendung von S-AlSi5 jedoch aus, weil es dabei einen dunkleren Farbton annimmt. Diese Ausführungen gelten für alle Schmelzschweißverfahren.

Verfahren zum Schweißen von Aluminium

Gasschweißen

Das Gasschweißen von Aluminium ist verhältnismäßig leicht erlernbar und nicht schwieriger als das Schweißen von Stahl. Von einem Stahlschweißer kann man jedoch nicht ohne weiteres erwarten, daß er auch Aluminium schweißen kann. Es bedarf vielmehr einer gewissen Umstellung. Die Kenntnis derjenigen Werkstoffeigenschaften, die schweißtechnische Bedeutung haben, in Verbindung mit handwerklicher Fertigkeit, gibt dem Schweißer bald das richtige Gefühl für die Schmelzbadführung. Bei den Schweißarbeiten ist folgendes zu beachten:

- Schutzbrille tragen;
- richtigen Schweißzusatz für den zu schweißenden Grundwerkstoff verwenden (Tüpfelprobe, s. S. 22);
- geeignetes Flußmittel wählen und sachgemäß ansetzen;
- Nahtflanken entgraten und reinigen;
- nur trockene und reine Schweißgase verwenden;
- fertige Schweißnaht mit Wasser und Bürste sofort von Flußmittelresten sorgfältig säubern.

Die Schweißbrille soll grüne Gläser haben. Zeitungsdruck muß damit noch lesbar sein. Schutzbrillen, die für Stahlschweißung verwendet werden, sind für Aluminium zu dunkel und daher ungeeignet. Geeignet sind z. B. Gläser mit der Schutzstufe 4 oder 5 (nach DIN 4647, Bl. 1). Der Schweißtisch wird mit einem schlechten Wärmeleiter abgedeckt, z. B. mit Schamottesteinen.

Für das Gasschweißen von Aluminium verwendet man vornehmlich Azetylen und Sauerstoff; geeignet sind auch Wasserstoff, Leuchtgas und Propan. Azetylen-Sauerstoff ergibt die höhere Flammentemperatur (rd. 3000 °C). Das Gas muß so *rein* wie möglich sein. Bei Flaschengas ist die Gewähr für hohen Reinheitsgrad in der Regel gegeben, nicht aber immer bei Entwicklergas. Nur reines Gas gewährleistet gleichmäßiges Brennen und eine heiße Flamme und vermeidet eine schädliche Beeinflussung der Schweißstelle. Für das Anwärmen und Aufschmelzen von 1 cm^2 Aluminium benötigt man rd. 2,8 kJ (Stahl rd. 9,2 kJ). Unter Berücksichtigung der Wärmeverluste, die durch Wärmeableitung in das Werkstück und in die Arbeitsunterlage sowie durch Wärmeabstrahlung entstehen, erhöht sich der Wärmebedarf. Er ist aber nicht höher als beim Schweißen von Stahl. Beim Gasschweißen muß zum Schweißen größerer Materialdicken bis ca. 400 °C vorgewärmt werden.

Verfahrensbedingt tritt beim Gasschweißen von Aluminium, eine breite Wärmeeinflußzone im Gefüge der Verbindungspartner auf. Die mechanischen Eigenschaften kaltverfestigter oder ausgehärteter Aluminiumwerkstoffe sind in diesem Bereich gegenüber dem unbeeinflußten Grundwerkstoff deutlich herabgesetzt. Gasschweißen von Aluminium ist daher für Tragkonstruktionen und belastete Bauteile aus solchen Werkstoffen nicht geeignet (vergl. Tafel 5.1).

Das Gasschweißen ist für das Schweißen abnahme- und überwachungspflichtiger Bauteile nur in Ausnahmefällen zulässig (Apparatebau aus Reinaluminium).

Schweißzusätze

Schweißzusatzwerkstoffe für Aluminium und Aluminiumlegierungen sind nach DIN 1732 (Teil 1 Zusammensetzung und Anwendungshinweise, Teil 2 Prüfung und Technische Lieferbedingungen) genormt.

Schweißstäbe müssen trocken und staubgeschützt aufbewahrt und dürfen nicht verwechselt werden; deshalb müssen sie gekennzeichnet sein. Nach DIN 1732 erfolgt die Kennzeichnung der einzelnen Schweißstäbe so, daß die Zugehörigkeit zu einer Legierung feststellbar ist. Das geschieht durch Einprägen des Kurzzeichens oder der Werkstoffnummer am Drahtende. Die Prägung muß mindestens einmal auf dem Stab erscheinen. Farbkennzeichen sind nicht mehr üblich, sie müssen ggf. vor dem Schweißen entfernt werden.

Welcher Schweißzusatzwerkstoff*) ist richtig?

Reinaluminium	SG-Al99,5 oder SG-Al99,5 Ti
AlMn1, AlMn1Cu	SG-AlMn1 oder SG-Al99,5Ti
AlMg2Mn0,8	SG-AlMn2Mg0,8 oder SG-AlMg3
AlMg3	SG-AlMg3 oder SG-AlMg5
AlMg5, AlMg4,5Mn	SG-AlMg4,5 oder SG-AlMg5
AlMgSi0,5	SG-AlSi5 / bei nachfolgender anodischer Oxidation SG-AlMg3

S-AlSi5 ist vielseitig verwendbar, auch für die meisten Gußlegierungen. Dieser Zusatz fließt gut und schrumpft beim Erstarren nur wenig. Für das Schweißen hochsiliziumhaltiger Gußlegierungen, wie z. B. Kolbenlegierungen, ist S-AlSi12 als Zusatzwerkstoff besser geeignet.

*) Hinweis: DIN 1732 ist in Überarbeitung. Danach sollen Zusätze in Draht- oder Stabform den Vorsatz »SG«, Stabelektroden den Vorsatz »EL« erhalten.

Wegen des starken Festigkeitsabfalls sind für Gasschweißen als Grundwerkstoffe nicht geeignet: AlMgSi1; AlZn4,5Mg1 sowie die hochfesten Legierungen des Typs AlCuMg und AlZnMgCu.

Flußmittel

Weshalb werden Flußmittel verwendet?

Aluminiumoberflächen sind mit einer natürlichen Oxidhaut bedeckt. Diese verhindert das Zusammenfließen der Nahtflanken, da die Schweißhitze nicht ausreicht, das Aluminiumoxid aufzuschmelzen. Flußmittel lösen das Oxid ab und ermöglichen eine oxidfreie Schweißverbindung. Flußmittel für das Gasschweißen von Aluminim werden von mehreren Firmen unter Markenbezeichnungen vertrieben. Sie unterscheiden sich jeweils in der Wirktemperatur und sind auf den zu schweißenden Werkstoff abzustimmen. Die Empfehlungen der Lieferanten sind dabei zu beachten!

Was ist bei der Anwendung zu beachten?

Flußmittel sind Salze. Sie bestehen aus Chloriden und Fluoriden, z. B. aus Natriumfluorid, Natriumchlorid, Kaliumchlorid oder Lithiumchlorid. Diese Gemische lösen nicht nur das Oxid, sondern sie wirken – in Verbindung mit Feuchtigkeit – allgemein stark korrodierend auf Metalle. Aus diesem Grunde müssen die Flußmittelreste nach dem Schweißen unbedingt entfernt werden. Wo dies nicht möglich ist, z. B. im Inneren von Rohren oder in Hohlprofilen, müssen neutral reagierende Flußmittel eingesetzt werden. Diese greifen den Werkstoff nicht an, haben aber den Nachteil, daß die Schlacke schwer zu entfernen ist und die freiwerdenden Dämpfe die Schleimhäute reizen.

Wegen der Einschlußgefahr von Flußmitteln beim Schweißen von Kehl- und Überlappnähten vermeidet man beim Gas- und Metallichtbogenschweißen diese Nahtformen, oder man verwendet ein neutrales Flußmittel. Flußmittel für das Gasschweißen von Aluminium sind wasseranziehend (hygroskopisch). Sie werden bei längerem Stehenlassen unbrauchbar und müssen deshalb täglich frisch angesetzt werden. Zu einer bestimmten Menge Wasser nimmt man ungefähr die doppelte Menge des Flußmittels und verrührt sie miteinander. Auf diese Weise ist das Flußmittel weder zu dünn noch zu dick angesetzt. Es soll das Aussehen eines »sämigen Breies« haben. Nicht jedes Wasser ist zum Ansetzen des Flußmittels geeignet. Man bevorzugt destilliertes Wasser. Geeignet ist auch kalkarmes Leitungswasser.

Man prüft die Brauchbarkeit des Flußmittels, indem man einen Zusatz draht mit Flußmittel bestreicht; beim Aufschmelzen des Drahtendes muß sich eine Aluminiumkugel bilden. Anderenfalls ist dieses ungeeignet.

Flußmittel sind trocken aufzubewahren und nur im rieselfähigen Zustand zu verwenden.

Wie werden Flußmittel aufgetragen?

Das Auftragen des Flußmittels erfolgt mit einem sauberen Pinsel, der ausschließlich diesem Zweck dient. Verunreinigungen führen zu Poren oder Bindefehlern in der Schweißnaht. Damit das Flußmittel haftet, werden die Nahtflanken entfettet. Es soll sparsam aufgetragen werden, sonst hindert es die Beurteilung des Schmelzflusses. Bei dünnen Blechen (unter 1 mm Dicke) kann zu viel Flußmittel das Schweißen unmöglich machen. Beim Schweißen von dicken Blechen sollte man nicht nur die Ober-, sondern auch die Unterseite mit Flußmittel einstreichen. Wenn während des Schweißens der Arbeitsgang unterbrochen werden muß, um Flußmittel nachzugeben, wirkt sich das auf den Wärmeverlauf und die Schweißnaht ungünstig aus, weil Wärme abfließt und das Schweißen erschwert wird. Es entstehen unschöne Übergangsstellen. Deshalb sind vor Schweißbeginn Zusatzstab und Schweißzone ausreichend mit Flußmittel einzustreichen.

Wenn nur wenige, kurze Nähte zu schweißen sind, wird entsprechend wenig Flußmittel benötigt. Das Anrühren von Flußmittel mit Wasser zu einem Brei ist dann unwirtschaftlich, weil der Rest verdirbt. In den Fällen wird das Flußmittelpulver unmittelbar mit dem Zusatzstab zugeführt. Das geschieht durch Eintauchen des Stabes in den Behälter, in dem das Flußmittel als Pulver angeliefert wird. Damit es auf dem Zusatzdraht haftet, muß dieser vor dem Eintauchen mit der Flamme angewärmt werden. Es bleibt dann mehr oder weniger viel Flußmittel als Klumpen am Drahtende hängen. Für den Schweißprozeß benötigt man jedoch nur eine fein dosierte Flußmittelmenge. Deshalb muß das am Draht anhaftende Pulver auf dem Stab verteilt werden, dessen Ende man dazu schräg nach oben richtet, man geht mit streuender Flamme darüber hin und her und dreht dabei den Stab etwas. Das Flußmittel verteilt sich so auf der Drahtoberfläche. Wenn beim Schweißen größerer Gußteile mehr Flußmittel benötigt wird als sonst üblich, taucht man den vorher angewärmten Zusatzstab ebenfalls direkt in das Schweißpulver und führt ihn so dem Werkstück zu (Bild 5.1).

Flußmittel enthalten aggressive Bestandteile, nach dem Schweißen sorgfältig die Hände waschen.

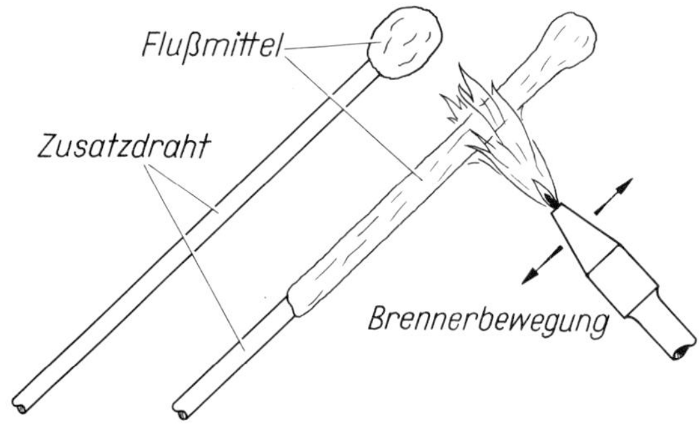

Bild 5.1: Das Flußmittel verteilt sich gleichmäßig über die Drahtoberfläche, wenn das Drahtende mit dem anhaftenden Flußmittel schräg nach oben gehalten und der Draht mit streuender Flamme bestrichen wird.

Wie werden Flußmittelreste entfernt?

Flußmittelreste entfernt man durch kräftiges Abbürsten und Abschwemmen mit warmem Wasser, Abwaschen mit 10 %iger Salpetersäurelösung und Nachspülen mit klarem Wasser.

Sicherheitsvorkehrungen

Maßgeblich für die Sicherheit am Arbeitsplatz sind die Unfallverhütungsvorschriften des Hauptverbandes der gewerblichen Berufsgenossenschaft. Sie sind enthalten in:

- Vorschrift Nr. 15, »Schweißen, Schneiden und verwandte Arbeitsverfahren« (VBG 15, Carl Heymanns Verlag, Köln);
- Druckgasverordnung;
- Azetylenverordnung.

Zu beachten ist auch der Sicherheits-Lehrbrief für Gasschweißer der Arbeitsgemeinschaft der Eisen- und Metall-Berufsgenossenschaft.

Der Schweißer ist für die Sicherheit seiner Arbeitsgeräte verantwortlich. Vor Inbetriebnahme einer Anlage ist eine Kontrolle der Geräte durchzuführen, die sich mindestens auf folgende Bereiche erstrecken muß:

- Sind die Gasflaschen gegen Umfallen gesichert?
- sind die Druckminderer richtig befestigt?
- ist der Sauerstoff-Druckminderer fettfrei?
- haben die Schläuche die vorgeschriebene Länge von mindestens 5 m und keine defekten Stellen?
- sind Handrohr und Brennereinsatz dicht verschraubt?

Nach Öffnen der Flaschenventile ist die Dichtheit der Anschlüsse zu prüfen. Der vorgeschriebene Druck ist bei geöffneten Brennerventilen einzustellen: Sauerstoff 2,5, Azetylen 0,2 bis 0,5 bar Überdruck*).

Besondere Gefahrenquelle

Da Aluminium mit leichtem Brenngasüberschuß geschweißt wird, können sich bei Schweißungen an Rohrleitungen, Behältern oder in engen, schachtähnlichen Räumen unverbrannte Brenngase ansammeln, die erst dann zünden, wenn aus der Umgebungsluft genügend Sauerstoff zur Verfügung steht. Das ist häufig erst in einiger Entfernung von der Schweißstelle der Fall, wobei aber die Temperatur des Gases immer noch über der Zündtemperatur liegt. Man sollte dieses Gefahrenmoment im Unterricht der Schweißlehrgänge, auch der Lehrgänge für Fachingenieure, beim Besprechen der Verbrennungsvorgänge in der Schweißflamme ganz besonders hervorheben. Die optimale Verbrennung kann wie folgt geprüft werden:

a) In ein nicht zu enges Rohr ~ 20 mm Dmr. wird in einiger Entfernung von seiner offenen Mündung mit dem Schweißbrenner ein Loch eingebrannt, wie dies beim Installationsschweißen gang und gäbe ist. Es wird gar nicht lange dauern, bis aus der Rohrmündung eine Flamme herausschlägt. Es ist dies nicht die Schweißflamme, es ist eine Stichflamme, zu der sich der aus dem Rohr ausströmende heiße Brenngasüberschuß der Schweißflamme bei Luftzufuhr entzündet hat.

b) Unter einer künstlich aufgebauten, an sich dichten Ecke zwischen den Wänden und der Decke eines Zimmers mit einem kleinen durchgehenden Spalt nach oben wird ein Schweißbrenner so gehalten, daß seine Streuflamme nicht genügend Sauerstoff zur restlosen Verbrennung der Abgase findet. Es wird ebenfalls nicht lange dauern, bis über der Ecke aus dem Spalt eine Stichflamme herausschlägt. Auch hier handelt es sich nicht um die eigentliche Flamme des Brenners, sondern um die Nachverbrennung unverbrannt nach oben gestiegener heißer Brenngase.

---

*) Im neuen Internationalen-Einheiten-System (SI) ist als Einheit für den Druck die Bezeichnung »bar« verbindlich festgelegt worden; die alte Bezeichnung »at« ist nicht mehr zulässig. Umrechnung: 1 at = 0,981 bar; ein Druck von 2,5 atü (früher) entspricht damit einem solchen von rund 2,5 bar Überdruck (jetzt).

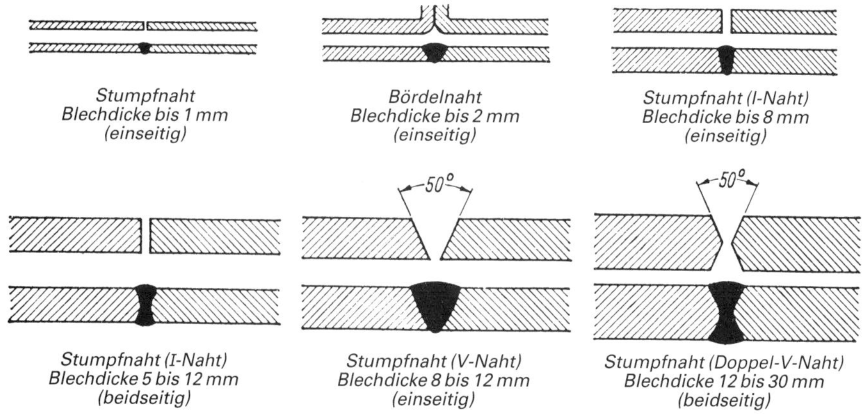

Bild 5.2: Vorbereiten der Nahtfugen für das Gasschweißen (Stumpfnähte).

Vorbereiten der Nahtflanken

Gasschweißen von Aluminium wird üblicherweise mit I-Naht, seltener mit V- oder Doppel-V-Naht ausgeführt. Kehlnähte sollte man vermeiden, weil Flußmitteleinschlüsse möglich sind. Überlappnähte entfallen aus dem gleichen Grund und weil sie konstruktiv ungünstig sind (Bild 5.2). Das Vorbereiten der Nahtfugenflanken erfordert Sorgfalt. Die Kanten sind beiderseits, besonders auf der Unterseite sauber zu entgraten. Der Bereich neben der Nahtfuge ist in etwa dreifacher Raupenbreite mit Drahtbürste oder Ziehschaber metallisch blank zu machen. (Die Drahtbürste darf nur diesem Zweck dienen.) Fettige Teile sind vorher zu entfetten. Geringe Fettrückstände lassen sich durch Überstreichen mit der Flamme beseitigen. Das Flußmittel muß gut benetzen.

Einstellen der Schweißflamme

Beim Schweißen von Aluminium wird mit geringem Azetylenüberschuß gearbeitet. Dabei wird der Flammenkern länger und die reduzierende Zone größer als bei oxidierender Flamme. In der Schweißzone mit reduzierender Wirkung hat die Flamme die höchste Temperatur (rd. 3000 °C). Bei Sauerstoffüberschuß ist keine reduzierende Zone mehr vorhanden. Aluminium neigt sehr zur Sauerstoffaufnahme; mit Sauerstoffüberschuß ist deshalb einwandfreies Schweißen nicht möglich. Der Azetylenüberschuß hat aber nicht die Aufgabe, als Schutzmantel (wie Argon) den Luftsauerstoff vom Werkstück fernzuhalten; diese

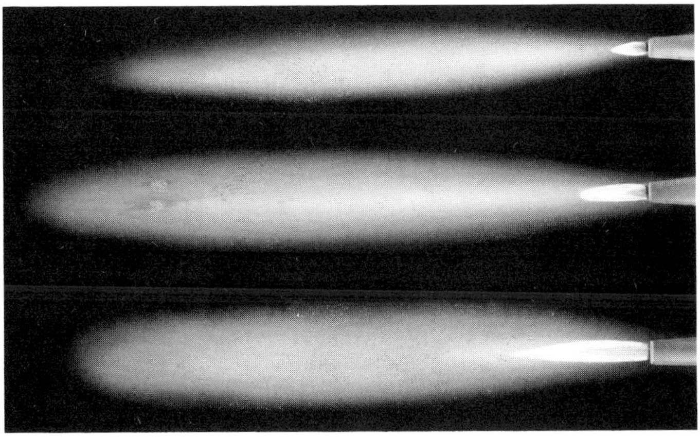

Bild 5.3: Richtige Einstellung der Schweißflamme.

Funktion übernimmt das Flußmittel. Eine wesentliche Voraussetzung für das gute Gelingen einer Schweißung ist die sachgemäße Einstellung einer weichen Schweißflamme mit geringem Gasüberschuß (Bild 5.3).

Vorgang der Flammeneinstellung:

1. Sauerstoffventil am Brenner öffnen;
2. Azetylenventil am Brenner öffnen;
3. Gasgemisch zünden;
4. neutrale Flamme einstellen durch Regulieren des Azetylenventils;
5. Sauerstoffventil zudrehen, bis der Gasüberschußkegel halbe Länge der Streuflamme hat;
6. Azetylenventil so weit zudrehen, bis der Gasüberschußkegel etwas über die Kernflamme hinausragt.

Der Anfänger tut gut daran, die richtige Flammeneinstellung zu üben. In den meisten Fällen wird die Flamme zu stark oder zu schwach eingestellt. Der notwendige Azetylenüberschuß ist vorhanden, wenn sich um den inneren (weißlichen) Flammenkegel eine schwach grünlich-weiß leuchtende Hülle zeigt. In der Praxis ist es üblich, die Schweißflamme nach dem Gehör einzustellen. Eine für das Schweißen von Aluminium richtig eingestellte Flamme soll leise rauschen. Man spricht von einer weichen Flammeneinstellung. Die Flammeneinstellung nach Gehör läßt sich bei lautem Betrieb nicht mehr vornehmen. Der Praktiker hilft sich dann durch Anblasen der Flamme, wie in den

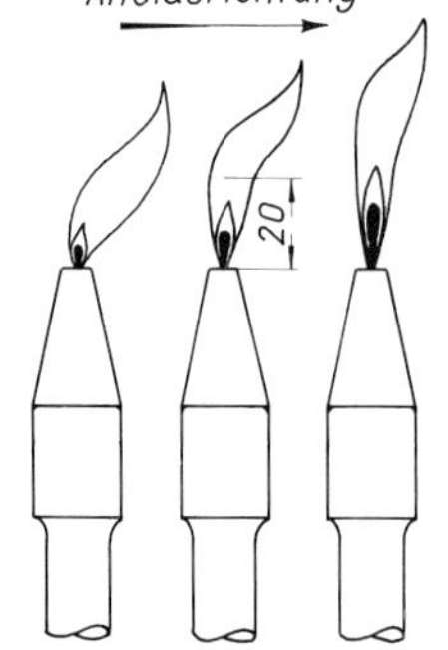

Bild 5.4: Beim Anblasen der Flamme erkennt man den eingestellten Druck an dem Abwinkeln der Streuflamme; die richtig eingestellte Flamme soll im Abstand von rd. 20 mm von der Brennerdüse abwinkeln.

Bildern dargestellt. Den eingestellten Druck erkennt man beim Anblasen durch das Abwinkeln der Streuflamme. Eine für das Schweißen von Aluminium richtig eingestellte Flamme soll danach im Abstand von etwa 20 mm von der Brennerdüse abwinkeln (Bild 5.4).

Die Schweißflamme muß bei der Aluminium-Schweißung unbedingt sauber sein. Eine unsaubere Flamme ist breiter und wirkt sich ungünstig aus. Die Schweißnaht wird zu breit. Von Zeit zu Zeit ist eine Reinigung der Düse mit einem Düsenreiniger erforderlich.

Eine unsaubere Schweißflamme wird wegen der besonderen Einstellung bei Aluminium eher wahrgenommen als bei der Stahlschweißung (neutrale Flamme).

Maßnahmen gegen Flammenrückschläge

Flammenrückschläge sind gefährlich; sie haben verschiedene Ursachen und können Unfälle verursachen. Was muß bei Flammenrückschlägen getan werden?

Flammenrückschlag in die Mischkammer kann entstehen, wenn beim Öffnen oder Schließen der Ventile am Griffstück die richtige Reihenfolge nicht eingehalten wird, also beim Öffnen zuerst das Sauerstoff-, dann das Azetylenventil öffnen. Schließen erfolgt in umgekehrter Reihenfolge. Rückschlag kann auch durch »Abknallen« des Brenners entstehen, wenn derselbe zu dicht an das Schweißgut herangeführt wurde.
Erkennung: Pfeifender Ton hörbar.
Abhilfe: Am Griffstück schnellstens zuerst das Azetylen- und dann das Sauerstoffventil schließen.

Flammenrückschlag in das Griffstück kann z. B. beim Schweißen einer Kehlnaht oder beim »Stechschweißen« entstehen. Das Brennermundstück ist zu heiß geworden und das Gasgemisch kommt schon vor dem Austritt zur Entzündung.
Erkennung: Veränderung der Flamme. Die Flamme brennt weiß. Brennereinsatz und Griffstück werden heiß.
Abhilfe: Ventile – wie oben angegeben – schließen.

Flammenrückschlag in Schläuche und Flaschen sind am gefährlichsten. Sie können zu einer Explosion führen. Sie entstehen meist im Griffstück durch undichten Injektor. Der Sauerstoff kann dann infolge des höheren Druckes in den Schlauch und Druckminderer des Azetylens eindringen und dadurch ein explosives Gemisch bilden.
Erkennung: Innerer Flaschenbrand wird daran erkannt, daß aus dem Brennermundstück Rußflocken ausströmen.
Abhilfe: Flaschenventile schließen und in jedem Falle die Feuerwehr alarmieren!

Schweißvorgang

Die Vorbereitungen sind getroffen, das Flußmittel sparsam aufgetragen. Jetzt kann das Vorwärmen erfolgen. Dabei darf das Flußmittel möglichst noch nicht mit der Flamme in Berührung kommen, damit seine Wirksamkeit nicht beeinträchtigt wird. Beide Fügeteile werden so lange und gleichmäßig erwärmt, bis das Flußmittel angetrocknet ist. Dann wird die Wärme an die Stelle des Schweißbeginns geführt, und mit der Flamme werden einige halbkreisförmige Bewegungen vorgenommen. Die Flamme wechselt dabei von einem Fügeteil zum anderen über.

Sobald das Flußmittel schmilzt, beginnt der Schweißvorgang. Man beginnt aber nicht am Anfang der Schweißnaht, sondern erst nach einem Fünftel der Blechlänge. Bei einem Brennerneigungswinkel von 70 bis 80° (auf keinen Fall flacher) wird festgestellt, ob die Kanten anschmelzen (einfallen). Das läßt sich auch durch wiederholtes Anreiben mit dem Schweißstab feststellen. Sobald die Kanten einfallen, beginnt man mit dem Schweißen. Meist wird nach links geschweißt, der Zusatz wird dabei vor der Flamme in Schweißrichtung geführt. Brenner und Zusatz werden ruhig und gleichmäßig geführt. Der Stab wird in das Schmelzbad eingetaucht, abgeschmolzen und mit leichter Vorwärtsbewegung kurz abgehoben. Bei diesem Vorgang wird der Brenner gleichzeitig ein wenig zurückgenommen.

Gleichmäßiges und kurz aufeinanderfolgendes Abschmelzen des Stabendes ergibt eine saubere Schweißraupe. Bei einiger Übung läßt sich die Temperatur und auch die Größe des Schmelzbades mit dem Schweißstab regulieren.

Die Geschwindigkeit wird so eingerichtet, daß der Brenner immer ein gleichgroßes Schmelzbad erzeugt, in dem der Zusatz jeweils Tropfen für Tropfen abgeschmolzen wird.

Bei geringen Blechdicken wird der Brenner gradlinig entlang der Schweißnaht geführt, bei dickeren Blechen mit zusätzlichen kleinen, pendelnden Querbewegungen. Beim Beginn des Schweißens kann das Anschmelzen trotz Vorwärmen noch etwas schwierig sein, weil der Wärmeabfluß noch verhältnismäßig groß ist. Im Laufe des Schweißens wird der Schmelzvorgang jedoch schneller, und am Ende der Naht ist infolge Wärmestau manchmal vorzeitiges Absacken der Schweißkante zu beobachten. Die Schweißgeschwindigkeit wird dann größer und der Brenner stark geneigt. Der Brennerabstand bleibt aber immer der gleiche.

Schmelzen die Kanten nicht an, so darf die Flamme nicht auf einen Punkt konzentriert oder gar eine größere Brennerspitze genommen werden. Die Fügeteile sind lediglich noch nicht ausreichend warm, deshalb muß weiter vorgewärmt werden. Bei Unterbrechung des Schweißens entfernt man den Brenner. Vor dem Weiterschweißen muß man ein kurzes Stück der fertigen Naht nochmals überschweißen, damit ein einwandfreier Übergang erzielt wird. Wenn die Schweißgeschwindigkeit groß wird, ist ein überhastetes Tempo zu vermeiden, denn der Einbrand wird ungenügend. Dadurch können mit Flußmittel gefüllte Hohlräume entstehen. Stellen, die überschweißt werden sollen, oder Nähte mit Mehrlagenschweißung reinigt man vor dem Überschweißen mit der Drahtbürste.

Bei zunehmender Blechdicke ist darauf zu achten, daß das Schmelzbad nicht nur gleichmäßig, sondern auch tief genug durchsackt.

Tafel 5.2: Richtwerte für das Gasschweißen

Blechdicke in mm	1	2	3	4	5	6	7	8	9	10	11	12	13	14	15	16	17	18	19	20
Brennergröße	0,5 bis 1	1 bis 2	2 bis 4		4 bis 6		6 bis 9			9 bis 14		14 bis 20				20 bis 30				
Schweißstabdurchmesser in mm	2	3			4	5	6			8										
Spaltbreite in mm	–	2			3		4			5										

Eine zu breite Unterraupe kann auf einen zu großen Luftspalt (Stegabstand) zurückzuführen sein. Man schweißt ohne Unterlage. Es kann in allen Schweißpositionen gearbeitet werden. Richtwerte für das Schweißen gibt Tafel 5.2.

Brennerhaltung und Brennergröße

Bei Aluminium wendet man in der Regel die Linksschweißung an. Die Rechtsschweißung kann bei dickeren Blechen und bei Werkstoffen mit zähflüssiger Schmelze günstig sein (z. B. AlMg). Die Ausgangsstellung des Brenners soll lotrecht zur Schweißebene gerichtet sein, wobei die Gasüberschußspitze der Flamme auf den Werkstoff auftreffen muß. Nun wird die Brennerspitze um 30 bis 40° geneigt. Diese Brennerhaltung muß während des gesamten Schweißvorganges beibehalten werden (Bild 5.5). Bei zu flacher Haltung wird das Werkstück in Schweißrichtung zu sehr erwärmt. Die Folge davon ist, daß der Schweißer das Schmelzbad nicht mehr beherrscht, d. h. er kann es nicht mehr halten und es gibt Löcher.

Wird die Flamme zum Schweißer hin oder von ihm weg schräg gehalten, erfolgt einseitiges Erwärmen. Der Schweißvorgang wird behindert, weil eine Werkstückkante bereits abschmilzt, während die andere noch steht. Beim Schweißen senkrechter Nähte muß der Schweißbrenner aus den erwähnten Gründen möglichst rechtwinklig zum Werkstück stehen (Bild 5.6). Bei zu flacher, nach oben gerichteter Brennerhaltung würde der obere Werkstoffteil so stark vorgewärmt, daß man nachher das Schmelzbad nicht mehr zu halten vermag.

Bild 5.7 zeigt die Brennerhaltung bei einer Kehlnahtschweißung. Der Flammenkegel ist auf das untere Blech gerichtet, denn die Wärme steigt ohnehin schnell nach oben. Würde man den Flammenkegel genau in die Kehle halten, käme das obere Blech früher zum Abschmelzen als das untere. Der Anfänger neigt dann dazu, schnell Schweißdraht

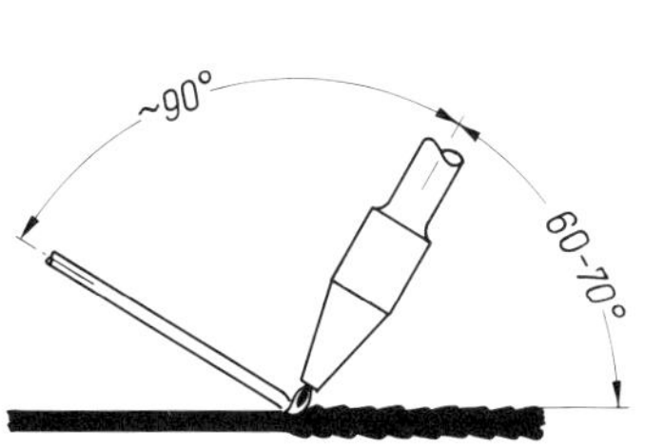

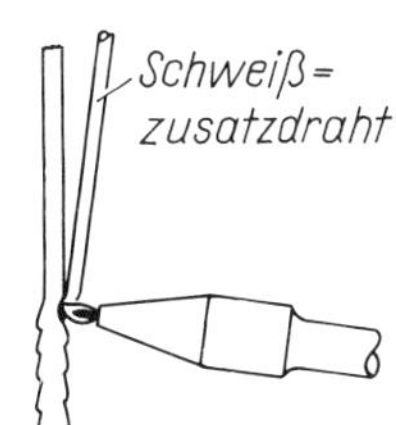

Bild 5.5: Zu empfehlende Brenner- und Zusatzstabhaltung für das Gasschweißen.
Bild 5.6: Brenner- und Zusatzstabhaltung beim Schweißen senkrechter Nähte.

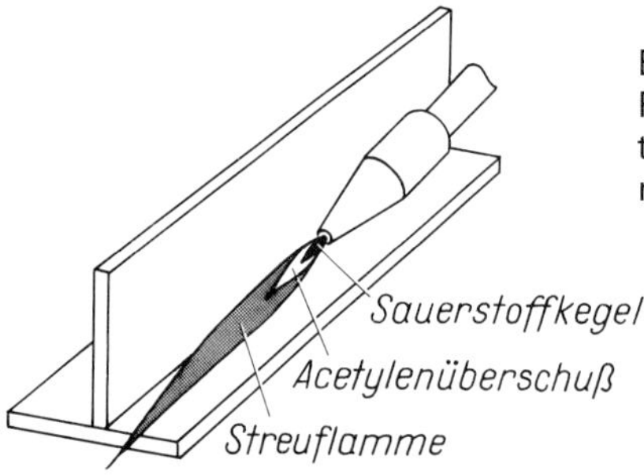

Bild 5.7: Bei Kehlnahtschweißung wird der Flammenkegel auf das untere Blech gerichtet, denn die Wärme steigt schnell von selbst nach oben.

zuzusetzen. Das hilft aber nicht mehr, denn am unteren Blech bekommt er keine Bindung. Für die Wahl der Brennergröße und der Gasdrücke gelten die gleichen Richtlinien wie für das Gasschweißen von Stahl. Die auf den Brennern vermerkten Angaben sind maßgebend für die zu schweißenden Blechdicken (s. Tafel 5.2).

Zuführung des Schweißzusatzes

Der Zusatzstab wird meist unter einem Winkel von 20 bis 30° zum Werkstück gehalten. Die Praxis lehrt, daß zwischen Zusatzdraht und Brenner ein Winkel von rd. 90°zweckmäßig ist (Bild 5.5). Es gibt allerdings Fälle, in denen man von dieser Regel auch abweicht. Unrichtige Zuführung des Zusatzstabes an die Schweißnaht ist häufig Grund für fehlerhafte Schweißungen. Meist wird der Fehler gemacht, daß der Zusatzstab nach Erreichen der Schmelztemperatur, d. h. beim Beginn des Schweißprozesses, zu spät zugesetzt und deshalb keine ausreichende Metallmenge abgeschmolzen wird. Dadurch entstehen Löcher, die sich bei richtig dosiertem Zusatz vermeiden lassen. Ein weiterer immer wieder zu beobachtender Fehler ist der, daß der Zusatzstab nicht weit genug unter den Flammenkegel gebracht wird. Es bildet sich keine Oberraupe, denn die Schweißflamme drückt das flüssige Metall nach unten, wodurch sich eine dicke Wurzelraupe bildet. (Bild 5.8). Es ist also darauf zu achten, daß das untere Ende des Schweißstabes unter den Flammenkegel geschoben wird und abschmilzt. Der Stab wird nach links wieder herausgezogen, während der Brenner gleichzeitig über das nun zu schmelzende Metall nachrückt. Bei gleichmäßigem Wiederholen dieses Vorganges bilden sich auch gleichmäßige Ober- und Unterraupen (Bild 5.5).

Schweißen dünner Bleche mit Zusatz aus Blechstreifen vom gleichen Material ist üblich, wenn kein geeigneter Zusatzdraht zur Hand ist. Dabei soll der Streifen (Breite = 2mal Blechdicke) mit der breiten Seite nach oben zeigen. Wenn die miteinander zu verbindenden Teile nicht

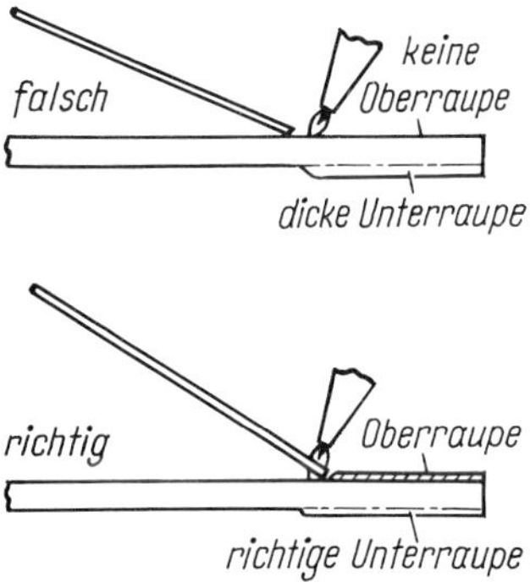

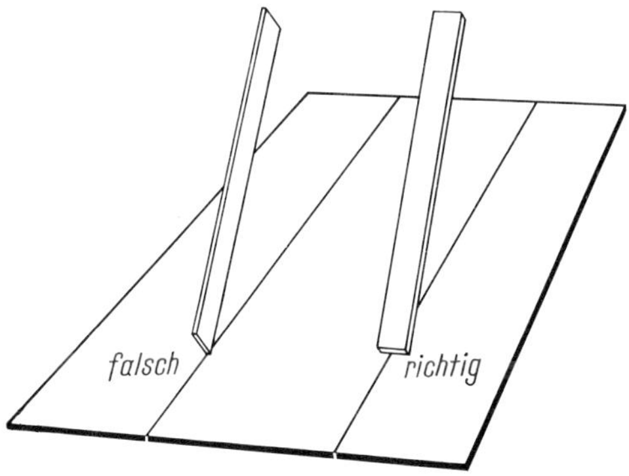

Bild 5.8 (links): Einfluß der Stabzuführung auf die Schweißraupenbildung.
Bild 5.9: Wenn geeigneter Zusatzdraht fehlt, kann auch mit Blechstreifen vom gleichen Material als Zusatz geschweißt werden (gilt nur bei Reinaluminium, AlMn- und AlMg-Legierungen).

gut passen, erleichtert der breitliegende Zusatzstreifen das Schweißen. Die Gefahr, Löcher in den Werkstoff zu brennen, wird dadurch ebenfalls gemindert (Bild 5.9).

Heftschweißen

Heftschweißen, im folgenden kurz »Heften« genannt, ist erforderlich, wenn Gefahr besteht, daß sich die Fügeteile durch den Wärmeeinfluß verwerfen. Heften ist deshalb besonders bei dünneren Blechen mit Dicken von 0,8 bis 1,5 mm erforderlich. Je größer die Verwerfungsgefahr ist, desto mehr Heftstellen sind erforderlich.

Arbeitsfolge

1. Stoßkanten entgraten, Fügeteile ohne Spalt stumpf aneinanderlegen, in der Schweißzone dünn mit geeignetem Flußmittel bestreichen;
2. die zu schweißenden Teile sorgfältig vorwärmen (sofern sie nicht zu dünn sind);
3. nach Vorwärmen die Heftstelle in einem Abstand von 50 bis 80 mm mit der Flamme umkreisen, bis das Flußmittel sich wie Wasser ausbreitet;
4. mit dem Brenner senkrecht an die Heftstelle heran gehen und die Kanten aufschmelzen; sobald sich ein Schmelzbad gebildet hat, die Flamme um 90° abkippen.

Es empfiehlt sich, die Heftstellen, außer bei AlMgSi, ohne Zusatz herzustellen (bei dickeren Blechen ist Zusatzwerkstoff erforderlich). Die

Fugenflanken verbinden sich dabei miteinander, ohne daß Verdickungen durch den Zusatz auftreten, die beim nachfolgenden Schweißvorgang zu Stockungen Veranlassung geben und auch das Aussehen der Naht ungünstig beeinträchtigen können. Beim Heften *dünner Bleche* ohne Zusatz müssen die Heftstellen in einer bestimmten zeitlichen Folge gesetzt werden. Bei zu großen Zeitabständen können sich die Bleche übereinanderschieben. Die Heftstellen werden bei dünnen Blechen in Abständen von 30 bis 40 mm, angebracht.

Bleche mit *Dicken über* 1,5 mm erfordern beim Heften und Schweißen einen Luftspalt von etwas weniger als dem Maß der Blechdicke. Bei größeren Längen muß der Spalt in Schweißrichtung um rd. 1,5% der Nahtlänge erweitert werden. Das Ende des breiteren Spaltes wird mit einem Feilkloben, einer der üblichen Spannvorrichtungen oder mit Keilen fixiert. Der Heftvorgang ist der gleiche wie bei dünnen Blechen, er erfolgt aber unter Verwendung von Schweißzusatz. Es wäre falsch, den Zusatzdraht in die Flamme zu führen, bevor die Nahtflanken örtlich aufgeschmolzen sind. Es würden sich nur Schweißperlen bilden, die auf dem Material kleben und den Heftvorgang behindern.

Bleche mit *Dicken über 3 mm* sowie aushärtbare Legierungen erfordern beim Heften und Schweißen Schweißzusatz. Hier ist es auch ratsam, die Unterseiten der Bleche dünn mit Fließmittel zu bestreichen (Bild 5.10), da sonst die Bildung einer einwandfreien Nahtwurzel in Frage gestellt ist. Es ist dabei weiterhin von Vorteil, die Heftstellen nicht punktförmig, sondern ausnahmsweise in Längen von 10 bis 15 mm auszuführen, damit die Heftstellen beim Richten vor dem Schweißen nicht wieder aufreißen. Hierbei verwendet man Zusatzdraht. Ausführung und Reihenfolge ist in Bild 5.11 angegeben.

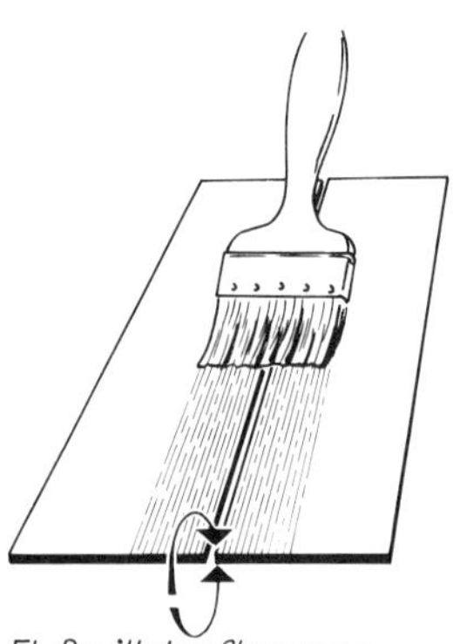

Flußmittelauftragung

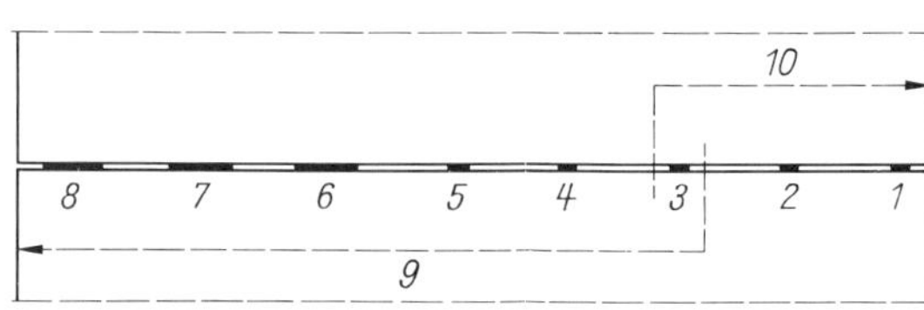

Bild 5.10 (links): Zum einwandfreien Erfassen der Nahtwurzel sind bei dicken Blechen und bei Teilen aus Aluminiumlegierungen beim Heften und Schweißen Ober- und Unterseite des Nahtbereiches mit Flußmittel zu bestreichen.
Bild 5.11: Ausführung des Heftens.

Heft- und Schweißfolge müssen von Fall zu Fall festgelegt werden.

Beim Heften ist dem Wärmefluß und der Ausdehnung Rechnung zu tragen; es ist immer versetzt zu schweißen.

Es ist immer von innen nach außen zu schweißen, Wärmestau, besonders zum Nahtende, ist zu vermeiden.

Nachbehandeln der Schweißverbindung

Abkühlen: Die Schweißstellen sollen nach Fertigstellung langsam abkühlen. Besonders gilt dies bei Werkstoffen mit höherem Erstarrungsintervall. Abschrecken führt zu Spannungen, Verwerfungen, unter Umständen sogar zu Rissen.

Flußmittelentfernung: Nach dem Erkalten muß für eine sofortige restlose Beseitigung des Flußmittels gesorgt werden. Auch die geringsten Spuren können zu chemischen Angriffen führen. Es genügt nicht, die Schweißstellen, wie oft üblich, nur abzuwaschen oder abzubürsten. Eine Nachbehandlung in oder mit 10%iger Salpetersäure und anschließendes Abspülen in reinem Wasser ist unbedingt vorzunehmen. Diese Vorschrift gilt also nicht nur für schlecht zugängige Stellen. Wo ein restloses Entfernen von Flußmittelspuren auch durch Anordnung von Spülöffnungen nicht möglich ist, soll Gasschweißen nicht angewendet werden. Die nachbehandelten Stücke werden schnell getrocknet.

Auch geringe Flußmittelreste können zur Korrosion an der Schweißnaht führen; eine schnelle und vollständige Beseitigung ist dringend erforderlich.

Beispiel für Auswirkungen nicht entfernter Flußmittelreste

Bei einem Handlauf aus einem Rohr von etwa 50 mm Dmr. waren die Rohrstöße geschweißt, die Nähte abgearbeitet und poliert. Dabei waren die Schweißverbindungen wulstartig von innen hearusgedrückt und die Nähte gerissen. Beim Durchsägen einer der Schweißnähte stellte sich heraus, daß zur Verstärkung der Stoßstellen zusätzlich ein aus Blech geformtes Stahlrohr eingesetzt war (Bild 5.12). Infolge des in die Überlappungsspalte eingedrungenen Flußmittels, das nach dem Schweißen nicht mehr entfernbar war, und der unsachgemäßen Verbindungsart war der Handlauf so stark korrodiert, daß das Oxid die Schweißnaht nach außen drückte und der Handlauf an diesen Stellen reißen mußte.

Nachhämmern: Reinaluminium kann nach der Schweißung und nach der Entfernung der Flußmittelreste zur Verfeinerung des grobkör-

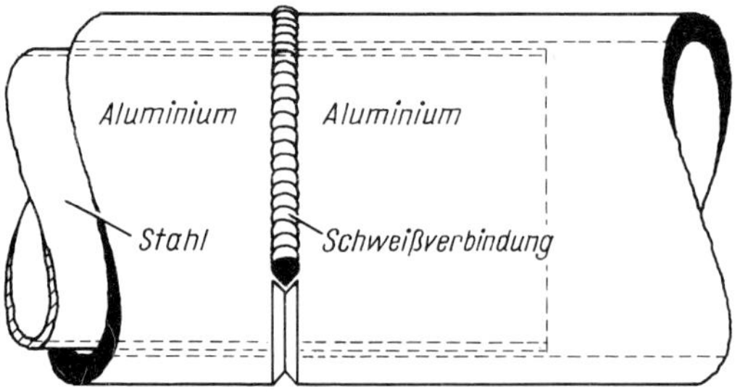

Bild 5.12: Durch nicht entferntes Flußmittel wurde bei dieser unsachgemäßen Verbindung durch Korrosion die Schweißnaht nach außen gedrückt; der Handlauf mußte an den Stellen reißen.

nigen Gußgefüges der Schweißnaht warm nachgehämmert werden (300 bis 350 °C bzw. 570 bis 620 K), der Effekt ist umstritten. Beim Nachhämmern wird die Naht auf eine feste, saubere Unterlage gelegt, um ein Durchhämmern oder Aufreißen zu verhindern. Fremdmetallflitter dürfen dabei nicht eingeschlagen werden. Bei großen Behältern muß mit schweren Gegenhaltern gearbeitet werden. Den gleichen Effekt hat Abwalzen der Nahtüberhöhung.

Besondere Schweißaufgaben

Beim Gasschweißen von Aluminium im handwerklichen Bereich sind immer wieder besondere Schweißaufgaben zu lösen. Die sachgerechte Ausführung der Arbeiten setzt Erfahrung und Kenntnis der Zusammenhänge voraus. Im folgenden wird anhand ausgewählter Beispiele die Ausführung solcher Schweißarbeiten beschrieben. Ähnliche Arbeiten sind dementsprechend auszuführen.

Ausführen von Horizontalnähten

Beim Gasschweißen von Horizontalnähten ist es bei Aluminium ratsam, von der üblichen waagerechten Führung des Zusatzdrahtes abzuweichen, weil das leicht zum Abfallen der Schweißraupe führt (Bild 5.13). Wenn man den vorher abgebogenen Schweißdraht von oben her an die Flamme heranführt, erhält man eine gleichmäßige Schweißraupe. Dabei kann die Flamme auf das untere Blech gerichtet sein, denn die obere Kante schmilzt früher an. Das Schmelzbad darf nicht zu groß gehalten werden, weil es sonst nach unten absackt.

Überkopfschweißen

Überkopfschweißen von Aluminium ist von geübten Schweißern auch als Gasschweißen ausführbar. Beim Überkopfschweißen können Flußmittel und Metall herabtropfen und dem Schweißer Verbrennungen

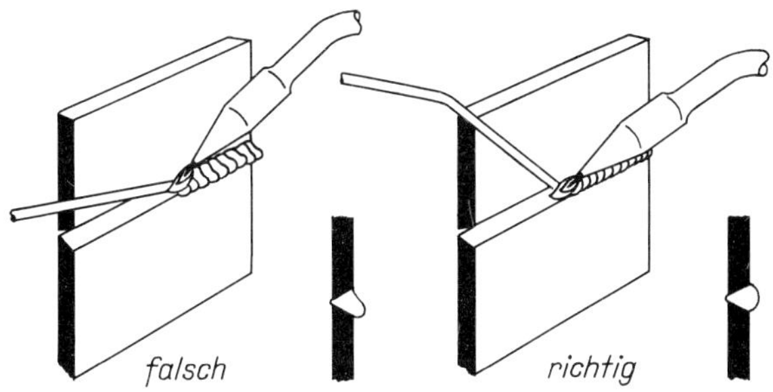

Bild 5.13: Beim Schweißen von Horizontalnähten führt man den Zusatzstab zweckmäßig von oben her an die Flamme heran; die Flamme wird auf das untere Blech gerichtet.

Bild 5.14: Beim Überkopfschweißen ist ein Stück Blech oder Pappe über den Brenner zu schieben, um herabtropfendes Flußmittel auffangen zu können.

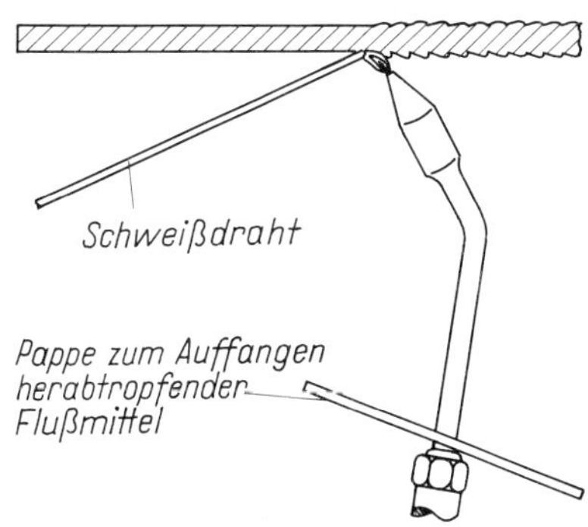

zufügen. Das kann verhindert werden durch ein Stück Blech, das über den Brenner geschoben und festgeklemmt wird. Der Schweißer kann den Schweißvorgang noch beobachten, ohne gefährdet zu werden (Bild 5.14).

Schweißen dicker Bleche mit V-Naht

Aluminiumbleche von 10 bis etwa 18 mm Dicke können statt mit Doppel-V-Naht auch mit V-Naht geschweißt werden. Dadurch wird die Nahtvorbereitung einfacher und nur ein Schweißvorgang erforderlich. Zur Ausführung ist die Schweißzone bei senkrechter Brennerhaltung zu erwärmen, der Zusatzstab waagerecht zuzuführen und in die flüssige Zone zu bringen; der Brenner ist schöpfartig in Schweißrichtung über das flüssige Schweißgut zu bewegen und dieses so in den Grund des Blechstoßes weiterzuschieben. Das anfangs aufgefüllte Material sinkt ab und wird verlagert. Mit dem immer noch senkrecht gehaltenen Brenner geht man dann auf die abgesunkene Stelle zurück und füllt diese (jetzt längere, aber nur zum Teil gefüllte) Lücke mit Zusatzstab auf. Dieser Vorgang ist laufend zu wiederholen (Bild 5.15).

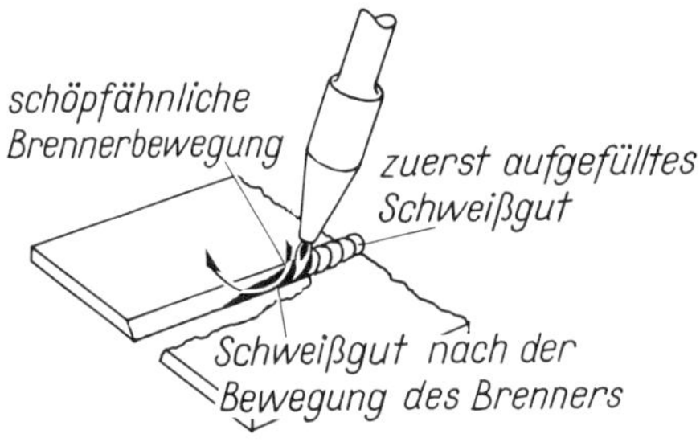

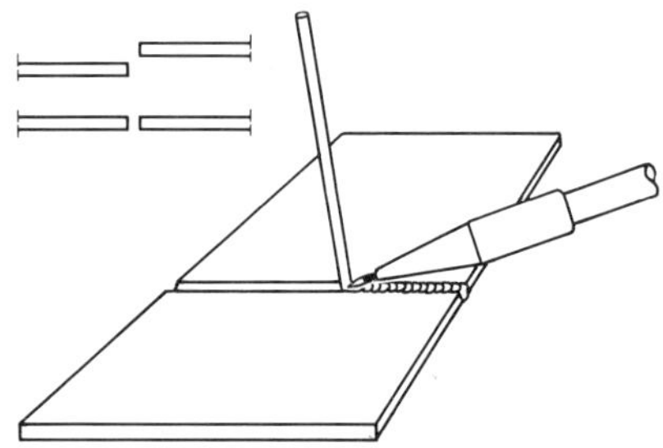

Bild 5.15 (links): Bleche von 10 bis 18 mm Dicke können statt mit Doppel-V-Naht auch mit V-Naht geschweißt werden; die Brennerhaltung ist senkrecht, der Zusatzstab wird waagerecht zugeführt.
Bild 5.16: Versetzte Dünnbleche lassen sich schweißen, wenn man den Zusatzstab ziemlich steil an der Naht auf das hochstehende Blech drückt. Mit flach gehaltenem Brenner werden Schnittkanten und Zusatz aufgeschmolzen. Der Zusatzstab muß unter Druck in der Schmelze weitergeführt werden.

Schweißen dünner Bleche mit versetzten Kanten

Schweißen von Dünnblechen aus Aluminium mit versetzten oder klaffenden Kanten ist auf folgende Weise möglich: Man stellt den Schweißstab unter einem Winkel von rd. 80° in die Schweißfuge bzw. auf das hochstehende Blech. Der Brenner wird unter einem Winkel von etwa 20°, also ziemlich flach, gehalten. Mit leichtem Druck wird der Zusatzstab aufgesetzt; die Nahtflanken werden gemeinsam mit der Berührungsstelle des Stabes aufgeschmolzen. Dabei macht der Schweißbrenner die gleiche Bewegung, wie das beim Schweißen einer Bördelnaht üblich ist. Sobald der Schmelzfluß eingetreten ist, muß der Zusatzdraht weiterhin unter Druck in der Schweißrichtung weitergeführt werden. Die Schmelze darf er dabei nicht verlassen (Bild 5.16). Diese Schwierigkeitsgrade können z. B. im Karosseriebau oder beim Schweißen von Rinnenkästen, Wasserablaufrohren usw. vorkommen.

Freiliegendes Schweißen von Blechen

Beim Schweißen von Blechen mit U-förmiger Unterlage ist darauf zu achten, daß die abstützenden Flansche im gleichmäßigen Abstand zur Schweißnaht liegen.

Im anderen Fall würden die Stege die Wärme einseitig ableiten und unter Umständen ein Durchschweißen verhindern (Bild 5.17).

Schweißen dünner Bleche bei fehlerhafter Heftung

Beim Gasschweißen von Dünnblechen wird in der Regel ohne Zusatz geheftet. Wenn die Blechkanten sich beim Heften nicht berühren, kann

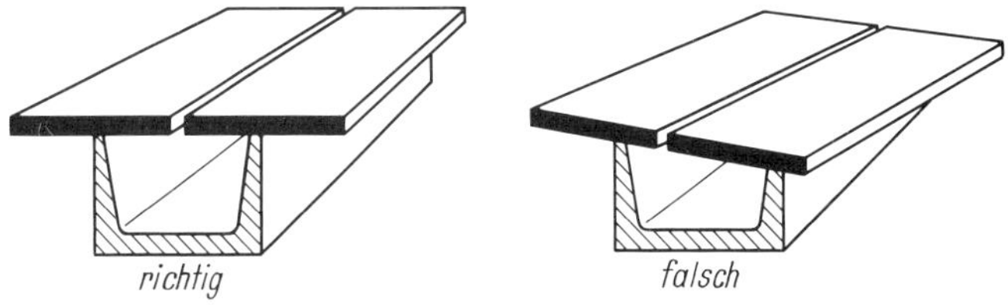

Bild 5.17: Das Schweißen von Blechen kann auf Unterlagen erfolgen, damit die Schweißnaht freiliegt; der Abstand der Schweißnaht von der Unterlage muß aber auf der ganzen Länge gleich groß sein wegen der sonst unterschiedlichen Wärmeableitung.

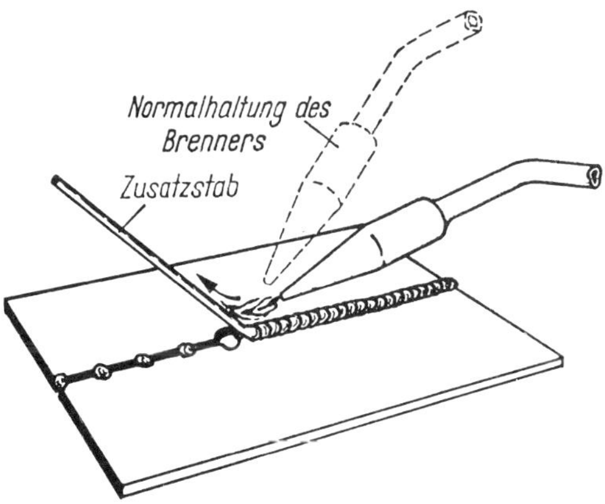

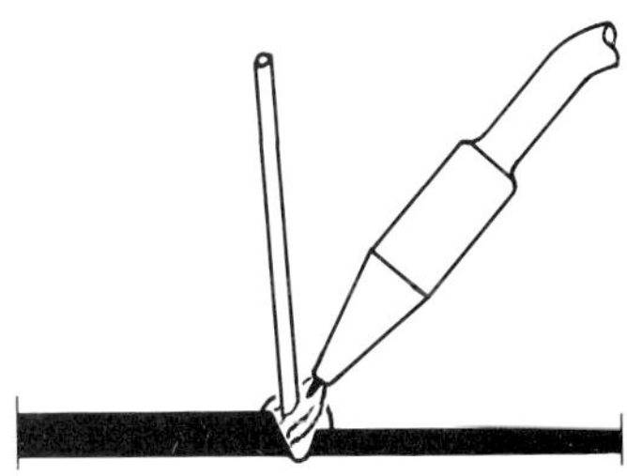

Bild 5.18 (links): Beim Heften ohne Schweißzusatz müssen die Fügeteile dicht aneinanderliegen, damit nicht Löcher statt Heftstellen entstehen.
Bild 5.19: Bei unterschiedlichen Blechdicken richtet man die Flamme hauptsächlich auf das dickere Blech, die Fugenflanken müssen aber gleichzeitig anschmelzen.

es vorkommen, daß an Stelle des Heftpunktes ein Loch entsteht. Das anschließende Schweißen der Naht ist trotzdem ohne Unterbrechung möglich; das Loch wird überbrückt, wenn man vor dem Loch mit dem Zusatzstab etwas verharrt und den Brenner so abschwenkt, daß der Flammenkegel kurz am Zusatzstab hochgezogen wird (Bild 5.18). Unmittelbar danach muß die normale Brennerhaltung wieder eingenommen werden.

Schweißen von Blechen mit unterschiedlichen Blechdicken

Die Schweißflamme muß dabei vorwiegend auf das dickere Blech gerichtet werden, weil es infolge des größeren Querschnittes mehr Wärme benötigt als das dünnere Blech. Die Nahtflanken müssen gleichzeitig angeschmolzen werden (Bild 5.19). Geschickte Führung des Schmelzbades und des Zusatzstabes sichern auch bei großen Blechdickenunterschieden kerbfreien Übergang.

Heft- und Schweißfolge an Gehrungen bei Profilen

Profile, z. B. aus der Legierung AlMg3, werden für Konstruktionszwecke gelegentlich von der Mitte nach außen hin geschweißt. Sollen die Profile jedoch nachträglich poliert und anodisiert (eloxiert) werden, heftet man zweckmäßig an einer Stelle und schweißt dann von der gegenüberliegenden Ecke in einem Zuge durch (Bild 5.20).

Schweißen von Rohren

In Bild 5.21 sind die Heftstellen und die Schweißfolge angegeben. Das Rohr ist in Zwangslage zu schweißen. Man schweißt zunächst den oben liegenden Teil und danach zweimal von unten nach oben in die Anfangsstelle hinein.

Einwandfreie Durchschweißung erfordert die Einhaltung eines Schweißspaltes entsprechend der Wanddicke der zu verbindenden Teile. Bei Rohren, Rohrkrümmern und anderen zu schweißenden Teilen läßt sich eine gleichmäßige Schweißspaltbreite auf einfache Weise dadurch erreichen, daß man einen Draht in U-Form biegt und zwischen die zu verbindenden Teile legt. Der Drahtdurchmesser muß der Schweißspaltbreite entsprechen (Bild 5.22). Nun können Heftstellen gesetzt werden. Nach dem Herausziehen des Drahtes wird die Naht geschweißt.

Dünnwandige Rohre mit Durchmessern von über 80 mm lassen sich einfacher heftschweißen, wenn man eine einfache Vorrichtung nach Bild 5.23 verwendet. Eine aus einem Blechstreifen gefertigte Schelle wird mit zahlreichen Durchbrüchen versehen, die das Heften der Rohre gestatten. Die Schelle wird um die zu schweißenden Rohre gelegt und mit einer Schraube festgeklemmt. Je nach Wanddicke wird

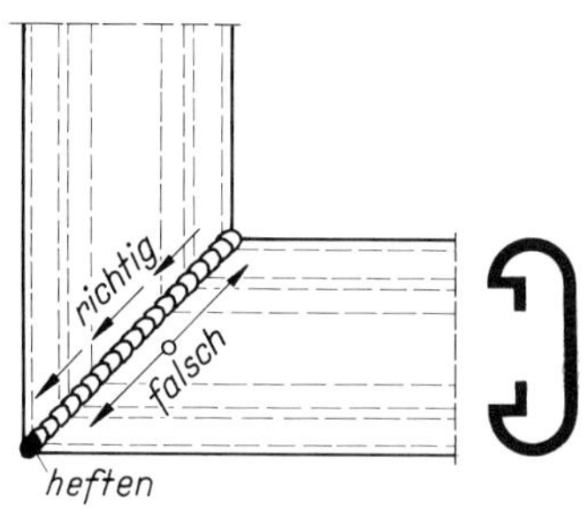

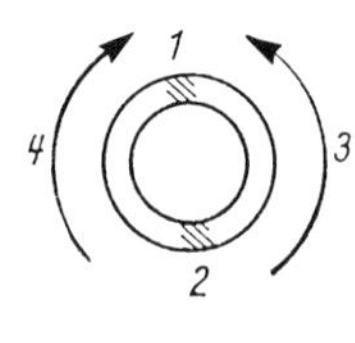

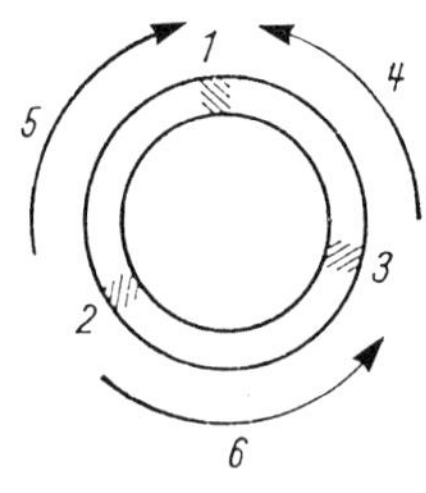

Bild 5.20: Schweißen von Gehrungen an Profilen erfolgt zweckmäßig von innen nach außen.
Bild 5.21 (links): Heftstellen und Schweißfolge für Rohre.

Bild 5.22: Ein gleichmäßiger Schweißspalt kann bei Rohren durch Einlegen eines in U-Form gebogenen Drahtes erreicht werden; der Drahtdurchmesser muß gleich der Spaltbreite sein.

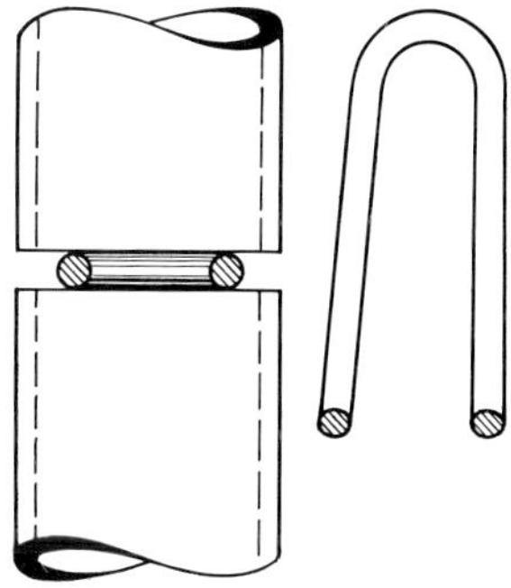

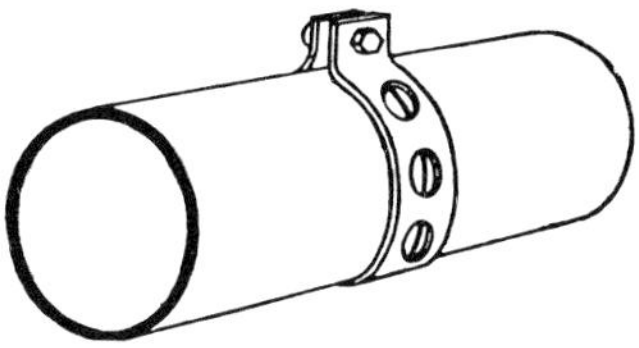

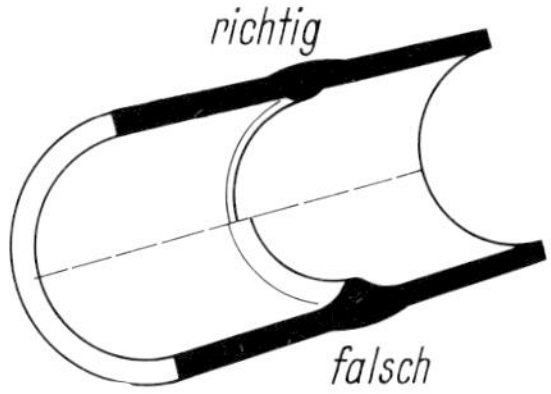

Bild 5.23 (links): Diese aus einem Blechstreifen gefertigte Schelle vereinfacht das Heften dünnwandiger Rohre mit größerem Durchmesser.
Bild 5.24: Durch sinnvolles Gestalten der Schweißraupen vermeidet man Querschnittsminderung von Rohren und damit Strömungsstörungen.

ohne oder mit Zusatz geheftet. Danach wird die Schelle abgenommen und entsprechend Bild 5.21 geschweißt.

Um einen ungehinderten Durchlauf von Flüssigkeiten durch ein Rohrsystem zu sichern, darf beim Aneinanderschweißen von Rohren die lichte Weite nicht dadurch verkleinert werden, daß man zu sehr zu stark durchschweißt. Die vorstehenden Schweißraupen lassen sich nicht wieder entfernen. Zweckmäßiger ist es, die Schweißnaht nach außen hin aufzutragen. Im Bedarfsfall kann sie dann abgearbeitet werden (Bild 5.24).

Anschweißen von Aluminiumflanschen an Rohre

Das Anschweißen erfolgt bei ungefähr gleichen Wanddicken mit Kehlnähten (vorzugsweise als WIG- oder MIG-Schweißen). Sollen jedoch dünnwandige Rohre mit Flanschen verbunden werden, ist die Kehlnaht problematisch. In solchen Fällen wird in den Flansch eine Nut eingestochen, und zwar derart, daß der Abstand von der Rohraußenwand möglichst gleich der Rohrwanddicke ist. Die Nut wird in einer Breite von rd. 5 mm und rd. 3 bis 4 mm Tiefe ausgearbeitet (Bild 5.25). So vorbereitet kann das Schweißen wie das einer Bördelnaht erfolgen.

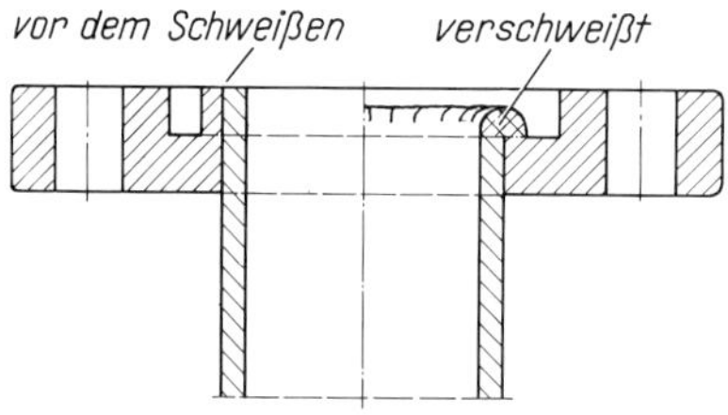

Bild 5.25: Wenn Flansche mit dünnen Rohren verbunden werden sollen, wird in den Flansch eine Nut von etwa 5 mm Breite und 3 bis 5 mm Tiefe eingedreht.

Loch zuschweißen

In den meisten Fällen wird versucht, ein Loch mit der gleichen Brennerhaltung wie beim Schweißen einer normalen Naht mit Zusatzstab zuzuschweißen. Diese Brennerhaltung führt dazu, daß das Metall in der ganzen Breite des Loches schmilzt. Löcher lassen sich aber gut zuschweißen, wenn die Brennerdüse senkrecht unter Zugabe von Zusatzstab an der Lochwand nach rechts und links geführt wird. Kurz vor dem vollkommenen Zulaufen wird der Brenner waagerecht und der Draht senkrecht gehalten.

Gasschweißen von Aluminium in der Elektrotechnik

Bei elektrischen Anlagen muß gelegentlich Gasschweißen angewendet werden, weil Strom mit für Lichtbogen-Schweißgeräte geeigneter Spannung noch nicht zur Verfügung steht oder der Strom aus Sicherheitsgründen abgeschaltet werden muß, oder weil bei mehrdrähtigen Kabeln und Seilen Schutzgasschweißen nicht möglich ist.

Schweißen mehrdrähtiger Kabelleiter

Schweißen mehrdrähtiger Kabelleiter beginnt immer damit, daß man am Leiterende durch Auftragsschweißen (»Aufkuppen«) einen Massivquerschnitt bildet, der dann wie ein solcher angeschweißt werden kann. Der Ablauf ist nach Bild 5.26 wie folgt:

- Leiterenden vor dem Trennen abbinden (Bild 5.26a)
- Einzeldrähte in Mitte des Querschnitts beginnend miteinander verschmelzen und danach schräge (oder annährend kegelförmige) Auftragschweißung mit Zusatz SG-Al99,5 (bei E-Al) bzw. SG-AlSi5 (bei E-AlMgSi bzw. E-AlMgSi0,5) ausführen; erforderlichenfalls bearbeiten (Bild 5.26b).
- zu verbindende Leiterenden miteinander verschweißen. Schräg verlaufende Auftragsschweißung ergibt V-Fuge, die wie eine solche bei Blechen geschweißt werden kann. (Bild 5.26c)

Bild 5.26: Fügen mehrdrähtiger Leiter durch Gasschweißen.

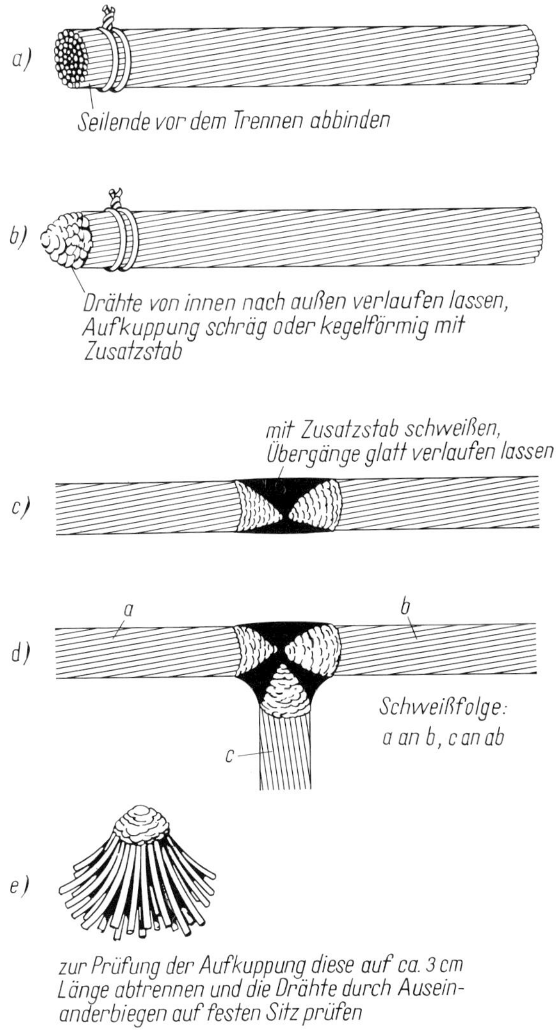

Auf gleiche Weise können rechtwinklig oder schräg verlaufende Abzweige (T-Abzweige) hergestellt werden. Dazu wird zunächst der axial fluchtende Anschluß fertiggestellt und an der massiven Schweißstelle der ebenfalls mit Auftragsschweißung versehene (meist dünnere) Abzweig angeschlossen. Die Übergänge müssen dabei gut ausgerundet verlaufen (Bild 5.26d)

Da Flußmittel zwischen die Einzeldrähte einziehen kann, muß grundsätzlich nichthygroskopisches (»neutrales«) Flußmittel verwendet werden.

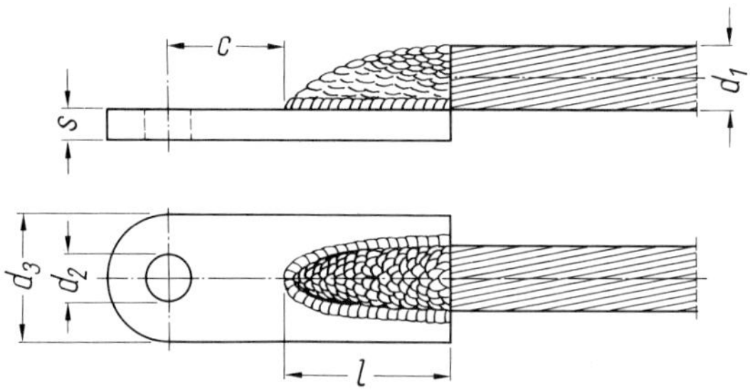

Bild 5.27: Anschluß eines Kabelschuhes aus Blechzuschnitt; die Daten für eine Kabelanfertigung in Anlehnung an DIN 46329 sind wie folgt:

Nenngröße Anschluß-bolzen-Dmr. in mm	Leiterquer-schnitt in mm²	Werkstückabmessungen in mm					
		d1	d2	d3	s	l	c
8 bis 12	25 bis 70	6,8 bis	8,4 10,5 11,2	25 13	5 bis	2 bis 3 x d1 5,5	15,5
10 bis 16	95 bis 185	13,2 bis 18,3	10,5 13 17	25 bis 30	6 7,5 8	x d1	15,5 bis 20
12 bis 20	240 bis 400 500	21 bis 29	13 17 21	38 bis 44	11 13 bis 14 15	2 bis 3 x d1	24

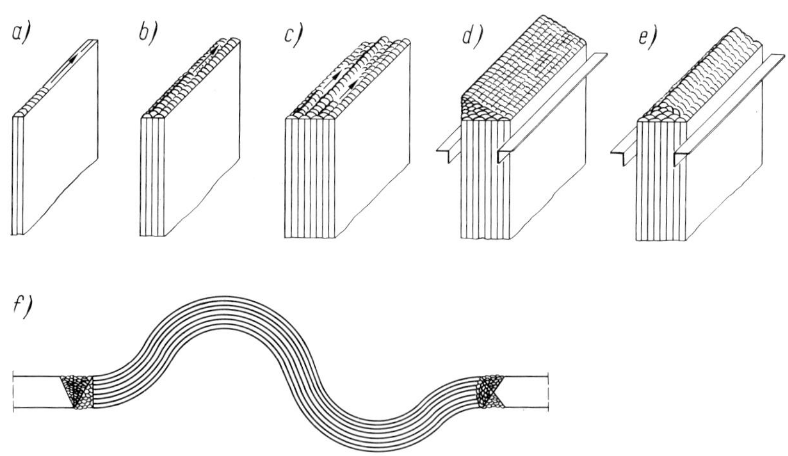

Bild 5.28: Anfertigung von Dehnungsbändern

Zur Prüfung der Festigkeit der Auftragsschweißung wird zu Beginn eine Probe nach Bild 5.26e hergestellt; der Zusammenhalt der Drähte wird durch Auseinanderbiegen geprüft.

Aufschweißen von Kabelschuhen

Kabelschuhe können bei geringem Bedarf auch aus Aluminiumblech zugeschnitten und an das durch Auftragsschweißen entspr. Bild 5.26 b vorbereitete Leiterende angeschweißt werden, wie in Bild 5.27 erläutert.

Dehnbänder für Stromschienen

Anfertigen eines Dehnungsbandes für rechteckige Stromschienen kleinerer Querschnitte (bis etwa 100 mm × 12 mm) ist entspr. Bild 5.28 möglich. Auch hierbei sollten nur nichthygroskopische Flußmittel verwendet werden. Die Blechstreifen aus Al99,5 W7 oder E-Al F7, Dicke 0,8 bis 1 mm, werden in der erforderlichen Anzahl (Stapelhöhe = Stromschienendicke; Streifenbreite = Stromschienenbreite; Länge nach den Erfordernissen) zugeschnitten und erforderlichenfalls entgratet. Der weitere Ablauf ist in Bild 5.28 erläutert und wie folgt:

- Jeweils 2 Streifen ohne Zusatz mit Stirnflachnähten an beiden Anschlußenden verschweißen (Bild 5.28a);
- jeweils 2 Doppelstreifen mit Zusatz SG-Al99,5 zu Vierfachstreifen mit Stirnflachnähten zusammenschweißen (Bild 5.28b);
- Vierfachstreifen mit Zusatz paarweise mit Stirnflachnaht zusammenschweißen (Bild 5.28c);
- Auftragschweißen für Nahtfugenform V bzw. Doppel-V (Bild 5.28d);
- Dehnungsband wellen- oder schellenförmig biegen und mit V-Naht (Aufkuppung links oder Doppel-V-Naht Aufkuppung rechts an die Stromschienen anschweißen (Bild 5.28e).

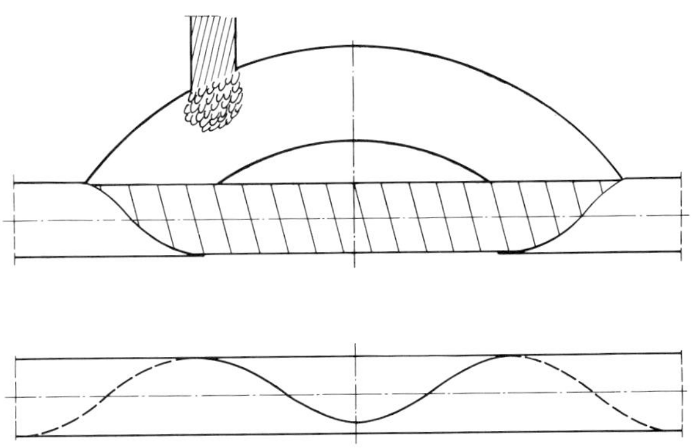

Bild 5.29: Beim Aufschweißen von Leitern (massiv oder mehrdrähtig), Wärmezufuhr auf den Leiter, nicht auf den Kabelmantel richten.

Sind U-förmig gebogene Dehnungsbänder anwendbar, kann man die lagenweise mit Vergrößerung des Radius eintretende Verkürzung als Fugenvorbereitung nutzen (Bild 5.28).

Aufschweißen von Massivleitern auf Aluminium-Kabelmantel durch Gasschweißen

Als Schweißzusatz wird SG-Al99,5 oder SG-AlSi5 verwendet. Der Arbeitsablauf ist wie folgt:

- Massivleiter und Kabelmantel entfetten (mit der Schweißflamme);
- beide Teile mit nichthygroskopischem Flußmittel einstreichen;
- Massivleiter am Kabelmantel durch geeignetes Spannwerkzeug (Schnellspanner, Klemmzange) fixieren;
- zum Heften der Fügeteile Wärme auf den Massivleiter bringen (Bild 5.29);
- zeigt das Flußmittel das Erreichen der Arbeitstemperatur an, Leiterende anschmelzen und mit Kabelmantel verlaufen lassen;
- nach dem Heften Spannwerkzeug entfernen, nachrichten (Leiter muß fest auf dem Kabelmantel aufliegen) und Schweißung fertigstellen.

Müssen mehrdrähtige Seile mit dem Kabelmantel verschweißt werden, ist zuerst das Seilende aufzukuppen und danach die Aufkuppung wie Massivleiter mit dem Kabelmantel zu verschweißen.

Wärmezufuhr muß überwiegend auf den Massivleiter oder der Aufkuppung erfolgen.

Verschiedene Firmen bieten flußmittelumhüllte Schweißstäbe, SG-AlSi5, an, die zwar etwas teurer sind als herkömmliche Zusatzstäbe und Flußmittel, aber den Vorteil haben, daß Pinsel, Flußmitteltöpfe und sauberes Wasser nicht erforderlich sind. Auf der Baustelle meistens ein Vorteil.

Die Beherrschung des Schmelzflusses ist bei der Kabelverschweißung sehr wichtig. Nur dann ist die Gewähr gegeben, daß die Schweißung lunkerfrei und somit voll leitfähig ist. Folgende Übung ist gut geeignet, die entsprechende Handfertigkeit zu erlernen. Auf einem ca. 40 mm breiten Blechstreifen ist eine beliebig hohe zylinderförmige Säule mit einem ungefähren Durchmesser von 20 mm aus Zusatzdraht aufzuschweißen. Der Säulenmantel muß möglichst glatt sein, und die Kanten des Blechstreifens dürfen nicht weggeschmolzen werden. Die durchsägte Säule darf keine Hohlräume enthalten.

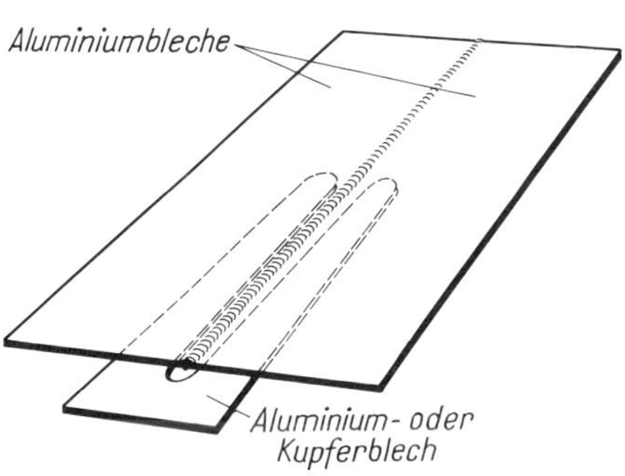

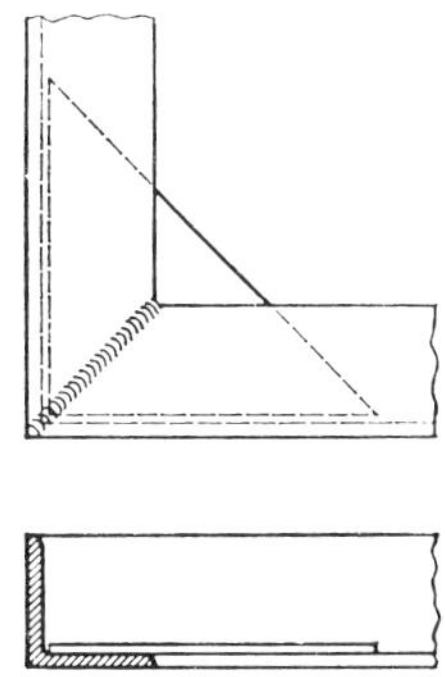

Bild 5.30: Blechunterlagen zur Vermeidung von Wärmestau beim Schweißen dünner Bleche.
Bild 5.31: Einlageblech zur Wärmeverteilung beim Schweißen von Gehrungen an Winkelprofilen.

Schweißen von Blechen und Profilen unter Vermeidung von Wärmestau

Sollen beim Schweißen die Nähte nicht nur gut durchgeschweißt werden, sondern auch am Ende der Naht ein gutes Aussehen haben, kann man den Wärmestau entscheidend vermindern, indem man unter das Ende der Schweißnaht ein gabelbförmiges Stück Aluminium- oder ein Kupferblech unterlegt oder Profilstücke einlegt. (Bilder 5.30 und 5.31). Das Anschweißen dünnwandiger Rohre an dicke Flansche ohne Wärmestau kann gelingen, wenn der Flansch gut vorgewärmt wird und man zur Wärmeableitung in das Aluminiumrohr ein Kupfer- oder Aluminiumstück einführt.

Unterbrechen der Schweißfolge zwecks Abkühlung

Eine Schweißnaht sollte grundsätzlich von Nahtmitte nach Nahtende hin ausgeführt werden. Dadurch kann sich aber am Ende die zugeführte Wärme nicht mehr genügend verteilen. Es entsteht ein Wärmestau, wodurch u. U. der gesamte Schmelzbereich einfällt. Es ist daher ratsam, am Ende der Schweißnaht die Arbeitsfolge so lange zu unterbrechen, bis sich durch die natürliche Wärmeableitung der Schmelzbereich etwas abgekühlt hat. Nach wenigen Augenblicken kann man den Arbeitsgang beenden, ohne daß das Nahtende absackt.

Gasschweißen mit umhüllter Elektrode

Auch mit umhüllter Stabelektrode kann man gasschweißen. Sind Flußmittel oder Schweißdraht zufällig nicht mehr vorhanden, kann man als Zusatz auch umhüllte Stabelektroden mit geeigneter Kerndrahtzusammensetzung verwenden. An der Handhabung ändert sich gegenüber dem normalen Gasschweißen nichts.

Fehler beim Gasschweißen

Auch beim Gasschweißen kann eine Reihe Fehler auftreten, die die Festigkeit der Verbindung oder die äußere Qualität der Schweißung negativ beeinflussen. Häufig auftretende Fehler sowie deren Ursachen und Hinweise zur Vermeidung sind in Tafel 5.3 zusammengestellt.

Tafel 5.3: Fehler beim Gasschweißen und deren Ursachen

Fehler	Ursachen
Naht baut sich zu hoch auf, Nahtwurzel nicht durchgeschweißt.	– Werkstück ungenügend vorgewärmt Falsche Brennerspitze gewählt (Auswahl wie beim Gasschweißen von Stahl) Falsche Brennereinstellung (weiche Flamme mit etwas Azetylenüberschuß) Falsche Brennerführung (Brenner in einem Winkel von 60 bis 70° zum Werkstück geneigt führen. Abstand Brenner-Werkstück so, daß beide zu verbindenden Kanten von der Flamme gut aufgeschmolzen werden) – Schweißtempo zu schnell – Luftspalt zu eng (Faustregel: rd. ⅔ der Blechdicke) – zu viel Schweißzusatz
Schweißraupe ist flach oder eingefallen, zu starker Wurzeldurchhang	– Wärmezufuhr zu groß; Brenner nicht zu hoch halten, damit die erwärmte Zone eng bleibt und das Schmelzbad nicht durchsackt; weitere mögliche Einflüsse: Brennerspitze zu groß, falsche Brennereinstellung, falsche Brennerführung – Schweißtempo zu langsam – Luftspalt zu eng – zu wenig Schweißzusatz
Schweißnaht hat Risse	– falsche Schweißfolge; (Faustregel: Auf ⅓ der Nahtlänge beginnen und nach den Nahtenden hin schweißen; »von innen nach außen« schweißen) – zu schnell abgekühlt, Wärmespannungen (Werkstücke langsam erkalten lassen, keine starke Zugluft – falscher Zusatzwerkstoff (evtl. WIG- oder MIG-Verfahren vorziehen)
Schweißnaht ist sehr rauh und unregelmäßig; Randkerben an der Naht; Schweißzusatz geht mit dem Werkstück keine Bindung ein.	– falsches oder unwirksam gewordenes Flußmittel – falsche Brennereinstellung – Grat, insbesondere an der Wurzelseite – Werkstück oder/und Schweißzusatz verschmutzt (müssen metallisch blank sein) – Schweißstab falsch geführt (15 bis 25° zum Werkstück geneigt und unter der Brennerflamme in das Schmelzbad führen)

Fehler	Ursachen
Loch in der Naht	– Schweißtempo zu langsam – zu wenig Schweißzusatz (evtl. war der Zusatzstab zu dünn) – Flamme zu stark eingestellt – Brennerspitze zu groß
Loch in Nahtende	– Schweißtempo zu langsam – falsche Brennerhaltung (Brenner am Nahtende zunehmend flacher führen, denn am Schweißnahtende gibt es einen Wärmestau)
Zusatzwerkstoff zieht sich beim Schweißen zur Kugel zusammen	– Werkstück ist zu kalt (den Fluß erkennt man besser, wenn man die Schweißstelle mit dem Zusatzdraht abtastet und darüber kratzt) – Werkstück oder/und der Zusatzstab sind unsauber
Werkstück bricht beim Schweißen auseinander	– Werkstück war nicht gleichmäßig unterstützt (besonders bei Gußreparatur beachten und Teile gut fixieren)

Metall-Lichtbogenschweißen

Verfahrensmerkmale

Metall-Lichtbogenschweißen von Aluminium mit flußmittelumhüllten Metallelektroden aus Schweißzusatzwerkstoffen wird praktisch nur noch für Reparaturschweißen an Gußstücken angewendet. Das Schweißverfahren eignet sich für Aluminium-Knet- und Gußwerkstoffe und für Werkstücke ab 4 mm Wanddicke. Gut ausführbar ist Schweißen in waagerechter, allenfalls in leicht geneigter Position; Senkrechtschweißen ist dagegen schwierig, Überkopfschweißen ausgeschlossen. Kehl- und Überlappnähte sind möglich, doch besteht die Gefahr von Flußmittel- oder Schlackeneinschlüssen. In solchen Fällen ist das Schutzgasschweißen vorzuziehen.

Der Lichtbogen wird zwischen dem Werkstück und der abschmelzenden Elektrode gezogen. Das Schweißen erfolgt mit Gleichstrom. Gleichrichter oder Umformer für das Schweißen von Stahl können meist verwendet werden. Die Elektrode liegt immer am Pluspol. Das auf der Werkstückoberfläche befindliche Oxid wird, wie beim Gasschweißen, durch ein Flußmittel beseitigt. Es finden Kernstäbe aus Zusatzwerkstoffen Verwendung, die mit einer flußmittelhaltigen Umhüllung versehen sind (umhüllte Stabelektroden). Die Wärmezufuhr ist konzentrierter als beim Gasschweißen, die Wärmeeinflußzone daher schmaler, der Verzug geringer. Genereller Nachteil des Verfahrens ist, daß vollständig porenfreie Nähte nicht herstellbar sind.

Das Metall-Lichtbogenschweißen ist für das Schweißen abnahme- und überwachungspflichtiger Bauteile nicht zugelassen.

Schweißelektroden

Elektroden werden in Längen von 300 bis 400 mm geliefert. Die Elektrodendurchmesser liegen zwischen 2,5 und 8 mm. Der Elektrodendurchmesser richtet sich nach der Blechdicke. Richtwerte sind in Tafel 5.4 angegeben. Kernstäbe für Stabelektroden (Mantelelektroden) sind in DIN 1732 Teil 1 genormt. Die eingangs erwähnten Einschränkungen bei der Anwendung führten dazu, daß praktisch nur noch Elektroden mit Kernstäben aus AlSi5 und AlSi12 lieferbar sind. Neue Bezeichnungen: EL-AlSi5 bzw. EL-AlSi12.

Die Umhüllung hat einmal die Funktion des Flußmittels zu übernehmen, sie muß außerdem den Schmelzfluß vor Sauerstoff schützen und die Ionisierung der Lichtbogenstrecke bewirken und damit den Lichtbogen stetig halten. Sie soll langsamer abtropfen als der Zusatzstab, diesen also beim Schmelzen kraterartig überragen. Das Salzgemisch der Elektrodenumhüllung zieht Feuchtigkeit an. Deshalb werden Elektroden in dichter Verpackung geliefert. Elektroden in geöffneter Packung müssen trocken lagern. Feuchtgewordene Elektroden neigen zum Spritzen und machen ein einwandfreies Arbeiten unmöglich. Meistens sind sie unbrauchbar, denn sie können durch vorsichtiges Trocknen nur sehr eingeschränkt wieder verwendbar gemacht werden.

Schweißvorgang

Das Metall-Lichtbogenschweißen von Aluminium erfordert etwa die gleiche Handfertigkeit wie das Schweißen von Stahl. Es wird nur mit Gleichstrom geschweißt. Die Einrichtung entspricht der für das Stahlschweißen. Es lassen sich Umformer und Gleichrichter verwenden. Die Nahtfugenvorbereitung ist die gleiche wie beim Gasschweißen. Die Nahtflanken müssen auch hier sauber und fettfrei sein. Um das Anhaften von Spritzern, die beim Schweißen mit umhüllten Stabelektroden stets auftreten, zu vermeiden, bestreicht man die vorher vorgewärmten Teile vor dem Schweißen neben der Schweißnaht mit Schlämmkreide oder Kaolin. Vorwärmen ist erst bei Dicken über 5 mm erforderlich. Die Vorwärmtemperatur beträgt 150 bis

Tafel 5.4: **Richtwerte für das metall-Lichtbogenschweißen**

Werkstoff-dicke in mm	Fugenvorbereitung	Kerndraht-durchmesser in mm	Stromstärke in A
3	I-Naht, 2-mm-Spalt	3,25	80 bis 110
4	I-Naht, 3-mm-Spalt	4,0	100 bis 150
5 bis 6	I-Naht, 3 bis 4-mm-Spalt	5,0	130 bis 180
7 bis 8	V-Naht, 90°	6,0	140 bis 200

200 °C. Die empfohlene Schweißstromstärke für das Metall-Lichtbogenschweißen ist ebenfalls in Tafel 5.4 aufgeführt. Geheftet wird mit etwas höherer Stromstärke. Die Leerlaufspannung (Zündspannung) beträgt 60 bis 70 Volt, die Schweißspannung 24 bis 28 Volt. Die Elektrode wird am positiven (+), das Werkstück am negativen (−) Pol der Schweißmaschine angeschlossen. Bei umgekehrten Polen brennt der Lichtbogen nicht stabil. Die Stabilität des Lichtbogens ist, verfahrensbedingt, nicht besonders gut.

Das Zünden der Elektrode ist mitunter schwierig, weil die Oxidschicht nicht stromlcitend ist. Es wird deshalb dazu geraten, an den Schweißstellen das Oxid mittels sauberer Drahtbürste, eines Flachschabers oder einer Feile zu entfernen. Dann zündet die Elektrode sofort. Beim Zünden des Lichtbogens und noch zu Beginn des Schweißvorganges ist es ratsam, mit höherer Stromstärke zu schweißen, damit das Werkstück wärmer wird und das Durchschweißen gesichert ist. Danach regelt man auf die für den Elektrodendurchmesser empfohlene Stromstärke zurück, weil Werkstück und Elektrode sonst zu warm würden.

Funkenlosen Kontakt erhält man durch direkte Verbindung zwischen Schweißmaschine und Werkstück, statt mit dem Werktisch. Der zu schweißende Gegenstand kann nunmehr auf einen Holztisch oder ein Brett gelegt und in jede beliebige Lage gebracht werden. Bei einer leitenden Unterlage ist das nicht gut möglich. Wenn das Kabel sich nicht direkt am Werkstück befestigen läßt, was bei Kleinteilen der Fall ist, sollte man eine saubere Aluminiumplatte auf den Schweißtisch legen, um einen funkenlosen Kontakt zum Werkstück zu bekommen. Die Platte hat die Aufgabe, eine glatte Auflagefläche zu schaffen. Schweißtische, auf denen auch Stahl geschweißt wird, sind durch zahlreiche Spritzer verunreinigt und uneben. Sie bieten keine einwandfreie Auflagefläche mehr. Das kann aber zu empfindlichen Schäden infolge Schmorstellen führen, durch die das Werkstück unter Umständen unbrauchbar wird.

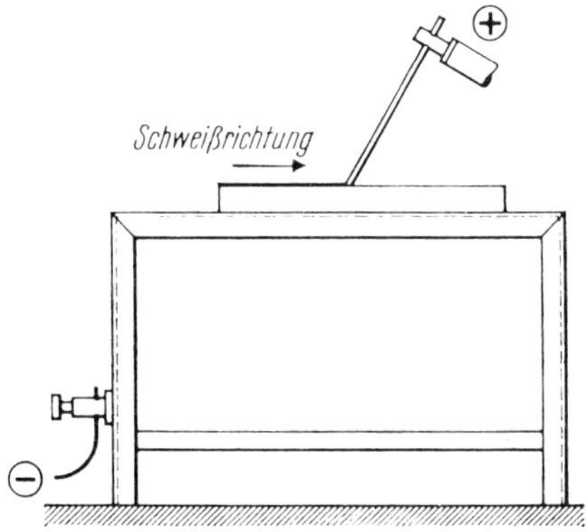

Bild 5.32: Beim Metall-Lichtbogenschweißen wird die Elektrode am Pluspol (+), das Werkstück am Minuspol (−) der Schweißmaschine angeschlossen; bei umgekehrter Polung brennt der Lichtbogen unruhig, er ist nicht »stabil«. Wenn der Minuspol der Schweißrichtung gegenüber liegt, wird der ungünstige Einfluß der Blaswirkung an der Elektrode gemindert.

Guter Auflagekontakt ist erforderlich; dadurch werden Spritzer und Schmorstellen vermieden.

Der Lichtbogen ist am stabilsten, wenn der Minuspol der Schweißrichtung gegenüber liegt, wie in Bild 5.32 gezeigt; weil dann der ungünstige Einfluß der Blaswirkung am geringsten ist. Der Lichtbogen muß bei möglichst konstanter Länge so kurz gehalten werden, daß der Kraterrand an der Umhüllung die Nahtflanken beinahe berührt. Hier hat der Stahlschweißer, der Aluminium schweißen will, gewisse Schwierigkeiten, weil es beim Stahlschweißen nicht so sehr darauf ankommt, ob der Abstand zwischen Werkstück und Elektrode mal 3 mm oder mal 5 mm beträgt. Bei Aluminium dagegen muß ein gleichmäßiger Abstand unbedingt eingehalten werden. Bei einer Elektrode mit 3,25 mm Dmr beträgt er etwa 4 mm. Bei geringerem Abstand bleibt das Schmelzbad zu klein, und damit ist ein Durchschweißen in Frage gestellt. Bei größerem Abstand bilden sich an der Elektrode fortlaufend Kugeln, die mit dem Werkstück keine Bindung eingehen.

Die Elektrode wird in einem Winkel von etwa 80° gegen die Fuge geneigt. Ob nach rechts oder nach links geschweißt wird, kann der Gewohnheit des Schweißenden überlassen bleiben. Nach-rechts-Schweißen hat den Vorteil, daß man das Schmelzbad besser beobachten kann. Im Vergleich zum Stahlschweißen schmilzt die Elektrode wesentlich schneller ab. Die Elektrode wird ohne Pendeln geführt. Nur bei breiten Schweißfugen ist ein schwaches seitliches Pendeln angebracht. Schweißen mit Badsicherung (genutete Unterlage aus Chromnickelstahl oder Kupfer) gewährleistet gutes Durchschweißen ohne Gefahr des Durchtropfens. Bei ausreichender Übung lassen sich Blechdicken über 4 mm ohne Unterlage schweißen. Endkrater lassen sich vermeiden, wenn man am Nahtende die Elektrode nicht abzieht, sondern im Kreis um das Nahtende herumführt und dann zurück über die Naht geht und abzieht.

Bei mehreren Lagen verwendet man für die Wurzelschweißung kleinere Elektroden, mit zunehmender Lagenzahl und breiter werdender Schweißfuge Elektroden mit größerem Durchmesser. Vor dem Übergang zur nächsten Lage ist die Schlacke mechanisch (durch Hämmern und Bürsten) sorgfältig zu entfernen. Bezüglich der Heft- und Schweißfolge gelten sinngemäß die unter »Gasschweißen« auf Seite 120/121 gemachten Ausführungen.

Unsachgemäße Durchführung von Schweißarbeiten beim Metall-Lichtbogenschweißen mit Mantelelektrode hat zu einem großen Teil ihre Ursache in Beschaffenheit und Handhabung der Schweißelektrode. Tafel 5.5 nennt einige Auswirkungen und Ursachen.

Tafel 5.5: Störungen beim Metall-Lichtbogenschweißen und deren Ursachen

Störungen	Ursache
Elektrode klebt	– Leerlaufspannung zu gering, (mindestens 60 bis 70 Volt) – Elektrodenumhüllung ist schadhaft – Stromstärke zu gering
Elektrode spritzt	– Elektrode falsch gepolt (sie muß am Pluspol liegen) – Stromstärke zu hoch – Werkstück ist zu kalt – Elektrode ist feucht – Elektrodenumhüllung ist schadhaft
Elektrode brennt zu schnell ab	– Stromstärke zu hoch
Lichtbogen ist unruhig	– Elektrode ist feucht – Elektrodenumhüllung ist schadhaft – Elektrode falsch gepolt – Falsches Schweißgerät? Trafo? (nur mit Gleichstrom schweißen) – Elektrodenabstand zu groß
Lichtbogen reißt ab	– Elektrodenabstand zu groß – schlechter Kontakt – Elektrodenumhüllung ist schadhaft
Elektrodenumhüllung platzt ab	– Elektrode beim Zünden zu stark aufgestoßen (besser: über Werkstück kratzen)
Schlacke läuft vor	– Elektrode falsch gehalten (mit 70 bis 80° Neigung zum Werkstück führen) – Blaswirkung

Nachbehandeln der Schweißverbindung

Die Nachbehandlung besteht zunächst in der Entfernung der Schlacke, die beim Abklopfen möglichst in großen Stücken abspringen soll; hierauf die Reinigung der Schweißstelle wie bei der Gasschweißung.

Fehler beim Metall-Lichtbogenschweißen

In Tafel 5.6 sind die wichtigsten Fehler und deren Ursachen zusammengestellt.

Tafel 5.6:
Fehler beim Lichtbogenschweißen mit Mantelelektrode und deren Ursachen

Fehler	Ursache
Schmorstellen	– Werkstück liegt nicht glatt auf (Werkstück festspannen, guten Kontakt geben, besser direkte Kontaktgabe am Werkstück und gegebenenfalls isolierende Unterlage, z. B. Asbest, verwenden, so kann das Werkstück auch in beliebige Schweißpositionen gebracht werden)
Naht stark überhöht, Nahtwurzel nicht durchgeschweißt	– Stromstärke zu gering – Werkstück zu kalt – Schweißtempo zu schnell – Nahtfugenform ungünstig – Elektrodendurchmesser zu klein – Naht lag nicht frei – Schweißspalt zu eng
Naht sackt durch	– Stromstärke zu hoch – Werkstück ist zu warm – Schweißtempo zu langsam – Nahtfuge zu weit
Naht reißt	– falscher Elektroden-Kerndraht – falsche Schweißfolge oder Schweißrichtung (von innen nach außen) – Werkstück zu schnell abgekühlt
Naht ist porös (völlig porenfreie Nähte mit dem Verfahren nicht herstellbar)	– Stromstärke zu gering – Werkstück ungenügend gereinigt – feuchte Elektrode – schadhafte Elektrode – Werkstück ist zu kalt
Einbrandkerben	– Stromstärke zu hoch – Schweißspalt zu groß

Lichtbogenschweißen unter Schutzgas

Verfahren

Mit der Entwicklung der Lichtbogenschweißverfahren unter Verwendung von Edelgas (Argon, Helium) als Schutzgas um das Jahr 1950 erhielt die Schweißtechnik auf dem Gebiet des Aluminiums erheblichen Auftrieb. Diese Schweißverfahren sind auch in Handwerksbetrieben längst eingeführt. Während für das Schweißen von Stahl heute überwiegend CO_2 als Schutzgas verwendet wird (MAG-Schweißen), sind für Aluminium nur die Schutzgasschweißverfahren WIG und MIG und deren Verfahrensvarianten anwendbar. Das Lichtbogenschweißen unter einem Schutzmantel aus einem einatomigen Edelgas (Argon, Helium oder Gemische aus beiden Gasen) hat wesentliche Vorzüge gegenüber dem Gasschweißen und dem Metall-Lichtbogenschweißen. Die wichtigsten sind:

- Flußmittel sind nicht erforderlich,
- alle Nahtformen sind zulässig,
- alle Schweißpositionen sind möglich,
- konzentrierte Wärmezufuhr,
- hohe Arbeitsgeschwindigkeit,
- schmale Wärmeeinflußzone,
- geringe Verwerfungen
- kein oder nur geringes Vorwärmen notwendig.

Die wesentlichen Merkmale der Verfahren sind in den Bezeichnungen enthalten. WIG bedeutet: Wolframelektrode-Inertgas (Wolfram-Schutzgasschweißen nach DIN 1910 Teil 2). MIG bedeutet: Metallelektrode Inertgas (Metall-Schutzgasschweißen nach DIN 1910 Teil 2). Alle anderen Schutzgas-Schweißverfahren nach DIN 1910 Teil 4 sind für Aluminium nicht anwendbar. Die bekanntesten Markennamen sind »Argonarc« für das WIG- und »S.I.G.M.A.« für das MIG-Verfahren. Im Ausland, auch im deutschsprachigen, ist statt WIG die Bezeichnung TIG eingeführt; in den USA auch die Bezeichnung GTA.

Beim WIG-Schweißen brennt der Lichtbogen zwischen einer nicht abschmelzenden Wolframelektrode und dem Werkstück. Das Schutzgas tritt aus einer konzentrisch um die Elektrode angeordneten, meist wassergekühlten Düse aus und schützt Elektrode und Schweißstelle vor Oxidation. Der Zusatzwerkstoff wird als Stab stromlos zugeführt (Bild 5.33). Äußerlich gesehen unterscheidet sich das MIG-Schweißen davon nur dadurch, daß der Zusatzwerkstoff die Elektrode bildet und im gleichen Maße automatisch nachgeschoben wird, wie er im Lichtbogen abschmilzt (Bild 5.34).

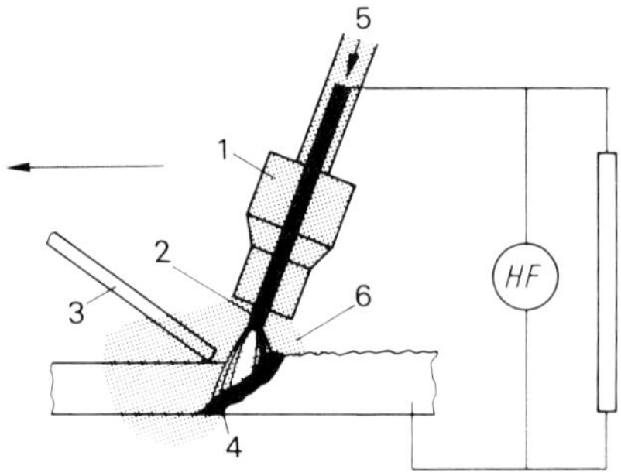

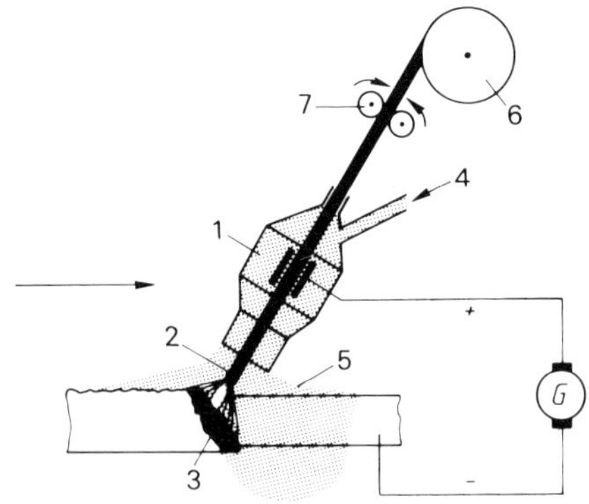

Bild 5.33 (links): Schema des WIG-Schweißens; 1 WIG-Brenner, 2 Wolframelektrode, 3 Zusatzstab, 4 Schmelzbad, 5 Schutzgaszufuhr, 6 Schutzgasmantel.
Bild 5.34: Schema des MIG-Schweißens; 1 MIG-Brenner, 2 Drahtelektrode, 3 Schmelzbad, 4 Schutzgaszufuhr, 5 Schutzgasmantel, 6 aufgespulte Drahtelektrode, 7 Vorschubgerät.

Ist das Werkstück als Minuspol und die Elektrode als Pluspol geschaltet, so prallen die Elektronen auf der Elektrode auf und bewirken eine starke Erwärmung der Elektrodenspitze. Bei dieser Polung findet eine Beseitigung der Oxidhaut auf dem Werkstück statt. Dieser »Reinigungseffekt« tritt aber nur dann ein, wenn das Werkstück negativ gepolt ist. Aus diesem Grunde wird das Werkstück beim Schutzgasschweißen mit Gleichstrom immer an den Minuspol angeschlossen. Der Schutzgasmantel verhindert eine erneute Oxidation. Bei beiden Verfahren gelangt der Edelgasstrom durch den Brenner zur Schweißstelle und schützt dort gleichzeitig die Schweißzone, die abzuschmelzende Drahtelektrode oder die Wolframelektrode und den Lichtbogen vor Luftzutritt.

Beim MIG-Schweißen ist die hohe thermische Belastung der Elektrode erwünscht, weil diese zu einer erhöhten Abschmelzleistung führt; beim WIG-Schweißen würde dies dagegen im Extrem die Zerstörung der Wolframelektrodenspitze bewirken. Als gangbarer Kompromiß hat sich für das WIG-Verfahren das Schweißen mit Wechselstrom erwiesen. Dabei wird jeweils mit der Halbwelle, bei der das Werkstück negativ gepolt ist, eine ausreichende Oxidbeseitigung erzielt und mit der entgegengesetzten Polung bei der anderen Halbwelle die thermische Belastung der Wolframelektrode entscheidend vermindert. Nach beiden Verfahren läßt sich sowohl von Hand als auch maschinell schweißen. Bei der Maschinenschweißung ist entweder das Werkstück oder der Schweißkopf beweglich.

Ein Vergleich der Schweißgeschwindigkeiten dieser beiden Verfahren zeigt, daß beim Schweißen von z. B. 4-mm-Blechen mittels WIG-Verfahren eine Geschwindigkeit von rd. 280 mm/min, beim MIG-Schweißen dagegen eine solche von rd. 700 mm/min erreichbar ist. Weitere Hinweise für die optimale Anwendung beider Verfahren enthält Tafel 5.1 (s. S. 134).

Schutzgase für das Lichtbogenschweißen

Das Schutzgas hat neben der Aufgabe, die Schweißstelle vor Luftzutritt abzuschirmen, noch wesentlichen Einfluß auf die Stabilisierung des Lichtbogens und damit auf die Qualität der Schweißung. Für Aluminium haben sich bislang nur die (einatomigen) Edelgase Argon und Helium – jedes für sich oder Mischungen aus beiden Gasen – bewährt. Die wesentlichen Unterschiede zwischen Ar und He bestehen im Atomgewicht (Ar = 40; He = 4) und in der Lichtbogenspannung: Bei 1,5 mm Lichtbogenlänge z. B. mit Ar = 11 V; mit He = 17 V. Entsprechend höher ist mit He bei gleichem Strom auch die Lichtbogenleistung bzw. die Wärmekonzentration und damit Einbrand und Abschmelzleistung. Mit Ar hingegen ergibt sich ein wesentlich stabilerer Lichtbogen als mit He. Deshalb wird WIG-Schweißen mit Wechselstrom, bei dem ohnehin besondere Maßnahmen zur Lichtbogenstabilisierung erforderlich sind, vorwiegend mit Ar- oder Ar-He-Gemischen als Schutzgas ausgeführt.

Bei He-Verwendung ist außerdem zu beachten, daß wegen der geringeren Dichte zur Erzielung einer gleichwertigen Schutzwirkung wie mit Ar etwa das 2 ½- bis 3fache Gasvolumen (Schutzgasfluß in dm^3/min) erforderlich ist. Beim mechanischen MIG-Schweißen kann die He-Verwendung trotz des höheren Gasverbrauchs wirtschaftlicher sein, weil wegen des besseren Einbrandes und höherer Abschmelzleistung erheblich höhere Schweißgeschwindigkeiten bei geringerem Aufwand für die Schweißfugenvorbereitung möglich sind. Den aus den hohen Wärmekonzentrationen und den verhältnismäßig großen Schweißbädern resultierenden Problemen des thermischen Auftriebes – He ist außerdem leichter als Luft (Dichte Luft : He = 1 : 0,139) – muß man durch besondere Maßnahmen begegnen, z. B. größere Schrägstellung des Maschinenbrenners, Verwendung besonderer Düsen oder anderen Maßnahmen, auf die in diesem Rahmen nicht näher eingegangen werden soll.

Behandlung von Schutzgasflaschen

Schutzgasflaschen müssen sorgfältig gehandhabt und trocken und sauber gehalten werden. Eindringen von Luft wird dadurch vermieden, daß immer ein Restdruck von etwa 0,5 bar Überdruck verbleibt. Die Lieferwerke haben diesen geringfügigen Gasrestinhalt im Gaspreis berücksichtigt. Bei Aufbewahrung und Transport müssen die Flaschenventile sorgfältig geschlossen werden, die Schutzkappe muß aufgeschraubt sein. Wenn eine Argonflasche früher leer ist, als man nach dem Verbrauch beim Schweißen annehmen kann, sollte man die Leitungswege auf Dichtigkeit prüfen. Man löst in einem Schälchen mit warmem Wasser etwas Kernseife und streicht die Lösung mit sauberem Pinsel auf alle Verbindungsstellen. Wenn Undichtigkeiten bestehen, zeigen sich an diesen Stellen Seifenblasen (Argon ist geruchlos).

Arbeits- und Gesundheitsschutz beim Schutzgasschweißen von Aluminium

Die Beachtung der Vorschriften der Berufsgenossenschaften ist von größter Wichtigkeit. Schäden können beim Schweißen durch den elektrischen Strom, durch Strahlung und durch entstehende Gase und Dämpfe hervorgerufen werden.

Besondere Gefahren beim Schutzgasschweißen können durch elektrischen Strom, Strahlung, und Dämpfe entstehen; gesetzliche Arbeitsschutzvorschriften sind unbedingt zu beachten!

Elektrischer Strom kann durch Schäden oder Schaltungsfehler an den Geräten zu einer Gefahrenquelle werden, letzteres besonders dann, wenn unbefugt Änderungen vorgenommen wurden. Aber auch bei völlig intakten Geräten können Gefahren auftreten, wenn ohne die vorgeschriebene Schutzkleidung oder mit durchfeuchteter Kleidung (auch an gut geerdeten) Arbeitsplätzen gearbeitet wird. In feuchten Räumen müssen die Schweißplätze mit isolierenden Unterlagen oder Zwischenlagen versehen sein. Die Schweißtransformatoren haben meist rd. 70 Volt Leerlaufspannung. In Behältern, in engen Konstruktionen und auf Schiffen ist die zulässige Leerlaufspannung jedoch auf maximal 42 Volt begrenzt. In diesen Fällen ist eine Stromquelle mit eingebauter Schutzschaltung zu verwenden.

Vor Reparaturen oder beliebigen Arbeiten am elektrischen Teil eines Gerätes grundsätzlich den Netzstecker herausziehen. Arbeiten an elektrischen Teilen nur durch Elektriker vornehmen lassen!

S t r a h l u n g ist eine weitere Gefahrenquelle; sie tritt auf durch die beim Schutzgasschweißen besonders starke, vom Infrarot bis ins Ultraviolett reichende Strahlung, die durch die gute Reflexion der Aluminiumfläche fast vollständig wirksam werden kann. Die Strahlungsintensität ist beim MIG-Schweißen besonders hoch, da hierbei hohe Stromdichte und sehr hohe Temperaturen im Lichtbogen auftreten. Es besteht also sowohl die Gefahr einer Blendung durch sichtbares Licht als auch durch infrarote Strahlung, die bei jahrelanger Einwirkung zu Augenlinsentrübung (grauer Star) führen kann; am gefährlichsten für das Auge sind jedoch UV-Strahlungen, die – oft erst nach Stunden – zu Augenschmerzen und Bindehaut- oder Hornhautentzündungen führen können (»Verblitzen«). Außerdem können schon nach kurzer Zeit Hautverbrennungen oder Hautentzündungen (Ekzeme) auftreten. Das Tragen der vorgeschriebenen Schutzkleidung und der Schutzschilde mit UV- und Thermalfilter ist daher unerläßlich.

Der zweckmäßigste Kopfschutz ist ein hochklappbarer Helm aus Vulkanfiber. Zu diesem Helm gibt es verschiedene und einseitig verspiegelte Schutzgläser. Die Gläser sind auswechselbar, um sie der jeweiligen Stromstärke, mit der gearbeitet wird, schnell anpassen zu können. Zu verwenden sind je nach Stromstärke Augenschutzfilter der Stufen 10 bis 13 nach DIN 4647 (die dunkler als bei Stahlschweißungen sind). Zum Schutz der verspiegelten Gläser vor Spritzern werden davor zusätzlich klare, hitzebeständige Gläser eingeschoben. Die Arbeitsplätze sind abzuschirmen.

G a s e u n d D ä m p f e können vor allem in engen, unbelüfteten Räumen zu Schäden führen. Durch die UV-Strahlung entsteht aus dem Luftsauerstoff Ozon (O_3), das zu Ermüdungen führt und ein gefährliches Reizgas für die Schleimhäute, besonders für die der Atemwege, ist. Außerdem entstehen durch die Lichtbogenwärme nitrose Gase (Stickoxide), die zu gefährlichen Lungenschädigungen führen können. Rückstände von Chlorkohlenwasserstoffen (Entfettungsmittel wie »Tri« oder »Per«) können durch UV-Strahlung zu dem giftigen Phosgen ($COCl_2$) zersetzt werden, das fast geruchlos ist und das nach zunächst mehrstündigem beschwerdefreien Stadium zu schweren Reizerscheinungen der Atemwege führen kann.

In Räumen, in denen mit Chlorkohlenwasserstoffen entfettet wird, darf nicht geschweißt werden und umgekehrt!

Im Interesse der Gesundheit dürfen folgende festgesetzte MAK-Werte (MAK = Maximale Arbeitsplatz-Konzentration) in ppm (ppm = parts per million; 1 ppm = 0,0001 %) nicht überschritten werden:

Ozon: MAK-Wert = 0,1 ppm
Stickoxid: MAK-Wert = 5,0 ppm
Phosgen: MAK-Wert = 0,1 ppm.

Damit diese MAK-Werte nicht überschritten werden, ist für eine wirksame zugfreie Belüftung des Arbeitsplatzes Sorge zu tragen, die am besten durch möglichst senkrechtes Absaugen (nach oben oder unten) der schädlichen Gase dirket am Entstehungsort erfolgt. Ist das aus besonderen Gründen nicht möglich, z. B. beim Montageschweißen in engen Räumen, sind Filtermasken oder Atemmasken mit Frischluftzufuhr angezeigt. Metalldämpfe oder Metalloxiddämpfe von verdampfendem Aluminium sind in der Regel unschädlich, jedoch können Legierungsbestandteile (z. B. Zn) sich unangenehm bemerkbar machen. Ihr Einfluß ist aber vergleichsweise gering, sie werden bei Anwendung der o. a. Schutzmaßnahmen zugleich eliminiert. Bei längerer Arbeitsunterbrechung sind die Brenner und ihre Zuleitungen aus engen Räumen zu entfernen.

WIG-Schweißen

Verfahrensmerkmale und Anwendung

Kennzeichen des WIG-Verfahrens ist, daß der Lichtbogen zwischen Werkstück und nichtabschmelzender Wolframelektrode brennt. Der Zusatzwerkstoff wird von Hand stromlos ähnlich wie beim Gasschweißen zugeführt; Schweißen ohne Zusatz ist bei nichtaushärtbaren Werkstoffen möglich. Das WIG-Schweißen erfolgt bei Aluminium überwiegend mit Wechselstrom, weil sich beim Schweißen mit Gleichstrom die Wolframelektrode am Pluspol zu stark erhitzen würde. Man müßte in diesem Falle verhältnismäßig niedrige Stromstärken oder zu dicke Wolframelektroden anwenden und bekäme dann Schwierigkeiten mit der Stabilisierung des Lichtbogens.

WIG-Schweißen wird angewendet zum Schweißen von Stumpfnähten bei Materialdicken von 1 bis 4 mm bzw. entsprechend dicken Kehlnähten in einer Lage; als beidseitig gleichzeitiges (Stehnaht-)Schweißen ist WIG-Schweißen bis 12 mm Wanddicke möglich. Das Schweißen größerer Dicken nach WIG ist unwirtschaftlich, da wegen der gegenüber dem MIG-Verfahren geringeren Wärmekonzentration erheblich langsamer und mit mehr Lagen geschweißt werden muß und breitere Wärmeeinflußzonen auftreten. Wegen der besseren Spaltüberbrückbarkeit und größeren Porensicherheit wird jedoch auch bei größeren Materialdicken, besonders wenn nicht gegengeschweißt werden kann

(z. B. bei Rohrleitungen), die Wurzellage WIG-geschweißt und die restliche Nahtfuge durch MIG-Schweißen (ein- oder mehrlagig) aufgefüllt.

Von zunehmender Bedeutung besonders in den USA ist das WIG-Schweißen mit Gleichstrom bei negativ gepolter Elektrode (GTA-dcsp). Das Verfahren hat den Vorteil eines tiefen Einbrandes, eines gegenüber dem Wechselstromverfahren – auch ohne besondere Maßnahmen – stabileren Lichtbogens; da die thermische Belastung geringer ist, können bei gleichem Schweißstrom Wolframelektroden mit kleinerem Durchmesser verwendet werden. Als Schutzgas wird Helium verwendet, gelegentlich mit bis zu 35 % Argon-Zusatz. Nachteilig ist hierbei, daß die oxidbeseitigende Wirkung des Lichtbogens nicht erfolgt; deshalb sind an die Sauberkeit der Nahtflanken höchste Ansprüche zu stellen, das »Verdünnen« der Oxidhaut muß unmittelbar vor dem Schweißen erfolgen. Durch die hohe Wärmekonzentration (70 % der Lichtbogenenergie sind auf das Werkstück konzentriert) entsteht sehr schnell ein kleines, dünnflüssiges Schmelzbad, aus dem die Oxide durch Oberflächenspannung herausgedrängt werden. Die Nahtoberfläche hat daher meist ein stumpfgraues Aussehen. Das WIG-Schweißen mit Gleichstrom erfolgt meist mechanisiert, es ist geeignet zum einseitigen Schweißen von I-Nähten an Materialdicken von 0,2 bis 6,5 mm in einer Lage bzw. von I- oder Doppel-V-Nähten bis 25 mm in zwei Lagen (ohne oder mit Zusatzwerkstoff).

Schweißzusätze

Nachstehend werden für einige Werkstoffe die zu empfehlenden Schweißzusatzwerkstoffe für das Schweißen nach dem WIG-Verfahren angegeben:

	empfohlen	möglich
für Al99,5	SG-Al99,5Ti	SG-Al99,5 und SG-Al99,8
für AlMn	SG-AlMn	SG-Al99,5Ti und SG-Al99,5
für AlMg3	SG-AlMg3	SG-AlMg5
für AlMg2Mn0,8	SG-AlMg2Mn0,8	SG-AlMg3 und SG-AlMg2,7Mn
für AlMg4,5Mn	SG-AlMg4,5Mn	SG-AlMg5
für AlMgSi0,5	SG-AlSi5	SG-AlMg3*) und SG-AlMg5
für AlMgSi1	SG-AlSi5	SG-AlMg5*)
für AlZn4,5Mg1	SG-AlMg4,5Mn	SG-AlSi5, SG-AlMg5

*) falls dekoratives Anodisieren nach dem Schweißen erfolgen soll

Schweißgerät

Die Anlage (Bild 5.35) besteht aus dem luft- oder wassergekühlten WIG-Schweißbrenner mit Druckregler und Dosiereinrichtung, einem SpezialTransformator mit Hochfrequenz- oder Impulsgenerator, dem Schweißkabel und den Gas- und Wasserschläuchen. Das Schutzgas (Argon) ist gesondert zu beschaffen. Das Kühlwasser kann einer Zapfstelle entnommen und nach Durchlauf in die Kanalisation abgeleitet werden; bei der Verwendung eines Kühlgerätes wird eine begrenzte Menge Wasser immer wieder rückgekühlt, es entfällt die Notwendigkeit eines Wasseranschlusses, die Gefahr von Ablagerungen wird verringert. Bei Kälte können Kälteschutzmittel beigegeben werden. Beschreibungen und Bedienungsanleitungen der Geräte und der elektrischen Einrichtungen geben die Herstellerfirmen.

In Bild 5.36 ist der Aufbau eines Schutzgasschweißbrenners im einzelnen dargestellt. Der Brenner besteht in der Hauptsache aus dem Brennerkörper und dem Handgriff mit zugehörigem Schlauchpaket. Mit der Spannhülse und der Brennerkappe wird die Wolframelektrode so im Körper festgeklemmt, daß sie, je nach Elektrodendurchmesser und Düsengröße, etwa 3 bis 6 mm aus der Düse hervorragt. In den Brenner münden die Schläuche für Wasser- und Gaszuleitung sowie das im Wasserableitungsschlauch untergebrachte Stromkabel. Gegen Ausbleiben des Kühlwassers ist der Brenner durch Wassermangelschalter oder Sicherung geschützt. Es gibt auch gasgekühlte Brenner.

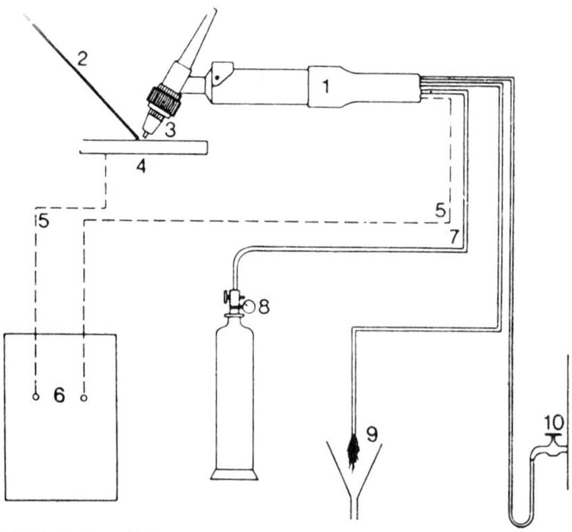

Bild 5.35: Schema einer WIG-Schweißanlage; 1 WIG-Brenner, 2 Schweißstab, 3 Elektrodenhalter, 4 Werkstück, 5 elektrische Zuleitung, 6 Stromquelle, 7 Schutzgas-Zuleitung, 8 Schutzgasflasche mit Regelventil, 9 Kühlwasser-Ablauf, 10 Kühlwasser-Zuleitung.

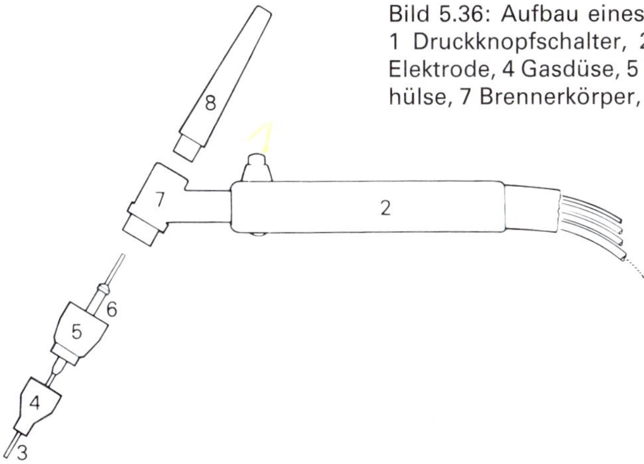

Bild 5.36: Aufbau eines WIG-Schweißbrenners; 1 Druckknopfschalter, 2 Handgriff, 3 Wolfram-Elektrode, 4 Gasdüse, 5 Wassermantel, 6 Spannhülse, 7 Brennerkörper, 8 Brennerkappe.

Aufbau des Schweißgerätes: Aus Sicherheitsgründen sind beim Aufbau des Schweißgerätes folgende Hinweise zu beachten:

- Gerät nicht in die Mitte eines Raumes, sondern an eine Wand stellen, Stromleitungen und Schläuche auf kürzestem Wege verlegen;
- längere Leitungen und Schläuche an nicht begehbaren Stellen zu Ringen gerollt niederlegen;
- sich informieren, wo sich der Hauptnetzschalter befindet;
- den Weg zum Hauptnetzschalter freihalten, um im Bedarfsfall schnell die Anlage vom Stromnetz trennen zu können.

Vorbereitungsarbeiten

Nahtflankenvorbereitung. Wie bei allen Schweißverfahren müssen auch vor dem WIG-Schweißen die Nahtflanken und die Schweißzone trocken sowie frei von Fett- und Schmutzrückständen sein. Die Nahtflanken und den Zusatzstab kann man mit einer Drahtbürste reinigen. Die für das WIG-Schweißen anzuwendenden Nahtflankenformen hängen von Dicke und Art des Werkstückes ab und sind nach DIN 8552, Teil 1, genormt.

Vorwärmen. Das Vorwärmen des Werkstückes ist erforderlich, wenn bei Einhalten der Richtwerte für die Schweißparameter kein ausreichender Einbrand zu erzielen ist, d. h. wenn die zugeführte Wärme so schnell abgeführt wird, daß ein Verschmelzen der Nahtflanken und des Zusatzwerkstoffes nicht erfolgt. Das Vorwärmen geschieht im allgemeinen mit Gasbrennern; dabei sollten ausreichend starke Brenner verwendet werden, deren Flamme leicht reduzierend eingestellt ist, damit nicht durch lange Vorwärmzeiten oder O_2-Überschuß ein zu starkes Dickenwachstum der Oxidschicht an den Nahtflanken erfolgt. Zu beachten sind bei verschiedenen Legierungen auch die Einflüsse von Vorwärmtemperatur und Vorwärmzeit auf die Werkstoffeigenschaften. Insbesondere bei aushärtbaren Legierungen (AlMgSi0,5; AlMgSi1; AlZn4,5Mg1) und bei den Legierungen mit höheren Mg-Gehalten (AlMg4,5Mn; AlMg5) sollten Angaben des Halbzeugherstellers hinsichtlich Vorwärmtemperatur und Vorwärmzeit genau beachtet werden.

Wahl von Schweißdüse und Stromstärke. Beim Schutzgasschweißen ist es wesentlich, daß das Schweißbad mit Argon abgedeckt und damit vor den schädigenden Einflüssen der Luft geschützt ist (Oxidbildung!). Um diese Voraussetzungen garantieren zu können, müssen Schutzgasmenge, Düsengröße und erforderliche Schweiß-Stromstärke aufeinander abgestimmt sein. Dabei ist sehr darauf zu achten, daß Gasdurchwirbelungen und das dadurch mögliche Eindringen von Luft in den Schutzgasmantel vermieden werden.

Bei Verwendung von normalen Argondüsen tritt das Gas nicht immer wirbelfrei aus der Düse. Mit der sogenannten »Gaslinse« wurde eine Spezialdüse geschaffen, die das Gas ohne Turbulenz ausströmen läßt. Die Gaslinse konzentriert den Gasfluß und erlaubt einen größeren Abstand vom Brenner zum Werkstück (Bild 5.37). Der auf größeren Abstand wirkende Gasschutz gestattet, die Wolframelektrode bis zu 20 mm aus der Gasdüse herausstehen zu lassen. Dieser Vorteil hat beim Schweißen in Ecken oder an anderen schwer zugänglichen Stellen besondere Bedeutung. Durch die lang hervorstehende Elektrode ist zudem der tote Winkel kleiner und die Beobachtungsmöglichkeit des

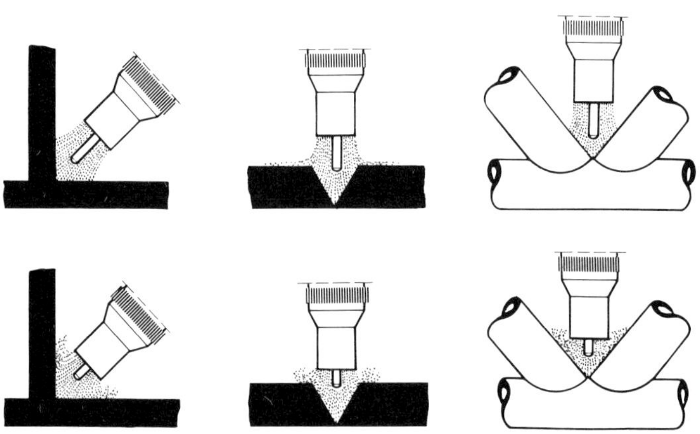

Bild 5.37: Argon-Strom mit (oben) und ohne (unten) Verwendung einer »Gaslinse«.

Schweißbades besser. Diese Düse ermöglicht bei gleicher Schweißaufgabe einen geringeren Gasverbrauch.

Beim WIG-Schweißen ist die Einstellung der optimalen Stromstärke besonders wichtig. Die Spitze der Wolframelektrode muß gleichmäßig belastet sein. Bei zu geringer Belastung der Elektrode kann sich der Lichtbogen nicht auf der gesamten Fläche bilden; er wandert auf der Elektrodenspitze, ist nicht stabil und erschwert den Schweißvorgang. Bei Überbelastung dagegen kann die Elektrode »zurückschmelzen«. Dabei bildet sich ein vibrierender Wolframtropfen, der einen unruhigen Lichtbogen zur Folge hat und daher ebenfalls das Schweißen erschwert. Bei richtiger Stromstärkeeinstellung bildet sich an der Elektrodenspitze eine kleine, vollkommen glatte, silberglänzende Halbkugel (Bild 5.38).

Schweißvorgang

Zum Schweißen werden zunächst Elektroden- und Zusatzstabdurchmesser bestimmt; die Schweißstromstärke wird eingestellt. Richtwerte hierzu sind in Tafel 5.7 angegeben. Der Schweißbrenner wird so gefaßt, daß ein Finger den Schaltknopf gut betätigen kann.

Normalerweise wird nach links geschweißt. Die Zündung erfolgt bei Annäherung der um etwa 45° geneigten Elektrode auf etwa 3 mm an das Werkstück (bei heißer Elektrode in einem etwas größeren Abstand). Vorteilhaft ist das »Warmbrennen« der Elektrode an einem Abfallstück oder einer dafür bereitgehaltenen Kupfer- oder Stahlplatte. Um die Wirksamkeit des Argonflusses sicherzustellen und einer Oxidation des Schweißgutes vorzubeugen, ist die günstigste Mindestentfernung beizubehalten. Sobald das Schmelzbad ein blankes, glänzendes Aussehen annimmt, kann das Schweißen beginnen. Überhitzungen, die zu einer stumpfgrauen Nahtoberfläche führen, sind zu vermeiden. Der Zusatzstab wird 10 bis 30° gegen die Werkstückoberfläche geneigt, frei vom Lichtbogen, doch innerhalb der Schutzgashülle tupfend zugeführt.

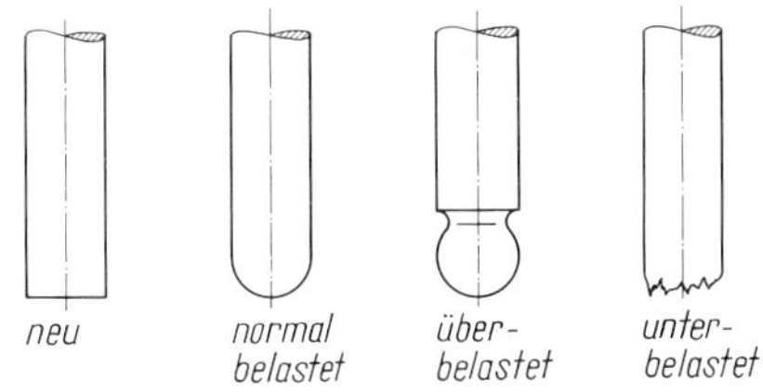

Bild 5.38: Bei richtiger Einstellung der Stromstärke muß sich an der Elektrodenspitze eine kleine, vollkommen glatte und silberglänzende Halbkugel ausbilden.

Tafel 5.7: Richtwerte für das WIG-Schweißen in waagerechter Position
(Nach Angaben der Fa. Linde)

Werkstückdicke in mm	Nahtform	Spaltbreite in mm	mittlere Stromstärke in A[1])	Anzahl der Lagen	Durchm. d. Schweißstabes in mm	Durchm. d. Elektrode thoriert in mm	Durchm. d. Elektrode unthor. in mm	Argondüse	Argonverbrauch in l/min
1,0	I	–	55	1	1,6	1,6	–	4 bis 6	5
1,5	I	–	80	1	1,6/2,4	1,6	–	4 bis 6	5
2,0	I	–	110	1	2,4	2,4	–	6 bis 8	6
2,5	I	–	130	1	2,4	2,4	–	6 bis 8	6
3,0	I	–	150	1	3,2	3,2	–	8	7
4,0	I	–	200	1	4,0	4,0	4,0	8	8
6,0	V	0 bis 2	230	2	4,0	–	4,8	8 bis 10	10
6,0	I	3	150	1	3,2	–	3,2	8	8[2])
8,0	V	1 bis 3	250	2 bis 3	4,0/4,8	–	4,8	8 bis 10	10
8,0	I	4	170	1	4,0	–	3,2	8	8[2])
10,0	V	1 bis 3	280 bis 300	3	4,8	–	4,3 bis 6,4	10 bis 12	12
10,0	I	4	200	1	4,0	–	3,2	10	10[2])

[1]) Für Stumpfnähte einseitig, in senkrechter und Überkopf-Position sind die Stromwerte um 5 bis 10 % zu verringern, für Kehl- und Überlappnähte um 10 % zu erhöhen. Für Ecknähte gelten die Tabellenwerte unverändert. Durch Vorwärmen der Werkstücke auf 150 bis 200 °C wird bei Wanddicken über 6 mm der Einbrand verbessert.

[2]) gleichzeitig beidseitig; nur in Position s als Steignaht; Stromstärke und Gasverbrauch je nach Brenner.

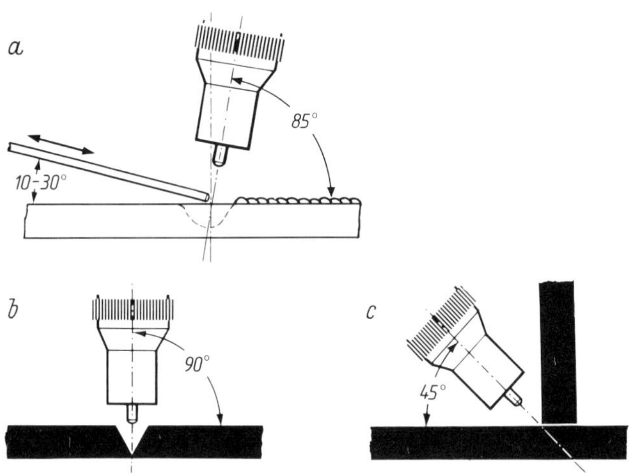

Bilder 5.39 a bis c: Brenner- und Zusatzstabhaltung beim WIG-Schweißen; Bilder a) und b) bei der Stumpfnaht, Bild c) bei der Kehlnaht (nach Linde).

Tafel 5.8: **Störungen beim WIG-Schweißen und deren Ursachen**

Störung	Ursache
Lichtbogen zündet nicht	– Unterbrochener Stromkreis – fehlender Masseanschluß – Störung am HF- oder Impulsgerät – Störung im Kühlwasserkreislauf – unzureichender Schutzgaszufluß
Instabiler Lichtbogen	– Störung am HF- oder Impulsgerät – Störungen am Siebkondensator – schwankende Netzspannung – zu großer Durchmesser der Wolframelektrode – Leerlaufspannung zu niedrig – Vorwärmen erforderlich
Dunkelgraue bis schwarze Nahtoberfläche	– Störungen an der Schutzatmosphäre – kontaminierte Elektrodenspitze – Verschmutzung an Nahtflanken oder Zusatzstab – undichte Schutzgasleitung – undichte Wasserführung im Brenner
Mangelhafte Oxid-beseitigung	– Störung an der Schutzatmosphäre – Störung am HF- oder Impulsgerät – Störung am Siebkondensator – Leerlaufspannung zu gering – Netzspannung zu gering
Störung an der Schutz-atmosphäre	– zu geringer Schutzgasfluß – Turbulenz durch verschmutzte Düse – Schweißspritzer in der Düse – exzentrisch eingespannte Wolframelektrode – zu langer oder zu kurzer Lichtbogen – zu weit herausragende Elektrode – zu stark geneigter Brenner

Beim Zurücknehmen darf sein heißes Ende den Bereich der Schutzgashülle nicht verlassen. Eine Berührung der Wolframelektrode mit dem Werkstück oder dem Zusatzstab führt zur Verunreinigung der Schweißnaht und zur Beschädigung der Elektrode und muß vermieden werden. Verunreinigte Elektrodenenden werden abgebrochen. Haltungen von Brenner und Schweißstab bei verschiedenen Nähten zeigen die Bilder 5.39 a bis c. Störungen, die beim Schweißvorgang auftreten können, sowie mögliche Ursachen sind in Tafel 5.8 zusammengestellt.

Nachbehandeln der Schweißverbindung

Nachbehandeln der Schweißnaht ist nicht erforderlich.

Besondere Hinweise und Schweißaufgaben

Hilfe beim Zünden des Lichtbogens

Der Lichtbogen zündet bei kalter Wolframelektrode, wenn sie bis auf etwa 3 mm an das Werkstück herangeführt wird. Während bei Stahl und Schwermetallen das Zünden des Lichtbogens in der Schweißfuge vorgenommen und die ausreichende Temperatur der Wolframelektrode abgewartet werden kann, soll das Zünden beim Schweißen von Aluminium auf einem Kupferblech erfolgen, weil bei Kontakt Wolfram und Aluminium sich legieren würden, Wolfram und Kupfer aber nicht. Das Zünden des Lichtbogens bei kalter Elektrode soll bei Aluminium daher nicht auf der Naht oder auf dem Werkstück erfolgen. Einbrandkerben, schlechtes Aussehen und geminderte Schweißnahtgüte wären die Folge.

Vermeiden von Einbrandkerben

Beim Reparaturschweißen von Aluminium-Gußstücken können beim Zünden des Lichtbogens Einbrandkerben entstehen, die Ausgangspunkt für neue Risse sein können. Solche Stellen lassen sich vermeiden, wenn eine Kupferschiene so in der Nähe der Schweißnaht befestigt wird, daß sich an ihr die Zündung vornehmen läßt (Bild 5.40).

Füllen des Endkraters

Am Nahtende wird für die Kraterauffüllung etwas mehr Schweißzusatz zugegeben und der Lichtbogen etwa 20 mm zurückgeführt. Durch Druck auf den Schaltknopf unterbricht man den Schweißstrom. Bei manchen WIG-Schweißgeräten stellt sich beim Abschalten des Stromes für kurze Zeit noch Strom zum Füllen des Kraters ein, der niedriger ist als der Schweißstrom, damit man den Endkrater noch auffüllen kann. Den Lichtbogen darf man also nicht abreißen, wie man es vom Lichtbogenschweißen mit Elektroden gewohnt ist, sondern der Brenner verbleibt so lange an der Endstelle, bis das Schmelzbad unter dem

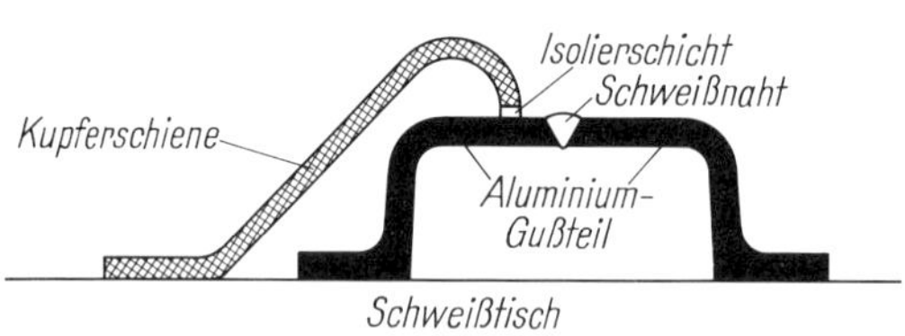

Bild 5.40: Vermeidung von Einbrandkerben; eine Kupferschiene wird in die Nähe der Schweißnaht gebracht und die Elektrode an ihr gezündet.

nachströmenden Argon erkaltet ist. In dieser Zeit kühlt sich auch die Wolframelektrode unter dem Schutz des Argons ab und wird vor unerwünschter Oxidation geschützt.

Mangelhafte Oxidbeseitigung durch schadhaften Brenner

Wenn man trotz Einstellung der richtigen Stromstärke einen schlechten Fluß des Schweißzusatzes oder ungenügende Zerstörung des Oxids beobachtet, ist in den meisten Fällen die Ursache in der Kühlwasserführung der Brennerdüse zu finden. Die Dichtung ist schadhaft geworden, kleinste Mengen austretenden Wassers und der entstehende Wasserdampf bewirken starke Oxidation und Porosität. Die Dichtung ist umgehend zu erneuern.

Dünnblechschweißen

Für das Schutzgasschweißen von dünnen Blechen wird empfohlen, Unterlagen aus Kupfer, Stahl oder aus Aluminium zu verwenden. Sie leiten überschüssige Wärme ab und mindern oder verhindern ein Verziehen der Bleche, insbesondere dann, wenn sie nicht gespannt sind.

Schweißen dünner Bleche mit unregelmäßigen Nahtflanken

Wenn beim WIG-Schweißen dünnerer Bleche die Nahtflanken keine regelmäßige Schweißfuge bilden, ergibt sich von unten her ein Luftstrom, der den Argonstrom ungünstig beeinflußt und das Schweißen erschwert (Bild 5.41). Man legt deshalb unter die lückenhafte Stelle einen Blechstreifen. Er unterbindet den Luftstrom und verhindert gleichzeitig das Einbrennen von Löchern. Die Unterlage kann evtl. entfallen, wenn man die Gaszufuhr erhöht und den Schweißstab über den Luftspalt legt.

Stumpfschweißen von Profilen

Beim Stumpfschweißen von Profilen ist es notwendig, die Nahtflanken gut zu entgraten und den Stumpfstoß auch bei verhältnismäßig geringen Wanddicken wurzelseitig anzufasen. Auf diese Weise werden Oxideinschlüsse in der Wurzel vermieden.

WIG-Schweißen eines Dreiblechstoßes

Wegen des Winkelverzugs sollen die gegenüberliegenden Bleche vor dem Schweißen um einige Grad nach unten geneigt sein. Beim Schweißen der Nahtwurzel wählt man einen der Blechdicke entspre-

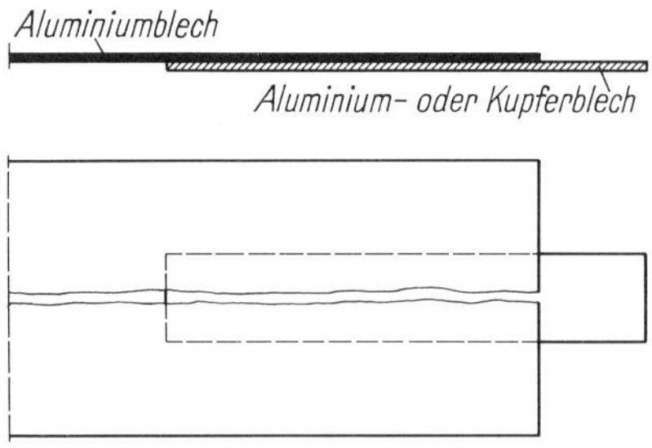

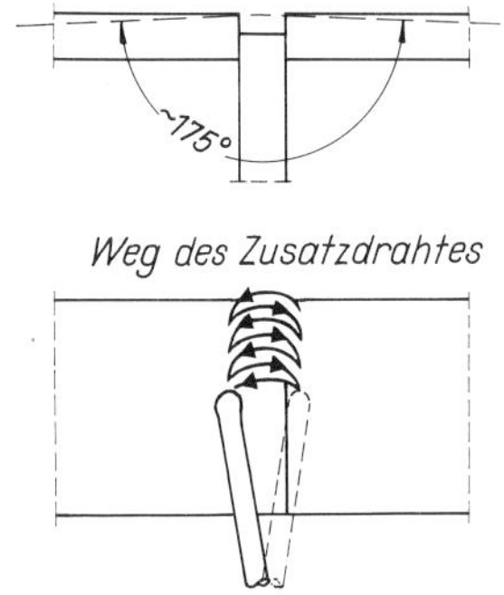

Bild 5.41 (links): Wenn der Blechzuschnitt nicht genau paßt, legt man ein Blech unter die Schweißnaht.
Bild 5.42: Beim Dreiblechstoß werden die Bleche vor dem Schweißen etwas nach unten geneigt fixiert; nach dem Erkalten der Schweißnaht sind sie dann in der richtigen Position.

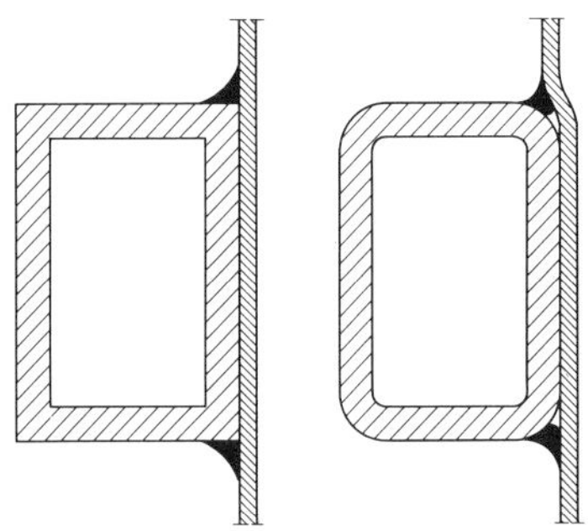

Bild 5.43: Für das Aufschweißen von Verkleidungsblechen auf eine Unterkonstruktion aus Rohren oder Profilen sind solche mit scharfen Kanten vorteilhafter als mit abgerundeten Kanten; jeweils oben: während des Schweißens, jeweils unten: nach dem Erkalten.

chenden Schweißstab. Zum Schweißen der Decklage nimmt man dann einen dünneren Schweißstab, der jeweils an den Enden der Nahtschuppe zugesetzt wird (Bild 5.42).

Verkleidungsbleche mit Kehlnähten anschweißen

Verkleidungsbleche für Fahrzeugaufbauten aus Aluminium können nach dem WIG-Verfahren mit der Unterkonstruktion verbunden werden. Besteht das Gerippe aus Quadrat- oder Rechteckrohren, ist es besser, scharfkantige Rohre zu verwenden. Dasselbe gilt sinngemäß auch für andere Profilformen. Bei Verwendung von Profilen mit stark abgerundeten Kanten kann das Schrumpfen der Schweißnaht durch Einziehen des Verkleidungsbleches in Richtung Spriegel bewirken, daß sich die Bleche an den Verbindungsstellen um einige Millimeter einziehen, wie in Bild 5.43 gezeigt.

Brennerhaltung bei Auftragschweißung

Der aus der Brennerdüse austretende Argonstrom kann die Schmelze nur vor Luftzutritt schützen, wenn er immer senkrecht auf die Naht auffällt. Bei Auftragsschweißung mit gekrümmten Oberflächen, z. B. bei Guß, ist dies besonders zu beachten. Wird der Argonstrom durch schräge Brennerhaltung nicht senkrecht zugeführt, strömt das Gas teilweise seitlich vorbei und bildet auf der Gegenseite einen Wirbel, durch den der Luftsauerstoff Zutritt zur Schmelze bekommt. Die Folge sind Oxideinschlüsse, die die Güte der Auftragschweißung mindern.

Schweißen dicker Querschnitte

Dickere Querschnitte werden in mehreren Lagen geschweißt. Durch erhöhte Schweißgeschwindigkeit bei den dünneren Einzellagen ist der zeitliche Aufwand etwa gleich. Beim Füllen starker Nähte kann auch ein Neigen der Naht entgegen der Schweißrichtung helfen. Bei nicht gleichmäßiger Durchschweißung sollte die Wurzel von Schweißnähten vor dem Schweißen einer Gegenlage immer ausgearbeitet werden. Wenn bei gleichmäßiger Durchschweißung das Abarbeiten unterbleibt, soll mit erhöhter Stromstärke durch Rechtsschweißen der Einbrand vertieft werden. Bei dieser Arbeitsweise kann man auch am besten vermeiden, daß Schmelze vor dem Brenner in die Nahtfuge läuft. Nie eine in der Nahtfuge liegende Schmelzperle überschweißen!

Schweißstabzuführung bei Mehrlagenschweißung

Beim Auftragen der Decklage wird empfohlen, den Schweißstab nicht in Nahtmitte zuzuführen, sondern abwechselnd an der einen und dann an der anderen Nahtflanke und so fortlaufend. Die Schweißnaht wird gleichmäßig, an den Rändern entstehen keine Einbrandstellen (Kerben).

WIG-Schweißen bei Zugluft

Auf Baustellen oder in zugigen Hallen kommt es vor, daß WIG-Schweißnähte rauhe, stumpfe, unansehnliche Stellen aufweisen. Insbesondere beim Schweißen im Freien ist der Schweißplatz der Luftbewegung ausgesetzt, der Argonschleier wird zerrissen und der Luftsauerstoff bekommt Zutritt zum Schmelzgut. Es kommt zur Oxidation der Schmelzenoberfläche, und das führt zu diesen Erscheinungen. Schutzgasschweißen im Freien erfordert daher Abschirmung gegen Zugluft. Die Abschirmung verringert auch das Auftreten von Wärmespannungen durch zu schnelles und ungleichmäßiges Abkühlen.

Fehler beim WIG-Schweißen

In Tafel 5.9 sind die wichtigsten Fehler und deren Ursachen zusammengestellt.

Vermeiden von Wurzelbindefehlern

Oxideinschlüsse können die Ursache von Wurzelbindefehlern sein. Dies kann z. B. bei einseitig geschweißten I-Nähten ohne Stegabstand auftreten. Der Werkstoff wird zwar bis zur Wurzel aufgeschmolzen, die oxidbeseitigende Wirkung des Lichtbogens reicht aber nicht bis zur Wurzel. Abhilfe ist möglich durch wurzelseitiges Anfasen der Stegkanten (0,5 bis 1 mm), dadurch kann die Oxidhaut durch Oberflächenspannung aus dem Schweißbad herausgedrängt werden (Bild 5.44). Anfasen wird für alle Stumpfnahtformen empfohlen.

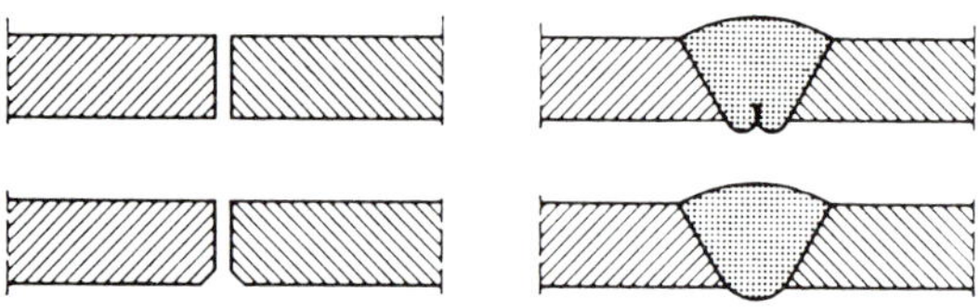

Bild 5.44: Vermeiden von Oxidkerben durch wurzelseitiges Anfasen; Stegkanten im I-Stoß (oben), mit leichter Anfasung (unten).

MIG-Schweißen

Verfahrensmerkmale

Kennzeichen des MIG-Verfahrens ist, daß der Lichtbogen zwischen Werkstück und (im Gegensatz zum WIG-Schweißen) abschmelzender Metallelektrode brennt, die damit zugleich Schweißzusatz ist. MIG-Schweißen ohne Schweißzusatz ist daher nicht möglich. Der Vorschub des drahtförmigen Schweißzusatzes (»Drahtelektrode«) erfolgt automatisch entsprechend der Abschmelzgeschwindigkeit. Der Draht wird der Schweißstelle zwangsläufig durch den Brenner von der Spule zugeführt. Der Schweißdrahtdurchmesser liegt zwischen 0,8 und 3,2 mm.

Das MIG-Schweißen erfolgt ausschließlich mit Gleichstrom und mit positiv gepolter Drahtelektrode. Der Werkstoffübergang erfolgt feintropfig als sogenannter Sprühlichtbogen unter Abdeckung durch eine Schutzatmosphäre aus inerten Gasen (Argon oder Helium oder Ar-He-Gemische). Mechanisiertes MIG-Schweißen ist möglich und findet zunehmend Anwendung. Das Abschmelzen einer Metallelektrode

Tafel 5.9: Fehler beim WIG-Schweißen und deren Ursachen

Fehler	Ursachen
Naht baut sich zu hoch auf	– Ungenügende Vorwärmung – Stromstärke zu niedrig (Faustregel: Stromstärke gleich 30- bis 40mal Blechdicke) – Schweißgeschwindigkeit zu hoch – Naht lag nicht frei
Naht ist zu flach oder eingefallen, Nahtwurzel nicht durchgeschweißt	– Stromstärke zu hoch – Schweißgeschwindigkeit zu niedrig – Brenner falsch geführt – Schweißstab falsch geführt (Schweißstab innerhalb des Argonschleiers, aber außerhalb des Lichtbogens führen)
Naht ist rauh, stark oxidiert oder hat schwarze Brandstellen	– zu wenig Schutzgas oder Schutzgasmantel gestört (je nach Blechdicke 5 bis 8 l/min einstellen; auf Baustellen und in zugigen Hallen den Schweißplatz gegen Zugluft abschirmen) – das Schutzgas ist ungeeignet (Reinargon verwenden) – Schutzgasdüse ist zu klein oder beschädigt – Kanten ungenügend entgratet – Werkstück oder/und Schweißzusatz sind verschmutzt – Schweißstab falsch geführt – Wolframelektrode ist mit der Schmelze oder mit dem Schweißstab in Berührung gekommen und hat sich mit Aluminium legiert (Brenner leicht neigen, damit die Wolframelektrode beobachtet werden kann. Elektrode nachsetzen – Brenner ist undicht – Brenner wurde zu hoch gehalten
Naht ist versetzt	– Brenner einseitig geführt (Brenner nicht verkantet und Lichtbogen auf Nahtmitte führen)
Kugelbildung am Schweißstab	– Werkstück ist zu kalt
Schweißzusatz geht nicht in die Schmelze über	– Zu viel Schutzgas (zu hoher Gasdruck) (Gasmenge nach Probeschweißung einstellen)
Mangelhafter Einbrand	– falsche Fugenform – Lichtbogen zu lang – Schweißgeschwindigkeit zu hoch – zuviel oder zu schnell zugeführter Zusatz – Vorwärmen erforderlich
Durchbrennen	– zu großer Stegabstand – Schweißstrom zu hoch – Lichtbogen zu kurz – Schweißgeschwindigkeit zu gering

erfolgt unter gleichzeitigem Anschmelzen des Grundwerkstoffes (Schweißbad). Übersteigt die Stromdichte in der Metallelektrode einen bestimmten Wert, der vom Elektrodenwerkstoff sowie vom Schutzgas und dessen Leitfähigkeit abhängig ist, wird das Elektrodenende heißer und damit dünnflüssiger. Der Plasmastrahl, dessen Geschwindigkeit mit der Stromdichte zunimmt, reißt aus dem äußersten Elektrodenende kleinste Tröpfchen heraus und transportiert sie mit großer Geschwindigkeit in das Schmelzbad. Das MIG-Schweißen von Aluminium ist nur im Bereich dieses feintropfigen (Sprüh-)Überganges möglich, d. h. der Schweißstrom muß ausreichend hoch über dem kritischen Strom liegen, bei dem dieser feintropfige Werkstoffübergang einsetzt. Etwas größere Tropfen bei insgesamt geringerem Wärmeeinbringen ergeben sich beim MIG-Schweißen mit pulsierendem Strom (MIG-Impulsschweißen).

Die beim MIG-Schweißen von Aluminium erforderlichen hohen spezifischen Ströme bedingen daher kleine Drahtelektrodendurchmesser, bei gleichbleibendem Gesamtstrom.

Anwendung

MIG-Schweißen wird angewendet zum Schweißen von Stumpfnähten bei Materialdicken über 3 mm oder entsprechend dicken Kehlnähten. Wegen der hohen Stromdichte und des tiefen Einbrandes werden Materialdicken bis 6 mm meist mit Badsicherung geschweißt. Als solche dienen sowohl genutete Unterlagen aus Cr-Ni-Stahl oder angeschweißte Unterlagen aus Aluminiumstreifen. Außerdem können Strangpreßprofile mit im Querschnitt integrierter Badsicherung verwendet werden. Ist das Anbringen einer Badsicherung oder Auskreuzen und Gegenschweißen der Wurzellage nicht möglich, wird in vielen Fällen die Wurzellage WIG-geschweißt.

Vorteile des Verfahrens gegenüber WIG-Schweißen sind: bei dickwanigen Werkstücken wirtschaftlicher, Steig- und Überkopfnähte sind gut schweißbar, hohe Schweißgeschwindigkeit. Als Nachteile gegenüber dem WIG-Schweißen sind zu nennen: Nähte nicht gleichmäßig und bei Reinaluminium und Legierungen mit höherem Mg-Gehalt nicht völlig porenfrei.

Schweißgerät

Die Anlage besteht aus dem Gleichstromumformer oder Gleichrichter, dem wassergekühlten MIG-Schweißbrenner mit Druckregler und Dosiereinrichtung, Steuergeräten für Schutzgas und Strom, der Drahtvorschubeinrichtung, dem Schweißkabel und den Gas- und Wasserschläuchen. Die Ausführung über Kühleinrichtungen für das Wasser (siehe WIG-Schweißen) gelten sinngemäß. Die Drahtvorschubeinrichtungen sind unterschiedlich, was sich auf das Schweißergebnis auswirken kann.

Normalerweise ist das Drahtvorschubgerät in oder (drehbar) auf der Schweißmaschine angeordnet; die Drahtelektrode wird von der Spule abgezogen und durch einen flexiblen Führungsschlauch im Schlauchpaket zur Schweißpistole geführt. Das Schlauchpaket kann dabei etwa 3 m lang sein. Bei der Verwendung von Drahtelektroden aus Rein- oder Reinstaluminium, die eine verhältnismäßig niedrige 0,2-Grenze aufweisen, kann es dabei zu Störungen (ungleichmäßigem Drahtvorschub) durch Ausknicken der Drahtelektrode kommen. Für diesen Fall sind Geräte verfügbar, die einen zusätzlichen Drahtförderantrieb im Schweißbrenner aufweisen. Da der Aktionsradius von 3 m beim Schweißen größerer Bauteile nicht ausreicht, werden zusätzliche Drahtfördereinrichtungen angeboten oder wird das Drahtvorschub- und Steuergerät von der Stromquelle getrennt und über ein bis zu 30 m langes Schlauchpaket (Schweißkabel und Schläuche für Schutzgas sowie Vor- und Rücklauf des Kühlwassers) an diese angeschlossen.

Bei MIG-Geräten im unteren Leistungsbereich kann die Spule mit den (sehr dünnen) Drahtelektroden direkt auf die Schweißpistole aufgesetzt und auch die Drahtvorschubeinrichtung darin untergebracht sein; als Kühlung dient das Schutzgas.

Tafel 5.10: Richtwerte für das MIG-Schweißen von Hand

Werkstückdicke in mm	Schweißstromstärke in A[1]	Lichtbogenspannung in V	Drahtelektrodendurchmesser in mm	Schweißgeschwindigkeit in cm/min	Argonverbrauch in dm^3/min[2]	Anzahl der Lagen
4	180	22	1,2	90	15	1
6	200	23	1,2	80	15	1[3]
8	240	23	1,2	75	16	1[3]
10	260	24	1,6	70	18	2
15	270	24	1,6	65	20	4 bis 6
20	270	24	1,6	60	20	4 bis 8
25	280	25	1,6	60	20	6 bis 10

[1]) Bei Kehlnähten 10 bis 20 % höherer Schweißstrom, bei Zusatzwerkstoff des Typs S-AlMg höher, des Typs S-AlSi niedriger.
[2]) Schutzgaszufuhr bei Zusatzwerkstoff Typ S-AlMg etwas höher als bei S-AlSi einstellen. Heliumverbrauch ca. 2,5- bis 3faches der hier angegebenen Mengen.
[3]) Wurzel ausgekreuzt und gegengeschweißt.

Tafel 5.11: Störungen und Fehler beim MIG-Schweißen und deren Ursachen

Störung oder Fehler	Ursache
Lichtbogen zündet nicht	– falsche Polung – Schweißstromkreis unterbrochen – Fehler an der Drahtfördereinrichtung
Wechselnde Lichtbogenlänge	– Störung an der Drahtfördereinrichtung (Motor, Förderrollen, Spannungsschwankungen) – Fehler am Kontaktrohr (Rauhigkeit, Elektrodenabrieb, Schweißspritzer, Dimension) – Knicke in der Drahtelektrode – zu stark gebogenes Schlauchpaket
Festbrennen der Elektrode im Kontaktrohr	– Störung an der Drahtfördereinrichtung (s. o.) (Bei plötzlicher Unterbrechung kann sich der Lichtbogen bis zum Kontaktrohr verlängern) – fehlerhafte Geräteeinstellung – unzureichende Brennerkühlung
Dunkelgraue bis schwarze Nahtoberfläche	– falsche Polung – Störung an der Schutzatmosphäre – falsche Brennerhaltung – Lichtbogen zu lang – verschmutzte Nahtflanken oder Drahtelektroden – undichte Wasserführung im Brenner – undichte Schutzgasleitung
Störung an der Schutzatmosphäre	– zu geringer Schutzgasfluß – falsche Düsengröße, deformierte Düse – Turbulenz durch verschmutzte Düse – Schweißspritzer in der Düse – Kontaktrohr exzentrisch zur Düse – falscher Düsenabstand – falscher Brennerwinkel
Mangelhafter Einbrand	– falsche Fugenform oder Polung – Schweißstrom zu niedrig – Lichtbogen zu lang – Schweißgeschwindigkeit zu hoch
Durchbrennen	– zu großer Stegabstand – Schweißstrom zu hoch – Lichtbogen zu kurz – Schweißgeschwindigkeit zu gering

Richtwerte für das handwerkliche MIG-Schweißen gibt Tafel 5.10; eine Zusammenstellung von möglichen Störungen und Fehlern ist in Tafel 5. 11 angegeben.

Bolzenschweißverfahren

Bolzenschweißverfahren dienen, wie bereits der Name sagt, zum Anbringen von Befestigungsmitteln wie Stiften oder Gewindebolzen, mit deren Hilfe Verkleidungen oder Teile aller Art an Gebäudewänden, an Decken oder Böden angebracht werden; sie sind auch zum Befestigen von Isolierungsabdeckungen und für elektrische Anschlüsse (Erdung) geeignet. Die zu verschweißenden Bolzen werden in eine Schweißpistole eingespannt, die Pistole wird senkrecht auf das Werkstück gesetzt und der Schweißvorgang durch Betätigung eines Druckknopfes automatisch eingeleitet. Man unterscheidet zwischen zwei Verfahren:

- Bolzenschweißen mit Spitzenzündung (Kondensator-Impuls-Verfahren) und
- Bolzenschweißen mit Hubzündung (Gleichstrom-Lichtbogen-Verfahren).

Durch Bolzenschweißen mit Spitzenzündung, dem für Aluminium wichtigsten Verfahren, können Bolzen bis 8 mm Durchmesser an verhältnismäßig dünne Bleche angeschweißt werden. Die Spezialbolzen haben am Anschweißende einen kegelstumpfförmigen Ansatz, in dem nach Auslösen einer Kondensatorentladung ein Schweißstrom von etwa 450 A/mm^2 wirksam wird. Dadurch werden die Kontaktflächen von Bolzen und Blech schlagartig auf Schweißtemperatur erhitzt. Durch Federkraft oder Druckluft wird der Bolzen auf das Blech gesetzt. Die eigentliche Schweißzeit beträgt nur 0,001 Sekunde, die Aufladezeit etwa 3 Sekunden. Die Erwärmung bleibt auf die äußersten Randschichten beschränkt, so daß Durchbrennen sicher vermieden wird. Sogar die Rückseite von lackierten Blechen kann auf diese Weise mit Bolzen besetzt werden, ohne daß Verfärbungen durch Hitzeeinwirkung auftreten.

Kleinere Geräte sind verhältnismäßig preisgünstig, sie können an jeder mit 16 A abgesicherten Wechselstromsteckdose (220 V) angeschlossen werden.

Nach dem Bolzenschweißen mit Hubzündung (Bild 5.45) lassen sich Bolzen aus Aluminium bis zu etwa 13 mm Durchmesser senkrecht auf Bleche oder Profile aufschweißen. Die Bolzendurchmesser dürfen bei diesem Verfahren nicht wesentlich dicker als das Werkstück sein. Der

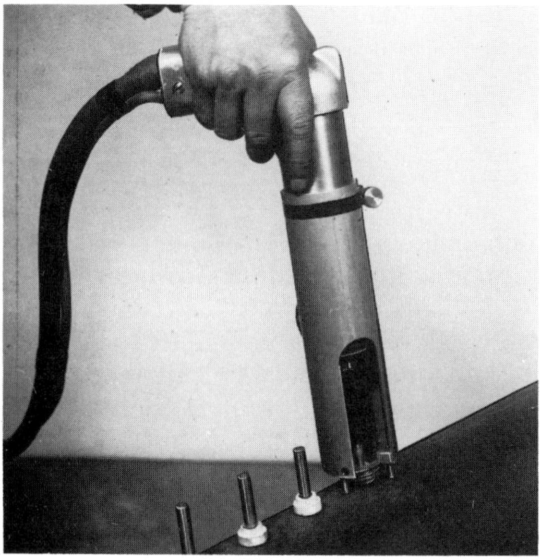

Bild 5.45: Bolzenschweißen mit Hubzündung; die Stirnfläche eines Bolzens und die Anschlußfläche eines Werkstückes werden durch Stromeinfluß erwärmt und bei beginnendem Schmelzen unter Druck verbunden.

Schweißvorgang ähnelt dem Abbrennstumpfschweißen. Es wird bei Aluminium unter einer Schutzgashülle ausgeführt. Nach Einschalten des Stromes wird der Bolzen etwas vom Werkstoff abgehoben; dabei bildet sich der Lichtbogen (»Hubzündung«). Beim Erreichen der Schweißtemperatur wird der Bolzen in das Schweißbad eingetaucht und verschweißt.

Das Verfahren wird mit Sonderschweißgeräten durchgeführt (Gleichrichter, elektronisches Steuergerät, Schweißpistole, Schutzgaseinrichtung). Zum Verschweißen von Aluminiumbolzen von 12 bis 13 mm Durchmesser benötigt man einen Strom mit einer Stärke von etwa 800 A. Die Schweißzeit ist sehr kurz, sie beträgt rd. 0,6 bis 0,8 Sekunden. Ein Keramikring, der das Fußende des Bolzens umschließt, dient zur Wärmekonzentration und zur Formung des Schweißwulstes; er verringert auch den Schutzgasverbrauch (Argon) und fängt Metallspritzer ab.

Kapitel 6: Löten

6. Löten

Löten dient zum Verbinden metallischer Werkstoffe mit Hilfe eines geschmolzenen Zusatzmetalles (Lotes), dessen Schmelztemperatur tiefer als die der Grundwerkstoffe liegt. Dabei müssen die Berührungsstellen der Grundwerkstoffe durch flüssiges Lot benetzt werden, ohne selbst anzuschmelzen. Generell ist das Schweißen dem Löten vorzuziehen; in manchen Fällen kann aber Löten zweckmäßiger sein, beispielsweise

- bei sehr geringer Dicke eines Teiles oder beider Teile,
- zum Verbinden von Aluminium mit anderen Metallen,
- wenn eine Erwärmung auf Schweißtemperatur nicht zulässig ist,
- bei großflächigen Verbindungen,
- bei Serienfertigung kleinerer Einzelteile.

Beim Löten von Aluminium wird die Benetzung der Lötfläche mit dem flüssigen Lot durch die natürliche Oxidschicht erschwert. Beim mechanischen Entfernen dieser Oxidschicht durch Feilen, Schmirgeln oder Schaben wird sie durch den Einfluß des Luftsauerstoffes sofort erneut gebildet. Deshalb sind beim Aluminiumlöten – bis auf wenige Ausnahmen – Flußmittel erforderlich, die ein Auflösen oder Ablösen der Oxidschicht bewirken und die Lötstelle bis zur Beendigung des Lötvorganges gegen den Zutritt von Luftsauerstoff schützen.

Verfahren und Merkmale

Lötverfahren

Die Lötverfahren sind nach DIN 8505 genormt. Für die handwerkliche Fertigung sind die wichtigsten Verfahren

- H a r t l ö t e n (Arbeitstemperatur oberhalb 450 °C bis etwa 600 °C) und
- W e i c h l ö t e n (Arbeitstemperatur unterhalb 450 °C).

Entsprechend der Form der Naht bzw. der Art der Lötzuführung sind beide Verfahren anwendbar für

- Spaltlöten: zu verbindende Oberflächen liegen parallel mit Abstand $\leqq$ 0,5 mm;
- Fugenlöten: zu verbindende Oberflächen bilden V- oder X-förmige Lötstelle, Abstand $>$ 0,5 mm;

- Löten mit angesetztem Lot: es werden zuerst die Werkstücke auf Löttemperatur erwärmt und dann das Lot darauf abgeschmolzen;
- Löten mit eingelegtem Lot: Werkstücke und das in Nähe des Lotspaltes angebrachte Lot werden gemeinsam auf Löttemperatur erwärmt; Verwendung von Lotformteilen ist üblich.

Lötbarkeit

Tafel 6.1 gibt Auskunft über die Lötbarkeit von Aluminiumwerkstoffen nach beiden Verfahren. Bei Gußwerkstoffen wird Löten nur zur Reparatur und nur in Form von Flammlöten mit angesetztem Lot angewendet.

Tafel 6.1: Lötbarkeit von Aluminiumwerkstoffen

Vorsatz G = Gußwerkstoffe
Bemerkung: Löten von Gußwerkstoffen ist nur für Reparatur und nur mit Flammlöten mit angesetztem Lot möglich. Die Angaben beziehen sich auf Löten mit Flußmitteln.

Werkstofftyp	Hartlöten	Weichlöten	Bemerkungen
Reinaluminium*)	gut	gut	Einfluß auf Beständigkeit beachten
AlMn	gut	gut	Einfluß auf Beständigkeit beachten
AlMg	bedingt	bedingt	Mg > 1% bewirkt sehr zähe Oxidhaut
AlMgSi	gut	gut	Einfluß auf Festigkeit und Beständigkeit beachten.
AlCuMg	bedingt	gut	Hartlöten vermeiden, da Gefahr des Anschmelzens und Gefügeschädigungen möglich; beim Weichlöten Entfestigung möglich.
AlZnMg	bedingt	bedingt	Mg > 1% erschwert Hart- und Weichlöten durch zähe Oxidhaut; Weichlöt-Arbeitstemperaturen liegen in einem ungünstigen Temperaturbereich.
G-AlSi G-AlSi Mg G-AlSi Mg (Cu)	s. Bemerk.	gut	Hartlöten mit L-AlSi12 entspricht praktisch dem Schweißen; beim Hartlöten geht die Festigkeit ausgehärteter Teile auf den Zustand »weich« zurück; erneutes Aushärten ist möglich.
G-AlMg	abzuraten	abzuraten	Schweißen vorzuziehen! Beim Hartlöten Bildung spröder Zwischenschichten (Rißgefahr!); beim Weichlöten Bindefehler durch zähe Oxidhaut; Einfluß auf Beständigkeit.
G-AlSiCu	gut	gut	Schweißen vorzuziehen!

*) alle Reinheitsgrade

Eigenschaften von Lötverbindungen

Hartlötverbindungen. Die Festigkeit kann nahezu die von Schweißverbindungen erreichen (s. Tafel 6.2). Beim Hartlöten aushärtbarer und höher legierter Werkstoffe und von Gußlegierungen besteht die Gefahr des Anschmelzens, da die Arbeitstemperaturen beim Löten nur wenig unterhalb ihres Schmelzpunktes liegen. Die Festigkeit ausgehärteter oder kaltverfestigter Werkstoffe geht in der Wärmeeinflußzone auf die des Zustandes »weich« zurück. Aushärtbare Werkstoffe, deren Lösungsglühtemperatur unterhalb der Arbeitstemperatur des Lotes liegt, können nach dem Hartlöten einer Aushärtebehandlung unterzogen werden.

Hartlötverbindungen von Aluminium sind im allgemeinen gut beständig. Die chemische Beständigkeit einer mit L-AlSi12 gelöteten Verbindung an Aluminium, AlMn und AlMgSi steht derjenigen einer Schweißverbindung mit S-AlSi5-Zusatz nicht nach. Die meisten Hartlötverbindungen lassen sich anodisch oxidieren; es tritt aber eine mehr oder weniger starke Graufärbung der Lötstellen ein, die das Aussehen, nicht aber die Schutzwirkung der anodischen Schicht beeinträchtigt.

Weichlötverbindungen. Die Festigkeit und die Korrosionsbeständigkeit von Weichlötverbindungen sind wesentlich geringer als die von Hartlötverbindungen. Zum Weichlöten dienen niedrigschmelzende

Tafel 6.2: Eigenschaften von Lötverbindungen

	Hartlöten	Weichlöten
Zugfestigkeit	110 bis 180 N/mm² AlMgSi-Legierungen neu ausgehärtet bis 290 N/mm²	60 bis 100 N/mm²
Scherfestigkeit (Spaltlötung, überlappt)	Lot etwa 100 N/mm²	40 bis 80 N/mm²
Elektr. Leitfähigkeit	geringe Beeinträchtigung	keine Beeinträchtigung
Beständigkeit (Flußmittel restlos entfernt)	gut (gleichwertig einer Schweißverbindung mit ungleichem Zusatzwerkstoff	Verbindungen mit L-CdZn 20 und rel. gut, andere Weichlote ergeben bei Zutritt von Feuchtigkeit Kontaktkorrosion. Im allgemeinen ist Schutzanstrich erforderlich.
Anodische Oxidation	möglich, Schutzwirkung gut, Lötnaht wird dunkelgrau bis schwarz	nicht möglich (Anfressungen!)

Schwermetalle; bei Zutritt von Feuchtigkeit entsteht an der Berührungsstelle zwischen Leicht- und Schwermetallen ein elektrolytisches Element, unter dessen Einwirkung die Verbindung nach kürzerer oder längerer Zeit zerfressen wird (Kontaktkorrosion). Dies gilt für die Mehrzahl der Weichlötverbindungen an Aluminium. Aluminium-Weichlötverbindungen sind deshalb in der Regel nur in trockener Umgebung beständig, bzw. wenn sie zuverlässig vor Feuchtigkeitszutritt geschützt werden, z. B. durch Lackieren oder Einfetten. Aluminiumgegenstände mit Weichlötstellen können nicht anodisch oxidiert (eloxiert) werden und sollen nicht längere Zeit über etwa 100 °C erwärmt werden.

Die wichtigsten Eigenschaften von Hart- und Weichlötverbindungen sind in Tafel 6.2 aufgeführt.

Sicherheitsmaßnahmen

Die Berührung von Flußmitteln mit der Haut, besonders bei Hautwunden, ist zu vermeiden. Werkstatt oder Arbeitsplatz sind hinreichend zu lüften. Diese Hinweise sind auf jeder Packung angegeben. Bezüglich der Lüftung von Werkstatt und Arbeitsplatz siehe VBG 15 (Schweißen, Schneiden und verwandte Arbeitsverfahren). Bei Spritzern und Verätzungen ist wiederholtes Abspülen mit reinem Wasser notwendig, Verätzungen sollen nachfolgend ärztlich versorgt werden.

Hartlöten

Anwendungsbereiche

Bei Kehlnähten (T-Stößen, Ecknähten) und Überlappverbindungen, besonders an kleinen dünnwandigen Werkstücken, Rohrverbindungen und in der Massenfertigung, ist das Hartlöten vorteilhaft und häufig leichter und schneller auszuführen als das Schweißen. Solche Verbindungen ergeben durch das in der Hohlkehle glatt verlaufende Lot ein sauberes Aussehen. Daher ist wenig oder gar keine Nacharbeit erforderlich.

Bei allen Verbindungen mit Fugen oder Überlappungen hat Hartlöten gegenüber Gas- und E-Schweißen den Vorteil, daß bei sachgemäß ausgeführter Arbeit das flüssige Lot die Naht vollständig ausfüllt und somit alle Flußmittelreste daraus verdrängt, die zu späteren Ausblühungen und Korrosion Anlaß geben könnten. Hartlötstellen haben praktisch gleiche Farbe wie das Werkstück und lassen sich ebensogut beizen und polieren. Auch die technische anodische Oxidation (als

Korrosionsschutz) bereitet keine Schwierigkeiten; die anodisierten Hartlötstellen werden jedoch meist durch Farbunterschied sichtbar. Das Hartlötverfahren mit Aluminium-Hartlot kann zum Verbinden von blanken Aluminiumleitern mit Kabelschuhen aus Kupfer, Messing oder Aluminium verwendet werden. Kupfer- und Messingkabelschuhe müssen verzinnt oder verzinkt sein.

Bei Stumpfstößen und bei Arbeiten an dickeren Blechen, z. B. über 3 mm Dicke, sowie bei großen Werkstücken ist im allgemeinen das Schweißen vorzuziehen.

Hartlote

Die Normen für Lote wurden 1980 überarbeitet, DIN 8512 wurde zurückgezogen und durch eine neue Norm DIN 8513, Teil 4 ersetzt. Danach sind folgende Hartlote für Aluminium genormt:

- L-AlSi12 mit Arbeitstemperatur 590 bis 600 *C;
- L-AlSi7,5; L-AlSi10 für lotplattierte Bleche und Bänder.

L-AlSi12 kann in Form von Drahtstäben oder Drahtringen, in Form gegossener Stäbe oder als Kornlot bezogen werden. Während beim Flammlöten wahlweise mit angesetztem oder eingelegtem Lot gearbeitet werden kann, muß das Lot beim Ofenlöten, beim Löten im Flußmittelbad oder sonstigen Verfahren, bei denen die Lötstelle während des Lötvorganges nicht zugänglich ist, immer eingelegt sein. Bei allen Lötverfahren ist die Verwendung von Lotformteilen möglich.In diesem Buch wird nur das Flammlöten behandelt. Bei Verwendung von Fügeteilen aus lotplattierten Blechen ist eine gesonderte Lotzugabe nicht erforderlich.

Flußmittel

Flußmittel haben die Aufgabe, die Oxidhaut an der Lötfläche abzulösen, um ein Benetzen mit dem flüssigen Lot zu ermöglichen. Ihre Wirktemperatur liegt niedriger als bei Flußmitteln zum Schweißen. Nach DIN 8511, Teil 3, werden die Flußmittel zum Löten von Schwer- und Leichtmetallen entsprechend ihrer Wirktemperatur und ihrer wirksamen Hauptbestandteile in Gruppen eingeteilt. Für das Hartlöten von Aluminium sind 2 Flußmitteltypen genormt:

- Typ F-LH 1: Chlorid- und fluoridhaltige Flußmittel, deren Rückstände Korrosion bewirken; Flußmittelrückstände müssen mit verdünnter Salpetersäure und heißem Wasser abgewaschen werden; Lieferform: Pulver.

- Typ F-LH 2: Fluoridhaltige Flußmittel, deren Rückstände keine Korrosion bewirken; Lieferform: Pulver.

Für Flamm- und Ofenlöten wird das pulverförmige Flußmittel mit Wasser oder Alkohol zu einer Paste verrührt. Diese Paste wird dann mit einem Pinsel oder einer Bürste über den gesamten Bereich der Lötverbindung aufgetragen. Flußmittel sollen im Handel mit den genormten Typ-Kurzzeichen und der DIN-Nummer benannt werden, um dem Verbraucher die Anwendung und Auswahl zu erleichtern.

Hartlötvorgang

Die Lötstelle wird gereinigt und mittels Drahtbürste, Schaber oder Schmirgel metallisch blank gemacht, damit das Lot benetzen und fließen kann. Die Teile müssen in die richtige Lage gebracht und fixiert werden. Die Fixierung muß die Teile bis zum Erstarren des Lotes in ihrer Lage festhalten. Danach wird die Lötstelle auf Arbeitstemperatur des Lotes erhitzt. Dazu verwendet man Schweiß- oder Lötbrenner. Damit örtliche Überhitzungen oder gar Anschmelzen nicht vorkommen, ist die Flamme jeweils weich einzustellen und ständig zu bewegen.

Das Flußmittel wird entweder vor dem Erhitzen als Brei oder trocken aufgetragen, oder es wird zusammen mit dem vorher angewärmten Lotstab zugeführt. In dem Augenblick, in dem das Flußmittel flüssig wird und sich wie Wasser ausbreitet, ist die Arbeitstemperatur erreicht. Gleichzeitig damit wird das Lot zugeführt und zum Schmelzen gebracht. Das Werkstück muß so weit vorgewärmt sein, daß das flüssige Lot sich bei Berührung mit dem Werkstück sofort ausbreitet und sich nicht zu einem kugelförmigen Tropfen zusammenballt. Falls das Lot nicht allein in die Lötfuge oder genau an die gewünschte Stelle fließt, unterstützt man die Lötung, indem man mit einer erhitzten Metallspitze darüber streicht.

Nachbehandeln der Lötverbindung

Flußmittelrückstände müssen entfernt werden, um Korrosions- und Verunreinigungsproblemen zu begegnen; sie können ein vorzeitiges Versagen eines Bauteiles durch Korrosion sogar dann verursachen, wenn sie vollständig in Metall eingeschlossen sind. Die Lötstellen sind von Flußmittelresten wie folgt zu reinigen: Spülen in heißem Wasser oder mit Naßdampf (bei gut zugänglichen Lötstellen) bzw. Tauchen in 10 %ige Salpetersäure, danach Spülen mit heißem Wasser (bei komplizierten Werkstücken). Nach dem Abspülen der Flußmittelrückstände sollen die Werkstücke im Warmluftstrom getrocknet werden. Wie bereits erwähnt ist bei Verwendung eines Flußmittels vom Typ F-LH2 eine Entfernung der Flußmittelrückstände nicht zwingend erforderlich, bei der Möglichkeit von Wassereinwirkung (Witterung, Kondenswasser) aber dringend empfohlen.

Gestalten der Lötverbindung

Bei der Gestaltung der Verbindungsstellen muß berücksichtigt werden, daß die Lötfuge ein gutes Fließen des Lotes und ein Entweichen des Flußmittels ermöglicht. Bei geschlossenen Hohlkörpern muß außer-

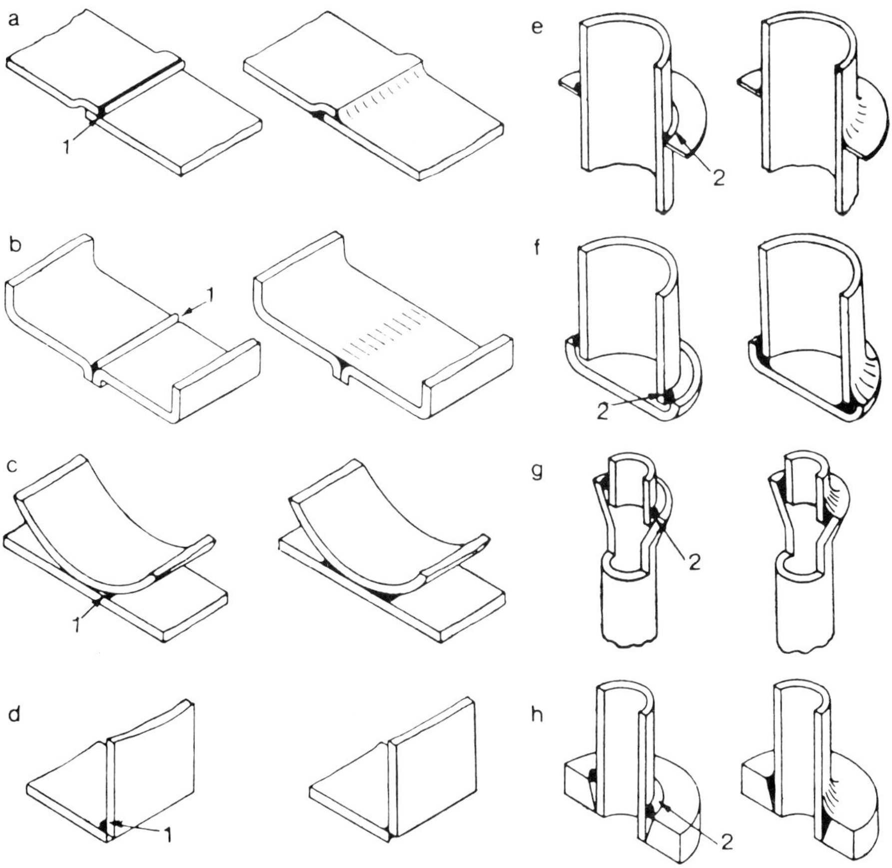

Bild 6.1: Fugenformen für das Flamm- oder Ofenlöten; a Überlappverbindung mit durchgesetztem Blech, b Bördelnaht, c Rohr mit Glattblech, d Ecknaht, e Rohr mit Rippe oder Rohrdurchführung, f Rohr mit Kappe, g Rohr mit Rohr, h Rohr mit Flansch oder Rohrboden, 1 Lotdraht, 2 Ring aus Lotdraht.

dem eine Abzugsmöglichkeit für die sich beim Hartlöten entwickelnden Gase vorgesehen werden. Der Lötspalt muß also einerseits weit genug geöffnet sein, damit das Flußmittel aus der Lötfuge herausgedrängt werden kann. Er muß jedoch eng genug sein, um eine Kapillarwirkung zu ermöglichen, die das flüssige Lot einzieht. Wird der Spalt zu eng gehalten, dann kann er nur das Flußmittel einsaugen, während das Einfließen des Lotes behindert wird. In letzterem Falle kann sich eine poröse Lötnaht mit Flußmitteleinschlüssen bilden. Letztere können auch entstehen, wenn man an beiden Enden einer Überlappung Lot einelegt; das Flußmittel wird dann von beiden Enden nach der Mitte hin gedrängt, es kann nicht entweichen und wird eingeschlossen. Es ist daher von grundlegender Bedeutung, daß das Lot nur in einer Richtung fließt.

Einige typische Fugenformen für das Flamm- und Ofenlöten, zeigen die Bilder 6.1a bis h.

Hinweise für sachgerechtes Hartlöten

Anfasen der Nahtflanken

Es ist üblich, Hartlötverbindungen als Kehl- oder Überlappnaht auszubilden (Spaltlöten). Muß aus irgendwelchen Gründen eine Stumpfnaht (Fugenlöten) gewählt werden, dann ist es ratsam, den Stumpfstoß auf der Seite, von der das Lot zugeführt wird, leicht anzufasen. Das flüssige Lot kann sich dort sammeln und satt in den Spalt hineinfließen. Gleiches trifft auch für Ecknähte zu. Hier wird das Lot in der Regel von innen zugeführt. Wenn das nicht möglich ist, dann erleichtert eine Fase an den Außenkanten das Löten (Bild 6.2).

Optimaler Lotspalt

Sehr geringer, gleichmäßiger Abstand zwischen den zu lötenden Flächen ergibt die höchste Festigkeit der Lötverbindung. Empfohlen wird ein Lotspalt von 0,1 bis 0,3 mm. Wenn der Abstand der Lötflächen voneinander größer als 0,5 mm ist, vermag das flüssige Lot nicht mehr in den Spalt einzudringen.

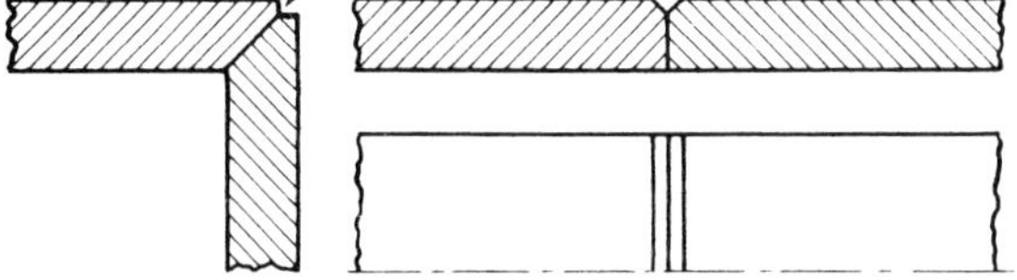

Bild 6.2:
Anfasen der Fügeteile bei Hartlöt-Stumpfnähten

Einlegen des Lotes

Unbedingt zu vermeiden ist es, das Lot an beiden Enden einer Überlappung einzulegen oder anzusetzen. Das Lot muß durch Kapillarwirkung in den Spalt »einschießen« und das Flußmittel vor sich her aus dem Spalt treiben. Das ist nicht möglich, wenn das Flußmittel zwischen zwei »Lotfronten« eingeschlossen ist. Die Folge sind Fehlstellen in der Lötnaht und Korrosionsgefahr, weil auch völlig eingeschlossene Flußmittelrückstände Korrosion verursachen können.

Hartlötverbindungen an Rohren oder Rohren in Verbindung mit Blechen lassen sich als Löten mit eingelegtem Lot sauber und wirtschaftlich ausführen. Dazu biegt man den erforderlichen Abschnitt eines Lotdrahtes auf den inneren Rohrdurchmesser, schiebt ihn federnd in das Rohr ein (Bild 6.3) und setzt etwas Flußmittel zu. Die zu verbindenden Teile werden aufeinandergesetzt und es wird so lange Wärme zugeführt, bis das Lot schmilzt und an der Außenfläche gerade sichtbar wird. Dann wird die Wärmequelle sofort entfernt. Setzt man dagegen das Lot von außen zu, läuft es auch über die Werkstückoberfläche.

Ausreichend hohe Löttemperatur

Ist infolge zu geringer Vorwärmung des Werkstücks das Lot nicht genügend durchgelaufen, hilft ein Nachwärmen der Lötstelle nicht mehr, das Lot vollends durchlaufen zu lassen. Wird nun weiter Wärme zugeführt, tritt ein in die Tiefe gehendes Legieren des Lotes mit dem Werkstück ein, ohne daß vollständige Verbindung zwischen den Fügeteilen eintritt (Bild 6.4). In einem solchen Falle ist die Lötung erneut auszuführen.

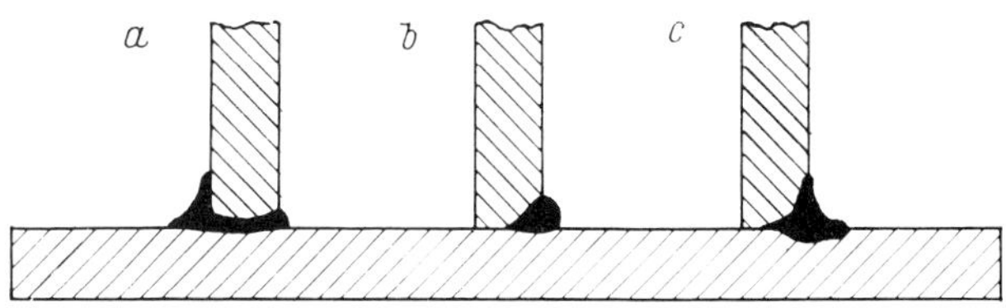

Bild 6.4 a bis c: Lotlauf bei sachgemäßer Vorwärmung (a), ungenügender Vorwärmung (b) und ungenügender Vorwämung mit abermaligem Erwärmen der Lötstelle (c).

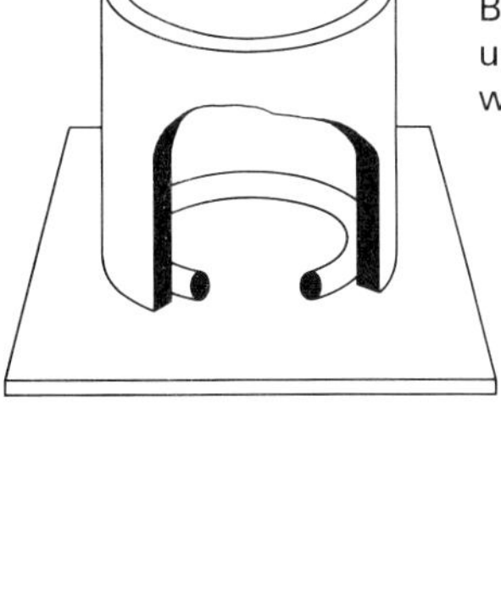

Bild 6.3: Vorbereitung für das Auflöten eines Rohres auf einen Blechzuschnitt durch Einlegen eines Lötdrahtringes in das Rohr.

Gleichmäßige Löttemperatur

Beim Löten ist zu beachten, daß durch Größe und Lage der Fügeteile das Einbringen der Lötwärme unterschiedlich schnell erfolgt. Gleichmäßige Löttemperatur läßt sich z. B. bei einem T-Stoß leichter erreichen, wenn man dem unteren Blech mehr Wärme zuführt, denn sie steigt von selbst in das obere Blech. Beim Verbinden zwei verschieden großer Werkstücke ist dem größeren mehr Wärme zuzuführen, um beide auf gleiche Temperatur zu bringen.

Man bringt auf jedes Stück in der Nähe der Verbindungsstelle mit dem Lötstab eine Flußmittelperle auf. Die Wärme ist so zuzuführen, daß die Perlen gleichmäßig schmelzen und sich ausbreiten. Andernfalls ist dem in der Erwärmung zurückgebliebenen Stück mehr Wärme zuzuführen.

Richtige Wärmeübertragung auf das Flußmittel

Die Flamme darf nicht auf das Flußmittel gerichtet sein, sonst schmilzt dieses bevor das Werkstück die Löttemperatur erreicht hat. Die Wärme ist stets vom Werkstück auf das Flußmittel zu übertragen. Es schmilzt dann zu dem Zeitpunkt, in dem das gesamte Werkstück die entsprechende Temperatur hat. Sie liegt rd. 50 °C unter dem Schmelzpunkt des Lotes.

Gleichmäßiges Abschmelzen des Lötzusatzes

Unter den Flammenkegel ist stets nur der Anfang des Zusatzstabes zu bringen, um kontinuierliches Abschmelzen und Verbinden zu sichern. Die Bilder 6.5a bis c zeigen sachgerechtes und falsches Löten.

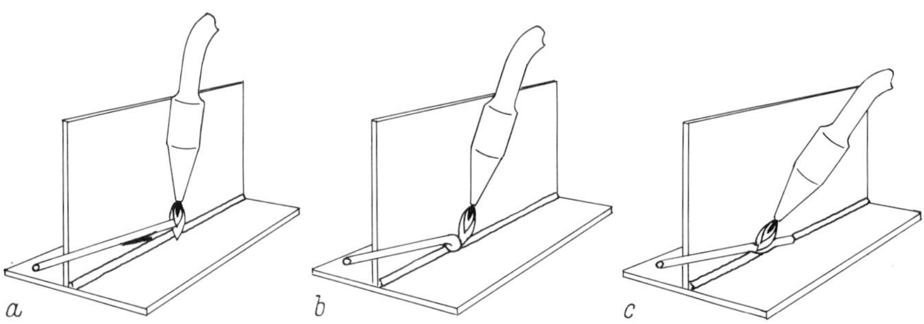

Bilder 6.5 a bis c: Sachgerechtes und fehlerhaftes Abschmelzen des Lotstabes; a richtige Zuführung des Lotes; b falsche Zuführung des Lotes; c falsches Abschmelzen (bei angesetztem Lot soll das Lot bei Kontakt mit den heißen Fügeteilen schmelzen)

Weichlöten

Anwendungsbereiche

Im Vergleich zum Schweißen und Hartlöten hat das Weichlöten von Aluminium geringere Bedeutung. Weichlöten ist dann angebracht, wenn in bestimmten Fällen die im Vergleich zum Schweißen oder Hartlöten geringere Arbeitstemperatur Vorteile bringt und dabei die geringere chemische Beständigkeit und Festigkeit in Kauf genommen werden kann. Allerdings ist die niedrigere Arbeitstemperatur keine Gewähr dafür, daß wärmeempfindliche Werkstoffe an den Fügeteilen weniger geschädigt werden, da durch die länger dauernde Prozedur und die gute Wärmeleitfähigkeit von Aluminium der Temperaturgradient in den Fügeteilen erheblich flacher verläuft. Vorteilhaft sind die verhältnismäßig einfachen und leicht transportablen Geräte (Flüssiggasbehälter und Gas-Luft-Brenner), die überall ohne fremde Energiequelle anzuwenden sind. Gegenüber dem Gasschweißen besteht außerdem der Vorteil, daß auch ohne Flußmittel gelötet werden kann.

Man macht vom Weichlöten hauptsächlich in der Elektrotechnik und bei der Ausbesserung von Schönheitsfehlern an Aluminiumgußstükken Gebrauch. Auch für die Verbindung mit anderen Metallen ist das Weichlöten geeignet. Weichlöten ist dagegen nicht angebracht, wenn Verbindungen ungeschützt der Atmosphäre oder feuchter Innenraumluft ausgesetzt werden sollen. Es ist darüberhinaus nicht anwendbar für Verbindungen, die mit Salzen und deren Lösungen, Laugen oder Säuren in Berührung kommen, sowie für Teile, deren Betriebstemperatur längere Zeit über 80 °C liegt. Weichgelötete Teile können nicht anodisiert werden.

Für die Ausbesserung von Aluminiumgeschirr, das der Zubereitung und Aufbewahrung von Speisen und Getränken dient, ist Weichlöten nicht zulässig.

Tafel 6.1 gibt Auskunft über die Weichlötbarkeit der Aluminiumwerkstoffe. Uneingeschränkt weichlötbar sind dagegen alle Aluminium Werkstoffe bei Anwendung des Reiblötverfahrens. In allen Fällen ist der Einfluß des Weichlotes auf die verminderte Beständigkeit des Werkstücks zu beachten, bei AlZn4,5Mg1 beseitigt die Temperatur beim Weichlöten die Fähigkeit zum Selbstaushärten. Bei aushärtbaren Aluminiumwerkstoffen ist der Festigkeitsabfall durch die Wärmeeinwirkung zu berücksichtigen. Neuaushärtung ist nicht möglich, weil die Lösungsglühtemperatur höher liegt als der Schmelzpunkt der Weichlote.

Weichlöten wird hauptsächlich für Reinaluminium aller Reinheitsgrade verwendet.

Weichlötverfahren

Die Lötverfahren unterscheiden sich vom Löten der Schwermetalle und weichen vom Löten mit Zinn ab. Es ist deshalb besondere Sorgfalt und Übung erforderlich. Blei-Zinn-Lote sind ungeeignet. Lötwasser und Salmiak sind wirkungslos. Für das Weichlöten von Aluminium sind handwerklich vier Verfahren üblich:

- Reiblöten,
- Ultraschall-Löten,
- Löten mit lotbildendem Flußmittel (Typ F-LW1),
- Löten mit Weichlotflußmitteln Typ F-LW 2 und F-LW 3.

Das »Tauchlöten« ist kein handwerkliches Lötverfahren und wird daher hier nicht behandelt.

Die Arbeitstemperaturen für das Weichlöten von Aluminium liegen bei den genormten Loten zwischen 200 und 300 °C. Mit Ausnahme des Tauchlötens erfolgt die Wärmezufuhr meist mit der Lötflamme. Mit dem Lötkolben werden nur dünne Bleche und Drähte gelötet. Die Wirktemperaturen der neu entwickelten organischen Flußmittel Typ F-LW 2 und F-LW 3 sind den Arbeitstemperaturen der Weichlote angepaßt, so daß auch beim Weichlöten Flußmittel verwendet werden können. Die Vorbereitung der Lötflächen (Reinigen, Entfetten und Entfernen der Oxidhaut) erfolgt in gleicher Weise wie beim Hartlöten.

Reiblöten.

Beim Reiblöten ist kein Flußmittel erforderlich. Das Lot wird auf dem auf Arbeitstemperatur erwärmten Werkstück gerieben; dabei bildet sich eine dünne Schicht aus geschmolzenem Lot, durch die hindurch die Oxidschicht mit Drahtbürste, Glasfaserpinsel oder Schaber zerstört wird. Das kann auch mit dem Lotstab selbst erfolgen. Die flüssige Lotschicht schützt vor erneuter Oxidation. Die Festigkeit der Lötverbindung ist um so größer, je sorgfältiger das Einreiben geschieht und je höher man dabei erwärmt. Sie ist also wesentlich von der Ausführung abhängig. Wegen der umständlichen Arbeitsweise ist das Reiblöten weniger für die Fertigung als für Reparaturarbeiten geeignet.

Aluminium-Weichlote werden in Lötspalte bedeutend weniger tief eingezogen als die dünnflüssigeren Zinnlote. Man muß daher beide Teile getrennt mit Lot überziehen, zusammenfügen und unter erneuter Erwärmung verschmelzen, was diese Arbeit gegenüber dem Hartlöten und Schweißen wie auch gegenüber dem Weichlöten der Schwermetalle umständlich macht. Für kleine Teile (Folien, dünne Drähte) ist das Kolbenlöten anwendbar. Es wird ein Lötkolben aus Kupfer oder Nickel verwendet, der verhältnismäßig groß sein und nahezu bis Rotglut erhitzt werden muß. Dieser Kolben ist durch Einreiben mit dem Lot zu überziehen. Reinigen und Metallisieren (Verzinnen) ist nötigenfalls mit der Drahtbürste vorzunehmen. Zur Ausführung der Lötung ist die blankgemachte Stelle mehrfach mit dem Kolben leicht zu reiben, wobei nach Bedarf Lot zuzuführen ist.

Geeignete Reiblote sind (Reiblöttemperatur in Klammern):
- L-SnZn10 (210 °C)
- L-SnZn40 (260 °C)

Ultraschall-Löten.

Das Ultraschallverfahren vereinfacht die Arbeitsweise des Reiblöten und die Bindung des Lotes wird sicherer als beim mechanischen Zerreiben der Oxidhaut. Das Anwendungsgebiet ist auf Folien und dünne Drähte begrenzt. Wie beim Hartlöten muß naturgemäß auch beim Weichlöten das Werkstück so lange vor Erschütterung und Verschieben geschützt werden, bis das Lot erstarrt ist. Es wird vorzugsweise das Reiblot L-SnZn10 verwendet. Die Arbeitsfolge ist die gleiche wie beim Reiblöten, die Zerstörung des Oxidfilms erfolgt jedoch durch einen aufgesetzten Ultraschallgeber (Ultraschall-»Lötkolben«). Die Zerstörung des Oxidfilms mit Ultraschall beruht auf Kavitationswirkung; sie ist nur möglich, wenn eine ausreichend dicke, flüssige Lotschicht auf der Oberfläche vorhanden ist. Das Verfahren dient im allgemeinen nur zum Verzinnen der Lötstellen, die Herstellung der Lötverbindung erfolgt mit Stangenlot und Lötflamme.

Wesentlich größere Bedeutung hat das Weichlöten im ultraschallerregten Lotbad (Tauchlöten). Es wird angewendet z. B. beim Löten von Umkehrbogen an Wärmeaustauschern und Ecken an Abstandshalterprofilen für Isolierglas. Als Lot wird L-ZnAl5 verwendet.

Löten mit lotbildendem Flußmittel.

Diese Verfahrensvariante wurde früher Reaktionslöten genannt. Das Lot ist in Form von Salzen (Chloride oder Fluoride) des Zinns und Zinks in den Flußmitteln enthalten (Lötsalz). Dieses Salz wird auf das Werkstück aufgetragen und letzteres erhitzt. Bei Arbeitstemperatur reagieren die Salze mit dem Aluminium und zerstören die Oxidhaut. Das Lot wird freigesetzt und scheidet sich auf dem Aluminium als dünner Lotfilm ab, der aber für eine Verbindungslötung im allgemeinen nicht ausreicht. Lotbildende Flußmittel (Typ F-LW1 nach DIN 8511 T. 2) werden daher meist unter Zusatz von Weichlot L-SnZn40 verarbeitet. Die Salzrückstände müssen restlos abgewaschen werden.

Löten mit Weichlötflußmitteln.

Die Flußmittel des Typs F-LW2 haben eine niedrige Wirktemperatur mit einem Schmelzbereich von 200 bis 350 °C. Sie ermöglichen das Weichlöten von Aluminium in ähnlicher Weise, wie es bei Schwermetallen üblich ist. Die Weichlötflußmittel haben organische Bestandteile, die gegen Überhitzen sehr empfindlich sind. Beim Flammlöten darf deshalb die Flamme nicht auf das Flußmittel gerichtet sein. Für das Löten mit Weichlötflußmitteln werden die Lote L-CdZn20 (280 °C) und L-SnZn40 (260 °C) verwendet.

Weichlote und Flußmittel

Die Weichlote sind nach DIN 1707 genormt. Von den 4 empfohlenen Loten sind 3 für das Reiblöten geeignet,

- L-SnZn10, ein Reiblot, das hauptsächlich für das Weichlöten mittels Ultraschall entwickelt wurde; Arbeitstemperatur 210 °C;
- L-SnZn40, ein modellierfähiges Reiblot, das auch zum Löten mit lotbildenden Flußmitteln des Typs F-LW1 geeignet ist; letzteres entspricht dem früheren »Reaktionslot«; das Lot ist auch zum Löten mit Kolben geeignet; Arbeitstemperatur 260 °C;
- L-CdZn20, am wenigsten korrosionsanfälliges Weichlot zur Verwendung mit einem Flußmittel des Typs F-LW2; Arbeitstemperatur 280 °C;
- L-ZnAl5, Weichlot für Verwendung beim Ultraschall-Löten (Tauchlöten); Arbeitstemperatur 400 °C.

Die Grenzen für die Zusammensetzung der einzelnen Lote sind in der Norm nicht sehr eng gezogen. Daher können bei den Schmelzbereichen, Arbeits- bzw. Reiblöttemperaturen Unterschiede auftreten. Die Lote sind als Lotdraht in gepreßter oder gezogener Ausführung oder auch als gegossene Lotstangen handelsüblich.

Für das Weichlöten können (nicht in jedem Falle) Flußmittel verwendet werden. Nach DIN 8511, Teil 2, sind 3 Flußmittel für das Weichlöten von Aluminium genormt. Typen und Anwendungsbereiche sind:

- F-LW1, sogenanntes lotbildendes Flußmittel, das beim Löten mit Aluminium reagiert und Schwermetall ausscheidet, das als Lot wirkt (früher Reaktionslot genannt);
- F-LW2, F-LW3, Flußmittel speziell in Verbindung mit den Weichloten L-CdZn20 und L-SnZn40 zu verwenden; diese Flußmittel enthalten organische Bestandteile, die nicht über 300 °C erwärmt werden dürfen.

Bei der Typenbezeichnung bedeuten F = Flußmittel; L = Leichtmetall; W = Weichlöten; Zahlen 1 bis 3 beziehen sich auf die in der Norm angegebenen Bestandteile und Eigenschaften der Flußmittel.

Kapitel 7: Kleben

7. Kleben

Allgemeines

Kleben von Metallen oder von Metallen mit Nichtmetallen ist nach DIN 8593 »Fügen durch Stoffvereinigen«. Beim Kleben wird die Verbindung durch eine dünne Schicht eines Klebstoffes hergestellt. Kleben ist für konstruktive Anwendungen ein verhältnismäßig »junges« Fügeverfahren; die dabei verwendeten Klebstoffe werden im Gegensatz zu Leimen und »Allesklebern« auch als »Konstruktionsklebstoffe« bezeichnet.

Die Festigkeit einer Klebverbindung ergibt sich aus der Bindefestigkeit auf den Fügeteilen (Adhäsion) und der mechanischen Festigkeit des Klebstoffes (Kohäsion). Da die Festigkeit der Klebschicht gegenüber der Festigkeit der Metalle geringer ist, muß die Klebfläche genügend groß sein. Die Klebverbindung muß so gestaltet werden, daß die zu übertragenden Kräfte nur in Richtung der Klebebene angreifen (Scherkräfte). Biege-, Zug- und Schälkräfte können nur in sehr geringem Maße übertragen werden. Bei optimaler Ausführung der Klebverbindung und bei ausreichend hoher Fügeteilfestigkeit und entsprechend hoher Schubbeanspruchung erfolgt ein Trennen in der Klebstoffschicht.

Klebstoffe

Für die Verarbeitung von Aluminium gibt es keine speziellen Klebstoffe. Die üblichen Klebstoffe werden sowohl für andere Metalle als auch für das Kleben von Nichtmetallen verwendet. Für Klebstoffe, die sowohl gute Adhäsion auf Metallen erzielen als auch gute Festigkeit und Beständigkeit aufweisen, führt sich in zunehmendem Maße die Bezeichnung »Konstruktionsklebstoff« ein.

Für das Kleben von Aluminium geeignete Klebstoffe sind in der Regel flüssige Kunststoffe, die durch Wärmezufuhr bzw. bei Raumtemperatur mittels Härter auf chemischem Wege oder durch Reaktion mit der Werkstückoberfläche abbinden. Man unterscheidet die Konstruktionsklebstoffe deshalb nach ihren Verarbeitungsbedingungen bzw. dem Abbindemechanismus wie folgt:

- bei Raumtemperatur abbindende Zweikomponenten-Kaltklebstoffe (meist Epoxidharz oder Methacrylatharz, auch Polyesterharz und Polyurethan)

- Warmabbindende Einkomponenten-Klebstoffe (meist Epoxidharze)
- Unter Luftabschluß durch Reaktion mit der Metalloberfläche bzw. an dieser gebundenen Luftfeuchtigkeit anaerob oder quasi anaerob abbindende (monomere) Klebstoffe (Polyacryldiesterharz bzw. Cyanacrylatharz).

Bei Raumtemperatur (»kalt«) abbindende Klebstoffe werden in den meisten Fällen aus getrennt angelieferten Bindemitteln und Härtern in vom Lieferanten festgelegten Verhältnis miteinander vermischt und danach sofort verarbeitet, weil mit dem Vermischen von Bindemitteln und Härter die Vernetzung beginnt. Die Zeitspanne, innerhalb der ein Klebstoff verarbeitet werden muß, wird als Topfzeit bezeichnet. Die Abbindezeit kalt aushärtender Klebstoffe kann durch Erwärmen wesentlich abgekürzt werden.

In der Wärme abbindende Klebstoffe können auch in fester Form angeliefert werden, sie verflüssigen sich bei Erwärmung. Während diese warm abbindenden Klebstoffe nach Erkalten eine allmähliche Festigkeitserhöhung durch Vernetzung erfahren, weisen Schmelzklebstoffe nach Abkühlen auf Raumtemperatur ihre Endfestigkeit auf; sie sind in ihrer Wirkungsweise Weichloten vergleichbar. Die Bedeutung von Schmelzklebstoffen für das Kleben von Metallen ist derzeit noch gering.

Reaktionsklebstoffe (z. B. Polyacryldiesterharze) sind meist dünnflüssig und wurden entwickelt für das Abdichten und Sichern von Bolzen in Muttergewinden durch Eindringen in die fertige Schraubverbindung. Sie werden in zunehmendem Umfang auch für Klebverbindungen des Types »Welle mit Nabe« verwendet und in mikroverkapselter Form auf Teilen von Schraubengewinden aufgetragen. Die Reaktionsklebstoffe ermöglichen auch eine Anwendung zum Abdichten von Spalten an punktgeschweißten oder genieteten Aluminiumteilen, die nach dem Fügen anodisiert werden oder flüssigkeitsdicht sein sollen. Mit solchen Flüssigkunststoffen gesicherte Schraubverbindungen lassen sich durch Erwärmen auf 80 bis 90 °C leicht wieder lösen.

Tafel 7.1 gibt Anhaltswerte für typische Eigenschaften von Konstruktionsklebstoffen. Die Klebstoffe greifen Aluminium normalerweise nicht an.

Kontaktklebstoffe auf Basis Synthesekautschuk mit Lösungsmitteln, die auf beide zu verbindenden Flächen aufgetragen werden und vor Zusammenlegen »ablüften« müssen, sind keine Konstruktionsklebstoffe; ebensowenig trifft dies für die folienförmigen, auf »Siliconpapier« gelieferten Übertragungsklebstoffe zu, die u. a. für die selbstklebende Ausrüstung dünner Aluminiumbänder und Aluminiumfolien verwendet werden. Es werden jedoch auch Konstruktionsklebstoffe in Folienform verarbeitet.

Tafel 7.1: Typische Eigenschaften von Konstruktionsklebstoffen
(Nach Herstellerangaben, ohne Gewähr! Die teilweise großen Spannen ergeben sich durch Zusammenfassen unterschiedlicher Rezepturen).

Klebstoff-basis	Liefer-form[1])	Topf-zeit in min	Abbindebedingungen[2]) Tempe-ratur in °C	50 % Zeit in min	100 % Zeit in min	Mittlere Zug-scherfestig-keit in N/mm² 20 °C	80 °C	Bemerkung
Epoxidharz	E/St, P	–	150 180		3 bis 4h 30 bis 60	32	30	Warm- härtende Klebstoffe
	E/Fl	–	150 200		1 h 30	23	25	
	Z/Fl, Pa	30 bis 90	20 60 125	1 bis 24h 60 30	3 bis 7d bei RT	16 bis 30	3 bis 8	Kalthärtend, Wärme be- schleunigt
Methacrylat	Z	5 bis 30	20	30 bis 120	1 bis 8h	20 bis 30	10 bis 20	Kalthärtend
Polyurethan	Z	60 bis 80	20 60 100	24h 1 bis 2h 30	3 bis 7d 2 bis 7h 45 bis	5 bis 20	2 bis 3	Kalthärtend, Wärme be- schleunigt
					150			
Polyester	Z	7 bis 40	20	16 bis 60	12h	–	–	Kalthärtend
Cyanacrylat	E/Fl E/Fl E/Fl	– – –	20 20 20	0,5 bis 1 3s 10 bis 90	10h 24 bis 48h	17 bis 25 18 26 bis 28	12 bis 17 17 bis 18	Schnell- Kleb- stoffe
Polyacryl- diester	E/Fl E/Fl	– –	20 20	1 bis 3 1 bis 3	180 180	12 bis 15 20 bis 25	9 bis 11 20 bis 25	anaerob abbindend

[1]) E = Einkomponenten-, Z = Zweikomponenten-Klebstoff, St = Stange, P = Pulver, Fl = Flüssigkeit, Pa – Pastös
Bei Zweikomponenten-Klebstoffen ist das Bindemittel immer flüssig, der Härter pastös oder pulverförmig.

[2]) 50% = 50 % der Endfestigkeit, 100% = Endfestigkeit
Bei warmhärtenden Epoxidharzen sind etwa 50 % der Endfestigkeit nach Abkühlen auf Raumtemperatur (RT) erreicht.
s = Sekunden, h = Stunden, d = Tage

Klebverbindungen

Vor- und Nachteile von Aluminium-Klebungen

Vorteile von Klebverbindungen in der Aluminiumverarbeitung sind:

- Veränderungen des Werkstoffzustandes durch Wärmeeinfluß entfallen, sie sind auch bei richtiger Ausführung bei Verwendung warmhärtender Klebstoffe meist vernachlässigbar gering;
- es können alle Aluminiumwerkstoffe und diese mit den meisten Metallen und Nichtmetallen dauerhaft verbunden werden;
- gegenüber Niet- und Schraubverbindungen günstigere Spannungsverteilung durch Fortfall der Spannungsspitzen an den Lochrändern;
- Überlappungsspalte werden abgedichtet.

Nachteile von Klebverbindungen in der Aluminiumverarbeitung sind:

- Es sind nur überlappende Anschlüsse ausführbar, die Beanspruchung darf nur auf Schub in Klebflächenebene erfolgen;
- für die Klebflächenvorbehandlung kann beträchtlicher Aufwand erforderlich sein;
- zwischen Ausführung des Klebens und voller Belastbarkeit der Klebverbindung können bis zu 5 Tage liegen;
- schlechte Wärme- und Witterungsbeständigkeit dauernd belasteter Klebverbindungen; (die im Flugzeugbau verwendeten, wesentlich besser beständigen Phenolharze erfordern hohen Aufwand an Spannvorrichtungen und Einrichtungen für das Warmhärten).

Merkmale von Aluminium-Klebungen

Klebverbindungen dürfen nur durch parallel zur Klebfläche angreifende Kräfte, d. h. nur auf Schub beansprucht werden (Bild 7.1). Ideal sind in dieser Hinsicht Steckverbindungen wie Rohr-Muffe und Welle-Nabe sowie Nut-Feder-Verbindungen, weil bei allen diesen Verbindungen Zugkräfte und die am ungünstigsten auf Klebverbindungen einwirkenden Schälkräfte (linienförmig fortschreitendes Aufreißen der Klebung durch am Ende einer Überlappung senkrecht zur Klebfläche angreifende Zugkräfte) durch Formschluß vermieden wird. Bild 7.2 zeigt günstige und ungünstige Verbindungsformen. Die Festigkeit einer Klebverbindung wird als Zugscherfestigkeit angegeben. Sie ergibt sich aus Bruchkraft F der auf Abscheren in der Klebfläche beanspruchten Klebfläche in N geteilt durch den Betrag der Scherfläche in mm^2.

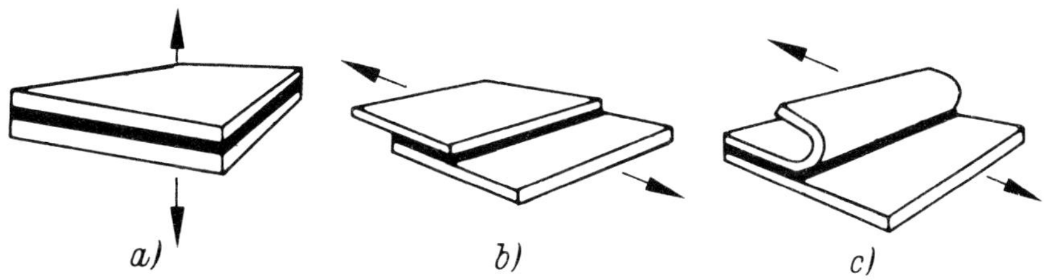

Bild 7.1: Grundbeanspruchungsarten für Klebverbindungen; a) Zug, ungünstig; b) Scheren, günstig; c) Schälen, ungünstig

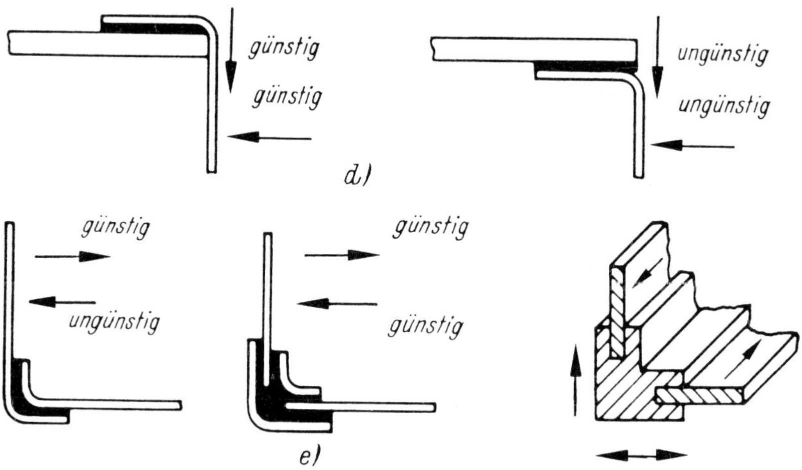

Bild 7.2: Vermeiden von Zug- und Schälbeanspruchung durch konstruktive Maßnahmen.

Ausführungsbeispiele

1. Beispiel

Zwei 20 mm breite, 1 mm dicke Blechstreifen aus AlMg3F24 wurden mit 10 mm Überlappungslänge zusammengeklebt (Klebfläche = Scherfläche A = 20 mm mal 10 mm = 200 mm^2); bei einer axialen Zugbelastung von F = 4000 N bricht die Verbindung in der Klebfläche. Die Zugscherfestigkeit τ_B ist dann:

$$\tau_B = \frac{F}{A} = \frac{4000}{200} = 20 \text{ N/mm}^2$$

Durch ungleichmäßige Zugspannungsverteilung in Klebverbindungen (die Spannung ist an den Überlappungsenden am höchsten) und dadurch bewirkte ungleichmäßige elastische oder auch plastische (bleibende) Verlängerung der Fügeteile ist die erzielbare Zugscherfestigkeit nicht nur vom Scherwiderstand des verwendeten Klebstoffes und seiner Bindung am Fügeteil, sondern auch von der Festigkeit des Fügeteilwerkstoffs, der Dicke des Fügeteils und von der Überlappungslänge abhängig.

Man kann vereinfacht annehmen, daß eine Überlappungslänge $l_ü$ von der zehnfachen Blechdicke t eine optimale Ausnutzung des Klebstoffs ergibt:

$l_{ü\ optimal} = 10 \cdot t$

Bei Verringerung der Überlappungslänge auf weniger als $10 \cdot t$ steigt zwar die Zugscherfestigkeit, nicht aber die ertragbare Zugkraft; bei Vergrößerung der Überlappungslänge auf über $10 \cdot t$ steigt die ertragbare Zugkraft, die Zugscherfestigkeit (Zugkraft je mm^2 Klebfäche) nimmt jedoch ab. Einfluß auf die Zugscherfestigkeit haben außerdem der Elastizitätsmodul E, der den Betrag der elastischen Längung bestimmt, und die 0,2-Grenze (Streckgrenze), bei deren Überschreitung plastische (bleibende) Verlängerung eintritt. Der Einfluß von Blechdicke, Überlappungslänge und Festigkeit des Blechwerkstoffes ist auf den Bildern 7.3 bis 7.5 dargestellt.

2. Beispiel

Nach Bild 7.4 beträgt die Zugscherfestigkeit τ_B einer Klebverbindung an 1 mm dickem Blech aus AlCuMg2pl (pl bedeutet bei AlCuMg: walzplattiert mit Reinaluminium)

bei $l_ü$ = 10 mm: ca. 32 N/mm^2,
bei $l_ü$ = 20 mm: ca. 22 N/mm^2,
bei $l_ü$ = 30 mm: nur noch ca. 16 N/mm^2.

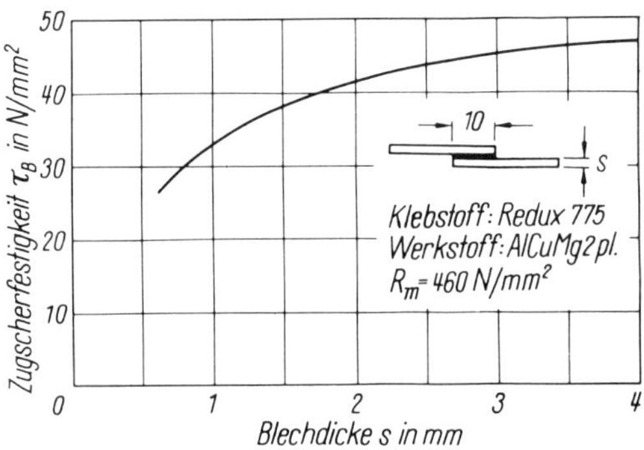

Bild 7.3: Einfluß der Blechdicke auf die Zugscherfestigkeit; Kleber: warmhärtendes Phenolharz + Vinylharz.

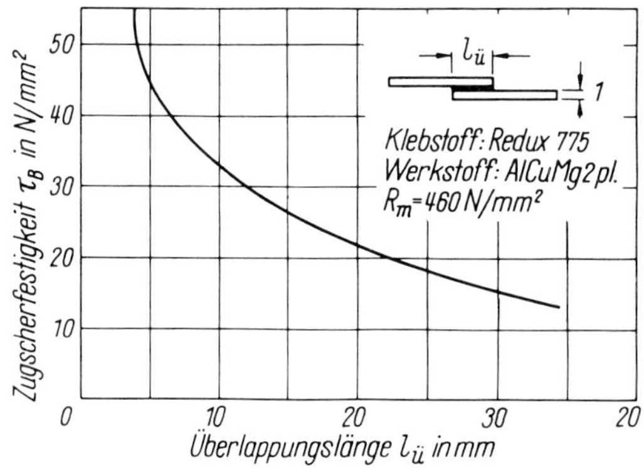

Bild 7.4: Einfluß der Überlappungslänge auf die Zugscherfestigkeit; Klebstoff: warmhärtendes Phenolharz + Vinylharz.

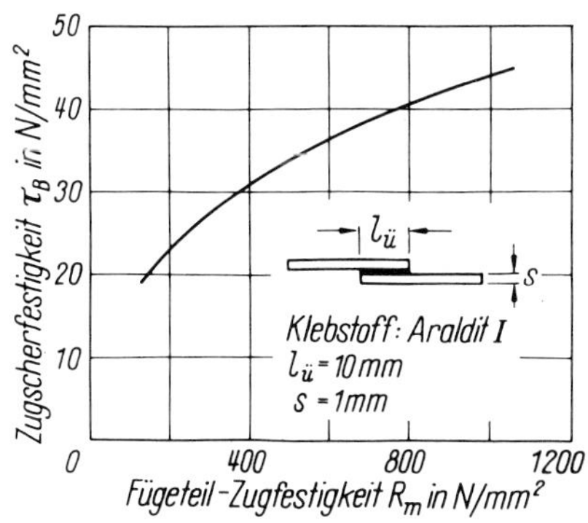

Bild 7.5: Einfluß der Fügteilwerkstoff-Festigkeit auf die Zugscherfestigkeit; Klebstoff: warmhärtendes Epoxidharz.

Die Bruchlast F errechnet sich bei einem 10 mm breiten Streifen aus $F = \tau_B \cdot A$ ($A = l_ü \cdot b$); sie beträgt danach für $l_ü$ = 10 ca. 3200 N; für $l_ü$ = 20 ca. 4400 N und für $l_ü$ = 30 ca. 4800 N. Bei 4800 N Zugbeanspruchung ergibt sich im Probenquerschnitt 10 mm x 1 mm eine Spannung von 480 N/mm², die höher als die Streckgrenze von AlCuMg2 ist; damit ist bereits plastische Verlängerung eingetreten.

Wesentlichen Einfluß auf die Zugscherfestigkeit einer Klebverbindung hat außerdem die Zusammensetzung des Fügeteilwerkstoffes, da bestimmte Legierungsbestandteile sich ungünstig auf die Bindung (Adhäsion) auswirken können, die außerdem noch von der Oberflächenbeschaffenheit des Fügeteils abhängig ist. Bei hoch beanspruchten Klebverbindungen müssen die Klebflächen nicht nur einwandfrei entfettet, sondern auch durch mechanische (Bürsten, Schleifen, Strahlen) oder chemische Maßnahmen (Beizen, Anodisieren, Chromatieren) »aktiviert« werden. Bei Aluminiumwerkstoffen gilt vereinfacht, daß bei gleicher Art der Vorbehandlung die Bindung um so besser ist, je reiner das Metall ist. Von den üblichen Legierungsbestandteilen wirkt sich Mangan am wenigsten, Magnesium am nachteiligsten auf die Bindung aus.

Die Klebflächenvorbehandlung hat außer auf die Bindung auch Einfluß auf das Langzeitverhalten von Klebverbindungen, insbesondere wenn diese der Witterung ausgesetzt sind: Da die Klebstoffe Kunststoffe und als solche nicht wasserdampfdiffusionsdicht sind, kann Luftfeuchtigkeit in den Klebstoffilm eindiffundieren und an den Grenzflächen Metall/Klebstoff mit dem Metall reagieren, d. h. das Metall korrodiert (Aluminium) oder rostet (Stahl). Je loser die Reaktionsprodukte auf dem Metall haften, um so geringer wird die wirksame Bindung und um so eher versagt die Klebverbindung. Überdies haben die Reaktionsprodukte ein größeres Volumen, das bewirkt Schälkräfte auf die noch nicht »unterkorrodierten« Bereiche, was weitere Reaktionen begünstigt und das Versagen beschleunigt. In gleicher Weise wirken sich auch ständig vorhandene Belastungen der Klebverbindung aus.

Anwendung bei handwerklicher Fertigung

Kleben von Aluminium mit Aluminium oder mit anderen Metallen

Größtes Anwendungsgebiet von Klebstoffen bei der Aluminiumverarbeitung im Handwerk ist das Kleben von Rahmenecken, insbesondere bei Fensterrahmen. Hierbei handelt es sich jedoch nur sehr selten um reine Klebverbindungen, sondern um eine Kombination mechanischer Verbindungen (durch Spreizen oder Verschrauben von Eckwinkeln oder deren Festsetzen durch örtliches Umformen der Rahmenprofile) mit einer Klebverbindung. Der Klebstoff hat dabei die Aufgabe, unvermeidbare Spalten zwischen Rahmenprofil und Eckwinkel auszufüllen, die zunächst nur durch Reibung wirksamen Haltekräfte zu vergrößern und die Eckverbindung abzudichten. Verwendet werden praktisch ausschließlich bei Raumtemperatur abbindende Zweikomponenten-Klebstoffe auf Basis Methacrylat oder Epoxidharz. Die durch die mechanischen Verbinder allein erzielten Haltkräfte reichen dazu aus, daß die Rahmen ohne Haltevorrichtung an eine Stelle (in Werkstatt oder Zwischenlager) transportiert und dort abgestellt werden können, wo sie bis zum vollständigen Abbinden des Klebstoffs verbleiben. Da die Klebflächen verhältnismäßig groß sind, ist die auftretende Scherspannung sehr gering. Aus diesem Grunde reicht als Klebflächenvorbehandlung ein gründliches Entfetten in Lösungsmitteln aus.

W a r m h ä r t e n d e Klebstoffe auf Epoxidharzbasis können vorteilhaft für das Kleben von Rohrrahmen als Muffenverbindung verwendet werden. Bogen und T-Stück können dabei außer aus Aluminium (Rohrformteile mit aufgeweiteten Enden oder Aluminiumgußstücke) auch aus Stahl, Temperguß oder nichtrostendem, austenitischem Chromnickelstahl bestehen. Das Kleben solcher Rahmen ist natürlich auch mit bei Raumtemperatur abbindenden Zweikomponenten-Klebstoffen möglich; warmhärtende Klebstoffe haben aber den Vorteil, daß sie nach Abkühlen auf Raumtemperatur bereits einen großen Teil ihrer Endfestigkeit aufweisen und bei vorsichtiger Handhabung ohne Haltevorrichtung bis zum völligen Abbinden des Klebstoffs beiseite gestellt werden können. Vorteile hat das Kleben auch bei der Verlängerung von Rohren durch innen angeordnete Rohrstücke, die auch aus Stahl sein können.

Unter L u f t a b s c h l u ß (anaerob) abbindende Kunststoffe können außer für Schraubensicherung auch für Muffenklebungen (s. o.) verwendet werden. In Verbindung mit »Aktivatoren« binden sie schnell ab, sie sind sparsamer in der Anwendung, aber meist teurer als andere Klebstoffe. Ihr Vorteil ist die Dünnflüssigkeit und das dadurch gute Eindringvermögen in Spalten, das auch nachträgliches Abdichten überlappter Niet- oder Punktschweißverbindungen ermöglicht. Zugleich wird damit natürlich auch das Tragverhalten solcher Verbindungen verbessert.

Bei dauernd belasteten und der Witterung ausgesetzten Klebverbinddungen an Aluminiumteilen ist der K l e b f l ä c h e n v o r b e h a n d l u n g und der Durchlässigkeit des Klebstoffs für Wasserdampf größte Aufmerksamkeit zuzuwenden. Bevor auch nur durch die Eigenmasse belastete größere Teile ausschließlich durch Kleben angeschlossen werden, ist die Beratung durch einen Klebstoffhersteller zu empfehlen.

Die Temperatur, bei der die meisten Konstruktionsklebstoffe schon deutlich an Festigkeit (Kohäsion) verlieren, liegt bei kalthärtenden Klebstoffen im Bereich 60 bis 80 °C, bei warmhärtenden Klebstoffen um 100 °C.

Aufgrund dieser allgemeinen Ausführungen wird deutlich, daß die Angaben über Klebstoffe in Herstellerprospekten unter folgenden Gesichtspunkten zu prüfen sind:

- Für welchen Werkstoff gelten angegebene Zugscherfestigkeiten?
- welche Klebflächenvorbehandlung wurde durchgeführt?
- wirkten bei Lagerung in Kraftstoff, Öl oder Waser zugleich mechanische Spannungen ein oder nicht?
- wurden Prüfungen unter Einwirkung erhöhter Temperaturen als Kurzzeitprüfung (Probe erwärmt und dem Zugversuch ausgesetzt) oder als Zeitstanduntersuchung ausgeführt (Bruchlast nach 100 oder 1000 oder mehr Stunden gleichzeitiger Einwirkung von Wärme und Belastung)?

Auch bei gleichzeitiger Einwirkung von Wärme und Belastung ist die Belastbarkeit einer Klebverbindung deutlich geringer als in Kurzzeitversuchen. Bei Bauteilen, die der Sonneneinstrahlung ausgesetzt sind, können auch in unseren Breiten Temperaturen bis zu 80 °C auftreten.

Das Kleben von Rohrleitungen aus Aluminium für Öl oder Kraftstoff mit Muffenanschlüssen ist unter gewissen Voraussetzungen möglich, im Kontakt mit Klebstoffherstellern ist der geeignete Klebstoff und der Arbeitsablauf festzulegen. Für Brauchwasserleitungen ist Aluminium nicht geeignet, für das Kleben von Aluminium-Rohrleitungen in Warmwasser-Heizungssystemen in Verbindung mit Heizkörpern aus Aluminium gibt es bislang noch keinen geeigneten Klebstoff.

Für das Kleben von Aluminium in den Bereichen Bauklempnerei, Dachdeckung, Klimatechnik ist die Kombination von Kleben und Blindnieten oder von Kleben und Falzen meist vorteilhafter als reines Kleben, da die Niete die Fügeteile bis zum Abbinden des Klebstoffs fixieren und der Klebstoff die Spalte abdichtet. Bei Verwendung von Pop-Bechernieten (s. Seite 125) sind luft- und wasserdichte Anschlüsse herstellbar.

Kleben von Aluminium mit nichtmetallischen Werkstoffen

Die in Tafel 7.1 aufgeführten Klebstofftypen sind durchweg auch für das Verbinden von Aluminium mit nichtmetallischen Werkstoffen geeignet. Meist sind jedoch spezielle Rezepturen erforderlich, welche die besondere Oberflächenbeschaffenheit des Gegenwerkstoffes berücksichtigen: z. B. Saugfähigkeit bei Holz, Papier, Textilien, Leder oder Einwirkungen bestimmter Klebstoffbestandteile auf Kunststoffe und umgekehrt. Zu beachten sind auch die speziellen Eigenschaften von Nichtmetallen wie Quellen bei Feuchtigkeitsaufnahme und abweichende Wärmeausdehnung, die in vielen Fällen einseitige flächige Verklebungen mit Aluminium mit dem Risiko eines erheblichen

Verziehens belasten. Beidseitiges großflächiges Verkleben von Aluminium auf Holz- (Sperrholz-, Span-) oder Kuntstoffplatten ist jedoch möglich und wird industriell mit Klebstoff-Filmen oder Schmelzklebern in beheizten Klebepressen ausgeführt. Beim Aufkleben dünner hartgewalzter Aluminiumbänder auf steifen Untergrund aus beliebigen Werkstoffen mit Haftklebern, auch solchen in Folienform, besteht leicht die Möglichkeit eines Abschälens an den Rändern durch unterschiedliche Wärmeausdehnung.

Verarbeitung

Klebstoffauswahl

Bei der Auswahl eines Konstruktionsklebstoffes sind folgende Gesichtspunkte zu berücksichtigen:

- Anwendungstemperaturbereich,
- Umwelteinflüsse (Witterung, Feuchtigkeit, Öl, Chemikalien),
- Größe und Art der möglichen Beanspruchung (Normal-, Schub- oder Schälbeanspruchung),
- Werkstoffe und Abmessungen (Steifigkeit!) der Fügeteile,
- Vorhandene oder erforderliche Fertigungseinrichtungen (Beizanlagen, Öfen, Pressen, Autoklaven).

Die Konsistenz, in der ein Konstruktionskleber verwendet wird, richtet sich nach der Gestalt und der Lage der Klebfuge während des Abbindens. Zu dünnflüssig eingestellte Klebstoffe können – besonders bei vertikaler Lage – aus der Klebfuge herauslaufen. Pasten oder hochviskose Flüssigkeiten können bei Steckverbindungen (z. B. Rohr-Muffe) von den Klebflächen in die Muffe hineingeschoben werden und ziehen sich nicht wieder durch Kapillarwirkung in die Klebfuge ein. Die Einstellung des Klebers, die das Abbindeverhalten (temperaturabhängige Abbindezeit und Topfzeit) bestimmt, ist nach fertigungstechnischen Gesichtspunkten und den verfügbaren Einrichtungen zu wählen.

Eigenschaften und Verarbeitungsbedingungen können auch bei gleicher Kunstharzbasis stark voneinander abweichen. Nach Rücksprache mit einem oder mehreren Herstellern ist aus dem verfügbaren Angebot jener Klebstoff (bzw. das Bindemittel und die Reaktionskomponente) auszuwählen, der für die vorgesehene Anwendung und Verarbeitung am besten geeignet ist. Für Methacrylat-Klebstoffe wird der Härter auch in Form eines »Aktivators« oder »Härterlackes« angeboten, der auf die vorbehandelten Klebflächen aufgetragen wird und eine staubgeschützte Lagerung der vorbehandelten Teile ermöglicht. Durch diese Maßnahme entfällt das Problem der Topfzeit.

Zu beachten ist außerdem, daß Klebstofftypen mit besonders hervorragenden Eigenschaften (z. B. Polyimide) ganz erheblich teurer sind als Klebstoffe, die auf der Basis von Massenkunststoffen aufgebaut sind. Angaben über charakteristische Eigenschaften der verschiedenen Klebstofftypen sind in Tafel 7.1 ebenfalls gemacht.

Klebflächenvorbehandlung

Die Aktivierung der Klebflächen ist eine wesentliche Voraussetzung zur Erzielung einer guten Adhäsion. Für die Vorbehandlung sind die gleichen Maßnahmen empfohlen, die in DIN 53 281 Teil 1 für Klebflächen an Probekörpern vorgeschrieben sind:

- Vorreinigen, d. h. Entfernung grober Verunreinigungen,
- Entfetten mit organischen Lösungsmitteln (am besten Dampfentfettung) oder alkalisches Entfetten;
- mechanisches Aufrauhen (Bürsten, Schmirgeln, Strahlen) oder
- Beizen (Natriumdichromat-Verfahren oder mit gepufferter Natronlauge).

Danach können die Teile zur Verbesserung der Korrosionsbeständigkeit anodisiert (eloxiert) werden (Chromsäure- oder GS-Verfahren). Nähere Angaben über die Ausführung enthält DIN 53 281 Teil 1.

Für Klebverbindungen, an die höchste Anforderungen nicht gestellt werden, genügt im allgemeinen Vorreinigen und restloses Entfetten. Dabei ist zu beachten, daß Tauchentfetten in organischen Lösungsmitteln (z. B. Perchloräthylen, Waschbenzin, Lack- und Reinigungsverdünnungen), alkalischen oder sauren Entfettungsmitteln, bei denen das gelöste Fett auf der Badoberfläche schwimmen kann, bei Herausnahme der Teile meist nicht ohne eine »Rückfettung« der gerade entfetteten Oberflächen erfolgen kann. Ein Aufrauhen der Klebflächen unmittelbar vor Klebstoffauftrag vergrößert und aktiviert die Oberfläche, es kann mit (fettfreien) Drahtbürsten oder Schmirgel erfolgen. Anhaftender Staub muß sorgfältig entfernt werden.

Vorbereitete Klebflächen dürfen nicht mehr berührt werden.

Ausführung des Klebens

Der Klebstoffauftrag erfolgt je nach Konsistenz mit Pinsel, Spritzpistole oder Spachtel bzw. (nur bei heißhärtenden Klebstoffen) durch Auflegen als Folie oder Aufstreuen einer pulverförmigen Komponente auf eine flüssig aufgebrachte Komponente. Zweikomponenten-Klebstoffe werden vor dem Auftragen aus den getrennt angelieferten Bestandteilen angemischt. Die Vorschriften der Klebstoffhersteller über die Mischungsverhältnisse und die Topfzeit (Zeitspanne, die der angemischte Klebstoff brauchbar bleibt) sind genau zu beachten.

Für die Einstellung einer optimalen Klebschichtdicke (0,1 bis 0,2 mm) wird eine Anpressung empfohlen, wenn die Klebfilmdicke nicht durch ineinandergesteckten Fügeteile bestimmt ist. Die Fixierung der Teile muß so lange erfolgen, bis der Klebstoff vollständig oder zumindest so weit abgebunden hat, daß die Verbindung ohne Verlust an Festigkeit die bei Weiterverarbeitung einschließlich innerbetrieblichem Transport auftretenden Beanspruchungen ertragen kann.

Vorschriften über Mischungsverhältnisse und Topfzeit sind unbedingt zu beachten.

Kapitel 8: Mischbau

8. Mischbau

Unter Mischbau versteht man Verbinden oder Zusammenbau von Aluminium mit anderen Metallen oder nichtmetallischen Materialien. Infolge der vielseitigen Anwendbarkeit bieten Mischbaukonstruktionen oft optimale Lösungen für vorgegebene Konstruktionsaufgaben auch im handwerklichen Bereich.

Grundregel für den Zusammenbau von Aluminium mit anderen Materialien oder Werkstoffen ist, sicherzustellen, daß im Verbindungs- oder Berührungsbereich keine chemischen oder elektromechanischen Reaktionen zwischen Aluminium und dem Partnerwerkstoff – Metalle oder nichtmetallische Materialien – oder durch Spaltkorrosion auftreten können. Dem Schutz des Aluminiums ist deshalb große Beachtung zu schenken. Dies gilt auch für den Einsatz von Aluminiumbauteilen mit Baumaterialien aller Art. Unter dem Begriff Mischbau wird im Rahmen dieses Buches auch auf Verbundhalbzeug eingegangen.

Mischbau zwischen Aluminium und anderen metallischen Bauteilen

In der Praxis stellt jede Verbindung verschiedener Metalle einen Sonderfall dar. Aluminium läßt sich generell durch Schweißen, Löten, Kleben und mechanisch mit anderen Metallen verbinden.

Verbinden mit Schrauben oder Nieten

Das Problem beim mechanischen Verbinden besteht in einer möglichen Korrosion an der Berührungsfläche. Korrosion bewirkt eine das Aussehen und/oder die Funktion des Bauteils beeinträchtigende Veränderung der Oberfläche. Ursache hierfür ist die Bildung eines galvanischen Elements; es entsteht, wenn Feuchtigkeit, wie Regenwasser, Kondenswasser, Luftfeuchtigkeit oder Wasserdampf an den Berührungsflächen bestimmter verschiedener Werkstoffe auftritt und als Elektrolyt wirken kann. Bei diesem Vorgang wird Aluminium an der Oberfläche aufgelöst. Deshalb müssen Berührungsflächen zwischen Aluminum und anderen Metallen in aller Regel vor Feuchtigkeitszutritt geschützt werden. Besonders gefährdet sind solche Bauteile, bei denen Feuchtigkeit in enge Spalten eintritt, aus denen sie nicht durch Verdunsten wieder austreten kann (Spaltkorrosion). Es gibt Metalle, die in Verbindung mit Aluminium n i c h t zu galvanischer Korrosion führen. Solche Metalle sind hauptsächlich Zink und Nickel, aber auch nichtrostende, austenitische Chromnickelstähle. Schrauben, Unterlegscheiben, Grundrahmen usw. aus verzinktem Stahl oder andere verzinkte Stahlteile können deshalb ohne weiteres mit Aluminium in Berührung gebracht werden. Voraussetzung dafür sind allerdings einwandfreie, dichte Schichten. Desgleichen verhalten sich nichtrostende und inkromierte Stähle gegenüber Aluminium günstig. Auch vernickelte Teile mit porenfreien Nickelschichten kann man ohne zusätzlichen Schutz mit Aluminium verbinden.

Beim mechanischen Verbinden von Aluminium mit allen anderen Metallen oder Legierungen für Metallbau, Installation oder Apparatebau ist eine wirksame Spaltabdichtung zwischen dem Aluminium und dem Partnermetall unbedingt erforderlich.

Schutzmaßnahmen sind zur Verhinderung von Kontaktkorrosion wichtig.
Abdichten enger Spalte verhindert Spaltkorrosion.

Schutzmittel und Beispiele

Beim Zusammenbau von Aluminium mit anderen Werkstoffen genügt es nach neuen Erkenntnissen in den meisten Fällen, die Spalte abzudichten und korrosionsgeschützte oder – besser noch – korrosionsbeständige Verbindungsmittel (A2/A4 nach DIN 267, Teil 11) zu verwenden. Lose Zwischenlagen aus Kunststoff sind, wie auch andere nicht metallreaktiv aufgebrachte Beschichtungen aus Kunststoffen (Folien, Anstriche), eher korrosionsfördernd als schützend.

Vermeidung von Korrosion

Spaltkorrosion

Durch ein Abdichten der Spalte wird in den meisten Fällen auch Kontaktkorrosion sicher verhindert, während durch Spaltkorrosion (kritische Spaltweite 0,05 bis 0,5 mm) jedes Metall, auch Chromnickelstahl, angegriffen werden kann. Mehr problematisch als nützlich sind auch Hülsen und Scheiben aus Kunststoffen zur Schraubenisolierung, die allenfalls für elektrische Isolation bei eingeschränkter Kraftübertragung geeignet sind (s. Kapitel 4), sie sind bei Spaltkorrosion überdies völlig wirkungslos.

Als Schutzmaßnahme gegen Spaltkorrosion eignen sich Anstrichmittel und Klebstoffe, wir vor dem Zusammenbau auf die sauberen und fettfreien Kontaktflächen aufgetragen werden; das Zusammenfügen soll vor dem Abbinden bzw. Durchtrocknen erfolgen.

Kontaktkorrosion

Haben Fügeteile und mechanische Verbindungsmittel einen auf die Beanspruchung abgestimmten Korrosionsschutz (metallreaktiven Schutzanstrich, Tauch-, Feuer- oder pritzmetallisierung oder Kombination beider) oder sind sie – wie austenitischer Chromnickelstahl – durch Passivierung beständig, sind keine Maßnahmen gegen Kontaktkorrosion erforderlich. Stahlteile ohne laufende Wartung müssen in den weitaus meisten Fällen korrosionsgeschützt werden. Die Güte dieses Oberflächenschutzes und die üblichen Wartungsintervallle bestimmen, ob zusätzlicher Schutz gegen Kontaktkorrosion erforderlich ist.

Verbinden durch Löten oder Schweißen

Schmelzschweißen mit Zusatzwerkstoff, wobei zwei unterschiedliche Werkstoffe anschmelzen, ergibt meist ein sprödbrüchiges Übergangsgefüge, das die Verbindung bei mechanischer Beanspruchung unbrauchbar macht. Relativ gute Schweißverbindungen sind dagegen durch Preßschweißen und diesem ähnlichen Verfahren herzustellen, die allerdings handwerklich nicht ausgeführt werden.

Weichlöten. Aluminium kann mit allen metallischen Werkstoffen durch Weichlöten verbunden werden, die sich einwandfrei verzinnen oder verzinken lassen. Die Kontaktstellen beider Werkstoffe werden dabei mit Lot überzogen. Dafür verwendet man zweckmäßig Flußmittel der Type F-LW 2, die auch auf den meisten anderen Metallen wirksam sind. Der Unterschied einer Rohrverbindung aus Aluminium/Kupfer gegenüber dem Zusammenlöten von zwei Kupferrohren besteht nur darin, daß für die Entfernung der Oxidhaut auf Aluminium entweder das »Reiblöten« oder ein Flußmittel des Typs F-LW 2 angewendet werden muß. Lötwasser ist ungeeignet.

Hartlöten. Die Verbindung von Aluminium mit Kupfer oder mit unlegiertem Stahl durch Hartlöten mit Aluminium als Zusatzwerkstoff ist zwar möglich, das Übergangsgefüge ist jedoch spröde. Dagegen erhält man bei Verwendung einer Pufferlage aus Zink, Zinn oder Silber auf Kupfer bzw. Stahl eine gute Verbindung (s. S. 201). Da man meist mit Schmelzschweißgeräten arbeitet, wird dieses Verbindungsverfahren oft als Schweißen bezeichnet. Beim Flammlöten sind beide Fügeteile so vorzuwärmen, daß sie die Arbeitstemperatur des Zusatzwerkstoffes gleichzeitig erreichen.

Schweißen. Beim Verbinden von Aluminium mit anderen Metallen durch Schweißen bedient man sich in der Regel fertiger Übergangsstücke (s. unten). Stehen diese nicht zur Verfügung, so kann z. B. eine Aluminium-Kupfer-Verbindung (Verbinden elektrischer Leiter) wie folgt hergestellt werden: Der Kupferleiter wird zunächst feuerverzinnt, der Aluminiumleiter mit neutralem Flußmittel bestrichen. Nunmehr wird das verzinnte Kupferende so lange erwärmt, bis das Zinn »schwitzt«. Von diesem Augenblick an werden das Aluminium und das Kupferende gleichmäßig erwärmt. Sobald das Flußmittel läuft, wird der Verbindungsstelle Zusatz (S-Al99,5) zugeführt unter gleichzeitiger Minderung der Wärmezufuhr durch Zurückziehen der Brennerflamme. Dabei ergibt sich ein Verschweißen an der Aluminiumstromschiene, ein Hartlöten dagegen (mit einem durch Legieren von Zinn mit Al99,5 gebildeten AlSn-Lot) an der Kupferstromschiene.

Schweißübergangsstücke

Für die Elektrotechnik, sowie für Verbundkonstruktionen und Rohrleitungen werden üblicherweise Zuschnitte aus walzplattierten oder sprengplattierten Verbundblechen verwendet. Schweißübergangsstücke können aber auch durch Kaltpreß-, Reib- oder Abbrenn-Stumpfschweißen hergestellt werden.

Übergangsstücke für Rohrleitungen werden meist durch die letztgenannten Verfahren hergestellt, da hierbei längere Rohrabschnitte verwendet werden können. Dadurch besteht größere Sicherheit gegen die Bildung spröder intermetallischer Phasen durch Diffusionsvorgänge in der Verbindungszone des Übergangsstückes als Folge der Erwärmung beim Schweißen oder Hartlöten der Anschlüsse. Hauptanwendungsgebiete für Rohrübergangsstücke sind Kühlgeräte mit Aluminiumverdampfern und Kupfer-Rohrleitungen, außerdem Rohrleitungen aus austenitischem Cr-Ni-Stahl bei Tieftemperaturanlagen (Gasverflüssigung) mit Aluminiumbehältern.

Aluminium-Schutzschichten auf Stahl

Die Beständigkeit von Aluminium wird vielfach als Korrosionsschutz oder Zunderschutz für Stahl ausgenutzt.

Die Schutzschichten werden durch Walzplattieren, Flammspritzen oder Tauchen auf Stahl aufgebracht. Durch Diffusionsglühen erreicht man eine innigere Verbindung der Deckschicht mit dem Grundwerkstoff. Deckschichten dieser Art bieten Rost- und Zunderschutz. Das Diffusionsglühen von Aluminiumüberzügen wird auch Alitieren genannt. Es ist bei jeder Stahlsorte anwendbar, auf Gußeisen dagegen nur bedingt.

Aluminiumfarben. Das Aufbringen von Schutzschichten mittels Anstrich ist für handwerklich auszuführenden Oberflächenschutz vorrangig von Bedeutung. Mit Aluminiumfarben ist durch die Bildung einer zusammenhängenden, aus einzelnen Blättchen bestehenden metallischen Haut in vielen Fällen ein ausreichender Oberflächenschutz zu erzielen. Charakteristisch für den Anstrich ist hoher Glanz, sowie ein großes Reflexionsvermögen von Licht- und Wärmestrahlen, große Hitze- und Feuchtigkeitsbeständigkeit sowie gute chemische und Witterungsbeständigkeit. Die Deckfähigkeit und Ergiebigkeit von Aluminiumfarben sind sehr gut. Der Farbfilm weist durch den hohen Aluminiumpigmentanteil eine geringe Masse auf, d. h. der Anstrich wiegt wenig.

Aluminiumfarbe ist ein Gemisch aus Aluminiumpulver oder -paste mit einem Bindemittel, z. B. Leinölfirnis, Harzlack, Nitrozellulose, Mischpolymerisat und Bitumen. Die wetterfesten Anstriche sind gegen viele Gase, u. a. gegen schwefelwasserstoffhaltige Abgase (z. B. in Kokereien) beständig. Als Grundierungen dienen spezielle aluminiumpigmentierte Farben, Eisenoxidfarben und andere. Aluminiumfarben werden entweder fertig gemischt bezogen oder kurz vor dem Gebrauch durch Mischen von Pulver oder Paste mit dem Bindemittel hergestellt. Das vorgeschriebene Mischungsverhältnis ist genau einzuhalten. Es empfiehlt sich, nicht mehr als einen Tagesbedarf vorzubereiten. Spezialpackungen, in denen Pulver und Bindemittel genau dosiert, aber getrennt untergebracht sind, erleichtern das Arbeiten. Alle Behälter müssen gegen Zutritt von Feuchtigkeit gut verschlossen sein und bei Unterbrechung der Anstricharbeiten wieder verschlossen werden. Beim Mischen wird das Bindemittel unter Rühren nach und nach dem abgewogenen Pulver zugegeben. Wiederholtes Rühren während der Anstricharbeiten sichert eine gleichmäßige Verteilung des Pigmentes. Bei der Handhabung von Pulver ist Vorsicht geboten, da aufgewirbeltes Pulver zu Explosionen führen kann. Pasten lassen sich dagegen staubfrei verarbeiten. Brennendes Pulver wird mit Sand gelöscht.

Die Flächen müssen sauber, fettfrei und vor allem trocken sein. Bei Temperaturen unter 5 °C darf nicht gestrichen werden. Die höchstzulässige Temperatur liegt bei etwa 50 °C, da bei höheren Temperaturen die Bindemittel zu schnell verdampfen. Die Farbe wird durch Streichen, Spritzen oder in Sonderfällen durch Tauchen aufgetragen. Gestrichen wird mit sauberen, langhaarigen, weichen Pinseln unter geringem Druck in gleichbleibender Richtung. Vor Auftrag eines weiteren Anstrichs ist auf gute Durchtrocknung des vorangegangenen zu achten. Beim Spritzen ist Art und Menge des Verdünners sowie der richtige (nicht zu hohe) Druck wichtig.

Mischbau mit nichtmetallischen Materialien

Auf diesem Sektor ist ein weiter Bereich von Materialkombinationen in der Anwendung, von denen in diesem Zusammenhang auf die wichtigsten, in der handwerklichen Praxis üblichen eingegangen werden soll. Diese Materialkombinationen sind artfremde Werkstoffverbunde, meist als Verbundhalbzeuge in Form von Platten im Handel erhältlich. Hier werden bestimmte Eigenschaften der Partnermaterialien vorteilhaft kombiniert, z. B. geringe Masse, Festigkeit, elektrische Isolation, Wärmeisolation, Lärmdämmung, chemische Resistenz.

Aluminium mit Kunststoffen

Kunststoffe verhalten sich gegenüber Aluminium indifferent, ein Zusammenbau wirft keine Korrosionsprobleme auf. (Kunststoffe werden daher auch als Oberflächenschutz für Aluminium, z. B. zum Lackieren, Kaschieren u. dgl. verwendet). Beim Verbund übernimmt Aluminium die tragende und/oder schützende Funktion gegen mechanische Beschädigung. Die Kunststoffe haften gut auf Aluminium, eine Verbindung kann durch Kleben, Aufspritzen, Aufschmelzen oder Aufextrudieren erfolgen. Beim Ausschäumen wird ein schubfester Verbund durch eine vorher aufgebrachte zusätzliche Klebschicht erzielt. Der Kleber muß auf die verschiedenen Kunststoffschäume abgestimmt sein. In der Praxis werden für diesen Zweck thermoplastische Klebstoffe verwendet, die vorgetrocknet sind, da die Lösungsmittel vor dem Aufbringen der Schäume restlos entfernt sein müssen. Später darf kein Lösungsmittel mehr entweichen, weil das zu Haftschwierigkeiten führt.

Verbundplatten Aluminium/Kunststoff werden als Dach- und Fassadenelemente im Bauwesen, aber auch im Fahrzeugbau für Verkleidungen, Innenwände o. ä., im Containerbau, in der Architektur für die Raumgestaltung und vieles andere verwendet. Je nach den funktionellen Ansprüchen wie Tragfähigkeit, Stabilität, Geräuschdämmung, Wärmedämmung, Schwingungsdämpfung werden die Blech- und Plattendikken variiert und mit Kernen aus Kunststoff z. B. aus massivem Polyäthylen, Hartschaum aus Polyurethan, Polystyrol oder anderen hochpolymeren Dämmstoffen u. a. verklebt.

Aluminium mit Holz

Dieser Mischbau wird z. B. für Aluminium/Holz-Fenster angewendet. Verbundplatten Aluminium/Sperrholz (mit Holzkern und Aluminum-Deckblechen) werden ähnlich wie die Kombination mit Kunststoffkernen verwendet, vorwiegend als feuchtigkeitsundurchlässige Deckschicht auf Sperrholz oder Spanplatten. Ein- oder beidseitig durch Aufkleben mit Aluminiumauflage versehene Sperrholzplatten sind plan oder verformt fertig zu beziehen. Die Aluminiumauflage kann aus Reinaluminium oder aus einer Aluminiumlegierung bestehen. Sie ist 0,5 bis 1 mm dick und schützt das Holz vor Feuchtigkeit und vor mechanischen Beschädigungen. Die Aluminiumbleche können vor dem Aufkleben auch anodisch oxidiert und beliebig eingefärbt werden. Knickstabilität, Bruchfestigkeit, Wärme- und Schalldämmung sind abhängig von Plattendicke und Kernwerkstoff.

Aluminium-Sperrholz-Verbundplatten finden Anwendung für Trennwände, Türen und Verkleidungen aller Art, z. B. in Lebensmittelbetrieben wegen der leichten Reinigung, für Kühlräume, Waschräume, für Koffer, Fernsprechzellen, Ausstellungskojen, Wohn- und Lieferwagen sowie für Transportkisten für wertvolle Güter und Lebensmittel. Umgekehrt gibt es auch mit Holz furnierte Aluminiumbleche. Das Holz dient hierbei der Verkleidung der metallischen Flächen. Es wird ein- oder beidseitig aufgeklebt. Man verwendet solche Platten für Innenausbau und für Möbel, im Karosserie- und Schiffbau.

Bei selbstklebend ausgerüsteten Holzfurnieren wird Aluminiumfolie zur Verbesserung der Formstabilität und als Feuchtigkeitssperre rückseitig aufkaschiert; sie trägt dabei (unkaschiert oder papierkaschiert) zugleich die Klebstoffbeschichtung.

Bei Mischkonstruktionen Aluminium/Holz muß das Holz chemisch neutral sein; für die Imprägnierung des Holzes verwendete Mittel sollen laugen- und gerbsäurefrei und frei von Kupfersalzen sein.

Aluminium mit Gummi

Mit Gummi kann Aluminium festhaftend überzogen werden durch Aufspritzen von Kautschukmilch und anschließendem Vulkanisieren. Ähnlich wie Kunststoffüberzüge bewährt sich Gummieren bei chemischer Beanspruchung durch aggressive Chemikalien, denen Aluminium ohne Schutz nicht gewachsen ist, z. B. für Armaturen, Behälter, Transporttanks, Pumpenteile usw.

Aluminium mit sonstigen Materialien

Pappen, Wellpappe, Filze und dgl. können je nach Herstellungsart im Verbund mit Aluminium chemisch aggressiv sein. Wellpappe darf nicht mit Wasserglas als Bindemittel gefertigt sein, bei Feuchtigkeitszutritt erfolgt sonst basische Einwirkung; Filze können sauer reagieren.

Bituminöse Bindemittel müssen ebenfalls säure- und laugenfrei sein; im Zweifelsfall ist die Verträglichkeit zu überprüfen.

Einen chemischen Angriff üben auch Baustoffe wie Beton, Kalkmörtel und Zement während des Abbindens aus. Diese reagieren alkalisch, und Alkalien greifen Aluminium an. Dies kann auch für Bauplatten, Porzellankitte und Steinholz zutreffen. Aluminiumbauteile sollen erst nach Beendigung der Maurer-, Stuck- und Putz- sowie Werkstein- und Plattenarbeiten eingebaut werden, um Kalk- und Zementspritzer auf der Oberfläche zu vermeiden, die die Oxidschicht angreifen. Mörtelspritzer müssen sofort mit viel Wasser abgespült werden; bei längerer Einwirkung können die Schäden nur durch Ausbau der Teile, Abbeizen der Oxidschicht, mechanische Nachbehandlung der Oberfläche und nötigenfalls erneute anodische Oxidation behoben werden. Werden Maurer- und Putzarbeiten nach dem Einbau der anodisch oxidierten Teile durchgeführt, so sind die Aluminiumteile durch Klarlack, Abziehlack, säurefreies Fett, selbstklebende Schutzpapiere oder Kunststofffolien zu schützen. Die Schutzüberzüge (außer Klarlack, der auf der Oberfläche verbleibt) werden erst nach Abschluß aller Bauarbeiten entfernt.

Aluminiumbauteile sind bei Mischbau mit Baustoffen durch Schutzüberzüge zu schützen.

Kapitel 9: Reparatur

9. Reparatur

Allgemeines

Für die Ausbesserung durch Ersatz von Teilstücken dürfen bei mechanisch oder chemisch beanspruchten Teilen, wie z. B. an Kraftfahrzeugen oder im chemischen Apparatebau nur die in den Zeichnungen angegebenen Werkstoffe nach Art und Zustand verwendet werden. Bei der Ausbesserung von Schäden an Aluminiumbauteilen sind wichtige, gegenüber Stahl unterschiedliche Eigenschaften der Aluminiumwerkstoffe zu berücksichtigen (vergl. auch Kapitel 1):

- größere Rückfederung bei der Kaltformung,
- dreimal größere Wärmeleitfähigkeit,
- doppelt so große Wärmeausdehnung und
- wesentlich geringerer Schmelzpunkt (je nach Werkstoff rd 660 °C bis rd. 560 °C).

Aufgrund der im Vergleich zu Stahl niedrigen Schmelzbereiche aller Aluminiumwerkstoffe besteht beim Anwärmen mit offener Flamme die Gefahr von Anschmelzungen. Beim Anwärmen zeigt Aluminium keine Anlauffarben; deshalb ist sorgfältige Temperaturkontrolle unerläßlich. Bei kleineren Teilen genügt Kontrolle mit Kieferholzspan; bei größeren Flächen oder auch bei ungenügender Übung und Erfahrung wird die Kontrolle mit Thermochromstiften bzw. Thermocolorfarben empfohlen (s. S. 39). Durch Wärmeeinwirkung kann bei den nichtaushärtbaren Legierungen in kaltverfestigtem Zustand (halbhart bis hart) und bei den aushärtbaren Legierungen eine Entfestigung eintreten (s. S. 22/24), die die Tragfähigkeit und unter Umständen auch die chemische Beständigkeit eines Bauteils verringert.

Das Trennen von Aluminium erfolgt im allgemeinen durch Sägen (s. S. 87 und 97). Dicke Bleche oder auch Profile können durch Plasmaschneiden getrennt werden. Das Verfahren ergibt saubere Trennflächen bei hoher Schneidgeschwindigkeit. Das für Stahl übliche Brennschneidverfahren ist bei Aluminium nicht anwendbar.

Die in der ursprünglichen Konstruktion ausgeführten Maßnahmen zum Korrosionsschutz sind bei Reparaturen wieder zu treffen bzw. bei festgestellter Korrosion zu verbessern. Beim Erneuern von Schutzanstrichen sind die Ausführungen auf Seite 250 zu beachten.

Reparaturen an Teilen aus Aluminium-Knetwerkstoffen

Richten, Ausbeulen

Verformungen an Bauteilen, die infolge Gewalteinwirkung entstanden sind, werden ohne Anwärmen mittels geeigneter Biege- und Treibwerkzeuge gerichtet. Ist dies nicht möglich, sind die Teile auszuwechseln. Hierbei sind die gleichen Werkstoffe zu verwenden. Ebenfalls sind die gleichen vorgeschriebenen Verbindungsverfahren anzuwenden.

Eingebeulte, dünnwandige Behälter (z. B. Tanks), aus Reinaluminium oder nichtaushärtbaren Knetlegierungen, die von innen nicht zugänglich sind, lassen sich mit etwas Geschick nach der in Bild 9.1 gezeigten Methode instandsetzen. Man schweißt oder lötet an den eingebeulten Stellen auf das Aluminiumblech einige Drähte aus Aluminium (z. B. Schweißstäbe) von etwa 3 oder 5 mm Durchmesser, je nach Größe des Werkstückes. Mittels dieser Drähte läßt sich die Blechwand nach außen ziehen, sofern die Blechdicke 1,2 bis 1,5 mm nicht überschreitet. Wenn ein besonders hoher Formänderungswiderstand zu überwinden ist, können die Beulstellen auf etwa 350 bis 400 °C angewärmt werden. Das Anwärmen muß sinnvoll an den richtigen Stellen erfolgen. Die Anwärmtemperatur muß mittels Holzspan oder Thermochromstift kontrolliert werden (s. S. 38/39). Nach Fertigstellung der Arbeit werden die Hilfsdrähte abgezwickt und die Anbringungsstellen nachgearbeitet und die ausgebeulten Stellen mit dem Hammer nachgerichtet. Bei der Reparatur von Behältern für brennbare Stoffe sind unbedingt die einschlägigen Sicherheitsvorschriften zu beachten.

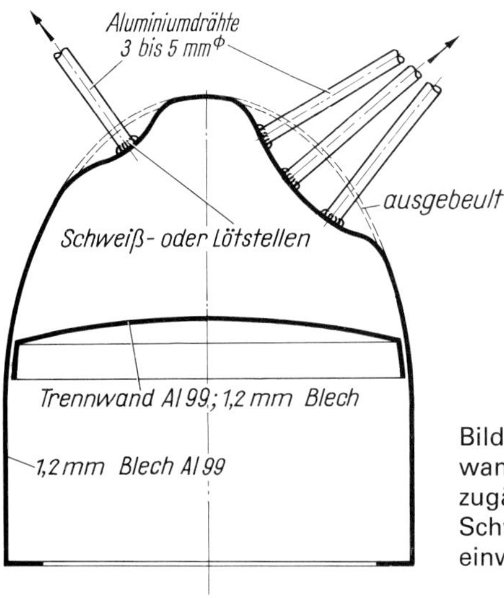

Bild 9.1: Reparatur eines eingebeulten, dünnwandigen Behälters, der von innen nicht zugänglich ist; mit Hilfe aufgeschweißter Schweißstäbe zieht man, ggf. unter Wärmeeinwirkung, die Beulen heraus.

Instandsetzen von Nietverbindungen

Genietete Konstruktionen, die durch Überbeanspruchung (Unfall) örtlich zerstört wurden oder durch Korrosionsangriff beschädigte Teile, fehlerhafte Nietungen oder zu klein bemessene Niete aufweisen, die abgeschert wurden, können im entlasteten Zustand wieder instandgesetzt werden.

Richten deformierter Fügeteile ist nur bei nichtaushärtbaren Werkstoffen und bei verhältnismäßig geringen Deformationen zu empfehlen; Auswechseln gegen Neuteile ist meist wirtschaftlicher. Teile mit ausgerissenen Nietlöchern sollen ausgewechselt werden. Abgescherte Niete weisen auf zu geringe Nietdurchmesser hin, abgerissene Nietköpfe auf eine Beanspruchung der Niete durch Zug. In diesen Fällen sollen die Niete durch Schrauben ersetzt werden.

Zu lösende Verbindungen, abgescherte, fehlerhafte oder durch Beanspruchung locker gewordene Niete werden ausgebohrt und durch solche mit dem nächstgrößeren bzw. einem ausreichend großen Durchmesser ersetzt (Klemmlänge beachten!). Da diese Maßnahmen meist nicht in der Werkstatt sondern unter Montagebedingungen auf der Baustelle erfolgen, können Reparaturen mit Schließringbolzen, Blindnieten oder Schrauben wirtschaftlicher sein als mit Vollnieten. Für Verbindungen mit Blindnieten gelten diese Hinweise sinngemäß.

Instandsetzen von Schraubverbindungen

Für das Instandsetzen von Schraubverbindungen gelten die Ausführungen für Nietverbindungen (s. oben) sinngemäß. Bei ausgerissenen Muttergewinden ist eine Reparatur auch durch Verwendung von Gewindeeinsätzen (s. S. 109) möglich; dabei braucht der Schraubendurchmesser nicht geändert zu werden.

Ausbessern von Schweißnahtstellen und Rissen

Fehlerhafte Schweißnähte, beschädigte oder zerstörte Teile können durch Schweißen ausgebessert und wieder funktionsfähig hergerichtet werden. Gerissene Schweißnähte an Materialdicken über 3 mm werden bis auf Rißtiefe oder bis zum Nahtgrund ausgemeißelt (ausgekreuzt) oder ausgefräst. Solange sich hierbei der Span teilt, ist der Riß noch nicht beseitigt, und es muß tiefer ausgekreuzt werden; die Rißenden sind abzubohren.

In den meisten Fällen muß jedoch der fehlerhafte Teil der Naht oder der beschädigte Teil der Konstruktion herausgetrennt werden. Letzteres gilt besonders bei Dauerbrüchen an Krafteinleitungsstellen, z. B. an selbsttragenden oder aufgesattelten Behälterfahrzeugen, wo der Aufwand für die Feststellung des Rißverlaufes größer sein kann als das Heraustrennen eines ausreichend großen Teiles und Einschweißen eines Blechzuschnittes entsprechender Abmessungen. Die erforderliche Fugenvorbereitung, das Reinigen und Vorwärmen erfolgt so, wie es für das jeweils angewendete Verfahren empfohlen ist. Geschweißt wird bei längeren Fehlstellen in zwei Schritten von der gesunden Naht ausgehend bis etwa zur Mitte der Fehlstelle. Auf gute Endkraterfüllung ist bei beiden Schritten zu achten. Ein Abbohren von Rißenden ist bei dieser Art der Reparatur nicht erforderlich.

Einsetzen von Blechteilen durch Schweißen

Das Einsetzen von Flicken mit Stumpfnähten erfordert große Aufmerksamkeit in der Wärmeführung und hinsichtlich des Einpassens des neuen Teiles. Innen- oder Randflicken an Aluminiumbehältern von 3 mm Blechdicke an aufwärts lassen sich mit Erfolg einschweißen, wenn die einzusetzenden Bleche – je nach Größe – mehr oder weniger stark durchgewölbt werden. Die Nahtfugen sind in V-Form vorzubereiten. Der Luftspalt muß ausreichend sein. Auf gute Rundung aller Ecken ist zu achten, um an diesen Stellen Spannungsspitzen zu vermeiden. Die Anzahl der Heftstellen ist auf ein Minimum zu beschränken. Die Abkühlung muß sehr langsam erfolgen. Sollten sich die Flicken nach dem Schweißen und Abkühlen nicht vollständig gestreckt haben, lassen sie sich zurückhämmern. Die Bilder 9.2 und 9.3 erläutern Form und Einsetzen von Innen- und Randflicken. Die angebene Schweißfolge ist einzuhalten, um Spannungsrisse zu vermeiden.

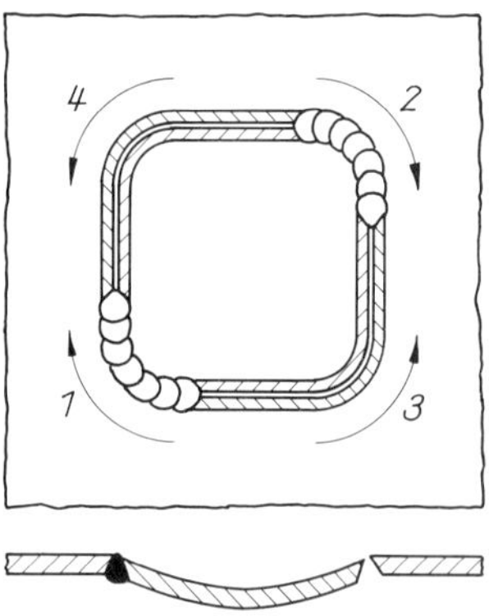

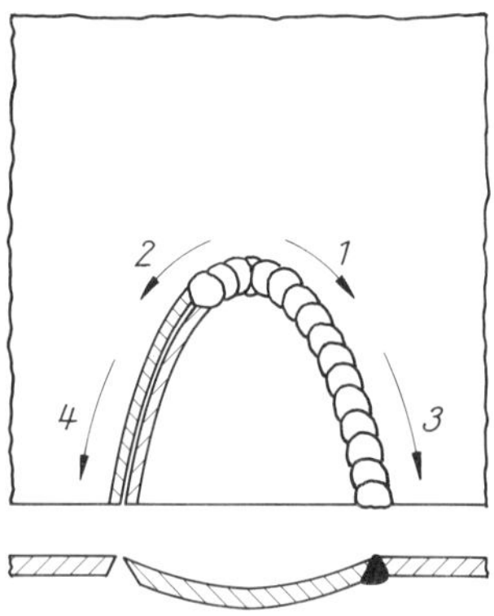

Bild 9.2 (links): Schweißfolge und Ausführung beim Einsetzen eines Innenflickens in eine Behälterwand.
Bild 9.3: Schweißfolge und Ausführung beim Einsetzen eines Randflickens.

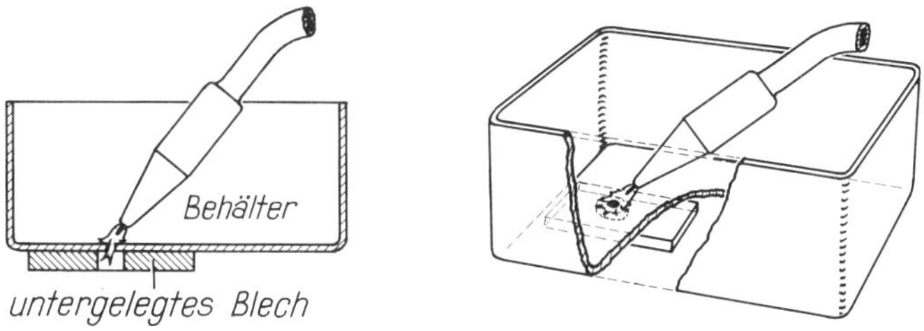

Bild 9.4: Schließen eines Loches in einem dünnwandigen Behälter; eine Blechunterlage leitet die Wärme ab.

Schließen von Löchern durch Schweißen

Bei Perforation durch äußere Gewalt an sonst gering mechanisch beanspruchten Stellen ist es oft einfacher, nach dem Beseitigen der dabei aufgetretenen Deformation an einer Seite (oder auch beidseitig) »Riester« aus Blech geringerer Dicke mit Kehlnähten ringsum anzuschweißen. Das kann unter Vermeiden jeglicher Wärmeeinwirkung auch durch Metallkleben erfolgen. Kleinere Löcher, z. B. in Behältern, können auch zugeschweißt werden. Bei dünnen Wandungen legt man unter die Schweißstelle ein dickes Blech, das die Wärme aufnimmt und ein Durchlaufen der Schmelze verhindert. Das Blech erhält eine Bohrung, die nur wenig größer ist als das Loch. Bild 9.4 zeigt ein Beispiel.

Schweißreparatur an anodisierten (eloxierten) Teilen

Sind Schweißreparaturen an anodisch oxidierten Gegenständen notwendig, dann muß die Oxidschicht restlos entfernt werden, weil die Schweißung sonst nicht möglich ist. Die Oxidschicht wird in diesem Falle zweckmäßigerweise durch Schleifen oder Feilen abgetragen; mit Drahtbürste oder Ziehschaber läßt sich die Schicht meist nicht entfernen. Die Neubehandlung durch Anodisieren ist zeit- und kostenaufwendig.

Reparaturen an Aluminiumgußstücken

Die folgenden Ausführungen beziehen sich nur auf Reparaturen beschädigter Gußstücke, nicht aber auf das Ausbessern von Gießfehlern in Gießereien. Die Reparatur gebrochener Gußstücke wird meist in darauf spezialisierten Betrieben, in der Mehrzahl Handwerksbetrieben, ausgeführt. Bei Teilen, die noch in Großserien hergestellt werden, lohnt eine Reparatur meist nicht, weil ein Neuteil billiger sein wird. Außerdem wird für Motoren- und Getriebeteile in zunehmendem Umfang Druckgießen angewendet, und Druckgußstücke sind bis auf wenige Ausnahmen nicht schweißbar und nicht hartlötbar. Schweiß- und hartlötbar sind dagegen alle Gußstücke, die nach Sand- oder Kokillengießverfahren (einschließlich Niederdruck-Kokillenguß) hergestellt wurden. Für das Instandsetzen von Druckgußstücken (sofern ein Neuteil nicht verfügbar ist) sowie für das behelfsmäßige Instandsetzen gering beanspruchter Gußstückpartien, bei denen durch Risse Undichtigkeiten eingetreten sind, kann durch Kleben, mit Metallkitt oder durch Weichlöten die Funktionstüchtigkeit wieder hergestellt werden.

Vorbereiten der Gußstücke

Grobe Verschmutzungen werden mechanisch entfernt. Bei starken Öl- und Fettschichten erfolgt die Reinigung in zwei Stufen, als Vorreinigung und als Nachreinigung, mit sauberen Lösungsmitteln. Im Handel sind zahlreiche Reinigungs- und Entfettungsmittel erhältlich. Für den Erfolg der Arbeiten ist besonders bei der Nachreinigung die Verwendung von öl- und fettfreien Putzlappen wichtig. In Poren eingedrungene Ölreste können ausgebrannt werden. Wenn Risse vorhanden sind, muß man deren genaue Lage und das Ausmaß vor Beginn der Arbeit feststellen. Mit bloßem Auge oder mit einer Lupe lassen sich Risse oder Poren aber meistens nicht einwandfrei ermitteln. Dazu bedarf es einer zuverlässigen Prüfung. Mit Hilfe eines Farbeindringverfahrens können beispielsweise auch Lage und Umfang feinster Risse erkennbar gemacht werden.

Die Reparaturbereiche an den Gußstücken werden mittels Drahtbürste, Schaber, Hand- oder rotierender Feile oder mit einer Schleifscheibe metallblank gemacht. Bei Verwendung kunstharzgebundener Schleifscheiben muß die geschliffene Fläche mit Feile oder Schaber »abgezogen« werden, da verbleibender Kunststoffabrieb beim Schweißen Poren verursachen kann. Bei dickwandigen Stücken sind die Nahtflanken als V-Fuge herzurichten. Risse werden abgebohrt oder die V-Fuge wird etwas über den Riß hinaus in das gesunde Material hinein fortgeführt.

Wenn ein Werkstück in mehrere Teile zerbrochen ist, setzt man die einzelnen Teile sorgfältig zusammen, achtet dabei auf Maßhaltigkeit und sichert sie zuverlässig gegen Verschieben. Eine wesentliche Erleichterung läßt sich dadurch schaffen, daß man die Abschrägung zunächst nicht durchgehend vornimmt, sondern an einigen Stellen unterbricht. Die so stehenbleidenden Bruchstellen erleichtern und ermöglichen das richtige Zusammensetzen der Teile in den Ausgangszustand. Nun werden die Teile geheftet, anschließend die restlichen Fugen ausgearbeitet, und das Teil ist fertig zum Schweißen.

Der Erfolg bei der Reparatur von Gußstücken hängt von der Berücksichtigung eventuell auftretender Spannungen und dem damit verbundenen Verzug ab. Das gilt besonders für größere, bearbeitete Gußstücke. Das Schweißen selbst bereitet erfahrenen Schweißern keine Schwierigkeiten. Je nach Schweißverfahren wird mit oder ohne Flußmittel gearbeitet. Der Schweißer muß die zu schweißende Legierung des Gußstückes kennen. Oft ist die Werkstoffkennzeichnung mit eingegossen. Ist das nicht der Fall, dann kann die Tüpfelprobe (s. S. 28) einen ausreichenden Anhalt geben.

Schweißzusätze

G-AlSi-, G-AlSiCu- und G-AlSiMg-Gußwerkstoffe (überwiegend verwendet) werden meist mit Zusatz SG/EL-AlSi5 oder SG/EL-AlSi12 geschweißt, Gußwerkstoffe der Gattung G-AlMg mit SG-AlMg3 oder SG-AlMg5. Gußstücke für Maschinen der Nahrungsmittelindustrie sind meist vom Typ G-AlMg3, diese können nur mit Schutzgasschweißverfahren ausreichend sicher geschweißt werden.

Reparatur durch Schutzgasschweißen

Die Schutzgasschweißverfahren (WIG und MIG) sind beim Gußschweißen den anderen möglichen Schweißverfahren überlegen (WIG bis 8 mm Dicke, darüber MIG).

Reparatur durch Gasschweißen

Fast in jedem Falle müssen Gußstücke vor dem Schweißen vorgewärmt werden. Man verhindert dadurch Wärmespannungen und damit verbundenen Verzug oder gar Risse. Anwärmen muß gleichmäßig erfolgen. Als Wärmequelle sind Schweißbrenner mit breiter Flamme oder Lötbrenner geeignet. Nach Bedarf werden mehrere Wärmequellen gleichzeitig zum Vorwärmen herangezogen. Die Vorwärmtemperatur liegt bei kleineren Teilen um 250 °C. Größere Teile werden zweckmäßig in einem Vorwärmofen auf 300 bis 400 °C vorgewärmt. Das Gußstück wird dabei auf eine Grundplatte aus Schamottesteinen gelegt und sorgfältig unterbaut, weil sonst ein Verziehen allein durch die Eigenmasse möglich ist.

Die Wahl der Schweißgase, des Brenners, die Flammeneinstellung, die Temperaturkontrolle und Handhabung des Flußmittels und der Flußmittelbeseitigung sind in Kapitel 5 ausführlich behandelt. Die Gußstücke müssen nach dem Schweißen langsam abkühlen.

Reparatur durch Metall-Lichtbogenschweißen

Nach dem Lichtbogenschweißverfahren lassen sich auch größere Teile ohne Gefahr zu hoher Spannungen in kaltem oder mäßig erwärmtem Zustand schweißen. Das ist damit zu erklären, daß bei diesen Verfahren die Wärmezufuhr im Vergleich zum Gasschweißen wesentlich konzentrierter erfolgt und die Schweißgeschwindigkeit entsprechend höher ist.

Der Anfang der Schweißnaht wird jedoch immer mit dem Schweißbrenner vorgewärmt. Bei Wanddicken bis zu 6 mm lassen sich offene, saubere Risse ohne oder mit nur wenig Vorbereitung nach dem Metallichtbogen Verfahren durchschweißen. Über 6 mm Wanddicke wird mit V-Naht und bei sehr großen Wanddicken mit Doppel-V-Naht geschweißt. Bei Mehrlagenschweißung muß die Schlacke nach jeder Lage sorgfältig entfernt werden. Das Gußstück muß beim Schweißen vor Zugluft geschützt sein. Die Elektrode wird an den Pluspol gelegt, in einem Winkel von 60 bis 90° zur Schweißnaht, und mit kurzem Lichtbogen geführt. Das Gußstück muß langsam abkühlen. Schlackenreste sind sorgfältig zu entfernen (s. Kapitel 5).

In den Bildern 9.5 und 9.6 sind typische Reparaturfälle aus der Praxis dargestellt. Im Ablaßstutzen einer Ölwanne (1 in Bild 9.5) sind das

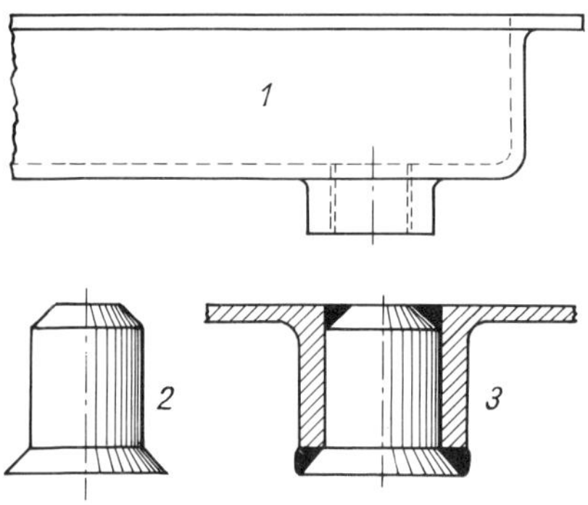

Bild 9.5: Reparatur des Ablaßstutzens an einer Ölwanne aus einer Gußlegierung durch Schweißen.

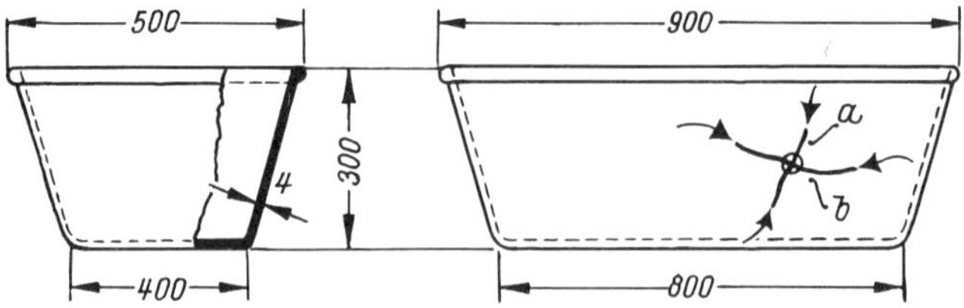

Bild 9.6: Schweißen von Rissen in einer gegossenen Fleischereiwanne.

Gewinde und ein Stück aus dem Stutzen ausgerissen. Das alte Gewinde wird ausgebohrt. Ein Bolzen (2) wird aus einer Aluminiumknetlegierung (bei G-AlSi aus AlMgSi, bei G-AlMg aus AlMg3) mit Schweißfasen gedreht. Der Bolzendurchmesser richtet sich nach dem Durchmesser des gebohrten Loches. Entsprechend der Darstellung (3) wird der Bolzen eingeschweißt, ein neues Loch gebohrt und Gewinde geschnitten. Bild 9.6 erläutert das Reparaturschweißen von Rissen in einer Fleischereiwanne. Wenn eine Wanne mit solch großen Abmessungen und geringer Wanddicke geschweißt werden muß, ist gleichmäßiges Vorwärmen die wichtigste Voraussetzung für eine erfolgreiche Arbeit. Im Schnittpunkt der Risse wird geheftet und dann in Pfeilrichtung geschweißt. Nach dem Schweißen muß das Teil sehr langsam abkühlen können.

Instandsetzen von Gußstücken durch Modellierlöten

Das Modellierlöten ist für die Reparatur von mechanisch gering beanspruchten Gußstücken geeignet. Nach diesem Verfahren lassen sich Risse und Sprünge ausbessern und abgeschlagene Ecken, Nocken, Kanten, Rippen usw. ersetzen. Die Arbeitstemperatur ist verhältnismäßig gering im Vergleich zur Vorwärmtemperatur. Dadurch verringert sich die Gefahr von Spannungsrissen und Verziehen. Für das Modellierlöten sind Zinn-Zink-Lote am besten geeignet. Der Arbeitsgang beim Modellieren mit Zinn-Zink-Lot ist unter »Reiblöten« (s. S. 208) angegeben. Er unterscheidet sich bei Reparaturarbeiten von Gußteilen außer durch eventuell notwendige Nahtfugenvorbereitung nicht vom üblichen Arbeitsgang. Flußmittel sind nicht erforderlich, weil das Oxid durch Aufreiben des Lotes beseitigt wird. Das Verfahren ist am Vorgang des Ausbesserns eines Loches in einem Gußgehäuse erläutert (Bild 9.7).

Die Bruchkanten werden gesäubert und schräg gefräst oder zurechtgefeilt. Von der Innenseite des Gußstückes her wird das Loch nunmehr mit Asbest, Lehm, Formsand oder einem Blech unterlegt. Bei Verwendung einer Blecheinlage muß dieselbe angerußt werden. Nun wird das Gußstück auf etwa 250 °C erhitzt; die vorbereiteten Bruchkanten werden sorgfältig mit Lot metallisiert. Das Lot reibt man mechanisch mit einer Drahtbürste auf die Oberfläche der Bruchkanten auf und wiederholt den Vorgang einige Male. In der Zwischenzeit wurde eine vorbereitete und ausreichende Menge Lot in einem Tiegel oder Löffel bis zum Breiigwerden erhitzt, also nicht völlig geschmolzen. Die sich auf der Oberfläche bildende Krätze wird abgezogen. Das breiige Lot

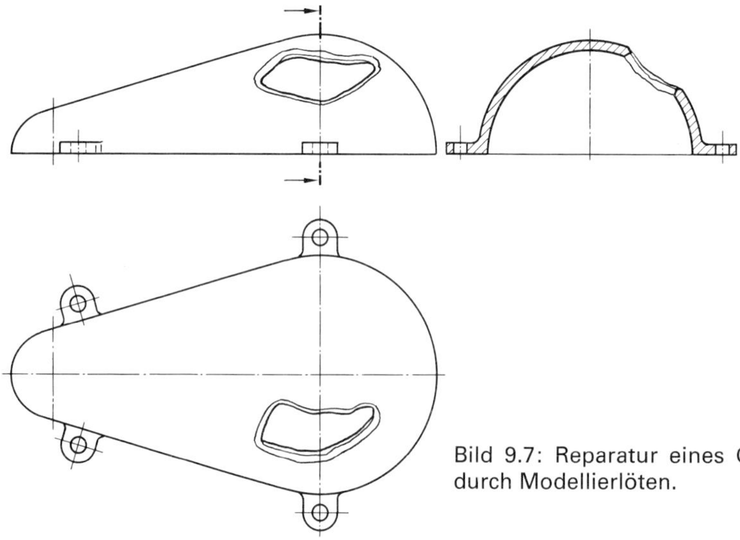

Bild 9.7: Reparatur eines Gußgehäuses durch Modellierlöten.

entnimmt man mittels Spachtel und füllt das Loch damit aus. Anschließend wird die Oberfläche glattgestrichen. Im Tiegel vollständig geschmolzenes Lot kann man nach Abziehen der Krätze auch direkt vergießen. Nach Erstarren und Beseitigen der Inneneinlagen ist das Teil fertiggestellt, und man kann es ohne Nacharbeit weiterverwenden.

Weitere Reparaturmethoden

Kleben

Ausbessern durch Kleben kann nur in Verbindung mit einem Blechstreifen, der über der Rißstelle angepaßt wird, angewendet werden. Ein Fixieren bis zum Abbinden des Klebstoffes kann durch Schwerkraft oder mittels Nieten oder Schrauben erfolgen (vgl. auch Kapitel 7).

Durch Kleben und Blindnieten ist die Reparatur z. B. durchgerosteter Automobilkarosserien an nichttragenden Stellen (z. B. an Kotflügeln) möglich, ebenso die behelfsmäßige Reparatur von (im allgemeinen nicht schweißbaren) Druckgußstücken, die durch Gewalteinwirkung an glatten, ebenen oder leicht gewölbten Stellen Risse aufweisen und dadurch nicht mehr dicht sind. Dazu wird ein Aluminiumblech in den erforderlichen Umrissen zugeschnitten und durch Treiben genau der Form der Karosserieteils bzw. des Gußstücks an der Reparaturstelle angepaßt; die Nietlöcher (bei Druckgußstücken evtl. auch Gewindelöcher) werden gemeinsam gebohrt. Soll verschraubt werden, wird zunächst mit einem dem Gewinde-Kerndurchmesser entsprechenden

Bohrer durch beide Teile gebohrt, danach werden die Gewinde geschnitten und die Durchgangslöcher aufgebohrt. (Nach Herstellen zweier möglichst weit auseinanderliegender Bohrungen evtl. durch Blindniete, die wieder entfernt werden, oder durch Heftgeräte, s. Seite 128/129, fixieren). Danach werden die Klebflächen auf beiden Fügeteilen gründlich gereinigt und entfettet (gut haftender Lack wird nur angeschliffen), der Klebstoff wird auf das »Blechriester« aufgetragen, das Blech angesetzt und vernietet bzw. bei Druckgußstücken evtl. verschraubt.

Auf ähnliche Weise können alle Blechkonstruktionen aus Aluminium, die örtlich durchstoßen sind, repariert werden, an Klimakanälen können auf diese Weise auch Abzweige »angeflanscht« werden.

Kitten

Für die Verbindung von Teilen mit großer Oberflächenrauhigkeit oder zum Ausgleichen begrenzter Unebenheiten sind Metallkitte anwendbar. Diese sind meist zähflüssige Kunststoffe mit Metallpulverfüllung. Es sind drei Typen solcher Metallkitte erhältlich:

- lösungsmittelhaltige Metallkitte;
- Kitte mit metallpulvergefüllter Basis, Härter wird bei Verarbeitung zugemischt;
- Kitte mit metallpulverfreier Basis, Metallpulver oder pulverförmiges Metall-Härter-Gemisch wird bei Verarbeitung zugemischt.

Ausbessern mit Metallkitt erfordert vorheriges Ausfugen des Risses. Das Anmodellieren fehlender Gußstückpartien ist gelegentlich möglich. Dichtungsmassen müssen bleibend elastisch sein. Für Gegenstände, die nachträglich anodisch oxidiert (eloxiert) werden sollen, ist die Verwendung von Dichtmassen nicht sinnvoll, weil diese im Anodisierprozeß herausgelöst werden. Metallkitt dient zur Ausbesserung von kleinen Oberflächenfehlern an Aluminiumgußteilen, wie Poren und belanglosen Lunkerstellen. Die Auswahl der Metallkitte richtet sich nach den an sie gestellten Anforderungen hinsichtlich farblichem Aussehen, chemischer Beständigkeit, Temperatur- und Wasserbeständigkeit. Im Bedarfsfall sollte man den Hersteller um Beratung bitten. Fast alle Fabrikate sind auch mit Aluminiumpulver als Füllstoff erhältlich.

Weichlöten

Weichlöten kann ähnlich dem Kleben durch Anlöten eines angepaßten Blechzuschnittes vorgenommen werden. Beide Fügeflächen sind durch Reiblöten mit einer Lotschicht zu versehen; die Lotschichten sind unter Wärmeeinwirkung zusammenzufügen (vgl. auch Kapitel 6).

Erneuerung von Anstrichen

Vor einem Erneuerungsanstrich müssen die schadhaften Anstrichstellen auf Aluminium von Verschmutzungen befreit und lose Anstrichteilchen entfernt werden. Ein Abbrennen der Anstriche oder Entfernung mit Schlagwerkzeugen ist bei Aluminium nicht zulässig. Wenn größere Anstrichflächen noch fest haften, brauchen sie nicht beseitigt zu werden; nur die Ränder sind mit Schleifpapier anzugleichen.

Von der Verwendung alkalischer Abbeizmittel zur Entfernung alter Farbanstriche ist abzuraten, da nie genügend Sicherheit besteht, daß durch das folgende Abspülen alle Alkalispuren entfernt werden. Am besten haben sich Abbeizmittel bewährt, die chlorierte Kohlenwasserstoffe unter Zusatz von Verdickungsmitteln und Wachsen enthalten. Nach einer kurzen Einwirkungszeit schabt man die durch die Abbeizmittel aufgeweichte Farbe mit Spachteln (mit abgerundeten Ecken) ab. Zweckmäßig werden die vom Anstrich befreiten Flächen anschließend mit Perchloräthylen abgewaschen (gute Entlüftung!), um Wachsspuren zu beseitigen. Das blanke Metall wird gründlich von etwa vorhandenen Korrosionsprodukten mit schleifmittelversetztem Perlon- oder Nylonvlies befreit. Bewährt hat es sich, diese Stellen anschließend durch einen Wash-Primer zu passivieren.

Wenn das gesamte Anstrichsystem schlecht ist, muß der Anstrich vollständig entfernt werden. Korrodierte Stellen sind von Korrosionsprodukten zu befreien und gründlich zu passivieren, wie vorstehend erläutert. Dabei ist darauf zu achten, daß Stellen mit Lochfraß zur restlosen Entfernung lockerer Korrosionsprodukte vor der Passivierung sorgfältig gereinigt werden. Nach einer partiellen Passivierung der Korrosionsstellen wird die gesamte Fläche für die nachfolgenden Grund- und Deckanstriche mit Wash-Primer behandelt. Transparente oder gefärbte Lacke lassen sich mit den Lösungsmitteln, in denen die Bindemittel der Lacke gelöst wurden, entfernen. Eine Mischung von Aceton und Äthylacetat bewährt sich in vielen Fällen, so daß es nicht nötig ist, Abbeizmittel zu verwenden.

Kapitel 10: Oberflächenbehandlung

10. Oberflächenbehandlung*)

Allgemeines

Aluminium überzieht sich an der Luft mit einer dünnen natürlichen Oxidschicht, die ihm eine gute Korrosionsbeständigkeit verleiht. Werden spezielle Anforderungen an den Werkstoff gestellt, sind entsprechende Oberflächenbehandlungen erforderlich. Diese können dekorativen Zwecken dienen oder – in Fällen besonderer Beanspruchung – einen erhöhten Oberflächenschutz bewirken.

Verfahren

Die Oberflächenbehandlungsverfahren sind der Eigenart des von Natur aus beständigen Werkstoffes Aluminium angepaßt. So gibt es einige chemische und elektrolytische Verfahren, die sich nur bei Aluminium anwenden lassen und die daher für diesen Werkstoff charakteristisch sind. Sie bieten die Möglichkeit, die günstigen Oberflächeneigenschaften des Aluminiums auch unter besonderen Anforderungen zu nutzen, seinen metallischen Glanz zu bewahren, seine Oberflächenwirkung durch Struktur, Farbe und Glanz zu variieren. Tafel 10.1 gibt eine Übersicht über die wichtigsten Verfahren der handwerklichen Praxis. Tafel 10.2 nennt Methoden, mit deren Hilfe man schnell den Oberflächenzustand von Aluminium erkennen kann.

Vorbehandlung

Auf allen Aluminiumoberflächen muß mit Öl- oder Fettrückständen von der Fertigung gerechnet werden. Die Werkstücke müssen deshalb vor einer chemischen oder elektrolytischen Oberflächenbehandlung oder vor einer Beschichtung nach den in der Folge genannten Verfahren zunächst gründlich entfettet werden. Dies trifft auch auf die Reinigung und Entfettung bereits oberflächenbehandelter oder einbaufertiger Teile zu.

Zum Entfetten eignen sich organische Lösungsmittel wie Tri- und Perchloräthylen (kurz Tri oder Per genannt), die außer tierischen und pflanzlichen Fetten auch Mineralfette lösen. Gelegentlich leistet auch

*) Vergl. hierzu: W. Hübner und C. Th. Speiser: Die Praxis der anodischen Oxidation des Aluminiums, 4. Auflage, Aluminium-Verlag, Düsseldorf 1987

Tafel 10.1: Verfahren der Oberflächenbehandlung von Aluminium

Vorbehandeln:	Reinigen; Entfetten;
Mechanisch behandeln:	Schleifen; Bürsten; Polieren;
Chemisch behandeln:	Beizen; Oxidieren (Chromatieren und Phosphatieren);
Elektrolytisch behandeln:	Anodisch Oxidieren (Eloxieren); Hartanodisieren;
Metallische und nichtmetallische Überzüge:	Galvanisieren; Plattieren; Beschichten.

Tafel 10.2: Prüfung des Zustandes von Aluminiumoberflächen

Prüfung auf	Methode	Erkennungsmerkmale
verölte Oberfläche	saugfähiges Papier aufdrücken (Zeit etwa 1 Minute)	Papier wird durch Öl transparent[1])
metallblankes Aluminium	Kratzprobe mit einem Geldstück oder Messerrücken	mit geringem Druck geführtes Geldstück hinterläßt Kratzspur
anodisch oxidiertes Aluminium (eloxiertes Aluminium)	Kratzprobe mit einem Geldstück oder Messerrücken	mit geringem Druck geführtes Geldstück hinterläßt keine Kratzspur
chemisch nachbehandelte Aluminiumoberfläche	Kratzprobe mit einem Geldstück oder Messerrücken	hinterläßt Kratzspur
a) gelbchromatiert	optisch erkennbar	a) Farbton gelb
b) grünchromatiert		b) Farbton grün
c) MBV-behandelt[2])		c) Farbton grau (anthrazit)
lackierte Aluminiumteile		
farblos	optisch erkennbar, ggf. Anlöseprobe mit Verdünnungsmittel	hoher Glanz, quillt und läßt sich anlösen
deckend	optisch erkennbar, ggf. Anlöseprobe mit Verdünnungsmittel	Farbton, hoher Glanz, quillt und läßt sich anlösen

[1]) Die Probe kann negativ ausfallen, wenn die Verölung verharzt bzw. verschmutzt oder sehr gering ist.

[2]) Alkalische Chromatierung nach dem MBV-Verfahren.

Terpentinersatz gute Dienste. Hinzu kommen sogenannte Emulsionsreiniger. Als alkalische Reinigungsmittel finden handelsübliche Präparate Verwendung. Das Reinigen geschieht von Hand oder mit maschinellen Einrichtungen.

Bei der Anwendung von organischen Lösungsmitteln und alkalischen Lösungen sind die Unfallverhütungsvorschriften und die Gebrauchsanweisungen der Lieferanten streng zu beachten.

Elektrolytisches Entfetten wird insbesondere bei polierten und für dekorative Zwecke vorgesehenen Gegenständen angewendet, wenn ein Angriff auf die Oberfläche wie beim Beizen vermieden werden soll. Als Elektrolyt dienen schwach alkalische Lösungen. Die Bäder arbeiten bei Raumtemperatur mit einer Spannung von 6 bis 60 V und Stromdichten bis zu 10 A/dm^2. Fingerabdrücke und andere Verschmutzungen sind zu vermeiden, da sie sich auf die nachfolgenden Oberflächenbehandlungsverfahren störend auswirken.

Mechanische Oberflächenbehandlung

Die Verfahren der mechanischen Oberflächenbehandlung dienen der Verfeinerung der Oberfläche von Halbzeug, Fertigwaren oder Gußteilen. Sie sind entweder zur Erzeugung dekorativer Effekte oder als Vorbehandlung für nachfolgende chemische oder elektrolytische Verfahren bestimmt, gelegentlich auch zur Verbesserung der Haftung von Anstrichen. Die Oberfläche von Aluminium und Aluminiumlegierungen ist weicher als diejenige von Stahl. Deshalb sind bei der mechanischen Vorbehandlung einige Grundregeln zu beachten:

Die verwendeten Werkzeuge müssen frei von Flittern anderer Metalle sein, da sonst Gefahr besteht, daß Metallflitter in die weichere Aluminiumoberfläche eingedrückt werden und unter dem Einfluß von Feuchtigkeit Korrosion durch Kontaktelementbildung verursachen.

Aluminium erfordert bei der mechanischen Bearbeitung hohe Arbeitsgeschwindigkeit und beim Schleifen gute Absaugung.

Die behördlich geltenden Sicherheitsvorschriften für die mechanische Bearbeitung von Aluminium hinsichtlich Brand- und Explosionsgefahr durch Schleifstaub sind zu beachten.

Grob- und Feinschleifen

Teile mit starken Unebenheiten, tiefen Kratzern, Preß-, Zieh- oder Feilriefen erfordern – je nach Oberflächenzustand und angestrebter Oberflächenwirkung – eine Bearbeitung durch Schleifen. Man unterscheidet zwischen Grob- und Feinschleifen. Für das Schleifen sollten ausschließlich Kunststoffgewebe-Schleifscheiben verwendet werden, die mit in Kunstharzen eingebetteten Schleifmitteln präpariert sind.

Beim Schleifen soll man auf mäßigen Schleifdruck achten, sonst werden Werkstücke und Schleifscheibenbelag zu heiß. Die entstehende Wärme überträgt sich wegen der guten Wärmeleitfähigkeit des Aluminiums schnell auf das gesamte Werkstück. Steigt die Temperatur merklich über Handwärme, können bei der weiteren Behandlung, insbesondere bei der elektrolytischen Oxidation, Fehler auftreten. Durch häufiges Wechseln der Werkstücke oder durch Eintauchen in Wasser kann übermäßiges Erwärmen vermieden werden. Gleichmäßige Vorschubbewegung ist nötig, da sich ein Absetzen beim Schleifen auf der Schleiffläche abzeichnet. Frisch geleimte Scheiben oder – beim Bandschleifen – neue Bänder sollen immer erst zum Vorschleifen verwendet werden, bis die Körnung gleichmäßig fein geworden ist. Nicht mehr greifende Schleifscheiben zieht man mit Stahlschabern ab und beleimt sie neu.

Mit Reinaluminium oder kupferfreien Legierungen plattierte Werkstücke sowie Dessin-Bleche und gehämmerte Teile dürfen natürlich nicht geschliffen werden.

Grobschleifen

Werkzeug: Scheiben aus Filz, Chromleder oder mit Filz, Leder oder Gummi belegte Scheiben bzw. Schleifbänder.
Schleifmittel: Schmirgel oder Korund, Körnung 60 bis 120 nach DIN 1171.
Arbeitsgeschwindigkeit: 30 bis 40 m/s.
Schmiermittel: sofern erforderlich, Spezialfett, Schleiföl, Schleifemulsion.

Feinschleifen

Werkzeug: wie für Grobschleifen
Schleifmittel: Schmirgel, Körnung 180 bis 320 nach DIN 1171
Arbeitsgeschwindigkeit: 30 bis 40 m/s
Schmiermittel: Schleiföl, Schleifemulsion.

Die Werkstücke werden mit leichtem Druck an die Scheibe gehalten und möglichst gleichmäßig fortbewegt. Absetzen soll wegen der Gefahr der Bildung von stärkeren Schleifriefen möglichst vermieden werden. Die Größe des Schleifkornes beim letzten Arbeitsgang ist so zu wählen, daß das anschließend benutzte Polierkorn die Schleifriefen noch verziehen kann. Andernfalls entsteht statt einer glänzenden Oberfläche ein matter Hauch, da die Riefen poliert werden. Abschließend mit weichem Lappen und Perchloräthylen (Per) reinigen.

Polieren

Geschliffene Teile müssen vor dem Polieren sorgfältig von Schleifmitteln und Schleifstaub gesäubert werden, sonst verursachen diese Rückstände beim Polieren Kratzer. Abwischen mit einem Lappen genügt keinesfalls, sondern es ist erforderlich, mit fettlösenden Mitteln zu reinigen, evtl. sogar in heißer Lauge eine kurze Zwischenbeizung vorzunehmen (zum Beispiel in 10 %iger Natronlauge bei ca. 70 °C mit anschließendem Spülen in Wasser. Hierdurch werden Fremdkörper und restliche Oxidhäute beseitigt).

Vorpolieren (Schwabbeln)

Werkzeug: enggesteppte Nesselscheiben oder Scheiben aus festen Baumwoll- oder Wollstoffen (Bild 10.1).
Poliermittel: handelsübliche Polierpasten.
Arbeitsgeschwindigkeit: 40 bis 60 m/s.
Schmierung: keine

Man poliert anfangs kreuz und quer zur Schleifrichtung und nach Entfernen der letzten Schleifspuren in gleichbleibender Richtung. Erwärmung beobachten und Werkstück nötigenfalls abkühlen oder auswechseln. Poliermittel von Zeit zu Zeit nachtragen.

Fertigpolieren (Hochglanzpolieren)

Werkzeug: neue, weitgesteppte Stoff- oder lose Nessel- bzw. Köperscheiben.
Poliermasse: keine oder nur wenig Poliermasse nötig, wie z. B. Wiener Kalk, geschlämmtes Aluminiumoxid oder feinstes Wienerrot.
Schmierung: keine
Arbeitsgeschwindigkeit: 50 bis 60 m/s.

Bild 10.1: Nesselscheiben (Schwabbelscheiben) zum Vorpolieren.

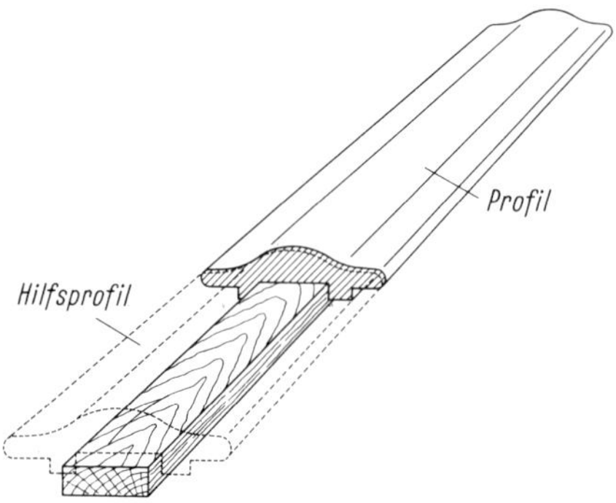

Bild 10.2: Holzeinlagen und Hilfsprofil verhindern beim Schleifen und Polieren das stärkere Abschleifen oder Polieren an den Profilenden.

Gelegentliches Abziehen der Scheiben mittels Schaber oder Metallsägeblatt und Auflockern der Scheibe mit einem Nagelbrett ist notwendig. Nach dem Hochglanzpolieren werden die Teile mit einem sehr weichen Lappen in Entfettungsmitteln gewaschen und gegebenenfalls unter Verwendung von Wiener Kalk von Hand oder mit weicher Scheibe nachgeglänzt. Geringer Polierdruck. Nicht in Wasser kühlen.

Beim Schleifen und Polieren von Profilen kann man immer wieder feststellen, daß die Profilenden stärker abgeschliffen oder abpoliert sind. Das wirkt sich bei Stumpf- oder Gehrungsstößen sehr nachteilig aus. Abhilfe: eine Holzeinlage in das Ende des Profiles einschieben. Auf diese Holzeinlage wird ein kurzes Stück des gleichen Profiles aufgeschraubt. Durch diesen Kunstgriff werden die Nachteile des Rundschleifens der Enden auf das Hilfsprofil verlagert (Bild 10.2).

Mattieren

Hochglanzpolierte Oberflächen sind wegen der verhältnismäßig geringen Härte des Aluminiums empfindlich gegen mechanische Beschädigungen. Werden sie anodisiert, verlieren sie an Glanz. Außerdem zeigen sich bei gleichzeitiger Verwendung von Blechen, Profilen und Gußteilen nebeneinander infolge der Gefügeunterschiede besonders bei dekorativer anodischer Oxidation Unregelmäßigkeiten in der Struktur. Aus diesem Grunde zieht man der polierten häufig eine mattierte Oberfläche vor, wobei das einheitliche Aussehen der Fläche schneller erreicht wird. Oberflächenfehler, wie tiefe Zieh-, Preß- und Walzriefen, aufgewalzte Fremdmetallflitter usw., müssen vor dem Mattieren beseitigt werden.

Mattschleifen

Das Mattschleifen von Hand ist eine einfache Arbeitsweise, die in vielen Fällen den Ansprüchen genügt.

Schleifmittel: Stahlwolle, Bimssteinmehl oder Schmirgelpulver.
Arbeitsweise: Längs- oder Rundschleifen.
Schmiermittel: trocken.

Naßschliff mit Terpentin, Seifenwasser oder Öl ergibt feinere, glänzendere Oberflächen.

Mattpolieren

Der erstrebte Mattierungseffekt auf glatten oder feingeschliffenen Oberflächen kann durch Bürsten in Verbindung mit Schleifmitteln erreicht werden. Es soll in der vorausgegangenen Polierrichtung, und zwar in einem Zuge, ohne Absetzen, gebürstet werden. Für große Flächen gibt es Bürstmaschinen.

Werkzeug: Nylonvlies, Nadelvlies, Fiber- oder Kordelbürsten.
Schleifmittel: Schmirgel 120 bis 280 oder Bimssteinpulver mit Öl angesetzt oder Paste aus 40 Teilen Talg und 60 Teilen Tonerde sowie spezielle handelsübliche Pasten; nur mit geringem Druck arbeiten.
Arbeitsgeschwindigkeit: 10 bis 20 m/s.

Kleinere Unregelmäßigkeiten lassen sich durch Nachschleifen von Hand mit abgenutztem Schmirgeltuch und Schmierung mit Terpentinöl ausgleichen. Unansehnlich gewordene Schleifflächen werden auf ähnliche Weise nachbearbeitet

Mattbürsten (Satinieren)

Eine samtartige, seidenglänzende Oberfläche erzielt man durch Bürsten mit rotierenden Neusilberdraht- bzw. Stahldrahtbürsten oder auch mit sogenannten Mattschlagbürsten, bei denen die Drahtbüschel in Ringen frei schwingen. Keinesfalls dürfen Messing- oder Kupferdrahtbürsten verwendet werden (Kontaktelementbildung).

Die Mattierung wird auch als »Mattkorn« bezeichnet. Die Bürstenspitzen sollen schleudernd auf die Oberfläche auftreffen, jedoch nicht schleifen oder kratzen. Das Ergebnis ist abhängig von der Arbeitsgeschwindigkeit und der Drahtdicke. Starke Drähte ergeben grobes, dünnere ein feinkörniges Matt. Bei höherer Umlaufzahl erhält man eine Glanzmattierung.

Wegen der hohen Griffempfindlichkeit schützt man mattierte Flächen zweckmäßig mit klarem, nicht gilbendem Lack.

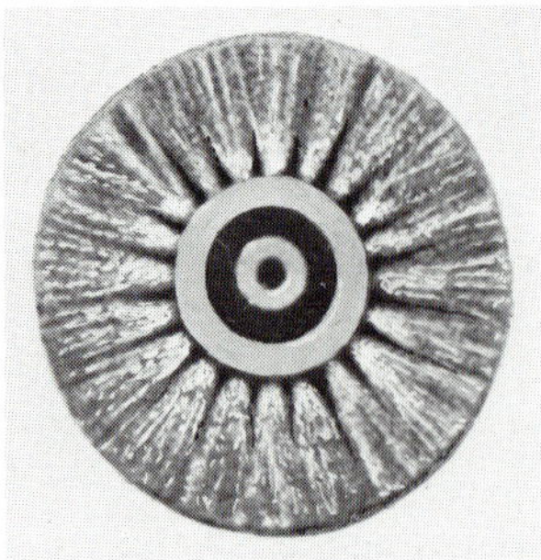 

Bild 10.3: Neusilberdraht-Zirkularbürsten zum Mattbürsten (Satinieren)
Bild 10.4: Mattschlagbürsten mit in Ringen beweglichen Drahtbüscheln zum Mattbürsten.

Werkzeug: Nabenbürsten mit gewelltem Neusilberdraht (Bild 10.3) oder Mattschlagbürsten (Bild 10.4) mit 0,06 bis 0,3 mm Drahtdicke.
Schmierung: keine oder von Zeit zu Zeit Zugabe von etwas Wiener Kalk.
Arbeitsgeschwindigkeit: 8 bis 12 m/s.
Drehrichtung öfter wechseln.

Gutes Entfetten der zu bürstenden Oberfläche ist Grundbedingung, denn Fettspuren und Fingerabdrücke verursachen Glanzstellen in der gebürsteten Fläche, die sich nicht mehr beseitigen lassen. Am besten wird in Natronlauge gebeizt (s. S. 217/218) und anschließend getrocknet. Danach darf man die Werkstücke nur noch mit sauberen Handschuhen anfassen.

Marmorieren

Marmorieren nennt man ein Mattieren, bei dem kein gerader Strich, sondern infolge der kreisenden Bewegung einer Kopfbürste (Bild 10.5) eine kreisrunde Mattfläche erzeugt wird, die dem Bürstendurchmesser entspricht. Die Bürste wird jeweils um etwa ⅔ ihres Durchmessers weitergerückt.

Marmorierte Oberflächen (»Pfauenauge«-Muster) wirken dekorativ, z. B. bei Inneneinrichtung von Kühlschränken, Öfen- und Heizkörperverkleidungen, Sockelblechen und insbesondere im Karosseriebau für die Behandlung des gesamten Aufbaus.

Werkzeug: Marmorierbürste (rotierende, pinselartige Bürsten). Die freistehende Drahtlänge soll möglichst verstellbar sein.
Schmierung: keine.
Arbeitsgeschwindigkeit: 200 bis 300 U/min.

Bild 10.5: Marmorierbürste, bei der die Drähte durch Verstellen heraus- und hereingedreht werden können, somit nachstellbar.

Auch bei diesem Verfahren sind fettfreie Oberflächen Voraussetzung für gutes Gelingen. Leichte Oberflächenverletzungen, kleinere Unebenheiten usw., treten nach dieser Behandlung kaum noch in Erscheinung. Die Oberfläche sollte man auch hier mit geeignetem farblosen Lack schützen.

Strahlen

Guß- und Schmiedestücke sowie Gesenkschmiedestücke und auch andere Gegenstände aus Aluminium werden gelegentlich gestrahlt. Als Strahlmittel werden verwendet: Korund, Aluminiumkorn oder Glasperlen; Strahlmittel aus Stahl sind nicht geeignet (Abrieb rostet). Die Oberflächen der Werkstücke erhalten ein ziemlich gleichmäßiges silber- bis mattgraues Aussehen.

Größere Flächen, z. B. Bleche, können nur mit Hilfe von Spezialmaschinen gleichmäßig gestrahlt werden.

Chemische Oberflächenbehandlung

Ein chemisches, oberflächenabtragendes Verfahren ist das Beizen. Es dient zur Entfernung der Guß- oder Walzhaut sowie zur Beseitigung der natürlichen Oxidschicht des Aluminiums. Durch das Beizen wird eine gleichmäßige Oberfläche erzielt. Da nur sehr dünne Schichten abgetragen werden und der Angriff die ganze Oberfläche gleichmäßig erfaßt, sind selbst leichte Oberflächenverletzungen (Kratzer) durch das Beizen nicht zu entfernen. Besonders wirtschaftlich sind Beizverfahren bei Massenteilen oder wenn eine mechanische Oberflächenbehandlung schwierig oder nicht durchführbar ist. Zur Erzielung besonderer Oberflächeneffekte werden Spezialbeizen verwendet. Beizmittel sind alkalisch oder sauer.

Als Haftgrund für Anstriche ist die gebeizte Oberfläche trotz einer gewissen Aufrauhung nicht ausreichend und kann daher den Anstrich mit einem Wash-Primer nicht ersetzen (s. S. 273). Starke Verschmutzungen durch schwer lösliche Fette, verharztes Öl und Schleif- und Poliermittelrückstände beseitigt man vorher mit organischen Lösungsmitteln. Nach dem Beizen hat die Metalloberfläche ein mattweißes Aussehen und ist griffempfindlich.

Die berufsgenossenschaftlichen Vorschriften sind bei allen Beizverfahren zu beachten, z. B. ausreichende Raumbelüftung, Anbringung von Abzügen, Verwendung von Hand- und Augenschutz. Der beim Beizen freiwerdende Wasserstoff ist brennbar!

Beizen in alkalischen Lösungen

Am häufigsten findet das Beizen in Natronlauge Anwendung. Handelsübliches Ätznatron (Natriumhydroxid) wird zu einer 10- bis 20%igen Lösung angesetzt auf 60 bis 80 °C erwärmt. Bei zu tiefer Temperatur oder bei zu geringer Konzentration wirkt die Beize zu langsam und führt zu ungleichmäßigem und punktförmigem Angriff. Das Material wird dadurch geschädigt. Bei kupferhaltigen Legierungen ist der Angriff wesentlich intensiver als bei kupferfreien Aluminiumlegierungen oder bei Reinaluminium. Zwischen den einzelnen Arbeitsgängen ist grundsätzlich mit Wasser zu spülen. Als Behälter sind zu verwenden:

für das Beizen: Stahlwanne;
für die Nachbehandlung: mit Kunststoff ausgekleidete Stahlwanne.

Man beizt etwa ½ bis 5 Minuten, d. h. bis zu lebhaftem Aufschäumen. Dabei sollen die Gegenstände mittels geeigneter Klemmvorrichtungen in das Bad eingehängt werden. Anschließend wird in Wasser gespült und zweckmäßig in ca. 30%iger Salpetersäure neutralisiert. Danach wird wieder gespült. Die Teile dürfen nicht beliebig lange der Beize ausgesetzt werden. Gegebenenfalls sind die Arbeitsgänge einige Male zu wiederholen.

Teile aus Reinaluminium und Aluminiumlegierungen ohne Schwermetallzusatz haben nach dem Beizen und Spülen ein helles, silbriges Aussehen. Schwermetall- und siliziumhaltige Legierungen dagegen zeigen einen dunklen Anflug auf der Oberfläche, der durch

Tauchen in Salpetersäure sofort gelöst wird und verschwindet. Bei Si-haltigen Legierungen bleibt ein grauer Belag auch nach dieser Behandlung zurück. Er läßt sich am besten durch Scheuern mit einer Wurzelbürste unter fließendem Wasser beseitigen.

Ausgehärtete Teile aus AlMgSi und insbesondere AlCuMg haben infolge der vorangegangenen Wärmebehandlung eine besonders dichte und feste Oxidschicht. Damit beim Beizen in Natronlauge eine gleichmäßige Abtragung gesichert bleibt, werden Werkstücke aus den genannten Legierungen vorher ca. 60 Minuten in verdünnter Salpetersäure vorbehandelt.

Feinere Gegenstände werden in Sodalösung (Natriumcarbonat) gebeizt, insbesondere Skalen, Zifferblätter, Schilder usw., die mit farblosem Lack gestrichen oder unter Glas verwendet werden. Die Oberfläche hat ein gutes, mattweißes Aussehen. Man bedient sich dabei einer 10- bis 20%igen Sodalösung, gelegentlich unter Zusatz von rd. 3 % Kochsalz. Die Behandlungsdauer beträgt 5 bis 15 Minuten bei rd. 70 °C. Danach wird in Wasser gespült, in verdünnter Salpetersäure (1 : 1) neutralisiert und wieder gespült.

Zur Erzielung hohen Rückstrahlungsvermögens für zerstreutes Licht, Wärme- und ultraviolette Strahlen verwendet man eine Beize, die aus 5% Ätznatron, 4% Natriumfluorid und Wasser besteht. Dabei beträgt die Beizdauer 2 bis 5 Minuten bei einer Temperatur von 90 °C. Nach dem Spülen muß man die Teile in verdünnter Salpetersäure (⅓ Salpetersäure und ⅔ Wasser) nachbehandeln.

Beizen in Säuren

Für Reinaluminium und Aluminiumlegierungen (ausgenommen Reinstaluminium) wird in neuerer Zeit das Beizen in Säuregemischen bevorzugt, da die Oberfläche weniger stark aufgerauht wird. Diese Tatsache gewinnt vor allem dann an Bedeutung, wenn eine weitere Oberflächenbehandlung nicht mehr erfolgt. Diese Behandlung dient auch der Auflockerung des Oxids vor einer alkalischen Beizung. Das Beizen in Gemischen aus verschiedenen Säuren bleibt wegen der Gefährlichkeit ausschließlich Spezialfirmen vorbehalten; in diesem Rahmen wird darauf deshalb nicht näher eingegangen.

Beizen für Sonderzwecke

Mit Hilfe von Spezialbeizen kann man auf der Oberfläche des Aluminiums unterschiedliche (stumpfe, matte und mattglänzende) Effekte erzielen. Diese Beizen wirken gleichzeitig reinigend. Nur wenn die zu beizenden Teile stark verunreinigt sind, ist eine Vorreinigung einzuschalten. Die Beizbäder arbeiten bei 50 bis 80 °C Betriebstemperatur und in 1- bis 5 %iger Konzentration. Große Flächen werden bei 50 bis 60 °C behandelt. Die Beizdauer richtet sich nach dem Material und dem gewünschten Beizeffekt und schwankt zwischen 1 und 5 Minuten. Diese Beizen sind alkalisch. Deshalb empfiehlt sich auch hier ein anschließendes Neutralisieren in 1- bis 2 %iger Salpetersäure und erneutes Spülen. Bei Legierungen kann ein dunkler Anflug auftreten, den man, wie bei »Beizen mit Natronlauge« (s. S. 262/263) angegeben, entfernt.

Es gibt darüber hinaus Spezial-Reinigungs- und Beizmittel auf Phosphorsäurebasis. Sie haben eine starke Netz- und Ätzwirkung und sind besonders zur Vorbereitung von Reinaluminium und Aluminiumlegierungen zum Schweißen geeignet. Sie finden auch zur Vorbereitung von Aluminiumoberflächen zum Lackieren Verwendung. Man beizt im Tauch- und Streichverfahren bei Raumtemperatur. Die Behandlungsdauer im Tauchverfahren beträgt 10 bis 15 Minuten. Leichte Fett- oder Ölrückstände werden mitentfernt. – Nach dem Beizen ist auch hier gut mit Wasser zu spülen und zu trocknen.

Als Behälter dienen hartgummierte Stahlwannen, mit Kunststoff oder Blei ausgekleidete Wannen, Steinzeug oder säurefeste Keramik.

Tiefätzen

Schilder mit Beschriftung oder zeichnerischen Darstellungen werden häufig durch Tiefätzen hergestellt. Die Vorbehandlungsverfahren sind unterschiedlich. Alle Verfahren haben jedoch gemeinsam, daß die Oberfläche zunächst mit einem geeigneten Lack abgedeckt und die zu ätzenden Konturen anschließend freigelegt werden. Die Ätzlösungen haben folgende Zusammensetzung:

5 bis 300 g	Eisenchlorid	1000 cm^3 Wasser
5 bis 100 cm^3	konz. Salzsäure	und etwas Gummiarabikum

Innerhalb dieser weitgefaßten Konzentrationsbereiche liegen die preiswerten Ätzlösungen der Praxis. Es gibt auch andere Rezepte. Mittels Wattebausch wird das Ätzmittel solange aufgetragen, bis die gewünschte Ätztiefe erreicht ist. Nach dem üblichen Spülen in Wasser und Trocknen wird der Decklack entfernt und der Gegenstand nochmals in verdünnte Salpetersäure 1 : 1 getaucht und abermals gespült.

Chemisches Oxidieren von Aluminium

Durch eine chemische Oxidation, Chromatieren und Phosphatieren wird die natürliche Oxidschicht verstärkt, bzw. es werden chemisch anorganische Schichten erzeugt, welche die Beständigkeit von Aluminium erhöhen. Interessante Eigenschaften der Schichten sind die Verbesserung von Einlauf- und Gleiteigenschaften von Maschinenteilen und eine Erleichterung des Kaltumformens. Die Schichten bieten einen guten Haftgrund für Farbanstriche. Gegenüber der elektrolytischen Oxidation haben diese Verfahren den Vorzug, in der Ausführung einfach und billig zu sein. Natürlich werden nicht die Eigenschaften einer anodisch erzeugten Schutzschicht erreicht. Nach den chemischen Verfahren lassen sich auch große Flächen und sperrige Teile leicht behandeln, da die Applikation durch Streichen, Tauchen oder Spritzen erfolgen kann.

Elektrolytische Oberflächenbehandlung

Die Ausführungen zu diesem Thema werden auf den Hauptbereich der elektrolytischen Oberflächenbehandlung, die anodische Oxidation, begrenzt. Auf Verfahren und Ausführung des elektrolytischen Glänzens wird in diesem Rahmen nicht eingegangen.

Begriff und Prinzip der anodischen Oxidation

Die Ausdrücke »Anodische Oxidation« und »Anodisieren« sind neutrale Bezeichnungen für »Eloxieren« oder »Eloxal«. Eloxal ist abgeleitet von »Elektrolytische Oxidation von Aluminium«. Die anodische Oxidation hat – wie auch die chemische Oxidation – den Zweck, die auf der Aluminiumoberfläche vorhandene natürliche Oxidschicht zu verstärken. Während bei der chemischen Oxidation die Oxidschicht durch Tauchen der Gegenstände in heiße, sauerstoffabgebende Salzlösungen erzeugt wird, bildet sich bei der anodischen Oxidation die Oxidschicht unter der Einwirkung von aktivem Sauerstoff, der an der Anode der elektrolytischen Zelle frei wird; daher die Bezeichnung anodische Oxidation.

Die anodische Oxidation ist ein für Aluminium charakteristisches Verfahren der Oberflächenbehandlung. Ihre große Bedeutung liegt in der Vielfalt der Eigenschaften der erzeugten Oxidschichten begründet. Es gibt kein weiteres Oberflächenbehandlungs-Verfahren, das derartig umfangreiche Anwendungsmöglichkeiten zuläßt. Je nach angewandter Verfahrensvariante kann man die unterschiedlichsten Schichteigenschaften erzeugen, so z. B. harte Schichten für Verschleißteile;

dichte, aber biegsame Schichten für noch zu verformende Teile, z. B. für Isolation auf Drähten, die in der Elektrotechnik für Magnet- oder Ankerwicklungen usw. verwendet werden. Es können auch dichte, aber dennoch gut einfärbbare Schichten, z. B. für dekorative Zwecke (Schaufenster, Türen, Schmuck usw.) erzeugt werden.

Obgleich in Bezug auf Betriebseinrichtung und äußere Handhabung die anodische Oxidation und das Galvanisieren einander ähnlich sind, unterscheiden sich die beiden Verfahren grundsätzlich voneinander. Beim Galvanisieren wird das Werkstück an den Minus-Pol (Kathode) gelegt und ein metallischer Überzug auf die Oberfläche niedergeschlagen. Bei der anodischen Oxidation dagegen wird das Werkstück an den Plus-Pol (Anode) geschaltet. Es bildet sich aus dem Bad kein Niederschlag, sondern die Schutzschicht entsteht aus dem Metall selbst durch Umwandlung des Metalls an der Oberfläche in hauptsächlich oxidische Verbindungen. Die anodisch erzeugte Oxidschicht hat also nichtmetallischen Charakter. Sie wächst zu ⅔ in den Werkstoff hinein und baut sich zu ⅓ auf der Oberfläche auf. Bei Hartoxidschichten ist das Wachstumsverhältnis ½ zu ½. Die erzeugte Schicht ist fest mit dem Grundwerkstoff verbunden.

Das Aussehen der Schicht richtet sich u. a. auch nach dem Oberflächenzustand des unbehandelten Teiles. Kratzer, Riefen und Unebenheiten lassen sich durch die Behandlung nicht beseitigen, sondern treten eher noch deutlicher hervor. Matte Flächen bleiben matt, polierte Flächen verlieren etwas an Glanz. Anodisch erzeugte Oxidschichten lassen sich nur durch mechanisches Abtragen oder Beizen wieder entfernen.

Durchführung und Verfahren der anodischen Oxidation

Alle Aluminiumwerkstoffe sind anodisch oxidierbar. Die Schichteigenschaften hängen jedoch von dem angewandten Verfahren und von der Zusammensetzung des Werkstoffs ab.

Die Durchführung der anodischen Oxidation obliegt meist Spezialbetrieben (Lohnanodisierbetrieben). Eine Anlage zum Anodisieren zeigt Bild 10.6.

Zum Anodisieren werden die zu behandelnden Teile zur Kontaktierung in Aufhängevorrichtungen eingeklemmt. Diese Vorrichtung wird bei Gleichstrombehandlung an der Stromschiene (Plus-Pol) befestigt. Bei Verwendung von Wechselstrom können beide Pole mit Ware behängt werden.

Bild 10.6: Moderne Anlage zum Anodisieren, Teilansicht (Fried., Blasberg).

Als Elektrolyte dienen hauptsächlich Schwefelsäure (S) und Oxalsäure (X). Als Stromart finden Gleich- (G) und Wechselstrom (W) Anwendung. Aus der Kombination der in Klammern angegebenen Buchstaben ergeben sich die üblichen Bezeichnungen für die verschiedenen Verfahren, die je nach den erstrebten Schichteigenschaften Anwendung finden.

Zwei wesentliche Forderungen sind zu erfüllen, wenn die angestrebte Funktion der Oxidschicht gesichert sein soll:

- Ausreichende Dicke der Oxidschicht, je nach Anforderung und Verwendung;
- einwandfreie Verdichtung der Oxidschicht.

Die Qualitätsforderungen sind nach DIN 17611 genormt.

In Tafel 10.3 sind einige Verfahrensparameter der 3 wichtigsten Verfahren zusammengestellt. Die nach diesem Verfahren erzeugten Schichten haben folgende charakteristische Eigenschaften:

- GS-Verfahren: Hohe Oberflächenhärte und Verschleißfestigkeit, gute elektrische Isolationsfähigkeit, gute chemische Beständigkeit, gute Einfärbungsmöglichkeit, sehr wirtschaftlich;

Tafel 10.3: Verfahrensbedingungen für die anodische Oxidation

Verfahren	Spannung in V	Stromdichte in A/dm^2	Badtemperatur in °C	Behandlungsdauer in min	Energieverbrauch in kWh/m^2
GS	12 bis 20	1 bis 2	18 bis 20	20 bis 40	0,9 bis 1,8
GX	20 bis 60	1 bis 2	18 bis 20	40	5,5
WX	20 bis 60	2 bis 3	25 bis 35	40	6 bis 8

G Gleichstrom, W Wechselstrom, S Schwefelsäure, X Oxalsäure.

- GX-Verfahren: Besonders hohe Oberflächenhärte und Verschleißfestigkeit; bei Nachbehandlung beste Isolationsfähigkeit;
- WX-Verfahren: Die Schichten sind weicher und lassen ganz geringe Verformung nach der Oxidation zu, z. B. Biegen, leichte Prägungen und Stanzen. Ohne zusätzliche Färbung erhalten Reinaluminium und die Legierungsgattungen AlMg3, AlMgMn und AlMgSi dekorativ wirkende Farbtönungen von silberhell bis zum Bronzeton – je nach Behandlungsdauer.

Die angeführten Verfahren werden auch kombiniert durchgeführt.

Erzeugen von farbigen Oxidschichten

Farbige Oxidschichten können nach folgenden Verfahren erzeugt werden:

- Tauchfärbung: Die nach dem GS-Verfahren hergestellten farblosen Oxidschichten besitzen gute Absorptionsfähigkeit für Farben und lassen sich daher mit organischen oder anorganischen Farbstoffen färben.
- Farbanodisation: Die Farbanodisations-Verfahren arbeiten mit Gleichstrom. Die erzeugten Oxidschichten weisen in Abhängigkeit von den Betriebsparametern und der Aluminiumlegierung eine Eigenfärbung auf.
- Elektrolytische Färbung: Nach dem GS-Verfahren hergestellte Oxidschichten werden in einer 2. Behandlungsstufe in Metallsalzbädern unter Einwirkung von Wechselstrom gefärbt.

Verdichten von Oxidschichten

Die anodisch erzeugte Oxidschicht ist von Natur aus mikroporös. Sie erreicht erst durch geeignete Abdichtung der Poren ihre optimale Beständigkeit. Die Verdichtung anodisierter Teile wird durch Behandlung in entsalztem, siedendem Wasser bzw. Wasserdampf (Sattdampf) erreicht. Die Dauer der Verdichtungsbehandlung soll nach Erreichen der oben genannten Temperatur mindestens 2 min je μm Schichtdicke betragen. Dabei tritt eine Umwandlung des Oxids ein, die mit einer Volumenvergrößerung verbunden ist. Die Dichtigkeit der Schicht wird erhöht, und das Adsorptionsvermögen für Fremdstoffe wird beseitigt.

Erzeugen von Hartoxidschichten

Hartanodisation wird ausschließlich für technische Zwecke angewandt, wenn große Oberflächenhärte und erhöhter Verschleißschutz erforderlich sind. Es sind spezielle Betriebsbedingungen erforderlich wie niedrige Badtemperatur und hohe Stromdichte. Aluminium-Knet- und Gußlegierungen eignen sich für diese Behandlung. Der Kupfergehalt soll 3%, der Siliziumgehalt 7% nicht überschreiten. Die erzeugten Schichten sind besonders dick, dicht und hart, haben außer guten Gleiteigenschaften hohe elektrische Isolierwirkung und bieten ausgezeichneten Korrosionsschutz. Die Schichtdicken liegen zwischen 25 μm und 150 μm, also einem Vielfachen der normalen anodisch erzeugten Schichtdicke. Infolge ihrer Eigenschaften gestatten sie kein Färben. Vorhandene Anodisieranlagen können zum Hartanodisieren wegen der Besonderheiten dieses Verfahrens nur teilweise benutzt werden. Die Hartoxidschichten werden in der Regel nicht verdichtet.

Reinigen von anodisierten Teilen

Auch anodisch oxidiertes (eloxiertes) Aluminium bedarf der Reinigung, vor allem, wenn es dekorativen Zwecken dient und der Witterung ausgesetzt ist. Staub und Rauch enthalten unter Umständen Stoffe, die im Zusammenwirken mit Feuchtigkeit das Aussehen der Metalloberfläche auf die Dauer ungünstig beeinflussen können.

Teile im Freien, wie Fensterrahmen oder Türen periodisch mit warmem Wasser, dem ein neutrales Netzmittel (Spülmittel) zugegeben wird und Lappen, Schwamm oder weicher Bürste vom Schmutz reinigen und mit sauberem Lappen trockenreiben. Bei starker, festhaftender Verschmutzung kann der Schmutz mit einem feuchten Nylonfaservlies (z. B. Scotch-Britt-Reinigungsschwamm, der mit grünem Vlies belegt ist) abgerieben werden.

Teile in Innenräumen werden mit trockenem Lappen vom Staub befreit. Genügt diese Behandlung nicht, z. B. bei festhaftendem Schmutz und Handschweiß, wird die Reinigung in der gleichen Weise durchgeführt wie bei Gegenständen im Freien.

Ungeeignet für die Reinigung sind Putzmittel mit oxidlösender Wirkung, wie sie für andere Metalle üblich sind. Auch Waschlaugen oder mechanisch wirkende Mittel, wie Stahlwolle, Schmirgel- oder Sandpapier, geschlämmte Sande und dergleichen, sind ungeeignet, da sie die Oxidschicht angreifen.

Minderung der Anodisierqualität durch unsachgemäßes Vorbehandeln

Auch bei der handwerklichen Verarbeitung von Aluminium muß bekannt sein, wie – verarbeitungsbedingt – Qualitätsminderungen am anodisierten Bauteil verursacht werden und wie diese sichtbar werden.

Flecken-, Streifen- und Wolkenbildung können entstehen durch:

- Verwendung nicht einwandfreier Biege- oder Ziehwerkzeuge;
- örtliche Erwärmung beim Warmumformen, Schweißen, Schleifen oder Polieren (besonders bei ausgehärtetem AlMgSi);
- schlechte Vorpolitur, Verwendung ungeeigneter Polierpasten, ungenügende Entfettung, eingebrannte Fette, fettsaure Metallverbindungen (Metallseifen);
- Hartlöten, das immer zu starken Verfärbungen führt;
- Verwendung von plattiertem Material für dekorative Zwecke, soweit eine mechanische Bearbeitung notwendig ist.

Anfressungen können verursacht werden durch:

- Fremdmetallteile aus Kupfer, Messing, Eisen usw. in Berührung mit Aluminium (Mischbau, Schrauben, Niete, Drähte in Falzen u. ä.);
- eingepreßte oder eingegossene Fremdmetallflitter. Flitter können übertragen werden durch Werkzeuge, die zur Verarbeitung anderer Metalle verwendet wurden (Schlag-, Druck-, Biegewerkzeuge, Drück- und Ziehwerkzeuge, Richtplatten usw.);
- Bleireste an Innenflächen von Rohren oder an Profilen, die vom Ein- oder Umgießen vor Biegearbeiten zurückbleiben;
- eingedrückte nichtmetallische Fremdstoffe wie Schleifkörner, Polierstaub, Graphit oder Sand (unter ungünstigen Bedingungen);
- Flußmittelreste und Spritzer (auch geringste Spuren) beim Schweißen und Hartlöten;
- Weichlötstellen infolge der schwermetallhaltigen Lote;
- Doppelungen bei Schmiedestücken;

- Poren, Schlacken-, Sand- und Graphiteinschlüsse, Oxidnester sowie mit Kitt ausgebesserte Stellen bei Gußstücken;
- feine Spalten (kapillare Hohlräume), Schweißrisse, Anrisse beim Biegen, enge Falze;

Bei der letztgenannten Gruppe und auch bei genieteten Teilen können auch Elektrolytreste, die aus feinen Hohlräumen schwer zu entfernen sind, zu Korrosionen und Fleckenbildung führen. Außerdem machen sie eine Einfärbung unmöglich.

Gesichtspunkte für die Auftragsvergabe

Den Anodisieranstalten sind bei Auftragserteilung die an die Schicht gestellten Ansprüche bekanntgegeben werden, damit die richtige Behandlung vorgenommen werden kann. Desgleichen ist die Bekanntgabe der Legierung notwendig, denn die Art der Schichtbildung ist nicht nur von den Arbeitsbedingungen beim Anodisieren sondern auch von der Legierungszusammensetzung und dem Werkstoffzustand abhängig.

Für eine anodische Oxidation mit dekorativen Anforderungen sollte man Halbzeug in »Eloxalqualität« bestellen und aushärtbare Legierungen nur in ausgehärtetem Zustand anodisieren. Alle Teile sind vor der anodischen Behandlung fertig zu bearbeiten. Nachträgliches Bearbeiten ist nur in Ausnahmefällen möglich.

Metallische Überzüge auf Aluminium

Plattieren von Aluminium mit Aluminium

Kupferhaltige Aluminiumlegierungen sind in ihrer Korrosionsbeständigkeit den kupferfreien Aluminiumlegierungen oder dem reinen Aluminium unterlegen. Bei kupferhaltigen Legierungen in Form von Blechen, Bändern, Ronden kann die Korrosionsbeständigkeit durch Plattieren, z. B. mit Reinaluminium, wesentlich verbessert werden. Während des Walzvorganges werden Schichten aus Reinst- oder Reinaluminium mit dem Kernwerkstoff fest verschweißt. Solche Schichten haben den Vorteil, daß sie infolge ihrer Wirkung als kathodischer Schutz auch bei Beschädigung der Oberfläche einen wirksamen Korrosionsschutz bilden. Die Verwendung solcher Bleche ist auf die Luftfahrt beschränkt.

Mit Aluminium-Hartlot (L-AlSi10, L-AlSi7,5) plattierte Aluminiumbleche (AlMn1, AlMnCu) werden für Wärmeaustauscher mit großen Austauschflächen bei industrieller Produktion verwendet.

Plattieren von Aluminium mit Kupfer

Mit Kupfer plattiertes Aluminium wird in Form von Blechen, Streifen oder Scheiben geliefert. Dieser Verbundwerkstoff hat eine geringere Dichte als Vollkupfer, ist gut kaltumformbar und weist die Oberflächeneigenschaften von Kupfer auf. Die günstigen Kontakteigenschaften und die höhere Leitfähigkeit der Kupferplattierung werden in der Elektrotechnik im allgemeinen und bei Anschweißenden für Stromschienen und in der Hochfrequenztechnik im besonderen genutzt. Für die Verarbeitung gelten besondere Vorschriften, die von den Hertellern zu erfahren sind. Wichtig ist vor allem die Vermeidung freiliegender Schnittkanten, die der Feuchtigkeit zugänglich sind.

Galvanisieren von Aluminium

Aluminium und seine Legierungen können elektrolytisch mit Überzügen anderer Metalle versehen werden, z. B. verkupfert, vernickelt, verchromt, verzinkt, vermessingt, versilbert usw. Durch Erzeugung einer metallischen Zwischenschicht in Spezialbeizen (z. B. Zinkatbeize, Stannatbeize) wird die Oberfläche für die Galvanisierung vorbereitet. Verkupfert wird zur Bildung einer Zwischenschicht unter Nickel und Chrom oder wenn Aluminiumteile durch Weichlöten zu verbinden sind. Vernickelt wird vorwiegend für dekorative Anwendung. Verchromen dient sowohl dekorativen als auch rein technischen Zwecken. Hartchromschichten zeichnen sich aus durch hohe Härte und Verschleißfestigkeit. Die Hartverchromung erfolgt direkt ohne Abscheidung von Zwischenschichten.

Die für galvanische Überzüge verwendbaren Metalle sind meist elektrochemisch edler als das Grundmetall Aluminium. Deshalb bestehen elektrolytische Spannungsunterschiede zwischen Kernmetall und Deckschicht. Galvanische Überzüge müssen daher absolut dicht sein. Bei Beschädigungen der Deckschicht kann Feuchtigkeitseinfluß zu Kontaktkorrosion zwischen Kern und Deckschicht führen. Dabei korrodiert das Kernmaterial unter Umständen stärker als ohne galvanischen Überzug.

Größere Bedeutung hat in den letzten Jahren das stromlose (chemische) Abscheiden von Nickelschichten erlangt.

Nichtmetallische Überzüge auf Aluminium

Das Beschichten von Aluminium mit Lacken und Kunststoffen erfolgt meist in Industriebetrieben oder spezialisierten Handwerksbetrieben. Für die nicht spezialisierten Handwerksbetriebe werden nachstehend einige Hinweise gegeben, die besonders für die Reparatur wichtig sind. Im Gegensatz zu anderen Metallen bedarf Aluminium in der Regel keines Anstriches zum Zwecke des Oberflächenschutzes. In Fällen außergewöhnlicher chemischer Beanspruchung oder für rein dekorative Zwecke ist jedoch eine Beschichtung zweckmäßig oder erwünscht. Oft dient diese sowohl zur elektrischen Isolation als auch zur Verhütung einer Kontaktelementbildung zwischen verschiedenen sich berührenden Werkstoffen. Sachgemäße Beschichtung auf Aluminium weist eine hohe Lebensdauer auf, da eine Beschädigung durch »Unterrosten« nicht eintreten kann.

Beschichten mit Lacken

Die Verfahrensschritte sind: Entfetten, Herstellen eines Haftgrundes, Grundierungsanstrich, Zwischenanstrich, Schlußanstrich. Auf die Entfettung von Aluminiumoberflächen, als unabdingbare Voraussetzung auch vor dem Beschichten, wurde bereits auf S. 253/255 näher eingegangen. Ebenso ist auch der weiteren Vorbehandlung der Aluminiumoberflächen besondere Aufmerksamkeit zu widmen.

Wie bereits ausgeführt, überziehen sich Aluminium und Aluminiumlegierungen an der Luft mit einer dichten Oxidschicht. Diese zu beseitigen und die Oberfläche aufzurauhen, sind wichtige Voraussetzungen für gutes Haften von Anstrichen. Man benutzt dafür sogenannte Wash-Primer als Haftgrundmittel, die nach sorgfältiger Entfettung der Metalloberfläche aufgespritzt oder aufgestrichen werden. Sie bestehen meist aus zwei Komponenten und reagieren chemisch mit der Metalloberfläche, die dabei leicht angeätzt wird. Für sich allein stellen sie jedoch keinen dauerhaften Korrosionsschutz dar.

Eine weitere Grundierung, am besten auf Zinkchromat-Basis, muß folgen. Gegebenenfalls sind Spachtelarbeiten mit Zwischenanstrich durchzuführen. Verschiedene Farbhersteller bieten Zinkchromatgrundierungen an, die eine gesonderte Vorbehandlung mit Primer nicht erfordern. An Stelle des Haftgrundmittels (Wash-Primer) und der Zinkchromat-Grundierung stellen auch chemisch erzeugte Schichten (z. B. Chromatierschichten) einen guten Haftgrund für Deckanstriche dar, deren Auswahl nach den Bedürfnissen der Praxis erfolgen. Der Einsatz von Wash-Primern unter Epoxid-Grundierungen kann zu Reaktionen zwischen den Härtern und dadurch zur späteren Auflösung des Lackes führen und ist unter keinen Umständen zulässig.

Art und Ausführung von Zwischen- und Schlußanstrichen erfolgen entsprechend der Gebrauchsanforderungen wie folgt:

Deckende Innenanstriche für Normalbeanspruchung: Ein bis zwei Anstriche mit Alkydharzlackfarbe; für Feuchtraumbeanspruchung: Zwischen- und Schlußanstrich mit Epoxidharzlackfarbe.

Deckende Außenanstriche: wie vorstehend aufgeführt; bei besonderen Anforderungen an Wetterbeständigkeit bzw. Chemikalienbeständigkeit folgt auf den Grundanstrich ein Zwischenanstrich mit Polyurethanlackfarbe; für den Schlußanstrich ist die gleiche Farbe, jedoch »lichtecht und kreidungsbeständig« zu verwenden.

Farblose Anstriche: vorzugsweise auf anodisch oxidierten Flächen Acrylharz-Polyurethanlack (Zweikomponentenlack) oder Acrylharzlack, wobei der letztere zweimal gestrichen wird.

Einbrennlacke: Die Anwendung ist bei Aluminium und seinen Legierungen nur bis zu den in Tafel 10.4 genannten Objekttemperaturen zulässig.

Darüber hinaus gibt es spezielle Lackieraufgaben. In der Praxis haben besondere Bedeutung:

Schutz von Hohlräumen: Hohlräume, in denen sich Schwitzwasser bilden kann, oder Ecken und Winkel, die nicht laufend zu kontrollieren sind, aber hohen chemischen Beanspruchungen ausgesetzt sind, werden zweckmäßig nach dem Grundieren mit Bitumen gestrichen.

Polierte oder metallblanke Aluminiumgegenstände, die nicht regelmäßig gereinigt werden können, sowie griffempfindliche Teile schützt man durch nicht nichtgilbende Klarlacke.

Tafel 10.4: Höchstzulässige Einbrenntemperaturen (Objekt)

Werkstoff	Einbrenntemperatur (Objekttemperatur) in °C
Reinaluminium und Reinstaluminium, weich	180 bis 200[1])
AlMg1, AlMg2Mn0,3, AlMg3, AlMg2Mn0,8, AlMg4,5Mn, AlMn5	180
AlMgSi0,5, AlMgSi1, AlMg1SiCu	180 bis 200[2])
AlCuMg, AlZnMgCu	80

[1]) Je höher die Reinheit, um so größer ist Festigkeitsabfall bei Kaltverfestigung
[2]) Kann für Warmauslagerung genutzt werden

Lackreparatur: Bei Altanstrichen ist die Haftung und Überstreichbarkeit zu prüfen. Lackierte Flächen werden mit neutralen Netzmittelreinigern (z. B. Pril-Lösung o. ä.) gereinigt und nachgewaschen. Korrosionsmulden und Reaktionsprodukte müssen restlos entfernt werden (Schleifen mit Kunststoffvlies, Schleifstaub ist mit Lappen zu entfernen). Die Oberfläche ohne Lackierung muß metallisch blank erscheinen. Lose Schichten sind zu entfernen, blankes Aluminium wie angegeben zu behandeln. Der Grundanstrich ist nach Empfehlung des Herstellers vorzunehmen. Die Spachtelmasse muß auf das Anstrichsystem abgestimmt sein. Spachteln größerer Flächen ist nicht zulässig.

Einbrennlackieren

Das Einbrennlackieren von Aluminium wird überwiegend in industriellem Maßstab durchgeführt und kommt für handwerkliche Fertigung weniger in Betracht. Einbrennlackiertes Aluminiumhalbzeug, besonders in Form von Bändern und Blechen, wird heute für eine Vielfalt von Anwendungen verarbeitet. Ein großer Vorteil des einbrennlackierten Aluminiums liegt darin, daß dieses Material verformt werden kann, ohne daß die Lackschicht abblättert oder beschädigt wird. Daher kann man das Material durch Hohlprägen, Abkanten, Rollformen oder Biegen umformen. Vor dem Einbrennlackieren erfolgt eine Chromatierung gemäß DIN 50939 zur Verbesserung der Lackhaftung. Lackbasis und Pigmente werden auf optimale Dauerhaftigkeit abgestimmt. Da auch bei handwerklicher Fertigung in Sonderfällen das Einbrennlackieren angewendet werden kann, sei auf die höchstzulässigen Trockentemperaturen hingewiesen, die in Tafel 10.4 angegeben sind. Die Angaben beziehen sich auf eine Erwärmungsdauer bis zu 30 min.

Elektrostatisches Pulverbeschichten (EPS) wird für Aluminiumteile zunehmend angewendet. Man kann es als »lösungsmittelfreies Einbrennlackieren« ansehen. Die durch ein elektrisches Feld auf die Werkstückoberfläche transportierten Pulverlacke schmelzen und vernetzen bei Temperaturen von 180 bis 220 °C; »Niedertemperatursysteme« schon bei 160 °C. Verwendet werden pigmentierte Pulver auf Basis PUR, UP, EP, auch gemischt.

Beschichten mit Kunststoffen

Neben den Lackierungen und Anstrichen haben sich die organischen Kunststoff-Beschichtungen ein größeres Anwendungsgebiet erobert. Für Kunststoffüberzüge sind gleiche Vorarbeiten wie beim Lackieren notwendig.

Wirbelsintern ist wegen der erforderlichen Wärmespeicherung im Werkstück, die Erwärmen auf 350 bis 400 °C erfordert, nur bei Werkstücken anwendbar, die dabei nicht unzulässig entfestigt werden (z. B. nicht ausgehärtete Gußstücke). Das Verfahren ist nur mit Thermoplasten anwendbar (PE, PA).

Schmelztauchmasse: Lösungsmittelfreie Schmelztauchmassen sind geeignet für Verpackung und zeitweiligen Schutz von Beschlägen, Werkzeugen und Kleinteilen aus Aluminium gegen Schlag und Stoß. Zum Überziehen werden die Gegenstände in erhitzte Masse eingetaucht. Der Schutzfilm ist nach Bedarf abziehbar, indem man ihn an einer Stelle einschneidet und dann als zusammenhängenden Film abzieht.

Kunststoffolie auf Aluminium: Als Verbund werden Bleche und Bänder mit einer Beschichtung aus Kunststoffolie hergestellt. Die Kunststoffolie bietet vielseitige Möglichkeiten der Färbung, Musterung und Struktur. Die große Haftfestigkeit und Elastizität solcher Überzüge erlaubt es, beschichtete Bleche und Bänder umzuformen, ohne daß der Überzug abgelöst oder zerstört wird. Schneiden, Biegen, Falzen und Tiefziehen ist möglich. Zum Schweißen (Schmelz- und Widerstandsschweißen) muß die Folie an der Verbindungsstelle abgetrennt werden. Das geschieht durch Erwärmen auf rd. 100 °C, Einkerben und Abziehen.

Diese Verbunde finden Anwendung für Innenverkleidungen im Bauwesen, für Paneele und Deckenkassetten, gelocht auch für Schallschluckplatten, für die Innenausstattung von Verkehrsmitteln oder für Verpackungszwecke.

Emailschichten

Durch Emaillieren wird eine Schutzschicht erzeugt, welche die dekorativen Möglichkeiten des Lackes mit der Abriebfestigkeit und der chemischen Beständigkeit des Glases verbindet. Da das emaillierte Aluminium zusätzlich noch eine verhältnismäßig hohe Schlagunempfindlichkeit aufweist, wird damit ein hoher Oberflächenschutz erzielt. Die Aluminiumemails gestatten Emaillierungen in praktisch allen Farben, auch in Pastelltönen. Das Emaillieren wird, ähnlich wie das Einbrennlackieren, im handwerklichen Bereich kaum ausgeführt. Auf die Durchführung dieses Verfahrens wird deshalb nicht eingegangen. Emailliertes Aluminium läßt sich durch Sägen, Schneiden und Bohren bearbeiten.

Anhang

Anhang

Deutsche Aluminium-Werkstoffnormen

Die folgende Zusammenstellung umfaßt eine Auswahl von DIN-Normen, die für den handwerklichen Bereich von Bedeutung sein können. Die den verschiedenen Lieferformen zugeordneten Halbzeugnormen sind in Normen für Festigkeitseigenschaften, Lieferbedingungen und Maße unterteilt.

DIN-Normen für Aluminium · Stand 1. März 1987

DIN Nr.	Letzte Ausg. (Monat, Jahr)	Gegenstand der Norm

Grundnormen

DIN Nr.	Letzte Ausg.	Gegenstand der Norm
1700	7.54	Nichteisenmetalle; Systematik der Kurzzeichen
17007 T.4	7.63	Werkstoffnummern; Systematik der Hauptgruppen 2 und 3 Nichteisenmetalle
17600 T.1	12.69	Terminologie der Nichteisenmetalle; Oberbegriff, Ordnungsmerkmale
50049	8.86	Bescheinigungen über Werkstoffprüfungen
Bbl. 1	6.80	Beispiele für die Gestaltung von Bescheinigungen

Zusammensetzung

DIN Nr.	Letzte Ausg.	Gegenstand der Norm
1707	2.81	Weichlote
1712 T.1	12.76	Masseln
1712 T.3	12.76	Halbzeug
1725 T.1	2.83	Knetlegierungen
Bbl. 1	5.77	Knetlegierungen, Beispiele für die Anwendung
1725 T.2	2.86	Gußlegierungen; Sandguß, Kokillenguß, Druckguß, Feinguß
Bbl.1	2.86	Gußlegierungen; Anhaltsangaben über mechanische und physikalische Eigenschaften sowie gießtechnische Hinweise
1725 T.3	6.73	Vorlegierungen
1725 T.5	2.86	Gußlegierungen; Blockmetall (Masseln), Flüssigmetall; Zusammensetzung
Bbl.1	2.86	Gußlegierungen; Hinweise zur Legierungsverarbeitung
1732 T.1[1])	4.75	Schweißzusatzwerkstoffe für Aluminium; Zusammensetzung, Verwendung und Technische Lieferbedingungen
8513 T.4	2.81	Hartlote, Aluminiumbasislote

[1]) in Überarbeitung, es sind wesentliche Änderungen vorgesehen

DIN-Normen für Aluminium · Stand 1. März 1987

DIN Nr.	Letzte Ausg. (Monat, Jahr)	Gegenstand der Norm
Bleche, Bänder, Folien		
Festigkeitseigenschaften		
1745 T.1	2.83	Bleche und Bänder mit Dicken über 0,35 mm
1788	2.83	Bleche und Bänder mit Dicken von 0,021 bis 0,350 mm
40501 T.1	6.85	Bleche und Bänder aus E-Al für die Elektrotechnik
59605	3.79	Bleche mit eingewalzten Mustern
59606	11.82	Bänder und Bleche für Dosen und Verschlüsse
Technische Lieferbedingungen		
1745 T.2	2.83	Bänder und Bleche mit Dicken über 0,35 mm
17611	6.85	Anodisch oxidiertes Halbzeug mit Schichtdicken von mindestens 10 μm
40501 T.1	6.85	Bleche und Bänder aus E-Al für die Elektrotechnik
59604	1.87	Butzen zum Fließpressen
59605	3.79	Bleche mit eingewalzten Mustern
59606	11.82	Bänder und Bleche für Dosen und Verschlüsse
Maße, zulässige Abweichungen		
1783	4.81	Bleche, Bänder; kaltgewalzt über 0,35 mm
1784	4.81	Bleche, Bänder, Formate; kaltgewalzt 0,021 bis 0,350 mm
1784 T.3	6.70	Bänder, Folien; kaltgewalzt 0,007 bis 0,020 mm
59600	4.81	Bleche, Bänder; warmgewalzt
59602	4.81	Ronden; warmgewalzt
59603	4.81	Ronden; kaltgewalzt
59604	1.87	Butzen zum Fließpressen
59605	3.79	Bleche mit eingewalzten Mustern
59606	11.82	Bänder und Bleche für Dosen und Verschlüsse
Rohre		
Festigkeitseigenschaften		
1746 T.1	1.87	Rohre
40501 T.2	6.85	Rohre für die Elektrotechnik
Technische Lieferbedingungen		
1746 T.2	2.83	Rohre
17611	6.85	Anodisch oxidiertes Halbzeug mit Schichtdicken von mindestens 10 μm
Maße, zulässige Abweichungen		
1795	2.87	Rundrohre, nahtlos gezogen
Bbl.1	2.87	Rundrohre, nahtlos gezogen, Toleranzzuordnungen
Bbl.2 E	3.87	Rundrohre, nahtlos gezogen, Toleranzen der Vorzugsmaße
9107	2.87	Rohre, nahtlos gepreßt
59751	11.73	Rohre und Sechskantprofile für die spanende Bearbeitung auf Automaten, nahtlos gezogen

DIN Nr.	Letzte Ausg. (Monat, Jahr)	Gegenstand der Norm
Strangpreßprofile		
Festigkeitseigenschaften		
1748 T.1	2.83	Strangpreßprofile
40501 T.3	6.85	Stangen, Profile für die Elektrotechnik
Technische Lieferbedingungen		
1748 T.2	2.83	Strangpreßprofile
17611	6.85	Anodisch oxidiertes Halbzeug mit Schichtdicken von mindestens 10 μm
17615 T.1	1.87	Präzisionsprofile aus AlMgSi0,5
40501 T.3	6.85	Stangen, Profile für die Elektrotechnik
Maße, zulässige Abweichungen		
1748 T.4	11.81	Strangpreßprofile
17615 T.3	1.87	Präzisionsprofile aus AlMgSi0,5
59751	11.73	Rohre und Sechskantprofile für die spanende Bearbeitung auf Automaten; nahtlos gezogen
Maße und statische Werte		
1771	9.81	Winkel-Profile, gepreßt
9713	9.81	U-Profile, gepreßt
9714	9.81	T-Profile, gepreßt
Gestaltung; Konstruktionsunterlagen		
1748 T.3	12.68	Strangpreßprofile
17615 T.2	1.87	Präzisionsprofile aus AlMgSi0,5
Stangen, Drähte		
Festigkeitseigenschaften		
1747 T.1	2.83	Stangen
1790 T.1	2.83	Drähte
40501 T.3	6.85	Profile, Stangen aus E-Al und E-AlMgSi0,5 für die Elektrotechnik
40501 T.4	8.73	Drähte aus E-Al für die Elektrotechnik
Technische Lieferbedingungen		
1747 T.2	2.83	Stangen
1790 T.2	5.77	Drähte
17611	6.85	Anodisch oxidiertes Halbzeug mit Schichtdicken von mindestens 10 μm
40501 T.3	6.85	Profile, Stangen aus E-Al und E-AlMgSi0,5 für die Elektrotechnik
40501 T.4	8.73	Drähte aus E-Al für die Elektrotechnik
40501 T.5	5.80	Gießwalzdraht aus E-Al
59675	5.57	Drähte und Stangen für Niete

DIN-Normen für Aluminium · Stand 1. März 1987

DIN Nr.	Letzte Ausg. (Monat, Jahr)	Gegenstand der Norm
Maße, zulässige Abweichungen		
1769	9.86	Rechteckstangen, gezogen, mit scharfen Kanten
1770	9.86	Rechteckstangen, gepreßt, mit scharfen Kanten
1796	9.86	Vierkantstangen, gezogen, mit scharfen Kanten
1797	9.86	Sechskantstangen, gezogen, mit scharfen Kanten
1798	9.86	Rundstangen, gezogen
1799	9.86	Rundstangen, gepreßt
40501 T.5	5.80	Gießwalzdraht aus E-Al für die Elektrotechnik
46433	11.59	Flachdrähte und Flachstangen, gezogen, mit gerundeten Kanten
59675	5.57	Drähte und Stangen für Niete
59700	8.86	Vierkantstangen, gepreßt
59701	8.86	Sechskantstangen, gepreßt
Maße, zulässige Abweichungen, statische Werte		
1769	9.86	Rechteckstangen, gezogen, mit scharfen Kanten
1770	9.86	Rechteckstangen, gepreßt, mit scharfen Kanten

Schweißzusatzwerkstoffe, Lote für Aluminium

DIN Nr.	Letzte Ausg.	Gegenstand der Norm
1707	2.81	Weichlote
1732 T.1	4.75	Schweißzusatzwerkstoffe
8513 T.4	2.81	Hartlote, Aluminiumbasislote

Konstruktion

DIN Nr.	Letzte Ausg.	Gegenstand der Norm
4113 T.1	5.80	Aluminiumkonstruktion unter vorwiegend ruhender Belastung; Berechnung und bauliche Durchbildung
17611	6.85	Anodisch oxidiertes Halbzeug mit Schichtdicken von mindestens 10 μm

Zurückgezogene Normen

DIN 9712, Doppel-T-Profile

Längen- bzw. flächenbezogene Masse von Halbzeug

Die folgenden Tafeln enthalten Angaben über die längen- bzw. flächenbezogene Masse*) wichtiger Lieferformen von Aluminiumhalbzeug, wie es bei handwerklicher Fertigung eingesetzt wird. Die Vergleichswerte für Stahlhalbzeug sind angegeben für Bleche (flächenbezogene Masse), Rund-, Flach-, Vierkant- und Sechskantstangen sowie für Rohre (längenbezogene Masse). Die Tafeln für Winkel-, T-, Doppel-T und U-Profile geben hingegen nur längenbezogene Masse für Aluminium wieder, da die vergleichbaren Stahlhalbzeuge andere Profilformen aufweisen und somit mit denen aus Aluminium nicht unmittelbar vergleichbar sind.

Die aufgeführten Werte sind rechnerisch ermittelt worden unter Zugrundelegung einer Dichte von 2,7 kg/dm^3 für Aluminium und einer solchen von 7,85 kg/dm^3 für Stahl. Die Dichte von Aluminiumlegierungen von wird mit zunehmendem Mg-Gehalt geringer, mit zunehmendem Gehalt an Zn, Cu, Pb höher; sie bleibt bei AlMgSi unverändert 2,7.

---

*) Der Ausdruck »längenbezogene Masse« steht für den alten Ausdruck »Metergewicht«, der Ausdruck »flächenbezogene Masse« für den alten Ausdruck »Quadratmetergewicht«. Beide Bezeichnungen sind im Gesetz über die Einheiten im Meßwesen vom 2. Juli 1969 sowie in anderen internationalen Vereinbarungen verbindlich vorgeschrieben. Die längenbezogene Masse ist der Quotient Kilogramm durch Meter, das Einheitenzeichen ist kg/m; die Einheit der flächenbezogenen Masse ist der Quotient Kilogramm durch Quadratmeter, das Einheitenzeichen ist kg/m^2.

Rundstangen*)

Durchmesser in mm	Längenbezogene Masse in kg/m		Durchmesser in mm	Längenbezogene Masse in kg/m	
	Aluminium	Stahl		Aluminium	Stahl
1	0,00212	0,00617	20	0,848	2,47
1,2	0,00305	0,00888	22	1,03	2,98
1,5	0,00477	0,0139	25	1,33	3,85
1,8	0,00687	0,0200	28	1,66	4,83
2	0,00848	0,0247	30	1,91	5,55
2,2	0,0103	0,0298	32	2,17	6,31
2,5	0,0133	0,0385	35	2,60	7,55
5,5	0,0641	0,187	38	3,06	8,90
2,8	0,0166	0,0483	40	3,39	9,86
3	0,0191	0,0555	42	3,74	10,9
3,5	0,0260	0,0755	45	4,29	12,5
4	0,0339	0,0986	48	4,89	14,2
4,5	0,0429	0,125	50	5,30	15,4
5	0,0530	0,154	52	5,73	16,7
6	0,0763	0,222	55	6,41	18,7
7	0,104	0,302	60	7,63	22,2
8	0,136	0,395	65	8,96	26,0
9	0,172	0,499	70	10,4	30,2
10	0,212	0,617	75	11,9	34,7
11	0,257	0,746	80	13,6	39,5
12	0,305	0,888	90	17,7	49,9
14	0,416	1,21	100	21,2	61,7
16	0,543	1,58	110	25,7	74,6
18	0,687	2,00	120	30,5	88,8

*) Aus dieser Tafel kann auch die längenbezogene Masse von Drähten abgelesen werden; Beispiel: 100 m Draht von 2,2 mm (3,5 mm) Durchmesser wiegen genauso viel wie ein Meter Rundstange von 22 mm (35 mm) Durchmesser, also bei Aluminium 1,030 kg (2,60 kg); 100 m Draht von 0,55 mm (0,75 mm) Durchmesser wiegen ein Hundertstel eines Meters Rundstange von 55 mm (75 mm) Durchmesser, also bei Aluminium 0,064 kg (0,119 kg).

Rechteckstangen

Breite x Dicke in mm x mm	Längenbezogene Masse in kg/m	
	Aluminium	Stahl
10 x 2	0,054	0,157
10 x 3	0,081	0,236
10 x 5	0,135	0,393
12 x 2	0,065	0,188
12 x 3	0,097	0,283
12 x 4	0,130	0,377
12 x 5	0,162	0,471
12 x 8	0,259	0,754
15 x 2	0,081	0,236
15 x 3	0,122	0,353
15 x 5	0,202	0,589
15 x 8	0,324	0,942
15 x 10	0,405	1,18
18 x 5	0,243	0,707
18 x 8	0,389	1,13
18 x 10	0,486	1,41
20 x 2	0,108	0,314
20 x 3	0,162	0,471
20 x 5	0,270	0,785
20 x 8	0,432	1,26
20 x 10	0,54	1,57
20 x 15	0,81	2,36
25 x 3	0,202	0,589
80 x 32	6,91	20,1
80 x 40	8,64	25,1
25 x 10	0,675	1,96
25 x 15	1,01	2,94
30 x 3	0,243	0,707
30 x 5	0,405	1,18
30 x 8	0,648	1,88
30 x 10	0,810	2,36
30 x 15	1,22	3,53

Breite x Dicke in mm x mm	Längenbezogene Masse in kg/m	
	Aluminium	Stahl
40 x 3	0,324	0,942
40 x 5	0,540	1,57
40 x 10	1,08	3,14
40 x 15	1,62	4,71
40 x 20	2,16	6,26
50 x 5	0,675	1,96
50 x 8	1,08	3,14
50 x 10	1,35	3,93
50 x 15	2,02	5,89
50 x 20	2,70	7,85
50 x 25	3,38	9,81
60 x 5	0,810	2,36
60 x 8	1,30	3,77
60 x 10	1,62	4,71
60 x 15	2,43	7,07
60 x 20	3,24	9,42
60 x 25	4,05	11,8
60 x 32	5,18	15,1
80 x 5	1,08	3,14
80 x 8	1,73	5,02
80 x 10	2,16	6,28
80 x 15	3,24	9,42
80 x 20	4,32	12,6
80 x 25	5,40	15,7
25 x 5	0,338	0,981
25 x 8	0,540	1,57
100 x 5	1,35	3,93
100 x 10	2,70	7,85
100 x 15	4,05	11,8
100 x 20	5,40	15,7
100 x 25	6,75	19,6
100 x 32	8,64	25,1
100 x 40	10,8	31,4

Vierkantstangen

Kantenlänge in mm	Längenbezogene Masse in kg/m		Kantenlänge in mm	Längenbezogene Masse in kg/m	
	Aluminium	Stahl		Aluminium	Stahl
10	0,270	0,785	40	4,35	12,6
11	0,327	0,950	45	5,49	15,9
12	0,389	1,13	50	6,75	19,6
14	0,529	1,54	55	8,17	23,7
17	0,780	2,27	60	9,72	28,3
19	0,975	2,83	65	11,4	33,2
22	1,31	3,80	70	13,2	38,5
24	1,56	4,52	75	15,2	44,2
27	1,97	5,72	80	17,3	50,2
30	2,43	7,07	85	19,5	56,5
32	2,77	8,04	90	21,9	63,4
36	3,50	10,2	100	27,0	78,5

Sechskantstangen

Schlüsselweite in mm	Längenbezogene Masse in kg/m		Schlüsselweite in mm	Längenbezogene Masse in kg/m	
	Aluminium	Stahl	Aluminium	Stahl	
3	0,0210	0,0612	14	0,458	1,33
3,5	0,0286	0,0833	17	0,676	1,96
4	0,0374	0,109	19	0,844	2,45
4,5	0,0473	0,138	22	1,13	3,29
5	0,0585	0,170	24	1,35	3,92
5,5	0,0707	0,206	27	1,70	4,96
6	0,0842	0,245	30	2,10	6,12
7	0,115	0,333	32	2,39	6,96
8	0,150	0,435	36	3,03	8,81
9	0,189	0,551	41	3,93	11,4
10	0,234	0,680	46	4,95	14,4
11	0,283	0,823	50	5,85	17,0
12	0,337	0,979	55	7,07	20,6
			60	8,42	24,5

Rohre

Außen-Durch-messer in mm	Längenbezogene Masse bei einer Wanddicke von									
	1 mm		2 mm		3 mm		4 mm		5 mm	
	Alu-minium	Stahl	Alu-minium	Stahl	Alu-minium	Stahl	Alu-minium	Stahl	Alu-minium	Stahl
10	0,076	–	–	–	–	–	–	–	–	–
15	0,119	–	–	–	–	–	–	–	–	–
20	0,161	–	0,305	0,890	–	–	–	–	–	–
25	0,204	–	0,390	1,130	0,560	1,620	0,712	2,070	–	–
30	0,246	–	0,475	–	0,687	1,990	0,882	2,650	1,060	3,070
35	–	–	0,560	–	0,814	2,370	1,050	3,050	1,270	3,680
40	–	–	0,645	–	0,942	2,730	1,220	3,530	1,480	4,300
45	–	–	0,729	–	1,070	3,120	1,390	4,030	1,700	4,930
50	–	–	0,814	–	1,200	3,480	1,560	4,530	1,910	5,530
55	–	–	0,899	–	1,320	3,820	1,730	5,020	2,120	6,150
60	–	–	–	–	1,450	4,210	1,900	5,510	2,330	6,770
65	–	–	–	–	1,580	4,580	2,070	6,000	2,540	7,380
70	–	–	–	–	1,700	4,930	2,240	6,500	2,760	8,020
75	–	–	–	–	1,830	–	2,410	7,000	2,970	8,600
80	–	–	–	–	1,960	–	2,580	7,500	3,180	9,250
85	–	–	–	–	2,090	–	2,750	7,980	3,390	9,810
90	–	–	–	–	2,210	–	2,920	8,460	3,600	10,450
95	–	–	–	–	2,340	–	3,090	8,950	3,820	11,080
100	–	–	–	–	2,470	–	3,260	9,480	4,030	11,700

Winkelprofile aus Aluminium (Kanten abgerundet)

h x b x s*) in mm x mm x mm	Längenbezogene Masse in kg/m
10 x 10 x 1,5	0,075
10 x 10 x 2	0,099
10 x 10 x 2,5	0,122
10 x 10 x 1,5	0,116
20 x 10 x 2	0,153
20 x 10 x 2,5	0,189
15 x 15 x 1,5	0,117
15 x 15 x 2	0,153
15 x 15 x 2,5	0,189
20 x 15 x 1,5	0,137
20 x 15 x 2	0,180
20 x 15 x 2,5	0,223
30 x 15 x 2	0,234
30 x 15 x 2,5	0,292
30 x 15 x 3	0,343
20 x 20 x 2	0,207
20 x 20 x 2,5	0,257
20 x 20 x 3	0,302
30 x 20 x 2	0,206
30 x 20 x 2,5	0,324
30 x 20 x 3	0,383
30 x 20 x 4	0,500
40 x 20 x 2	0,314
40 x 20 x 2,5	0,392
40 x 20 x 3	0,464
40 x 20 x 4	0,608
25 x 25 x 2	0,261
25 x 25 x 2,5	0,324
25 x 25 x 3	0,383
40 x 25 x 2,5	0,427
40 x 25 x 3	0,505
40 x 25 x 4	0,662
50 x 25 x 2,5	0,494
50 x 25 x 3	0,586
50 x 25 x 4	0,770

h x b x s*) in mm x mm x mm	Längenbezogene Masse in kg/m
30 x 30 x 2,5	0,392
30 x 30 x 3	0,464
30 x 30 x 4	0,608
50 x 30 x 3	0,626
50 x 30 x 4	0,824
50 x 30 x 5	1,020
60 x 30 x 3	0,707
60 x 30 x 4	0,932
60 x 30 x 5	1,160
35 x 35 x 2,5	0,459
35 x 35 x 3	0,545
35 x 35 x 4	0,716
35 x 35 x 5	0,886
40 x 40 x 3	0,626
40 x 40 x 4	0,824
40 x 40 x 5	1,020
60 x 40 x 4	1,040
60 x 40 x 5	1,290
60 x 40 x 6	1,530
80 x 40 x 4	1,260
80 x 40 x 5	1,560
80 x 40 x 6	1,850
50 x 50 x 3	0,778
50 x 50 x 4	1,040
50 x 50 x 5	1,290
50 x 50 x 6	1,530
65 x 50 x 5	1,490
65 x 50 x 7	2,060
60 x 60 x 4	1,260
60 x 60 x 5	1,560
60 x 60 x 6	1,850
80 x 80 x 8	3,300
80 x 80 x 10	4,070
80 x 80 x 12	4,820
120 x 80 x 12	6,110

*) h = Höhe, b = Breite, s = Schenkeldicke

T-Profile aus Aluminium (Kanten abgerundet)

h x b x s*) in mm x mm x mm	Längenbezogene Masse in kg/m	h x b x s*) in mm x mm x mm	Längenbezogene Masse in kg/m
20 x 30 x 2	0,262	50 x 50 x 3	0,794
20 x 30 x 2,5	0,327	50 x 50 x 4	1,040
20 x 30 x 3	0,389	50 x 50 x 5	1,300
		50 x 50 x 6	1,540
25 x 40 x 2	0,343		
25 x 40 x 2,5	0,429	50 x 70 x 4	1,260
25 x 40 x 3	0,510	50 x 70 x 5	1,570
		50 x 70 x 6	1,870
30 x 30 x 2	0,316		
30 x 30 x 2,5	0,394	50 x 100 x 7	2,750
30 x 30 x 3	0,470	50 x 100 x 9	3,470
30 x 30 x 4	0,613		
		60 x 60 x 4	1,260
30 x 45 x 2,5	0,497	60 x 60 x 5	1,570
30 x 45 x 3	0,591	60 x 60 x 6	1,870
30 x 45 x 4	0,775	60 x 60 x 7	2,180
30 x 60 x 3	0,713	60 x 120 x 8	3,760
30 x 60 x 5	1,170	60 x 120 x 10	4,630
35 x 35 x 2,5	0,462	70 x 70 x 6	2,190
35 x 35 x 3	0,551	70 x 70 x 8	2,890
35 x 35 x 4	0,721		
		70 x 140 x 10	5,440
35 x 50 x 3	0,672	70 x 140 x 12	6,460
35 x 50 x 4	0,883		
35 x 50 x 5	1,100	80 x 80 x 7	2,940
		80 x 80 x 9	3,710
40 x 40 x 3	0,632		
40 x 40 x 4	0,829	80 x 160 x 13	8,010
40 x 40 x 5	1,030	80 x 160 x 15	9,160
40 x 60 x 4	1,040	100 x 100 x 9	4,690
40 x 60 x 5	1,300	100 x 100 x 11	5,660
40 x 80 x 5	1,570		
40 x 80 x 7	2,180		

*) h = Höhe, b = Breite, s = Schenkeldichte

Doppel-T-Profile aus Aluminium
(Nicht mehr genormt)

h x b x s*) in mm x mm x mm	Längenbezogene Masse in kg/m
40 x 40 x 3 x 3	0,937
40 x 40 x 4 x 4	1,220
45 x 45 x 3 x 3	1,060
45 x 45 x 4 x 4	1,390
45 x 45 x 4 x 5	1,610
50 x 50 x 3 x 3	1,180
50 x 50 x 4 x 4	1,550
50 x 50 x 4 x 6	2,010
60 x 50 x 3 x 3	1,260
60 x 50 x 4 x 4	1,660
60 x 50 x 4 x 6	2,180
60 x 60 x 4 x 4	1,870
60 x 60 x 4 x 6	2,500
80 x 42 x 4 x 6	2,130
80 x 60 x 5 x 6	2,900
100 x 50 x 5 x 7	3,090
100 x 70 x 6 x 7	4,120
120 x 58 x 5 x 8	3,990
120 x 80 x 7 x 9	5,900
140 x 66 x 6 x 9	5,270
140 x 90 x 8 x 10	7,540
160 x 74 x 7 x 10	6,730
180 x 82 x 7 x 10	7,540
200 x 90 x 8 x 11	9,280

U-Profile aus Aluminium

h x b x s*) in mm x mm x mm	Längenbezogene Masse in kg/m
40 x 20 x 2 x 2	0,413
40 x 20 x 3 x 3	0,608
40 x 30 x 3 x 3	0,770
40 x 30 x 4 x 4	1,000
40 x 40 x 4 x 4	1,220
40 x 40 x 5 x 5	1,500
50 x 30 x 3 x 3	0,851
50 x 30 x 4 x 4	1,110
50 x 40 x 4 x 4	1,330
50 x 40 x 5 x 5	1,640
60 x 30 x 4 x 4	1,220
60 x 30 x 5 x 5	1,500
60 x 40 x 4 x 4	1,430
60 x 40 x 5 x 5	1,770
80 x 40 x 6 x 6	2,420
80 x 45 x 6 x 8	3,020
100 x 40 x 6 x 6	2,740
100 x 50 x 6 x 9	3,800
120 x 55 x 7 x 9	4,640
140 x 60 x 7 x 10	5,550
160 x 65 x 8 x 11	6,890
180 x 70 x 8 x 11	7,610
200 x 75 x 9 x 12	9,180

*) h = Profilhöhe, b = Breite, s = Stegdicke, t = Flanschdicke

Bleche

Blechdicke in mm	Flächenbezogene Masse in kg/m²		Blechdicke in mm	Flächenbezogene Masse in kg/m²	
	Aluminium	Stahl		Aluminium	Stahl
0,1	0,270	0,785	1,6	4,320	12,480
0,2	0,540	1,560	1,7	4,590	13,260
0,3	0,810	2,340	1,8	4,860	14,040
0,4	1,080	3,120	1,9	5,130	14,820
0,5	1,350	3,900	2,0	5,400	15,600
0,6	1,620	4,680	2,5	6,750	19,500
0,7	1,890	5,460	3,0	8,100	23,400
0,8	2,160	6,240	3,5	9,450	27,300
0,9	2,430	7,020	4,0	10,800	31,200
1,0	2,700	7,850	4,5	12,150	35,100
1,1	2,970	8,580	5,0	13,500	39,000
1,2	3,240	9,360	6,0	16,200	47,000
1,3	3,510	10,140	7,0	18,900	54,800
1,4	3,780	10,920	8,0	21,600	62,500
1,5	4,050	11,700	10,0	27,000	78,500

Fachberatung, Weiterbildung, Fachliteratur

Die bedeutendste Beratungsorganisation im europäischen Bereich ist die Aluminium-Zentrale in Düsseldorf. Sie ist eine von der Aluminiumindustrie getragene, firmenneutrale Institution mit der Aufgabe, die werkstoffgerechte Verwendung des Aluminiums zu fördern. Die Dienste der Aluminium-Zentrale, die überwiegend kostenlos in Anspruch genommen werden können, umfassen u. a.

- Technische Beratung über Eignung, Wirtschaftlichkeit, Konstruktion, Fertigung und Oberflächenbehandlung beim Einsatz der Aluminiumwerkstoffe;
- Nachweis von Schrifttum und Bezugsquellen, angefangen vom Hüttenaluminium über alle Halbzeuge bis zu Fertigfabrikaten sowie Nachweis von Herstellern für Verbindungsmittel aller Art, von Anodisier-, Galvanisier- und Lackierbetrieben;
- planmäßige Ausbildung und Fortbildung für werkstoffgerechten Einsatz und werkstoffgerechte Verarbeitung von Aluminium auf

allen Ebenen: in Handwerk und Industrie, an Berufs-, Techniker-, Fach- und Gesamthochschulen, an allgemeinbildenden Schulen. Als anerkannte Leitstelle für die bundesweit einheitliche Ausbildung hat die Aluminium-Zentrale die Aufgabe, für alle Ausbildungsstufen und Fachrichtungen Lehr- und Lernmittel zu entwickeln und bereitzustellen.

Für die Aluminiumverarbeitung in allen Bereichen steht umfangreiche Fachliteratur aus dem Aluminium-Verlag, Düsseldorf, zur Verfügung. Der Aluminium-Verlag ist der einzige Spezialverlag für Aluminium-Fachliteratur in der Welt. Mit Zeitschriften, Fachbüchern, Broschüren sowie Lehr- und Lernmitteln für alle Ebenen fachlicher Anforderungen unterstützt der Verlag wirkungsvoll die Breitenarbeit der Aluminium-Zentrale. Darüber hinaus ist der Aluminium-Verlag im internationalen Verlagsgeschäft tätig. Ganz besonders für die Berufsbildung im handwerklichen Bereich (sowohl Ausbildung als auch Fortbildung) sind alle erdenklichen Arbeitsmittel verfügbar:

- Fachbücher über die Grundlagen und spezielle Verarbeitungstechniken,
- Merkblätter für die Praxis der Aluminiumverarbeitung und des werkstoffgerechten Materialeinsatzes,
- Lehr- und Lernmittel in Form von Lehrwerken, Arbeitsheften, Schautafeln, Dia-Reihen, Filmen (als Videokassetten oder Magnettonfilme), Funktionsmodelle für Anodisation sowie komplette Materialpakete für Verarbeitungsübungen.

Zur ausführlichen Information ist das Verlagsprogramm anzufordern bei: Aluminium-Verlag GmbH, Postfach 1207, 4000 Düsseldorf 1.

Produktinformation und Liefernachweis

Auf den folgenden Seiten werden Produkte und Dienstleistungen genannt, die leistungsfähige Unternehmen anbieten. Alle hier mitgeteilten Informationen basieren auf Firmenangaben. Die Beachtung sei ausdrücklich empfohlen. Bitte beziehen Sie sich bei Anfragen stets auf diesen Liefernachweis.

1 Aluminiumhandel

ALUTRADE
ALUMINIUM-HANDELSGESELLSCHAFT MBH
Uelzener Weg 36, Postfach 1144
D-4750 Unna
Telefon (0 23 03) 20 62 13-14
Telex 8 229 205

AMECO METALL-SERVICE GMBH
Postfach 111, D-7146 Tamm bei Stuttgart
Telefon (0 71 41) 6 09 87-89
Telex 7 264 438
Vorratshaltung – Be- und Anarbeitung
Aluminium – Messing – Kupfer – Rotguß – Bronze

JACOB BEK NACHF. GMBH
D-7900 Ulm
Telefon (07 31) 4 05-0
Telex 712 839
Telefax (07 31) 40 52 89

METALL-JOSTEN
Lager: Ellerstraße 105
D-4000 Düsseldorf 1
Telefon (02 11) 77 40 48
Telex 8 588 016 mejo
Kupfer – Messing – Aluminium
Bleche – Stangen – Profile – Rohre

PROMETA METALL GMBH
Münsterstraße 446
D-4000 Düsseldorf 30
Telefon (02 11) 62 13-0, Telex 8 586 535
Telefax (02 11) 6 21 32 00

SIDALMETALL GMBH
Lockhofstraße 3, D-4650 Gelsenkirchen
Aindlinger Straße 12, D-8900 Augsburg
Staudingerstraße 4, D-6100 Darmstadt
Gutenbergstraße 12, D-7255 Rutesheim

2 Verbindungstechnik

2.1 Gasschmelzschweißen

2.1.1 Hilfsstoffe, allgemein

LINDE AG
Werksgruppe Technische Gase
Seitnerstraße 70
D-8023 Höllriegelskreuth
Telefon (0 89) 72 77-0
Telex 5 212 421 lind d

2.2 Schutzgasschweißen

2.2.1 Schweißgeräte und -anlagen

WILHELM MERKLE
SCHWEISSMASCHINENBAU GMBH
Industriestraße 3
D-8871 Kötz 1
Telefon (0 82 21) 40 71-75
Telex 5 31 126, Teletex 8 221 817

MIGATRONIC
SCHWEISSMASCHINEN GMBH
Am Urnenfeld 35
Postfach 110845
D-6300 Gießen-Wieseck
Telefon (06 41) 59 06
Telex 4 821 776 mig d

SÜD-ELEKTRONIK
Dipl.-Ing. (FH) Heinrich Kurz
Im Stangenwald 24
D-8240 Berchtesgaden
Telefon (0 86 52) 39 17
Schutzgasschweißmaschinen

SCHLATTER GMBH
Max-Eyth-Straße 12
D-7032 Sindelfingen
Telefon (0 70 31) 8 40 74
Elektrische Widerstands-
schweißmaschinen

VARIAMP SCHWEISSTECHNIK
WESSELMANN GMBH
Langewanneweg 175, Postfach 2607
D-4700 Hamm 1
Telefon (0 23 81) 54 18

2.2.2 Schutzgas

LINDE AG
Werksgruppe Technische Gase
Seitnerstraße 70
D-8023 Höllriegelskreuth
Telefon (0 89) 72 77-0
Telex 5 212 421 lind d

2.2.3 Schweißdrähte

DRAHTWERK ELISENTAL
W. Erdmann GmbH & Co.
Werdohler Straße 40
D-5982 Neuenrade 1
Telefon (0 23 92) 6 10 66
Telex 8 26 452

PROMETA METALL GMBH
Münsterstraße 446
D-4000 Düsseldorf 30
Telefon (02 11) 62 13-0
Telex 8 586 535
Telefax (02 11) 6 21 32 00

2.2.4 Schweißstäbe

DRAHTWERK ELISENTAL
W. Erdmann GmbH & Co.
Werdohler Straße 40
D-5982 Neuenrade 1
Telefon (0 23 92) 6 10 66
Telex 8 26 452

PROMETA METALL GMBH
Münsterstraße 446
D-4000 Düsseldorf 30
Telefon (02 11) 62 13-0
Telex 8 586 535
Telefax (02 11) 6 21 32 00

2.3 Bolzenschweißen

2.3.1 Bolzenschweißgeräte

KÖSTER & CO.
BOLZENSCHWEISSTECHNIK
Postfach 1364
D-5825 Ennepetal
Telefon (0 23 33) 77 31-33
Telex 8 23 385
Telefax (0 23 33) 7 57 20

HEINZ SOYER
BOLZENSCHWEISSTECHNIK GMBH
Inninger Straße 14
D-8031 Wörthsee-Etterschlag
Telefon (0 81 53) 80 71-74
Telex 5 270 295 heso d

2.3.2 Bolzen für das Bolzenschweißen

KÖSTER & CO.
BOLZENSCHWEISSTECHNIK
Postfach 1364
D-5828 Ennepetal
Telefon (0 23 33) 77 31-33
Telex 8 23 385
Telefax (0 23 33) 7 57 20

2.4 Verbinden

2.4.1 Schrauben, allgemein

elemag GMBH
Bavenstedter Straße 74
D-3200 Hildesheim
Telefon (0 51 21) 5 38 87
Telefax (0 51 21) 51 11 72
Telex 927 366 elema d
Schrauben nach Kundenspezifikation

2.4.2 Blindniete

AVDEL
VERBINDUNGSELEMENTE GMBH
Klusriede 24
D-3012 Langenhagen 1
Telefon (05 11) 77 19 20

GEBR. TITGEMEYER
Gesellschaft f. Befestigungstechnik
Postfach 4309
D-4500 Osnabrück
Telefon (05 41) *31 90
Telex 9 4 824

2.4.3 Gewindeeinsätze

KERB-KONUS-VERTRIEBS-GMBH
Postfach 1663
D-8450 Amberg
Telefon (0 96 21) 8 99-0
Telex 6 31 261
ENSAT selbstschneidende
Gewindeeinsätze
ANCHOR/CLIFA Gewinde für Bleche
NYLTITE-Schraubendichtung/-sicherung

GEBR. TITGEMEYER
Gesellschaft f. Befestigungstechnik
Postfach 4309
D-4500 Osnabrück
Telefon (05 41) *31 90, FS 9 4 824

2.5 Mechanische Oberflächenbehandlung

2.5.1 Schleif- und Poliermittel

bi-flex BIRKENSKTOCK GMBH & CO.
Postfach 2267
D-5657 Haan 2 (Gruiten)
Telefon (0 21 04) 63 51
Telex 8 581 198
Sisalbürsten und Polierringe

HEINRICH KREEB GMBH + CO.
Postfach 701, D-7320 Göppingen (Württ.)
Telefon (0 71 61) 2 10 99, Telex 7 27 621
Sisalbürsten, Polierringe,
Mattierscheiben, Mattierbänder

FRIEDR. AUGUST PICARD KG
Postfach 11 05 80, Knusthöhe 21
D-5630 Remscheid-Lennep

2.6 Sägen

2.6.1 Metallkreissägen, Bandsägen

OTTO MEYER
MASCHINENFABRIK GMBH
D-7298 Loßburg 1 – Lombach
Telefon (0 74 46) 6 84
Telex 7 64 386
Horizontale Plattenzuschnittsägen
Schnitthöhe 60, 100 und 200 mm
Schnittlänge Standard 2,1 m und 3,1 m

SIDALMETALL GMBH
Lockhofstraße 3, D-4650 Gelsenkirchen
Aindlinger Straße 12, D-8900 Augsburg
Staudingerstraße 4, D-6100 Darmstadt
Gutenbergstraße 12, D-7255 Rutesheim

SMID SA
BP 1056
F-68051 Mulhouse Cedex (Frankreich)
Telefon (89) 52 26 26
Telex 8 81 806

THAA AG
CH-8552 Felben (Schweiz)
Telefon (0 54) 65 22 12, Telex 8 96 090
Sägewerkzeuge

GUSTAV WAGNER
MASCHINENFABRIK GMBH & CO. KG
Postfach 2942
D-7410 Reutlingen
Telefon (0 71 21) 20 81, Telex 7 29 846
Telefax (0 71 21) 3 89 09, Teletex 71 211 361

elumatec
EUGEN LUTZ GMBH & CO.
Pinacher Straße 61
D-7130 Mühlacker 3
Telefon (0 70 41) 14-0
Telex 7 263 843, Telefax (0 70 41) 14-280

2.6.2 Kreissägeblätter für Metall

SMID SA
BP 1056
F-68051 Mulhouse Cedex (Frankreich)
Telefon (89) 52 26 26
Telex 8 81 806

THAA AG
CH-8552 Felben (Schweiz)
Telefon (0 54) 65 22 12, Telex 8 96 090
Sägewerkzeuge

GUSTAV WAGNER
MASCHINENFABRIK GMBH & CO. KG
Postfach 2942
D-7410 Reutlingen
Telefon (0 71 21) 20 81
Telex 7 29 846
Telefax (0 71 21) 3 89 09
Teletex 71 211 361

2.7 Schutzfolien

SIDALMETALL GMBH
Lockhofstraße 3, D-4650 Gelsenkirchen
Aindlinger Straße 12, D-8900 Augsburg
Staudingerstraße 4, D-6100 Darmstadt
Gutenbergstraße 12, D-7255 Rutesheim